王正绪 耿曙 唐世平·主编

Companion to Comparative Politics

比较政治学

复旦大学出版社

作 者 名 录

（按姓氏音序排列）

包刚升，复旦大学国际关系与公共事务学院教授，北京大学博士学位，哈佛大学访问学者，著有《民主崩溃的政治学》《政治学通识》《民主的逻辑》等。撰写本书第3章。

陈慧荣，上海交通大学国际与公共事务学院副教授，香港大学政治学博士，哈佛大学肯尼迪政府学院博士后。研究兴趣包括中国政治、威权政治和政治经济学。撰写本书第9章。

陈玮，上海交通大学国际与公共事务学院助理教授，上海财经大学经济学博士。主要研究领域为比较政治经济、政企关系、产业政策。在《政治学研究》《社会学研究》《经济社会体制比较》《公共行政评论》等期刊发表论文多篇。与耿曙共同撰写本书第13章。

耿曙，浙江大学文科百人计划研究员，美国德州大学奥斯汀分校政府系博士。研究领域为比较政治经济、组织社会学、地方政府。近年在《经济学（季刊）》《社会学研究》《政治学研究》以及 *China Quarterly*，*China Journal* 等期刊发表论文50余篇。与陈玮共同撰写本书第13章。

胡鹏，香港中文大学博士，目前任教于复旦大学政治学系。他的研究围绕两个议题展开：政治文化理论与政治态度经验研究、比较历史视野下的国家建构与政治制度。出版专著《政治文化新论》（复旦大学出版社2020年版），发表中英文论文若干。撰写本书第8章。

郦菁，浙江大学社会学系副教授，纽约州立大学社会学博士。主要研究领域为历史社会学、国家理论、职业与知识社会学。目前研究集中在中国改革史中的政策理念、决策过程与专家角色。撰写本书第6章。

孟天广，清华大学政治学系长聘教授、教育部"长江学者"特聘教授、北京高校卓越青年科学家。清华大学社会科学学院副院长。在《中国社会科学》《政治学研究》，以及 *Comparative Political Studies*、*Governance* 等国内外知名学术期刊发表过 80 多篇中英文论文。与宁晶共同在撰写本书第 7 章,与左才共同撰写本书第 15 章。

宁晶,对外经济贸易大学政府管理学院副教授。北京大学管理学博士、哈佛大学联合培养博士。主要研究方向为技术治理与社会政策。在《公共行政评论》《国家行政学院学报》《华中师范大学学报》等期刊发表论文。与孟天广共同撰写本书第 7 章。

孙龙,北京大学博士,中国人民大学国际关系学院政治学系副教授。主要研究兴趣为人民代表大会制度、比较议会制度、基层选举与地方治理。发表中英文论文 30 余篇,出版个人专著 1 部,主持翻译著作 2 部,参与主编著作多部。与叶磊华共同撰写本书第 4 章。

唐世平,教育部"长江学者"特聘教授,复旦大学特聘教授。作为当代中国具有国际影响的社会科学家之一,在国际政治、比较政治与政治理论、制度经济学、社会科学哲学、计算社会科学领域产出了丰硕的成果。撰写本书序言、第 16 章,与王凯共同撰写本书第 10 章。

王凯,上海外国语大学国际关系与公共事务学院讲师,上海全球治理与区域国别研究院区域国别数据科学实验室主任。主要研究兴趣集中在使用各类社科方法探究族群政治和更广义上的国际国内政治冲突过程,未来的研究项目聚焦于在解释社会政治现象的基础上寻求预测。与唐世平共同撰写本书第 10 章。

王正绪,浙江大学公共管理学院政治学系教授,浙江大学文科领军人才,美国密歇根大学政治学和教育学联合博士。主要研究中国政治、比较政治、政治观念与态度、中国和平发展与外交关系等。撰写本书第 1 章。

魏英杰,香港中文大学政治学博士,上海交通大学国际与公共事务学院副院长、副教授。他的研究涉及族群政治、内战等议题。文章发表于《经济社会体制比较》《国际政治研究》,以及 *International Studies Quarterly*,*China Review* 等中英文刊物,数篇被《新华文摘》《中国社会科学文摘》以及中国人民大学《复印报刊资料》等转载。撰写本书第 11 章。

叶成城,上海社会科学院副研究员,经济学博士,在《世界经济与政治》《学术月刊》《当代世界与社会主义》《当代亚太》《经济社会体制比较》《开放时代》《国外社会科学》等杂志发表十余篇论文,论文《重新审视地缘政治学:社会科学方法论的视角》获上海市第十三届哲学社会科学优秀成果二等奖。撰写本书第 12 章。

叶磊华,毕业于美国加州大学圣巴巴拉分校,获得政治学博士和统计学硕士学位。

现任沃尔玛高级数据科学家。主要研究方向包括政治制度、公众行为、大数据和方法论。当前,他特别关注机器学习、因果分析和社会科学三者如何交汇。与孙龙共同撰写本书第4章。

曾庆捷,复旦大学国际关系与公共事务学院副教授,美国密歇根大学政治学博士。主要研究兴趣为发展中国家政治和国外一党体制。著有《发展政治学》和《告别贫困:精准扶贫的制度密码》(合著)。研究成果发表在《复旦学报》《南开学报》《探索与争鸣》,以及 *The China Quarterly*,*Political Studies*,*Journal of East Asian Studies*,*Journal of Contemporary China* 等杂志。撰写本书第5章。

张长东,北京大学政府管理学院政治学系教授、政治学系系主任。美国华盛顿大学政治学博士。主要研究制度主义、国家社会关系、财政社会学。在《政治学研究》《经济社会体制比较》《公共行政评论》,以及 *Sociological Theory*,*Politics and Society* 等中英文期刊发表论文20余篇。撰写本书第2章。

郑宇,复旦大学国际关系与公共事务学院教授、国际政治系系主任。主要研究领域为国际政治经济学、国际发展、亚洲政治经济、中非关系、对外援助与投资等。多项研究成果发表在《世界经济与政治》,*International Studies Quarterly*,*Third World Quarterly*,*Socio-Economic Review* 等国内外核心期刊上。撰写本书第14章。

左才,复旦大学国际关系与公共事务学院教授,美国威斯康星-麦迪逊分校政治系博士。在《开放时代》《南开大学学报》以及 *Political Studies*,*International Political Science Review*,*China Quarterly*,*Journal of Contemporary China* 等国内外期刊发表论文十余篇,《政治学研究方法的权衡与发展》(复旦大学出版社2017年版)获上海市第十四届哲学社会科学优秀成果一等奖。主持国家社科基金一般项目、教育部人文社会科学研究青年基金项目等课题。与孟天广共同撰写本书第15章。

中国比较政治学的责任（代序）

◎ 唐世平

本书是一项多位学者通力合作的成果。我们的核心目标是希望推动中国社会科学，特别是中国的政治学，尤其是比较政治学的转型。我们也希望我们的努力能够进而推动中国的区域国别研究、社会学以及发展经济学，甚至一部分历史学研究的转型。简单说来，我们希望中国的社会科学家更多地去了解外面的世界，而且是用社会科学的眼光去了解外面的世界。我个人认为，这一转型至少有如下四个方面的意义。

其一，我们希望推动中国的社会科学家能从一个更加全面科学的角度，而不只是从中国与其他国家和地区之间的关系的角度，去研究这些国家和地区。应该说，中国目前对其他国家和地区的研究，一个最普遍的视角是中国与这些国家和地区之间的关系。这样做容易产生的一个问题是研究者难免受到中国与这些国家和地区之间关系的好坏的影响，甚至完全从中国具体的外交立场来研究这些国家和地区，因而不能相对科学地研究这些国家和地区。我个人觉得，从一个更加全面科学的角度做研究是更为可取的。事实上，如果我们不能从一个更加全面科学的视角来研究其他国家和地区，从长远来说，我们的研究也不会对中国处理好与这些国家和地区的关系有益，因为不够科学的研究（包括政策研究），通常会存在相当的偏差和偏见。

其二，我们希望通过推动中国的社会科学家能够从更加全面科学的角度来研究其他国家和地区，进一步推动中国社会科学为世界贡献更多的新知识，从而使得中国的社会科学能够从一个主要是引进和吸收的阶段和水平进入一个贡献新知识的阶段和水平，尽管引进和吸收永远是必要的。无论如何，作为学者，我们总是希望我们自己能够为世界创造一些新的而且具有世界意义的知识。

在相当长的一段时间里，中国并没有现代意义上的社会科学，甚至研究中国本身也是如此，更不用说对其他国家和地区的研究了。因此，在改革开放后，我们花了相当长的时间慢慢地引进和消化现代意义上的社会科学。经过了四十年的引进和消化之后，中国的社会科学多少应该有义务贡献一点新的知识了。

我个人认为，中国的社会科学对世界的贡献可能会来自两个方面的突破。

第一个突破，中国是一个发展中国家，我们深刻地理解现代化道路的艰难、曲折和坎坷。我经常形容说，现代化就像一座孤岛，世界上大概两百多个国家都想往孤岛上游，但目前这座孤岛上大概只有三四十个国家，剩下的一百多个国家，有的已经被淹得不太行了，有的则是抱着某一根树桩或者是某一块石头基本被困住了。而中国，无论我们是用百年国耻还是现代化的坎坷来描述我们过去一百多年的历史，肯定是尝到了很多失败的教训，也积累了很多成功的经验。这些失败的教训和成功的经验就使得我们能够有一个有别于传统西方学者理解的现代化视角。至少，我们对现代化，特别是自1900年之后的现代化历程，有更加切身的体会。

第二个突破，在21世纪，绝大部分学者不会再有西方早期研究发展中国家时有的那种"救世主"的心态或者叫"白人的负担"的殖民者的心态。中国的社会科学家应该可以用更加平等、更加同情的眼光去看待现代化的历程，尤其是发展中国家的现代化历程。而当今的中国社会科学家对现代化的研究一部分基于对我们自身经验的审视，还有一部分基于我们对西方学问的理解、消化以及批评之上。这就使得我们有可能贡献出一些有别于西方既有理解的知识，而其又建立在对发源于西方的现代社会科学的继承之上。因此，中国的社会科学对世界知识的可能贡献并不是要出口中国的模式，而是希望能够给世界上的国家，特别是发展中国家，一些关于现代化的新的视角和新的出发点。

其三，我们也确实希望通过推动中国的社会科学家用更加科学的角度来研究其他国家和地区，从而助力中国在与其他国家和地区打交道的时候，能够有更好的方针、政策和措施。这一转型也意味着，我们对政策影响的追求要从纯粹追求获得领导批示的境界迈向追求基于科学研究的政策建议的境界。

作为中国社会的一员，我们有义务关心中国与其他国家和地区的关系。但是，现在的风气是，关心政策意味着只是为了获得有关领导的批示。这样的风气是有害的。我们关心政策的首要问题应该是关心政策的对错，而不是我们的政策建议是否获得了领导的批示，因为获得领导的批示也并不一定代表这一政策建议是对的。

任何一个政策建议事实上都是基于一个粗糙的或者说一个简单的科学理论之上的。比如，当一位学者提出"我们应该做A，因为这样能达到B的结果"，别人就会问他，"为什么做了A就能达到B呢"？这样的一个"为什么"问题是典型的科学问题，因此，回答这样一个问题就需要科学的手段和做法。如此，我们就很容易理解为什么我们对政策的讨论要基于好的科学研究。只有我们的政策研究和建议建立在好的科学研究之上，才有可能在得到领导批示并成为政策之后对社会产生好的影响。

其四，我们希望通过推动中国的社会科学家从更加科学的角度来研究其他国家和地区,从而让中国公民,特别是受过一定教育的公民,更了解其他国家和地区。换句话说,中国的社会科学家有一项科普的责任:让所有的中国公民能够更客观和正确地了解其他国家和地区。

应该说,我们的不少公民,甚至包括受过相当程度教育的民众,对其他国家和地区的了解是非常肤浅的。这样的一个后果是,在很多场合,一些人对其他国家和人民的态度,特别是对发展中国家和人民的态度表现出无知而傲慢。这是非常糟糕甚至是非常可怕的。

大家可能知道我写过一篇题为《少沉迷中国历史,多了解世界文明》[①]的短文。这篇短文有的人喜欢有的人不喜欢,估计其中的一句玩笑话——"中国不能还是品着《甄嬛传》和《武媚娘》来和现代世界相处"就更是得罪了一大批专攻中国史,特别是中国古代史的同仁。其实,我主要就想说,世界如此之大,我们的精英和民众不能天天只看中国历史。我们的公民,特别是受过教育的公民,至少不应该对外部世界显得那么无知,因而可以用更加平等的眼光去看待其他国家和地区,特别是发展中国家。我们不应该看到发达国家就仰慕,看到发展中国家就鄙视。这是一种非常糟糕的心态。中国的社会科学,特别是比较政治学、区域研究、国别研究、社会学以及发展经济学,必须肩负起这一科普的责任。

最后,让我们感谢所有的撰稿人、评论人和阅读人。我们还要特别感谢王正绪和耿曙两位同仁愿意承担编辑本书的艰巨任务。复旦大学、上海财经大学、云南大学三所学校为本项目提供了必不可少的经费支持,在此一并致谢。我们衷心希望,因为这个项目的参与者来自多所高校,这本书能够成为一本比较广泛使用的研究生和高年级本科生教材,从而在一定程度上对中国的社会科学产生广泛和长期的影响。

---

① 唐世平:《复旦教授:少沉迷中国历史,多了解世界文明》(2018年4月3日),天涯社区,http://bbs.tianya.cn/post-208-100720-1.shtml,最后浏览日期:2019年7月25日。

目 录

第一编 总 论

第1章 政治秩序与政治失序 …… 3
- 第一节 核心概念 …… 4
- 第二节 政治秩序何以实现 …… 7
- 第三节 政治秩序的测量 …… 13
- 第四节 政治秩序的合法性与正当性 …… 14
- 第五节 政治失序 …… 17
- 第六节 未来研究方向 …… 18
- 扩展阅读 …… 19

第2章 西方比较政治学中的国家 …… 21
- 第一节 国家的概念和类型 …… 22
- 第二节 从国家的缺席到重新找回国家 …… 24
- 第三节 国家建构:现代国家的形成 …… 28
- 第四节 未来研究方向 …… 37
- 扩展阅读 …… 38

第3章 政府形式 …… 40
- 第一节 政府形式的概念及其类型界定 …… 40
- 第二节 关于政府形式的理论争论:从19世纪到当代 …… 46
- 第三节 总统制与半总统制的崛起及其成因 …… 50
- 第四节 理论总结与未来研究方向 …… 56
- 扩展阅读 …… 57

第二编 制 度 体 系

第4章 选举与投票 …… 61
- 第一节 选举制度类型划分 …… 61

第二节	选举制度对政党体系的影响	63
第三节	机械过程和"选票-席位非比例性"	66
第四节	"浪费掉"的选票和策略性投票	68
第五节	选举制度和投票率	70
第六节	选举制度对女性和少数族裔代表性的影响	75
第七节	未来研究方向	76
扩展阅读		77

第5章 政党与政党体系 … 79

第一节	政党的功能	80
第二节	政党体系	85
第三节	发达国家变化中的政党-选民关系	91
第四节	发展中国家的政党与政党体系	93
第五节	未来研究方向	96
扩展阅读		96

第三编　国家与社会

第6章 国家-社会关系 … 101

第一节	当代市民社会的定义和组成部分	102
第二节	市民社会理论的主要假设	104
第三节	反思市民社会模型：必然独立吗？	105
第四节	反思市民社会模型：必然民主和团结吗？	109
第五节	未来研究方向	112
扩展阅读		114

第7章 政治参与 … 115

第一节	政治参与的概念	116
第二节	政治参与的类型	120
第三节	理解政治参与：三波研究	124
第四节	政治参与的成因与条件	125
第五节	结论与未来研究方向	131
扩展阅读		132

第8章　政治文化 … 135
第一节　政治文化的分析视角和研究议题 … 136
第二节　公民文化与民主制度 … 140
第三节　理念、利益与政治 … 145
第四节　结论与未来研究方向 … 148
扩展阅读 … 149

第9章　西方主要革命理论 … 151
第一节　革命概述：概念与类型 … 151
第二节　早期革命理论 … 153
第三节　第三代革命理论：结构主义 … 157
第四节　第四代革命理论：关注过程 … 161
第五节　革命的结果 … 164
第六节　未来研究方向 … 166
扩展阅读 … 168

第10章　族群冲突 … 170
第一节　主要概念 … 171
第二节　族群冲突研究的开端与发展 … 173
第三节　大爆发与新发展 … 176
第四节　超越第四波：理论-实证整合与精细化 … 179
第五节　结论与未来研究方向 … 186
扩展阅读 … 188

第11章　冲突与内战 … 190
第一节　理解"内战" … 190
第二节　为自身地位而进行的反抗——不公平与内战 … 193
第三节　寻求反叛的机会——经济理性与内战 … 196
第四节　国家的瘫痪——国家能力与内战 … 200
第五节　结论与未来研究方向 … 203
扩展阅读 … 205

第四编　比较政治经济研究

第12章　西欧早期现代化的经验 ············· 209
第一节　何谓发展：早期现代化维度和概念 ············· 209
第二节　政治发展与国家建设：现代化的浪潮 ············· 212
第三节　国家发展理论：现代化的动力 ············· 215
第四节　具体案例：欧洲现代化的两种路径 ············· 221
第五节　结论与未来研究方向 ············· 225
扩展阅读 ············· 226

第13章　后发现代化的政治经济学 ············· 227
第一节　"发展"是怎么成为问题的：世界体系中的先进与后发 ············· 227
第二节　后发如何实现"追赶"：三种理论视角 ············· 229
第三节　"发展型国家"：指导后发追赶的理论 ············· 234
第四节　后发国家调整转型：发展阶段与发展策略 ············· 239
第五节　发展型国家理论与中国发展 ············· 241
第六节　未来研究方向 ············· 242
扩展阅读 ············· 243

第14章　西方发达国家的经济增长与分配 ············· 245
第一节　多元体制与经济增长 ············· 245
第二节　现代化与福利国家的兴起 ············· 248
第三节　全球化和资本主义多样性 ············· 251
第四节　经济危机和福利国家的转型 ············· 256
第五节　未来研究方向 ············· 258
扩展阅读 ············· 259

第五编　方　法　论

第15章　比较政治学：方法论的进步 ············· 263
第一节　因果关系的四种理解方式 ············· 264
第二节　实验方法与因果推论 ············· 269
第三节　大数据方法与因果推论 ············· 274

第四节　结论 ··· 279
　　扩展阅读 ··· 280

第16章　超越定性与定量之争 ································· 281
　　第一节　偏重定量逻辑的金、基欧汉、维巴范式 ············ 282
　　第二节　好研究的共同标准 ································· 284
　　第三节　定量分析的一些基本原则 ·························· 289
　　第四节　定性分析的一些基本原则 ·························· 292
　　第五节　定性与定量方法结合的一个例子 ··················· 295
　　第六节　未来研究方向 ······································· 296
　　扩展阅读 ··· 298

主要参考文献 ··· 299

后记 ··· 302

第一编
总 论

第 1 章
政治秩序与政治失序

政治秩序是一切政治行为发生的最终宏观环境，也是一切政治行为的最终结果。在古代中国的政治实践中，良好的政治局面被称为"治"——如"天下大治"，其含义也就是国家和社会实现了良好的政治秩序。塞缪尔·P.亨廷顿（Samuel P. Huntington）在《变动社会中的政治秩序》开篇就说，政治的首要问题是治理的"程度"问题，实际上就是说一国能够在多大程度上实现有效的政治秩序。[①] 在中国的政治思想中，社会实现"治"的状态包括社会安定、政局稳定、人民安居乐业等。与"治"相对应，我国古代将政治崩坏的局面称为"乱"。极端的情况下，甚至存在一种"天下大乱"的状态，这就是政治失序。如何使国家和社会跳出治乱循环的困境，实现长"治"久安，便是我国政治哲学的根本关怀和政治实践的重要目标。[②] 可以说，能否形成一定程度的政治秩序，该秩序的性质是好是坏，是一个政治系统最基本的特征。

政治主体的所有政治行为都发生在其所处的政治秩序当中，也都必定受限于其所处的政治秩序。一切政治主体，无论是个人或组织，他们的一切政治行为要么是在生产或再生产新的政治秩序，要么是在修改或试图修改当前的政治秩序，从而寻求一种新的政治秩序。当政治行为者对当前的政治秩序不满意的时候，其政治行为要么不情愿地生产和再生产了政治秩序，要么在主动地修改或试图修改政治秩序。所有政治学的研究，归根到底是对政治秩序的研究。一方面，这包括对各种政治制度、机制、过程、行为如何产生、延续、再生产或破坏、颠覆某种政治秩序的研究。从这个意义上讲，政治秩序是所有政治学研究的终极"因变量"。另一方面，政治学的研究又是关于某种政治秩序通过何种机制而限定、规制、影响政治行为体的行动和选择的研究。从这个意义讲，政治秩序又是政治过程中众多因果关系发生

[①] Samuel P. Huntington, *Political Order in Changing Societies*, Yale University Press, 1968.关于政治是"谁得到什么，何时、如何得到的？"之说法，也即是在说，政治就是政治行为者生产、再生产、修改、推翻、重建其所在的政治秩序的过程和结果。

[②] 中国政治哲学中的另一对重要概念，"兴"和"亡"，则指的是一个政治社群（political community）或命运共同体在不同政治秩序下的命运。良好的政治秩序是"兴"的必要条件，而政治失序的后果则会带来一个政治社群"亡"的命运。

的原因或原因之一,因此也是众多政治学研究的最终"自变量"。

本章首先讨论政治秩序以及与之相对应的政治失序概念。随后,本章讨论比较政治学中政治秩序和政治失序的理论和实证研究中关注的几个重要问题,包括:(1)政治秩序如何实现;(2)政治秩序如何测量;(3)什么是好的政治秩序,包括关于政治秩序好坏的重要概念,即合法性,如何定义,怎么测量;(4)政治失序为何发生。最后本章推荐一些深度阅读材料以及研究议题,供进一步的学习和研究参考。

第一节 核 心 概 念

一、政治秩序概念的定义、层次、维度

虽然政治秩序是政治生活中最重要的概念之一,也是政治学乃至所有社会科学研究的终极因变量,但学术界对政治秩序的定义并不清楚。亨廷顿在1968年出版的《变化社会中的政治秩序》一书中关注了"政治秩序"这一重要概念,但是该书并没有对什么是政治秩序给出一个定义。他认为"政治秩序"是一种理想的状态而非现实。所以,该书的主要内容是对"失序"的讨论,也即是对中国政治语境中相对应的"乱"的状态(比如暴力、革命、冲突、政治动荡等)的研究和讨论。类似地,学术界多数的研究只是关注秩序如何实现、如何维持、如何变化、如何(为何)崩溃等主题,而从未对"秩序"这一概念给出清楚的定义。严格地讲,秩序是一个社区或社会系统中各种事件的可预测性(predictability)。[1] 政治秩序是一个政治系统或社会中,各种政治行为人[2]在政治制度和社会规范规定的空间和规则中采取行动来获取个人利益和群体利益的所有行动造成的结果。当这种行动带来的结果是可预测的、具有稳定的趋势或模式的,则该社会或政治系统就获得了政治秩序。国际关系学界的著名学者理查德·内德·勒博(Richard Ned Lebow)将政治秩序定义为"符合一般接受的规范的可理喻的、可预测的行为"。这一定义虽然将秩序定义成了"行为",但其重点亦是政治系统的可预测性。[3] 如果这些政治行为和它们所带来的后果是不可预测、超出预期、一般人难以接受(即勒博说的"不可理喻")的话,

---

[1] Shiping Tang, "Order: A Conceptual Analysis", *Chinese Political Science Review*, 2016, 1(1).
[2] 本章中的"政治行为人""政治主体""政治行为者"三个概念相互通用,都指的是政治过程中的参与者和行动者。既包括自然意义上的个人,也包括组织(如政党、社团)、机构(如政府部门、企业)。
[3] Richard Ned Lebow, *The Rise and Fall of Political Orders*, Cambridge University Press, 2018.

则该社会或政治系统就处于一种失序,也即是"乱"的状态。①

政治秩序是一个变量。一个具有良好政治秩序的社会或政治系统,其政治活动结果是可预测、具备比较稳定的模式的。也就是说,在这样一个政治系统内,政治事件的发展和相互作用会遵循或表现出某种模式。相反,在政治秩序较差的政治系统内,其政治活动的结果是不可预测的。在前一种状态下,作为社会科学研究对象的政治秩序这个变量的值就是正的、取值较高的。反之,处于失序状态的社会或政治系统,其"政治秩序"变量的取值是负的、较低的。一般来说,绝对的有序和绝对的失序是两种理想或抽象状态,多数政治体在多数时候都处于完全有序与完全失序之间。同时,政治秩序是一个政治系统的特征(property),是所有行为人的互动形成的一种客观结果。因此,一个政治系统或社会的政治秩序又是外在于政治行为人的。一方面,政治行为者的行动生成了政治秩序;另一方面,政治行为者的行动选择都受其所处的政治系统的政治秩序的影响和限定。

按照唐世平的框架,对政治秩序的定义和研究可以分成五个层次。第一,在最基本的层次上,政治秩序是指一个政治系统内部各种事件和发展的可预测性,这是对政治秩序的概念的总体性和基础性定义;第二,政治秩序和一个政治系统中的权威、权力、统治、结构、稳定性、合法性等概念密切相关,需要加以区分,本章后文将对这些概念与政治秩序的关系进行一定的讨论;第三,对政治秩序需要进行概念的操作化,使之成为可以用实证数据加以测量的变量,才可以进行实证的研究;第四,政治秩序如何产生、如何形成,是关于政治秩序的因果关系的研究;第五,某种政治秩序是好是坏、何种政治秩序是好的、何种政治秩序是坏的,这是关于政治秩序的正当性与合法性以及优劣的规范性研究。②

对秩序的理解还有几个问题需要注意。第一,秩序并不是静止的状态或无变化的状态。事实上,政治生活中时时都在发生变化、出现新的事件、过程。良好的政治秩序需要具有足够的空间容纳变化和新的事件与过程。一直固定的、无变化的秩序并不见得是良好的秩序,那些对变化形成障碍的秩序则会面对被挑战和颠覆的压力。第二,秩序也不一定等同于稳定。政治稳定只代表一种政治秩序,即一个政治系统在某些或所有的维度、领域内长期未出现或不能出现显著的变化的一种状态。过分追求政治稳定,因而拒绝政治变化或政治秩序的演进,也有可能带来现有政治秩序因失去合法性而遭到急剧的挑战,造成政治失序;另一方面,稳定的

---

① 秩序作为系统的一个特征的概念(即一个系统是不是有秩序、有怎么样的秩序)的同时,在更高的层次上,一个具有一定秩序的单位(如社区、社会、国家等)亦可称为一个"秩序"——相对完整的、能按一定秩序运行和存在的政治或社会社群或政治体。本章只讨论秩序作为政治系统的特征的概念,而不考虑秩序用来指定一个具有秩序的系统的概念。

② Shiping Tang, "Order: A Conceptual Analysis", *Chinese Political Science Review*, 2016, 1(1).

政治秩序,也应包含着发生变化和出现创新的空间。第三,类似的,政治秩序中并非不能容纳暴力、冲突等非平和性的行为和事件的发生。① 事实上,一定程度的抗争、暴力、冲突并不总是足以威胁到一个社会和政治系统整体的秩序。比如,在很多情况下,一个政治系统中如果有某些政治主体对当前的秩序不满意的话,他们就有可能试图改变政治秩序,而他们采取的方式有可能是非和平的、冲突性的。一个政体的政治秩序如果是稳健的,也即有韧性和弹性的,那么其应当可以容纳、承受系统内发生的一定程度的对该政体的政治秩序的非和平的、冲突性的挑战。第四,政治秩序与治理绩效也是不同的概念。良好的政治秩序是一个政治体治理绩效的一部分,但是其他各种良好的治理绩效,比如经济良性发展、人民安居乐业,也是一个政治系统运作的结果。一般认为,一定程度的稳定的政治秩序是实现良好经济社会绩效的前提条件,②而任何一种政治秩序,也包含有这种政治秩序应该带来什么样的治理效果。例如,一些政治秩序偏重社会经济发展,另外一些政治秩序则侧重对公民自由的保护和对政府权力的限制。勒博认为,良好的政治秩序需要给成员带来平等与公平。③

二、国家、政治社群、社会

在讨论政治秩序的时候,我们还需要对与其密切相关的几个概念进行说明。现代社会政治活动的基本单位是我们常说的国家。作为一个由国际社会认可的、由领土和主权的人群组成的"国家",在英文中对应的是"country"的概念。这样的"国家"也基本可以被称为一个社会、一个经济体。在政治学的语境中,这样的"国家"也称为政治社群(political community)、政治体(polity)。而治理这样一个国家的权力和管理机关的总和,在中文中被称为"政府"的国家,则对应的是英文中"state"的概念。在政治学中,"国家"的概念更多的是"state"的概念。例如,本书第2章即将讨论的现代"国家",指的是现代形式的治理社会的政治、行政、司法等机关组成的国家机器和政府体系。在本章和本书中,"国家"既有可能指的是作为一个"政治社群"或"政治体"的国家(country),也有可能指的是作为政治权力机关的总和的国家(state)。为了叙述的清晰,不少时候,我们需要用"政治社群""社会""政治体"等词汇代替"国家"(country)一词。

---

① Richard Ned Lebow, *Avoiding War*, *Making Peace*, Palgrave Macmillan, 2018.
② Shiping Tang, "What Do Institutions Do exactly? Toward an Understanding the Institutional Foundation of Economic Growth", Working Paper, East Asian Institute, National University of Singapore, 2006, No. 126.
③ Richard Ned Lebow, *Avoiding War*, *Making Peace*, Palgrave Macmillan, 2018.

第二节　政治秩序何以实现

一、政治秩序的由来与实现

中文的"政治"一词,对应英文的"politics"一词,但含有更丰富的内涵。英语中的"politics"主要指一个政治系统里的行为者为了竞争权力和分配利益而采取各种行动和互动,这些活动共同决定了政治的后果。这个意义上的政治,即是政治行为者试图争夺和分配利益的过程及其结果。① 中文的"政治"一词,还含有政治活动需要通向某种良性的政治秩序和治理绩效的含义。拆开看,"政"和"治"二字都含有规范的(normative)意义。"政"含有政治活动——主要是国家的当政者在制度设计、政策选择等方面的行为——要为社会提供良好的公共产品的责任或目标的意义。也即是说,"政"字本身就含有"善政"的意义——为政应该给社会带来良好的政治、治理局面。这也可以联系到古人"政者,正也"②的论述。"治"则含有政治活动、治理行为需要带来良好的治理效果的意义。"贞观之治""文景之治"这类提法中的"治",指的是良好的政治局面、国泰民安、天下富足等,即是现代政治学中的"善治"或"good governance"的局面。而"天下大治""治乱循环"中的"治",则指的是良好的政治秩序。

从人类组成社群来共同生活开始,就需要实现某种秩序。在实现了基本的政治秩序以后,则需要考虑如何提高政治秩序的质量。③ 秩序的实现必须依赖制度,即关于某种行为的规范和规则。④ 规则和规范规定了人的行为必须在各种各样的边界里发生,于是就有了可预测性,一个社群内部个体的互动就形成了一种秩序。勒博认为人类社会有两类秩序:由下而上形成的秩序,往往是在一个群体内人们互动过程中自发形成的;而由上向下的秩序,则需要一定的权力机构来确立并/或维护。⑤ 这一区分非常有利于我们理解秩序的形成与运作。在人类社会出现以后,最初应当是小范围内形成一种自发的、由下而上的秩序。当人群规模变大、人群的行动变得复杂起来,自发的秩序就无法维系了。当某种专门的机构垄断了一个政

---

① 正是在这个意义上,才有拉斯韦尔的政治即是"谁得到什么、何时、怎样得到的?"之定义。参见 Harold D. Lasswell, *Politics: Who Gets What, When and How*, McGraw-Hill Book Company, 1936。
② 《论语·颜渊篇》。
③ 政治秩序的质量如何定义和测量,又是非常复杂的问题。详见下文。
④ 道格拉斯·诺斯(也译道格拉斯·诺思,本书以"道格拉斯·诺斯"为准)是对制度给出最权威定义和最完整的讨论的,参见 Douglass C. North, "Institutions", *Journal of Economic Perspectives*, 1991, 5(1)。
⑤ Richard Ned Lebow, *Avoiding War, Making Peace*, Palgrave Macmillan, 2018.

治社群内使用暴力的权力,确保该社群成员的行为服从社群的各种规则出现的时候,这个机构就具有了政治权力,可以对社群确立(impose)某种政治秩序,并使用暴力权力要求成员们遵循一系列的规则,从而使该秩序得以存在和延续。这种垄断了本社群政治权力的机构,在后来就成了政府或国家。一般的观点普遍认为,国家的诞生和起源的原因之一就是为了解决暴力横行的问题。国家成功垄断了暴力的使用后,还需要解决国家自身肆意使用强制力的问题。国家需要垄断暴力,也需要有效地使用国家的权力,同时还需要对国家的权力(包括使用暴力的权力)进行有效的限制。另一种理论则认为,国家出现的主要目的之一,是为了解决公共产品的提供问题。在中国古代,为了解决水患,单个政治社群就需要有类似国家一样的机构和程序来解决社群的整合、协调、合作,以便生产和分配公共产品。① 为了实现这些以及其他一些目的,国家和政府所规定和实施的规则一起就形成了制度,或更具体地讲,形成了一种政治制度。②

国家(state)即是实现一个政治社群的政治秩序的机构的总和。一方面,对一个足够大的社群来说,没有国家或某种类似国家的准国家机构,就没有政治秩序。国家或类似国家的机构组合不是政治秩序出现的充分条件,但一定是政治秩序实现的必要条件。另一方面,虽然国家的重要功能是实现政治秩序,但国家在实现政治秩序之外,还有很多其他的功能,例如提供公共服务。③ 国家出现以后,就具有强烈的从上向下建立、加固政治秩序的需要,以维护国家的统治、扩大国家的经济基础、增强国家的财政、军事、管制等能力。这种情况下,与政治秩序相伴的,就是个人生活被管制在国家限定的范围内。因此,全球各地一直存在人口主动脱离国家控制、退缩到国家能力无法触及的山区、海岛上生活的历史。④ 但是,现代以来,随着交通、通信等技术条件的变化,国家对自己领土内的控制已经大大提高,在国土内实现完整的控制已经成了政治秩序的重要特征。

丹·斯雷特(Dan Slater)发现,要实现有效的政治秩序,国家必须能够依赖于强制(coercive)、分配或奖赏(remunerative)、象征性(symbolic)三种权力。国家首先要能实现对暴力的垄断。这要求国家对军队的全面、有效控制,剥夺和禁止、限

---

① [美]卡尔·A.魏特夫:《东方专制主义——对于极权力量的比较研究》,徐式谷等译,中国社会科学出版社1989年版。
② S.E. Finer, *The History of Government from the Earliest Times*, Vol. 1-3, Oxford University Press, 1999.该书有中译本。该书第二章详细论述了国家(state)的起源和发展。当然,政府或国家(state)除了对社群内部成员施行(enforces)规则以外,还有更重要的功能是要组织社群的成员对外进行防卫。无论如何,国家或政府实施规则、包括社群成员如何参与对外防卫的规则的目的,是为了保护和扩大社群成员个人的和共同的利益。
③ 本书第2章就提到,米格尔·森腾诺(Miguel Centeno)等人就认为国家是一种提供秩序和公共物品的组织化支配的形式。
④ 参见詹姆斯·斯科特(James Scott)的有关著作。

制非国家个体和群体拥有和使用武器、凶器以及对社会其他成员行使暴力,包括盗窃等侵犯公民财产的行为。因此,国家实现政治秩序的首要任务,是建立和有效控制与使用军队、警察、司法机构。在垄断了暴力之后,国家还必须有建立足够的财政汲取能力,才有财政能力通过分配和奖赏,运作众多生产、维护、修改政治秩序的机关和系统。对政治秩序的生产、再生产,需要国家提供大量的公共产品,所以国家对财政资源的需要,远远不止用于建设、运行暴力机关的需要。学术界对于现代国家的强制力(即垄断和合法使用暴力的能力)和财政汲取能力的研究已经比较充分。[①]

斯雷特提到的国家的第三种权力,即象征性的权力,学术界似乎尚未系统性地叙述。要生产一个社会的政治秩序,光依靠对暴力的垄断和使用以及为社会提供公共产品或私人产品(例如为社会成员提供福利)是远远不够的。国家必须将一整套该政治体系中的政治与社会生活赋予意义、内涵(meanings)的理论、叙事、说法并内化到公民心中。简单地说,这些对现世社会政治生活赋予意义的说法,就是一个政治系统赖以存在和延续的一套意识形态。在中国古代儒法国家形成的过程中,一个国家依赖垄断暴力和财政汲取的能力,可以控制一个巨大的政治系统(如秦帝国)。但一个政治系统要能够长期地维持一种政治秩序,需要有一套意识形态来赋予该政治秩序正当性。儒家的意识形态就为古代中华体制提供了合法性或正当性,使得政治系统里的成员都内化了这种意识形态、价值观,从而主动地接受那个政治秩序并参与到该秩序的再生产中。[②] 国家塑造一套意识形态并有效地将意识形态灌输给社会,是实现政治秩序的重要方式。斯雷特框架中的"象征性"维度,其实就是指社会精英愿意赋予和支持国家拥有和使用这种塑造和传播意识形态的能力。

可见,为了实现政治秩序,政治权力归根到底是对暴力垄断、资源汲取、意识形态的生产与传播这三个领域工作的控制、管理、执行的权力。在此基础上,国家还需要垄断使用财政资源来生产、提供公共产品和分配福利的权力,通过使用这些权力来实现改善社会成员的福祉(welfare)。在概念的层次上,我们可以看出,社会(政治社群)是内涵最宽的一个概念。政治秩序涵盖的范围仅次于社会,它是一个社会最基本的特征。而国家和权力都是实现秩序和其他政治社会现象的基础,其涵盖的范围在政治秩序之内。[③]

[①] 参见本书第 2 章"西方比较政治学中的国家"。重要的作品以查尔斯·蒂利(Charles Tilly)研究欧洲现代国家为代表,参见 Charles Tilly, *Coercion, Capital, and European States, Ad 990-1990*, Basil Blackwell, 1990。华人学者何文凯的关于现代国家的财政能力建设也是非常出色的,参见 Wenkai He, *Paths toward the Modern Fiscal State: England, Japan, and China*, Harvard University Press, 2013。
[②] Dingxin Zhao, *Confucian-Legalist State: A Theory of Chinese History*, Cambridge University Press, 2015.
[③] 唐世平将这些概念的关系模式化为:社会>秩序>结构>制度。其中,结构就是一个政治体系中各种制度构成的制度系统。Shiping Tang, "Order: A Conceptual Analysis", *Chinese Political Science Review*, 2016, 1(1)。

二、政治制度与政治秩序

政治秩序必须通过国家及其代表的政治制度来实现。西方语境中的"politics"尽管强调政治过程中的争夺、竞争、分配,但是西方的政治哲学也强调通过合理的制度设计带来良好的政治秩序。"制度"(institutions)就是约束、规定,指引人们在社会、经济、政治行为的规则、规范。制度一方面包括正式的如国家立法机关确立的法律、法规,一个社区居民共同拟定的、明文印出的公约等;另一方面也包括非正式的、并无明文规定但是被大家普遍接受的规则、规矩、规范。同时,还需要注意,制度既包括管制、约束行为的内容的规则与规范,即可以做什么、不可以做什么的方面;也包括管制、约束行为的方式与顺序的规则与规范,即做一件事情应当先怎么样、再怎么样的方面。可以看出来,一旦制度被创造出来,并得到社会成员和政治行为者的认可和服从,就可以带来一定的社会生活、政治生活的秩序。这是因为,一旦社会成员和政治行为者认识到自己的行为应该服从某种规则,而且别人的行为也服从某种规则,自己和他人的行为就有一定的可预测性,系统中各种事件的发生就具有可预测性。在这个意义上,制度虽然首先是约束和规范人的行为,但是在有了大家都认可的制度框架后,人就可以在制度的框架内从事各种活动、采取各种行动。这样,制度的作用就不再是规范和约束,而是促进。

作为规则和规范的制度要真正能够起作用,真正能约束和规定人的行为,就需要有执行这些规范和规则的机构或机关、组织(agency, apparatus, organization)。例如,现代政治生活的一个基本规则是公民必须纳税,从而国家可以依靠财政资源来提供公共产品。要实现这一规则,就需要一系列机构:税务机关核算每个公民的收入和应缴税额,银行系统将公民缴纳的税款转交给税务机关,检察院系统、公安系统、法院系统对拒绝缴纳税款的公民或企业进行调查、审判、惩罚等。再例如,现代政治的另一个规则是政府官员、政治领导人的决策必须考虑、回应公民的需求。要实现这一规则,需要有机构和程序来确保公民的需求能够得到有效的表达,公民的需求能够传递到政府官员和领导的决策程序之中等。同时也还要有适当的机构,在公民认为政府官员没有回应公民的需求时,对政府官员发出提示、警示。在西方代议制民主的政治体制中,议会就是这样一个机构:议员的主要工作就是将自己选区里的公民的需求传达到政府的决策过程之中。在中国的政治体制中,执政的中国共产党的党员和各级党组织、国家政府的各个部门也都承担着将公民和社会的需求传达到党和政府的各级机构的决策过程之中的责任。其他的一些机构,如新闻工作部门、各级人民代表大会和政治协商会议、共青团和其他群众团体,也都承担着将公民的需求传送到党和政府的决策过程中的责任和作用。

各种政治机构就是制度的机构载体和执行者。在英文中，机构与制度两个概念通常都使用"institution"一词，而多数人谈到"制度"的时候，往往想到的是代表某一制度的机构和系统。例如，谈到议会制，往往想到议会，而忽视了"议会制"主要是一种代议政治的规则。① 有了议会这一机构，才可以通过议员的选举、议员和选区公民的联系、议会里的辩论、议会里的投票等制度使"议会制"这一政治制度（即规则）得以实现。于是，一般意义上，人们通常将政治制度理解为政治生活、政治活动中的规则以及执行、运作、承载这些制度的机构和机构体系。这样，"制度建设"就不仅仅指的是创建、发展某种规则，更重要的是要创建、发展相应的机构使得规则得以实施。②

什么样的制度体系能够使一个政治系统形成良好的政治秩序呢？亨廷顿的经典论断认为最重要的是政治参与，实际上也就是政治吸纳制度。他认为，一个社会从传统社会向现代社会转型的过程中——也就是他说的"变化中的社会"——会有大量的新的社会群体产生政治参与的需求。③ 一个政治系统中需要有足够的制度来吸纳公民的政治参与需求。如果制度化的参与渠道、参与机制不充分的话，公民的政治参与需求就会通过正式制度之外的途径表达出来，就导致了政治失序。④ 20世纪中后叶政治学研究中兴起的这一波现代化理论的文献，⑤对各国的学术界和政府的政策研究部门的人士似乎都产生了影响，自20世纪末期开始，中国也将"扩大公民的有序政治参与"列为政治建设的重要内容。⑥ 但是，亨廷顿也强调很多其他政治制度对政治秩序的重要性。在比较欧美政治现代化的过程时，他强调国家对政治权威（authority）的集中和垄断，强调行政、立法、司法、军事功能的区分等。他认为，良好的政治秩序的实现需要有效的官僚体制、组织良好的政党、高度的公众政治参与、国家对军队的有效控制、政府对经济行为的介入、国家权力的有序交接、对政治冲突的管控等制度组合。

---

① 参见本书第3章"政府形式"。
② 英文的"institution building"在很大程度上也就指的是政治机构的建设，而比较政治、治理、发展研究等领域里"能力建设"（capacity building）也主要指的是建立能提供某种能力的机构工作。
③ Samuel P. Huntington, *Political Order in Changing Societies*, Yale University Press, 1973.
④ Samuel P. Huntington and Joan M. Nelson, *No Easy Choice: Political Participation in Developing Countries*, Harvard University Press, 1976.
⑤ 如 Gabriel Abraham Almond and Sidney Verba, *The Civic Culture: Political Attitudes and Democracy in Five Nations*, Princeton University Press, 1963; Alex Inkeles, "The Modernization of Man", in *Modernization*, Myron Weiner, ed., *Modernization*, Basic Books, 1966; Myron Weiner, eds., *Modernization*, Basic Books, 1966; Alexander Gerschenkron, *Economic Backwardness in Historical Perspectives: A Book of Essays*, Oxford University Press, 1962; Seymour Martin Lipset, *Political Man: The Social Bases of Politics*, Doubleday, 1960; Seymour Martin Lipset, "Some Social Requisites of Democracy: Economic Development and Political Legitimacy", *American Political Science Review*, 1959, 53(1).
⑥ 2002年中国共产党第十六次全国代表大会的报告中正式将"扩大公民的有序政治参与"列为政治建设的重要内容。

制度与政治秩序的关系还牵涉对"制度"这一概念的理解以及对政治的属性的理解。各种"制度"的涵盖可以很宽,包括一系列更加具体的制度。例如,弗朗西斯·福山(Francis Fukuyama)关于政治秩序的理论框架,认为政治秩序的实现依赖国家、法治、政府的责任性三组制度。① 上文提到的斯雷特的理论框架则认为,国家要实现政治秩序,首先要垄断暴力、资源汲取、意识形态三种权力,所以一个政治体首先要有实现国家的这三个功能或作用的制度体系。这两个框架中的三种"制度",都是涵盖着大量的具体"制度"的制度。在福山的理论框架中,国家这一制度必然包括了暴力的垄断和使用的各种制度,也包括了财政的汲取和使用的各种制度;法治也包括立法、司法、执法的各种制度;责任政府的制度,也要由各种具体的制度构成。按照斯雷特的理论框架,一个政治体系要实现国家对暴力、汲取、象征意义三方面的有效垄断,在每一个方面也都需要构建一系列的制度。

一个政治体系究竟要依赖什么样的制度来实现政治秩序,又和我们的观察视角有关。强调国家对暴力、汲取的垄断和使用,是一种"国家中心主义"的视角。即认为一个政治体系中,国家是起主导作用的。这样一种视角下,一个政治体系里还需要有各种提供公共产品、维护市场和社会秩序、增加或提供社会福利的制度,等等。国家的各种制度是统领、协调、推动各种社会、经济、政治活动的主体。但是如果我们以"社会中心主义"视角来思考,则一个政治体系里首先要有社会整合与包容的制度,即为保障全体社会成员平等享有权利与承担责任的制度,保护社会成员良性互动、共同努力提高本人和公共利益与福祉的制度;要有合适的社会成员利益表达的制度;要有将社会成员的各种利益加以整合、集成,以供政治决策过程中加以辨析、权衡的制度;要有整个政治社群或该社群各个部分的决策制度,形成共识的制度,将共识加以传播、对大众进行说服的制度;要有政策执行的制度以实现根据社会成员表达的需求制定的政策目标;要有监督的制度以实现社会成员对国家机关和机构的监督等。如果按一个社会的各种行动领域来划分,一个提供良好政治秩序的制度体系要包括经济制度、政治制度、文化制度、社会制度等。② 西方比较政治学的主流视角,则倾向于将全球各政体分成"民主""专制"等几种类型。在这种视角下,专制的政体实现政治秩序的制度包括镇压、恐吓、信息控制、隐藏、欺骗、服从的生产等制度,同时也包含一些选举、协商、透明性、分权的制度。而生产

---

① Francis Fukuyama, *The Origins of Political Order: From Prehuman Times to the French Revolution*, Farrar, Straus and Giroux, 2011.
② 中国共产党第十八届中央委员会第三次全体会议提出的建设现代国家治理体系的目标,就将现代国家治理体系的内容定义为五个组成部分:基本经济制度、政治体制、文化体制、社会体制、生态文明体制。这和 2012 年以来,中国共产党将现代国家的建设和发展从过去的"四个现代化"、"三位一体"(即经济、政治、文化建设)、"四位一体"(即经济、政治、文化、社会建设)发展为经济、政治、文化、社会、生态建设"五位一体"的理论是对应的。

民主的政治秩序的制度则包括保护和赋予公民权利的制度、政治权力的责任性制度、代表制度等,这些制度进一步具体化,则包括言论和新闻自由的制度、多党竞争性选举或合作的制度等。无论采取什么视角来确认各种政治制度及其组成部分,所有政治制度的终极功能均是为了实现政治秩序。

第三节　政治秩序的测量

任何社会科学的概念都必须可以测量。政治学成为社会科学的一个独立学科以来,在对概念的可操作化、可测量化上已经走过了很远的路程。目前为止,最完整的政治秩序测量指标体系应该说是美国和平基金会设计和执行的"脆弱国家指数"(fragile state index,FSI)。该指数其实测量的是政治秩序的反面,即政治失序的程度,即全球所有国家的国内政治、经济、社会状况是否处于崩溃或临近崩溃的状态。这一体系最早包括12个综合指标,涵盖社会、经济、政治三个领域。

社会指标

(1) 人口压力:主要测量一国粮食和其他维持生命的资源相对于该国人口的压力,也包括源于疾病、自然灾害、环境危害对人口形成的压力,以及政府应对这些压力的能力意愿。

(2) 难民和国内人口流离失所者:主要测量国民向国外逃离或在一国内部流离失所的情况,以及政府和社会应对难民的能力和效果。

(3) 群体对立:主要测量一国内部不同群体(族群、阶级、教派、地域)之间存在矛盾或暴力冲突情况。

(4) 人员逃离和人才外流:主要测量高素质、受教育人口的外逃或外流。

经济指标

(5) 经济发展的失衡:主要测量一国内部教育、就业、经济地位上不平等和不公正程度。

(6) 贫穷和经济衰退:主要测量一国内经济衰退与恶化的情况。

政治指标

(7) 政权合法性:测量公民对国家机构的信心、政治腐败程度、民主政治的发展水平等。

（8）公共服务：测量一国提供的基本服务如医疗、教育、卫生、公共交通、警察、基础设施等。

（9）人权与法治：测量一国对基本权利的违反或不均衡保护，这标志着国家无法履行其主要责任。

（10）暴力部门的受控程度：测量一国是否能够有效地控制、管理暴力机关如警察、安全部门、军队，是否存在私人武装、叛军等。

（11）政治精英分裂：测量一国的统治精英和国家机构是否有效整合，还是精英和政府部门之间内斗严重，精英主动制造和利用社会裂痕等。

（12）外部干预：测量一国是否受到或接受外部的干预，包括外国提供的经济、技术援助、国际维和人员、外国军事干预等。

上述指标是向政治秩序的操作化、可测量化上迈出的重要一步，但对政治秩序的测量依然需要进一步的尝试和改善。① 一方面，上述脆弱国家指数测量的其实是一国政治失序或政治崩坏的程度，而不是一国的政治秩序。换句话说，这一指标体系比较好地反映了什么样的政治秩序是坏的政治秩序，却不太能够反映什么样的政治秩序是好的政治秩序；另一方面，政治秩序的测量，不光要测量到政治秩序的水平，还需要测量到该政治秩序的其他重要特征。唐世平提出，政治秩序的测量有四个维度。第一个维度是政治秩序覆盖的人口和区域。人口越多、地理面积越大的政治社群实现政治秩序的难度就越大。第二个维度是对暴力的垄断程度。与此对应可以测量对暴力的相对垄断程度，即暴力不受国家垄断的程度。这样，一国私人军队、反政府武装、民间使用暴力的能力等，即可用来反向地测量一国的暴力垄断程度。第三，政治秩序的制度化水平。这包括制度化的范围或广度，即政治秩序中实现制度化的领域和制度化的深度，也就是制度在各个领域中的穿透度。第四，某种政治秩序被公民主动接纳、内化的程度。② 如何将政治秩序的这四个维度操作化成可测量的变量，以及这四个维度如何整合成一个单一的指标，依然有待进一步的工作来实现。

第四节　政治秩序的合法性与正当性

"合法性"（legitimacy）是社会科学，主要是政治学里的一个重要概念，指的是

---

① 2017年起，该组织将原来列为政治指标的第10和11个指标单独列为一组，称为"社会聚合力"组。同时，将第12个指标单列为一组，称为"横跨全部"（cross-cutting）组，意思是该指标涉及经济、社会、政治等所有领域。这样，该体系调整成为5组、12个指标。
② Shiping Tang, "Order: A Conceptual Analysis", *Chinese Political Science Review*, 2016, 1(1).

政治秩序、政治制度、政权的拥有者是否符合正确的规范即道德原则，也指该政治主体作为一种权威被公众同意、承认、接受。① 考虑到"合法性"三个字含有符合某种法律、不违法等法学上的含义，学者提出用正当性、认受性、正统性、正确性、合理性等词汇来对应英文的"legitimacy"的概念。② 本书接受合法性和正当性两个词汇均可用来指代"legitimacy"的概念。如此，一个政治秩序的合法性可以从两个方面来定义。一方面，主观的合法性，指的是公众对于一个政治秩序的认可和接受，承认它是合理的、符合规则和道德规范的。这里的"主观"一词，表示的是公民即该政治社群里的政治行为者对该政治秩序的主观判断和感受。换句或说，主观合法性指的是一个政治社群的成员是否认为其所处的政治秩序是合理的、符合道德规范的、值得公民给以支持。另一方面，政治秩序的客观合法性，指的是它符合某种客观的合法性标准。比如，一个政治体系的政治秩序应该符合让所有公民有均等的机会获得公共产品的分配这一原则。客观的合法性往往需要从某种给定的政治价值原则以理性的方式推导出一系列合法性的标准，例如，政治秩序是否符合公平与公正的标准、是否反映了民意、是否惠及人民等。这样理解政治秩序的合法性，也称为从上而下的合法性视角。

政治秩序的合法性与政权（regime）、政体（regime type）、政治制度、国家（state）的合法性密切相关，但是需要加以区别。国家和政权基本上是一对相同含义的概念，即垄断暴力、汲取资源等权力和提供社会治理的机关的总和。政体和政治制度也基本可以算是一对含义相同的概念，指的是组织国家和政权的方法、原则。国家按照某种政体类型或政治制度来组建，而政治行为者按照各种政治制度，通过组成国家的各种机关、程序参与政治行动，共同生成了政治秩序。从这个意义上说，不同的政体类型是出于实现某种政治秩序的目的而设计的不同的政治制度的组合。例如，自由民主政体，其政治制度的设计就是为了实现一种公民权利得到保障、公民直接参与政治领导人的选择、公民和国家的立法机关有直接的代表程序，以及其他一些政治后果的政治秩序；社会主义政体制度的设计则要实现无产阶级及其盟友（主要是农民阶级）掌握国家的权力和分配社会、经济资源等。这样看来，一种政治秩序的客观合法性，就在它体现和实现的道德规范是否符合公众和政治社群的利益，而且是否真正地实现了这些道德价值（比如保障公民的权利和保障无产阶级对国家权力的控制和实现无产阶级及其盟友福祉的提高）。实现该政体

---

① 在英文里，这个词是 legitimacy，翻译成中文的"合法性"是否适当，学术界还有争论。"合法性"的译法容易让人误认为合法性（legitimacy）是符合、不违反某种法律的意思。
② 孙关宏等认为中文"合法性"对应的应该是英文"legality"或"lawfulness"概念，参见孙关宏、胡雨春、任军锋主编：《政治学概论》，复旦大学出版社 2003 年版。有学者进一步阐明了"legitimacy"和"legality"这两个概念的差异，参见 David Dyzenhaus, *Legality and Legitimacy: Carl Schmitt, Hans Kelsen and Hermann Heller in Weimar*, Oxford University Press, 1999。

应该的道德目标,一方面要求有合理的制度设计,另一方面要求制度的良好运作。

西方比较政治学界的基本实证研究和规范分析框架,将全球各国的政治制度分成几种政体类型。自 20 世纪初社会主义国家苏联的建立起,以及后来法西斯主义在德国成为一种实际存在的政体后,西方就以"民主"作为唯一具有合法性的政体类型。冷战开始以后,西方学界更进一步将多党制竞争性选举作为界定一个政治制度是否民主的标准。[1] 自由民主一方面是一组政治制度的组合,另一方面也是一套政治秩序的规范。同样的,西方政治学中的"威权主义"一方面代表一类政治制度,另一方面也代表着一种政治秩序。因此,西方的政治学理论体系认为自由民主是唯一具有客观合法性的一种政治秩序,或者是客观合法性最高的一种政治秩序。整个 20 世纪的西方政治学都建立在这种基本价值判断之上,即任何政治体如果不是或尚未建成稳健的自由民主政体,其政治秩序的客观合法性都不充分。

这一理论和价值基础需要被检查和挑战。首先,民主的原意是人民当家作主或人民掌握政治权力。在现代政治中,民主主要表现为政治权力对公民意愿的服从。但是,实现这一价值目标的方式也有很多种,不应该仅仅和多党竞争性选举画等号。其次,政治的道德规范远不止这一点。一个良好的政治秩序,需要实现很多样的道德目标,并且需要在不同的道德目标中进行取舍和权衡。自由民主的价值观与其他的一些政治价值体系,包括社群主义、人本主义、民本主义乃至国家主义等,有相当显著的重叠。良好的、道德的、合理的政治价值不应该被某一个单独的标签(如"自由民主")垄断。再次,即便我们认可"自由民主"这一概念可以用来代表人类唯一合法或正当的一组政治价值,我们也不能简单地解释,这其中的某些政治价值就必须以某一种政治制度来实现。例如,"政治代表"(political representation)一方面是实现治理与秩序的一项功能或程序,同时也被认可为一种正当的政治价值。但是,政治代表是否一定要通过多党制的竞争性选举产生代议机关来实现,则完全是需要争论的。事实上,"民主"这一概念已经含有显著的意识形态特征,已经无法作为学术讨论的客观标准。学术界应该就政治秩序的合法性展开争论,寻找能够描述政治秩序的客观合法性的概念和道德规范,并进一步实现其操作化和实证的测量与研究。例如,中国政治哲学的民本主义的思想是不是也代表一组政治道德规范,可以成为政治秩序的客观合法性的衡量标准?[2] 社会主义、共产主义等政治理论如何代表一组政治道德规范,成为政治秩序的客观合法性的衡量标准?"民主""共和""法治""透明""公正"等规范性的政治学概念如何影

---

[1] 关于"民主"作为一种古典的政体、政治理念和现代的政治价值,如何被"固化"为多党竞争的代议制政治体制的同义词的思想史,国内不少学者如杨光斌、房宁、潘维等有大量的论述。
[2] Yun-han Chu, "Sources of Regime Legitimacy and the Debate over the Chinese Model", *China Review*, 2013, 13(1).

响、决定我们对政治秩序的合法性的理解、定义、测量？这些问题都是未来比较政治学中的基础性问题。

第五节 政治失序

政治秩序的反面是政治失序。第三节中"脆弱国家指数"明显地关注全球各国政治失序的情况。比较政治学领域在20世纪90年代、冷战结束以后，逐渐发展起一个关注政治失序的领域。就一个政治社群也就是国家（country）来讲，彻底的政治失序也可以称为"国家失败"，主要表现在：国家失去对其领土的控制权，或对其政治社群失去合理使用武力的垄断权；政治权力、政府权威崩溃或受到侵蚀，无法就国家和公共事务做出集体决定；国家能力丧失，无法提供公共服务或为公民福祉的提高提供条件；主权或行使主权的能力丧失，无法作为国际社会的正式成员参与国际和全球事务等。在一国内部的部分领域或地区也会出现政治失序。例如，尽管国家整体主权完整，中央政府也具有一定的合法性和能力来行使治权，但在一国局部地区发生了族群冲突、宗教团体的纠纷等，这都是（部分的）政治失序和国家失败的表现。在绝大多数情况下，即便一个政治体总体失序，在其局部范围中仍然会有一定的秩序存在。典型的是国家分裂、内战频仍的时候，一些省份可以保持相对稳定、和平的秩序。更不用说更小的单元里，如一个村庄，在国家整体动乱的情况下经常有一定的秩序。因此严格意义上的彻底失序是很少出现的，但各种程度的政治失序依然会对社会带来巨大的损害或挑战。

造成部分或全局性的政治失序的主要因素很多，比较常见的有经济落后与贫困、地区和群体之间贫富差距与权力差距严重、政府财政困难、财政资源匮乏等。勒博认为，失序的原因在于政治社群里的成员认为该秩序无法反映公平与平等。当成员认为该秩序已经违背或不能实现公平或平等的时候，一个秩序的维系就需要更多地依赖暴力和压迫。而暴力与压迫会加剧成员对该秩序不公的感受，进而增大成员对改变、推翻该秩序的要求。① 冷战结束后不少国家发生政体转型，也造成中央政府权威的解体，增加了一国内部各种冲突发生的概率。②

---

① ［美］理查德·内德·勒博：《和平与战争之间：国际危机的性质》，赵景芳译，北京大学出版社2018年版。
② 贝茨对政治失序和国家失败的研究做了归纳，参见 Robert H. Bates, "State failure", *Annual Review of Political Science*, 2008, 11(1)。

第六节　未来研究方向

本部分列出若干领域，为政治秩序研究的前沿地带，供新一代学术研究者参考。

一、政治失序的发生

首先，政治失序的类型有很多。国家失败可能是全局性的，比如整个政治系统的崩塌，那将导致一个政治社群的政治、经济、社会等所有领域里秩序的崩塌。也可能是局部性的政治失序，比如一国的局部地区出现了政治失序；或者一国的某个领域，如经济领域出现了失序；或者一国的族群秩序崩溃了；等等。此外，还会出现有限的政治失序或者政治衰败。福山认为，今日美国出现了"否决性政体"，即不同的政治机关直接互相钳制、阻止，造成该政体内社会、经济、政治发展的议程无法推进的衰败的政治秩序。① 如此种种不同范围内和不同程度的政治失序为何发生、如何发生等，都是比较政治研究中很重要的问题。

二、政治秩序的建立

在各种不同的问题领域，不同的政治、经济、社会、文化环境中，如何实现良好的政治秩序，依然是比较政治研究中最核心的问题之一。本章详细地介绍了国家和制度在建立政治秩序中的关键性作用，但是什么样的制度设计能解决什么样的政治问题，从而实现良好的政治秩序依然是需要长期研究的问题。对发展中国家来说，容易在对政治秩序的规范性设想和制度设计上陷入简单抄袭与故步自封两种陷阱。和这个相关的是政治秩序的测量问题。无论是将政治秩序作为因变量（即研究什么因素能够影响政治秩序）还是自变量（即研究不同的政治秩序会带来什么样的经济、社会、政治后果），都需要首先能对政治秩序进行一定程度的测量。一般认为，政治秩序是实现经济、社会发展目标的前提条件，而在具备了比较稳健的政治秩序之后，能否带来某种经济社会后果（例如经济增长）则由一个政治体中的制度与政策决定。这其中，政治秩序与制度选择、制度变迁、经济社会结果几者之间的相互关系都有很多需要研究的问题。

---

① Francis Fukuyama, "America in Decay: The Sources of Political Dysfucntion", *Foreign Affairs*, 2014, 93(5).

三、权力与政治秩序

政治秩序的产生必须首先依赖有效的政治权力。政治权力如何产生、如何使用、如何制造良好的政治秩序,值得仔细研究。一个社会的权力由哪些东西构成,权力如何制造公众的认同(consent)、接受(acquiescence)、服从(compliance)、忠诚(loyalty),需要以极具批判性的视角和非常严格的研究设计来发现。权力往往通过制度来实施,因此各种制度如何实现权力的目标也是需要研究的。

四、政治秩序的合法性的定义与测量

如果政治秩序的合法性和正当性使用主观的概念,则"公众对它是否真心地接受"是其合法或正当与否的标准。但是在规范意义上和实证研究上,学者无法确定公众"真心的"认同是否存在或能否准确测量。因为公众的政治心理是受很多外界因素影响的,包括权力所有者有意或无意地制造和传播各种信号和意义,对单个公民的心理和立场会产生深刻的影响,所以公众的心理是否客观、真实、稳定,都是政治心理学和政治文化、政治行为研究中时时需要面对的困难。而对一个政治秩序的客观合法性进行定义与测量,也存在很多规范性和实证性的问题,上文已有介绍。归根到底,所谓"客观的"合法性,还是要由人的大脑(学者、政治家等)来定义,而任何学者或政治家、思想家的思维必然要受某种价值观念体系的影响。不同的价值观念体系之间是可以对话的,而且在特定的条件下,这样的对话是可以产生共识的,但是并不能因此产生对某一概念的真正"客观"的定义。

扩展阅读

[1] Samuel P. Huntington, *Political Order in Changing Societies*, Yale University Press, 1968.

该书是讨论发展中国家的政治秩序的代表性著作。该书的第一章提出通过建立制度化的政治参与来实现政治秩序的理论框架,第二章分析了政治现代化过程中国家权力和制度的建设,然后在后面几章全面探讨了各种政治主体(如社会阶层、皇室、军队)、政治过程(如改革、革命)、政治机制(如政党体系和农村动员)对政治秩序的影响。

[2] Dingxin Zhao, *The Confucian-Legalist State: A New Theory of Chinese History*, Oxford University Press, 2015.

该书用比较历史研究的方法构建了一个解释中国古代中央集权国家的形成和延续的理论。从周朝分封体制逐渐演化成众多相互独立、相互竞争的国家(春秋时期)开始,到一个相对强大的国家——依靠法家改革和进行国家建设的秦——出现,统一中国形成秦帝国之后,要等到汉朝将儒家思想的意识形态功能运用起来,才形成了稳定和持久的政治秩序。这一儒法国家的政治秩序在此后两千年决定了中国历史发展的几个重要特征,例如资本主义无法兴起、市民社会无法存在等。

[3] Dan Slater, *Ordering Power: Contentious Politics and Authoritarian Leviathans in Southeast Asia*, Cambridge University Press, 2010.

该书以比较案例研究的设计,分析东南亚六个国家在二战以后建设国家权力、实现政治秩序的历史。作者发现,一国政权对暴力、汲取、象征性权力的垄断,需要获得社会精英和经济精英在这三个维度上的支持。而社会精英是否在这三个维度上支持国家政权,要看该社会内部有没有出现全局性的、威胁到精英地位的底层社会的动员。该书因此展示了不同政治行动者的行动共同塑造了政治制度和政治秩序的发展。

[4] Ashutosh Varshney, *Ethnic Conflict and Civic Life: Hindus and Muslims in India*, Yale University Press, 2002.

印度是一个族群多样性很高的国家。该书通过研究印度的六个城市中的族群关系和族群冲突,试图发现何种机制会降低冲突、带来和平的政治秩序。作者选定的城市中,有三个是族群间暴力事件频发的城市,另外三个城市里族群间关系良好。研究发现,不同族群的人口在本地区的各种公共组织中共同参与、一起活动的情况下,会带来和谐的族群关系,降低族群之间的敌意,有利于解决社区政治失序的问题。

第 2 章
西方比较政治学中的国家

国家是人类历史上最重要的制度之一，现代国家则被认为是一国经济发展和社会进步的前提条件（也可能是问题本身），被赋予了越来越多的功能和责任。因此，对国家的研究以及对诸如权力和权威、民主与威权政体的研究等，都成了政治学的核心研究话题。国家研究的理论发展一方面反映了政治学学科发展的状态，另一方面也推动着政治学及相关学科的发展。国家理论对于政治学理论而言具有根本性的意义。正如经济学需要预设一个市场——不管是何种属性的市场①——的存在才能研究个体、厂商乃至政府的行为，政治学研究需要一个揭示了的（explicit）或者至少是隐含的（implicit）国家概念作为前提基础。②

国家理论有多个理论源流。马克斯·韦伯（Max Weber）从组织和支配的角度对国家的定义在比较政治学里长期占据主导地位；亚当·斯密（Adam Smith）的守夜人国家理论则被发展形成了基于理性选择的新古典国家理论；托马斯·霍布斯（Thomas Hobbes）把国家视为提供秩序的利维坦（Leviathan）的观点也不可忽视。这些不同的理论流派还互相影响，推动了国家理论的实证研究。

二战后，比较政治学学科里的国家理论经历了被相对忽视、各种"社会中心论"理论盛行（20世纪50年代到70年代中后期），到"重新找回国家"的国家中心论运动（20世纪70年代中后期到80年代后期），再到理论多元化三个阶段。正如科学里面的范式转换一样，三个阶段中每个阶段都是对前一个阶段的批判与修正，有时候甚至是矫枉过正。本章主要讨论第二、第三阶段的国家理论发展。

本章的第一节将介绍几个重要的国家的概念界定及几种重要的国家类型划分；第二节将简要梳理二战后比较政治学界国家理论发展的主要脉络：国家理论的

---

① 某种意义上，经济学的发展和其对市场的预设非常相关：从完全竞争市场到各种形式的垄断市场的转变带来了博弈论、产业经济学等的发展，从市场零交易成本到正交易成本的转变带来了信息经济学、制度主义、公司治理理论的发展，从市场主体是完全理性人到非完全理性人预设带来了行为经济学革命，等等。当然，经济学的研究也预设了某种国家或者政府理论。
② 在这个意义上，迈克尔·曼将其他学者认为是忽视国家作用的各种"社会中心论"理论视为是不同流派的国家理论，参见［英］迈克尔·曼：《社会权力的来源（第二卷）：阶级和民族国家的兴起》，陈海宏等译，上海人民出版社2015年版。

"缺席"到重新找回国家,再到国家社会关系的再平衡;第三节侧重讨论国家建构,从动态的角度看现代国家的形成和演变,及其如何影响国家形态的多样性;第四节做一个简短的讨论。

第一节 国家的概念和类型

在近些年出版的一本著作中,森腾诺等人综合(但也抛弃许多要素)了霍布斯、韦伯、蒂利、曼瑟尔·奥尔森(Mancur Olson)等人的观点,把国家定义为"一套嵌在社会中的治理机构,被认为是一种提供秩序和公共物品的组织化支配的形式"①。武有祥(Tuong Vu)则认为国家是政治行为者活动的机构性构造(institutional configurations),从方法论上讲,国家无法被作为一个自变量对待,而应该被视为是政治运行的场所或过程。② 和许多其他关于国家的概念一样,这两个概念揭示的因素和忽略的因素都很多,下面我们通过列举和比较一些关于国家的定义来讨论其中重要的因素。

基于理想型的方法论和用手段(暴力)而非目的或活动定义国家的考量,韦伯提出了国家的经典定义:"国家者,就是一个在某固定疆域内肯定了自身对武力之正当使用的垄断权利的人类共同体。就现代来说,特别的乃是:只有在国家所允许的范围内,其他一切团体或个人,才有使用武力的权利。因此,国家乃是使用武力的'权利'的唯一来源。"③然而这个经典概念本身是一个复合型概念,至少包含以下几个层次的意义。第一,国家领导者们通过掌握正规军和警察部队、消灭非国家控制的军队、民兵和强盗而垄断其社会中的主要暴力手段。第二,通过相对于国内和外部势力的国家自主性,国家官员们力图按自身的偏好行事,制定能重塑、忽略或绕开即使是最强大的社会行为者们的偏好的政策。第三,国家领导者们力图使其机构高度分化,从而使得其无数的机构都专注于治理其民众生活细节的各种专门化的、复杂的任务。第四,(通过集权)国家的建造者们希望这些机构相互能很好地协调,从而使国家的不同机构间有凝聚力、在不同机构工作的人们有共同的目标。④

因为概念的复合性,韦伯的追随者们对国家概念的理解也突出不同的侧重点,

---

① Miguel Centeno, Atul Kohli and Deborah Yashar, eds., *State Building in the Developing World*, Cambridge University Press, 2017.
② Tuong Vu, "Studying the State through State Formation", *World Politics*, 2010, 62(1).
③ [德]马克斯·韦伯:《学术与政治》,冯克利译,生活·读书·新知三联书店2016年版,第196—197页。
④ [美]乔尔·S.米格代尔:《强社会与弱国家:第三世界国家的国家社会关系和国家能力》,张长东等译,江苏人民出版社2009年版。

难免见仁见智。迈克尔·曼（Michael Mann）扩充了韦伯的国家定义，认为："现代国家"具有一种行政、法律秩序，且后者随法律而变；同时，立法也决定了行政人员——他们同样受制度约束——的有组织行为。这一由秩序组成的体系要求对国家的组成成员、公民——以及，在很大程度上堆砌管辖范围内发生的所有事情——拥有令行禁止的权威。因此，"现代国家"是具有明确地域的强制性组织。① 安东尼·吉登斯（Anthony Giddens）修正韦伯的概念，去掉了其垄断暴力工具和合法性两个要素，认为国家的"统治在地域上是有章可循的，而且还能动员暴力工具来维护这种统治"②。国家意指行政管理机器，是由专门从事行政管理工作（包括军事技能）的官员所组成的等级体系。③

佩里·安德森（Perry Anderson）认为，在农民起义的威胁和西方经济整体结构中的商业、制造业资本的压力相结合的双重压力之下，在西欧产生了绝对主义国家。相对于高度分权的封建主义国家，绝对主义国家是政治法律强制力向上转移到中央集权化、军事化的顶峰。"绝对君主政体带来了常备军、常设官僚机构、全国性税收、成文法以及初步统一的市场。"④本质上，绝对主义国家仍是封建主义国家，因为这一制度建立于封建主义生产关系之上，且维护封建贵族集体利益——将农民和市民群众压制在社会等级制度的最底层，但却强调了国家作为组织机构的一面。

与韦伯的传统不同，理性选择理论的国家概念强调国家中理性的统治者（ruler）的重要性。奥尔森提出了"国家是常驻的匪帮"这一高度简化的国家观。奥尔森认为国家的本质是掠夺性的（而非为了善或者正义），但是有的匪帮是流寇，其手段是烧杀劫掠，一次性获得最多的战利品；而常驻的匪帮则选择收取最大化的保护费（税收），并保护民众不受其他匪帮劫掠，从而成了国家。⑤ 道格拉斯·诺斯（Douglass North）提出了一个基于契约论同时也融入剥削论的国家观："国家是一种在行使暴力上有比较优势的组织，它对纳税人拥有的权力决定其地理疆域的延伸。"国家处于"规定和强制实施所有权的地位"，理解国家的关键在于"潜在地利用暴力来实现对资源的控制"。国家之所以重要是因为存在国家悖论：国家的存在对于经济增长来说是必不可少的；但国家又是人为的经济衰退的根源。⑥ 和诺斯类

---

① ［英］迈克尔·曼：《社会权力的来源（第二卷）：阶级和民族国家的兴起》，陈海宏等译，上海人民出版社 2015 年版。
② ［英］安东尼·吉登斯：《民族-国家与暴力》，胡宗泽等译，生活·读书·新知三联书店 1998 年版，第 21 页。
③ 同上。
④ ［英］佩里·安德森：《绝对主义国家的系谱》，刘北成等译，上海人民出版社 2016 年版，第 4 页。
⑤ Mancur Olson, "Dictatorship, Democracy, and Development", *The American Political Science Review*, 1993, 87(3).
⑥ ［美］道格拉斯·C.诺思：《经济史中的结构与变迁》，厉以平译，商务印书馆 2002 年版。

似,玛格丽特·列维(Margaret Levi)将国家界定为:"一个权力集中化且制度化的复杂机构,它在一定的领土范围内集中(concentrate)了暴力、确立了财产权并规制社会。这一机构也得到了国际社会的正式承认。"① 对理性选择者而言,国家理论充满内在的矛盾:国家是由一群利益最大化的个体构成的,但这群人却被要求提供各种公共物品(而非寻租)。因此,我们需要从理性选择理论进入(比较)制度主义理论,研究制度如何激励和约束个体行为者,来更好地定义和构建国家理论。

第二节 从国家的缺席到重新找回国家

一、国家的"缺席"

政治学的行为主义革命认为正式制度规则和现实政治之间存在巨大的鸿沟,强调对现实政治的研究。在美国政治中,对"政府过程"的研究——政党的运作、利益集团和政策游说、公众舆论和投票行为研究等取代了对国家和正式制度的研究。二战后新兴的对发展中国家的比较政治学研究侧重于政治发展研究,多数基于现代化理论和结构-功能主义,强调公民文化研究。马克思主义强调阶级分析;多元主义(利益集团理论)强调各种群体和团体,将国家视为社会中心论——亦被称为"社会还原论"(societal reductionism)或情境主义(contextualism),及将国家的性质及其政策视为社会力量对比的反映,国家自身缺乏自主性。

然而,国家这一概念及相关理论分析并没有在那个时代被彻底遗忘,一些学者提出了非常重要的呼吁,其代表性人物是亨廷顿、内特尔(J.P. Nettl)和吉列尔莫·奥唐奈(Guillermo O'Donnell)。虽然没有使用国家一词,但亨廷顿在其《变革社会中的政治秩序》中提出了许多与国家理论相关的概念和理论分析,尤其是其"制度化"概念和理论,直接或间接地影响了20世纪70年代末开始复兴的国家理论。

奥唐奈则批评了现代化理论中经济发展带来民主的预设,提出了官僚威权体制相对于经济社会变量的独立性和影响经济社会发展的作用。虽然没有明确提出国家概念,但却标志着学界对各种社会中心论的深刻反思,而且其概念中对军队和官僚机构的重视和后来的国家主义文献一脉相承。②

基于韦伯的理想型国家概念使得人们忽视了不同国家的差异,内特尔提出了

---

① Levi Margaret, "The State of the Study of the State", in Katnelson Ira and Milner Hellen, eds., *Political Science: The State of the Discipline*, New York: Norton, 2002, p.40.
② [阿根廷]吉列尔莫·奥唐奈:《现代化和官僚威权主义:南美政治研究》,王欢等译,北京大学出版社2008年版。

"国家性"(stateness)这一概念,提出应该将国家视为一个概念性变量而非常量——不同国家间存在质和量的区别——只有这样我们才能进行有意义的实证的比较研究。① 内特尔列出了国家的以下四个特征:

(1) 国家是具有一系列功能和结构的集合体;

(2) 国家在国际关系领域是一个单一的行为体;

(3) 国家是代表了社会一般性的一个自主的集合体和概要概念;

(4) 国家本质上是一个社会文化现象(有其主观和建构层面)——国家的边界正是存在于此而非其他三个层面。②

虽然没有很快改变学界的研究风向,但是内特尔的理论引起了学界的反思并产生了深远的影响。很快就兴起了"把国家带回来"(bringing the state back in,或译为"找回国家")的运动,强调国家在政治社会变迁乃至经济发展中的核心作用。

二、重新找回国家

然而,正如韦伯指出的那样,国家自身是一个组织机构(organization/institution),而相对于组织程度松散的社会群体(如阶级、利益集团等)而言,组织化了的国家会呈现许多自身特征——这些特征包括自主性、(横向和纵向的)集中化程度、委托代理关系等。进而有学者将政治视为基于层级原则(hierarchy,背后是权威的运用)组织的制度,将市场视为基于交易(exchange,背后是自愿原则)的制度。

20世纪70年代末以来,一些学者开始将国家这一概念作为核心研究对象,从而掀起了一场以1985年编辑出版的《找回国家》一书为高潮的学术潮流,倡导以国家中心论范式取代之前的各种版本的社会中心论。这方面文献众多,包括阿尔弗莱德·斯泰潘(Alfred Stepan)对秘鲁的研究、西达·斯考切波(Theda Skocpol)对国家和社会革命的研究、彼得·埃文斯(Peter Evans)对"依附性发展"(dependent development)的研究、埃里克·诺德林格(Eric Nordlinger)关于资本主义国家自主性的研究,等等。基于这些文献,斯蒂芬·克莱斯勒(Stephen Krasner)在一篇综述性文章中归纳了国家主义文献区别于行为主义革命文献的如下五个主要特征,同时认为这五个特征并不构成一个一致、连贯的普遍性的国家理论——因为这样一个理论基本是不可能的。

---

① 几乎在同一时期,萨托利从方法论上强调比较政治分析中存在概念拉伸(concept stretching)的问题:基于西方国家经验归纳的概念被带到非西方国家"旅行",在分析运用中却不加审视,不顾概念是否适用于新的语境。

② J. P. Nettl, "The State as a Conceptual Variable", *World Politics*, 1968, 20(4).

(1) 国家主义者视政治为统治和控制而非（资源）配置[戴维·伊斯顿(David Easton)的定义]，更强调针对国内外的威胁维护既有秩序而非在政治行为者之间配置利益；

(2) 认为可以将国家视为一个行为者——从而作为一个外生变量或者中介变量，而非一个反映社会特征或者偏好的因变量；

(3) 强调正式和非正式制度对个体和群体行为的制约——制度限制乃至决定了行为者对自身利益的界定和手中的资源；

(4) 更注重历史的重要性（historical cure）——这一点在20世纪90年代以来发展成为历史制度主义——并由此产生了第五个特征；

(5) 反功能主义：结构的存在并不是因为其发挥的功能，功能的发挥并不一定带来相应的结构。①

虽然作为区域研究和发展研究的产物而一开始并未有意介入国家回归学派的讨论，但基于东亚经验的发展型国家理论从一开始就天然成为国家回归学派的经典理论。发展型国家理论对国家在经济发展中的主导作用、对官僚体系的强调都与国家学派非常契合。②

作为对各种社会中心论的反动，国家回归学派强调两个核心概念，即国家自主性和国家能力——也就是国家既有意愿也有能力做自己想做的事情，乃至改变经济社会力量。曼的两种权力观——专制性权力和基础性权力，很大程度上把握住了国家自主性和国家能力理论的核心要素。专制性权力指国家精英对公民社会的分配性权力，"它源自国家精英能不经同公民社会群体协商的程序而采取行动的范围"。相反，基础性权力是"国家中央机构——无论是否专制——渗透入其疆域并准确地执行其决策的制度性能力"。曼指出基础性权力是集体性权力，即"社会之中的权力"（power through society），通过国家的基础性机构协调社会生活。这一概念接近国家能力。国家在促进社会变革时所能起的作用和其基础性权力的强弱成正比。③

三、国家-社会关系的再平衡

国家中心论者基于发达国家或快速发展的东亚国家的经验证据得出的理论，

---

① Stephen Krasner, "Approaches to the State: Alternative Conceptions and Historical Dynamics", *Comparative Politics*, 1984, 16(2).
② 综合性综述，参见朱天飚：《发展型国家的衰落》，《经济社会体制比较》2005年第5期。
③ Michael Mann, "The Autonomous Power of the State: Its Origins, Mechanisms and Results", in John A. Hall, ed., *States in History*, Basil Blackwell, 1986, pp.188-189.

在运用到第三世界国家时遇到了各种困难,这引起了学者们的反思,强调将国家置于社会背景中研究。

米格代尔认为基于韦伯的理想型国家概念的理论过于脱离现实,尤其是第三世界的现实,从而影响学者更好地分析国家。他认为,在发展中国家,国家只是社会中众多组织中的一个(更严谨地说,一类)组织,其垄断合法性使用暴力及制定统一规则能力的程度在国家间差异很大。国家和社会处于争夺社会控制的零和博弈之中:只有当国家成功地将社会控制从社会精英(他称之为地方强人)的手中争夺过来时,国家才能更好地让民众服从它而非其他社会组织制定的规则。

为了进一步分析国家和社会的接触和相互影响,米格代尔拒绝将国家视为单一的行为者,而是将其拆分。他提出将国家分为四个层级:国家领导机关、中央(联邦)政府部门、地区政府、街头官僚(field officers)。在每个层级,国家行动者面临不同的社会行动者和内部的政治斗争,上一层级的政治也会影响下一级的政治,而最下一级的国家和社会关系也会影响到国家高层执行政策的效果——亦即国家能力。米格代尔进而提出了改进版的韦伯式国家观:"国家是一个权力的场域,其标志是使用暴力和威胁使用暴力,并为以下两个方面所形塑:(1)一个领土内具有凝聚性和控制力的、代表生活于领土之上的民众的组织的观念;(2)国家各个组成部分的实际实践。"并在此基础上提出了其社会中的国家分析视角(approach),兼顾国家观念和实践。①

发展型国家视角对国家自主性的片面强调也被埃文斯的"嵌入自主性"(embedded autonomy)理论所纠正。嵌入自主性指的是"国家有一个成熟的韦伯主义意义上的官僚体制,使其不会为强大的寻租集团所操纵;同时,国家精英处于一个使得他们能和公民社会中的私人部门保持联系的网络之中"。从国家自主性和嵌入性两个维度出发,埃文斯认为存在不同类型的国家及政企关系。② 这其实是继承了 1985 年《找回国家》一书中斯考切波倡导但未能做到的研究国家能力需要采取关系型(relational)视角的思路。表 2-1 发展了埃文斯的国家类型与经济发展的关系。③

与此同时,埃文斯在强调政(国家)商(企业)关系的同时,也重新分析了国家社会的正和博弈——国家社会协同关系(state-society synergy)。④ 王旭运用曼的两

---

① [美]乔尔·S.米格代尔:《社会中的国家》,李杨等译,江苏人民出版社 2013 年版,第 16 页。
② Peter Evans, *Embedded Autonomy: States and Industry Transformation*, Princeton University Press, 1995.
③ 一篇综述文章,参见 Moel Johnson and Mark Koyama, "States and Economic Growth: Capacity and Constraints", *Explorations in Economic History*, Vol.64, April 2017。
④ Peter Evans, ed., *State-society Synergy: Government and Social Capital in Development*, University of California Press, 1997.

种权力观分析米格代尔和埃文斯等人的研究,提出国家的专制性权力是和公民社会群体的零和冲突,而基础性权力则是可以伴随着强而有力的公民团体的发展的,存在正和博弈的可能性并探讨了其条件。①

表2-1　经济发展中不同的国家类型

国家自主性		嵌入性	
		强	弱
国家自主性	强	发展型国家(1950—1980年,如日本、韩国)	规制型国家(美国)
	弱	庇护主义国家(裙带资本主义或国家被俘获,如巴西、印度)	无政府主义/掠夺型国家(如扎伊尔)

资料来源:笔者根据下列文献所制:Peter Evans, *Embedded Autonomy: States and Industry Transformation*, Princeton University Press, 1995; Ann Grzymala-Busse and Maria Spirova, "Political Parties in Post-Communist Societies: Formation, Persistence, and Change", *Slavic Review*, 2008, 67(3)。

第三节　国家建构:现代国家的形成

一、国家建构过程

国家建构(state building,或者state formation)的研究很大程度上使得国家主义者摆脱了静态比较(comparative statics)面临的方法论困境。把国家(自主性和能力)作为因变量而非自变量甚至更进一步研究其背后的因果机制,可以更好地研究不断变动之中的国家,同时可以更好地把握众多相关行为者(而非简单将国家视为具有统一意志的独特的单一行为者)之间的互动、国家社会"边界"的变化、正式制度与非正式实践的互动。② 也正如武有祥提出的那样,通过研究国家建构的关键时刻和演变进程,能够为我们提供两个新的视角。一是把物质和非物质的因素都纳入分析,因为之前的研究更侧重官僚体制的建立和国家暴力的垄断,但对国家垄断知识和合法宣传却言之甚少;二是国家不再被定义为自主的行为者而是政治行为者活动的制度构造(institutional configurations)。③ 国家建构并非一个简单的自上而

---

① Xu Wang, "Mutual Empowerment of State and Society: Its Nature, Conditions, Mechanism, and Limits", *Comparative Politics*, 1999, 31(2).
② Ann Grzymala-Busse and Pauline Jones Luong, "Re-conceptualizing the State: Lessons from Post-Communism", *Politics and Society*, Special Issue on Reconceptualizing the State, 2002, 30(4), pp. 529-554.
③ Tuong Vu, "Studying the State through State Formation", *World Politics*, 2010, 62(1).

下的动员和提取过程,其还创造了一种促进绝境中的民众团结和认同的氛围和符号,使民众和国家牢牢结合在一起,民族主义应运而生。与国家建构相并行的还有民族建构(nation building)过程,也就是对政治共同体的认同的形成过程,往往和民族主义结合在一起。

韦伯认为资本主义经济发展的关键特征是理性化和科层化,并在此基础上主要区分了家产制国家和现代(理性化)国家,认为现代国家的形成很大程度上就是家产制国家向合理化国家转变的过程。① 基于韦伯的理论,学者们认为现代国家区别于传统国家的一个重要特征是其动员和汲取社会资源的强大能力、使用武力的能力。而这些能力的提高和一个中央集权的理性-法理的官僚体系并行不悖且相互加强。某种意义上讲,国家建构的过程就是统治者通过建立各种政治机构来提高国家能力的过程,但这个过程中统治者需要和精英合作或者对抗,需要从社会大众提取各种资源。国家建构的过程是一个集权的过程:一方面是中央集权(centralization),在国家内部形成一套持久的机构(即使联邦制也比封建制更为集权),实现政治权力向上集中;一方面是国家集权(concentration),国家的功能扩充,对经济和社会进行各种渗透和干预,提取税收资源,并形成与社会的特定关系模式(民主或威权主义)。

国家建构的过程往往是和政体形成的过程同时进行的。西方政治学理论认为,政体形式包括民主或威权体制,尤其是其各自早期的形式代议制(有限)民主和绝对主义政权。民主化的研究者们,如摩尔,往往注重于政体形成本身而不关注国家建构过程;但国家建构的研究者却往往同时关注两者。区别于之前社会中心论的学者强调国家是对国内社会经济结构的反映,继承奥托·欣兹(Otto Hintz)传统的地缘政治学者强调国际因素——国家和国家之间的战争以及战争威胁的重要影响。国家建构的主要动力是战争,但是战争的形式、持续时间、激烈程度和发生的频繁性②都影响国家建构,这也就解释了为何现代国家最早出现在15世纪以来的西欧而非其他地区。③ 15世纪以来西欧的军事革命,尤其是常备军的产生、火器的使用、运输力的加强,大大提高了战争的成本,使得战争的规模经济优势得以形成,从而促使国家的规模也需要相应扩大,权力更加集中。

---

① 关于历史上的国家类型及其变迁演进,以及民族国家的类型,参见[英]安东尼·吉登斯:《民族-国家与暴力》,胡宗泽等译,生活·读书·新知三联书店1998年版,本书不再专文综述。
② 譬如在一篇开创性的文章《军事组织与国家组织》中,欣兹提出国家间冲突比阶级冲突是更为重要的影响国家形式的因素,认为一个既定国家(和他国的)地理交界线长度影响领土受威胁的程度,从而影响其是否形成绝对主义国家(或地方自治)。转引自[美]托马斯·埃特曼:《利维坦的诞生》,郭台辉等译,上海人民出版社2010年版。
③ 关于春秋战国时期中国的国家形成及其和西欧的对比,参见[美]许田波:《战争与国家形成:春秋战国与近代早期欧洲之比较》,徐进译,上海世纪出版集团2009年版。

二、军事-财政模型

战争在国家建构过程中的关键作用被蒂利的名言"战争造就国家,国家发动战争"(war makes state, state makes war)所形象地展示。战争和战争的威胁使得统治者必须竭尽全力动员国内人力物力以建立强大的军队,而为此需要建立强有力的行政尤其是税收机构。生存的压力迫使统治者建立现代国家,现代国家又在持续的战争中不断适应并改进。用孟子的话说,就是国家"生于忧患"。

蒂利、约翰·布鲁尔(John Brewer)、曼等人提出的国家建构的军事-财政模型的基本观点是:战争和为战争提供必需的人力物力(财力)资源成为统治者最严峻的挑战。那些成功动员(提取)了资源并有效组织战争的统治者生存了下来,甚至征服和兼并了其他国家(而获得了更多的资源);那些未能有效动员资源的统治者在战争中被更强大的对手战败,失去了政权,其国家也被吞并。所以,这里就出现了两个核心变量,战争和征税。① 税收能力的提高往往与行政体系能力的提高是相互促进的,更多的税收能够供养更大规模、更有效的官僚机构,后者又促进税收的增加。② 税收之外,君主的另一个财政来源是借贷——向资金富足的商人借贷。

当战争和战争的威胁是一个常量的时候,征税的方式和难度成为一个核心解释变量。又是什么因素决定了征税的难度呢?蒂利强调资本的总量及其集中对国家建构的影响。农业生产方式对国家建构也有重要影响。当地主需要借助中央政府的权力(暴力)控制农民进行农业生产时,中央集权更容易发生;当地主更多借助市场或地方性暴力(而非中央的暴力)控制农民时,地方更具有自主性。③ 农业的商业化以及其他的资本和商业提供了战争所需的资金,但因为其流动性较强,国家不易通过暴力手段征收而更需要通过代议机构征收。

以蒂利为代表的军事-财政国家建构理论被后续者批判性发展,主要是两个方向。他们一是强调战争以外的因素对国家建构的影响,甚至否认战争的重要作用。以1400年前后的法国为例,其认为即使没有战争或者战争的威胁,统治者也可以

---

① 征兵被重视的程度远不如征税,征兵和国家制度变迁的经典研究可参见 Margaret Levi, *Consent, Dissent, and Patriotism*, Cambridge University Press, 1997。

② John Brewer, *The Sinews of Power: War, Money, and the English State, 1688 - 1783*, Alfred A. Knopf, 1989;[英]迈克尔·曼:《社会权力的来源(第二卷):阶级和民族国家的兴起》,陈海宏等译,上海人民出版社 2015 年版;[美]查尔斯·蒂利:《强制、资本和欧洲国家》,魏洪钟译,上海人民出版社 2012 年版。但包税制的做法往往是不可持续的,造成"政权内卷化",长期造成的危害很大,参见[美]孔飞力:《中国现代国家的起源》,陈兼等译,生活·读书·新知三联书店 2013 年版;[美]杜赞奇:《文化、权力与国家》,王福明译,江苏人民出版社 2010 年版。

③ Barrington Moore, *Social Origins of Dictatorship and Democracy: Lord and Peasant in the Making of the Modern World*, Beacon Press, 1966.

在贵族的默许(以税收豁免权为代价)和市民的税收支持下建立起官僚体系。二是强调战争和税收对不同国家国家建构的影响是不同的,国家建构还受到其他因素作为中介变量的影响。①

三、从结构到行为者

结构具有很强的解释力,但是行为者(统治者)的作用同样不容忽视。战争和战争的威胁这两个结构性因素使得统治者为了政治生存而努力加强军事实力和行政管理能力,但这并不能解释不同的国家建构的努力及其结果:有的统治者作了很大的努力,但却无所作为;有的统治者建立了强大的国家并吞并邻国乃至于建立海外殖民地,但却社稷不保。虽然很多时候统治者会在类似的结构压力下选择类似的行为,或者他们模仿成功案例,但是行为者的选择很多时候还受到国际和国内结构之外的因素影响。② 这些因素中被重点研究的因素主要包括精英的意识形态、精英间关系、宗教信条等。已有的政治制度如行政体制和代议制机构也会起一定作用。除了战争胜败、外交联盟等外部解释因素之外,我们还需要寻求内部解释因素。这就回到了国家自主性问题和摩尔提出的民主和专制的社会根源问题,需要把国家建构和政体形成两个重要问题结合起来分析。

借助历史制度主义的强调时机和事件发生顺序(timing and sequence)的分析视角,托马斯·埃特曼(Thomas Ertman)认为战争发生的时机(timing)、制度遗产是关键性因素。1450年前发生的战争(主要发生在欧洲南部和西部),因为当时国王可获得的技术资源——受过教育可充任官员的职业化人士、法律观念和可借贷资金——都非常有限,国王需要和贵族(只有他们受过教会的教育)合作获得人力资源、和为数很少的金融家和商人合作借贷战争所需资金,因此战争往往带来的是家产制国家——官位可以被出售、继承、转卖;1450年后的战争(日耳曼地区和北欧),因为当时大学的发展,国王可以直接利用受过大学教育的人来充实听命于他本人的官僚体系。与此同时,因为资本主义商业的发展,借贷机会也大大增加。所以形成了官僚制国家。③

统治者不能单凭自身进行国家建构,他需要联盟者——也称为精英。不同的

---

① Hendrik Spruyt, *The Sovereign State and Its Competitors*, Princeton University Press, 1994.
② Mark Dincecco, "The Rise of Effective States in Europe", *The Journal of Economic History*, 2015, 75(3).
③ [美]托马斯·埃特曼:《利维坦的诞生》,郭台辉等译,上海人民出版社2010年版。埃特曼的二阶段论比蒂利的四阶段论(世袭制、经纪人制、民族化和专业化)简单。斯普鲁特对法国、德国、意大利的比较研究也提供了统治者和社会阶级的联盟理论视角,参见 Hendrik Spruyt, *The Sovereign State and Its Competitors*, Princeton University Press, 1994。

精英群体有不同的利益诉求和意识形态,因此统治者在寻求支持和合作的时候也需要满足其支持者的利益诉求。① 精英群体有不同的利益和意识形态,因此可以进一步划分为不同的精英群体。② 在一些非君主制国家或者君主地位不稳固的国家,国家建构则是精英间的竞争。有学者将国家建构定义为"精英们竞争政策制定和执行的结构性框架权威的过程"③。

在巴林顿·摩尔的经典研究《民主与专制的社会起源》一书中,他认为土地贵族的利益和权力是影响一个国家政体选择的重要因素。而贵族的利益取决于其商业化程度——商业化程度高则拥护民主体制和市场经济,反之亦然;贵族的权力取决于暴力革命的有无——暴力革命能削弱乃至摧毁贵族的权力。

从国家建构的视角看,摩尔的理论也具有很强的洞察力,和蒂利的观点(资本和民主的关系)有深刻的契合之处。如果我们再把战争和战争威胁纳入分析框架,我们会发现民主和国家建构的不足往往是相伴而生,而专制制度和国家建构携手并进(绝对主义国家)。菲利普·戈尔斯基(Philip Gorski)的观点和埃特曼接近,但更强调宗教(加尔文派)对官僚制的影响。④ 朱莉亚·亚当斯(Julia Adams)通过对荷兰的研究发现,王室与商人阶级和地方贵族联合,在家产制和高度分权的官僚制的情况下也能维持几个世纪的霸权,但这一体制下的各个利益群体更关注自身的利益而非国家的利益——存在一个集体行动的困境,从而王朝最终衰弱。⑤

武有祥在分析亚洲国家的国家建构时,从精英间关系和精英与民众的关系两个变量出发建构国家建构类型学。精英间关系——精英团结、精英极化⑥、精英碎片化、精英间妥协四类精英间关系,对国家建构(集权化、官僚机构凝聚力、促进发展的阶级联盟和意识形态的统一性)具有重要影响。精英与民众的三种关系(或者策略)——民众势力的吸收、镇压和有控制的动员,也对国家建构有重要影响。精英间关系和精英-民众关系的不同组合会造成三种不同的国家建构模式:冲突型(正面影响国家建构)、妥协型(负面)和混合型(有利有弊)。杰拉德·伊斯特尔

---

① 统治者的自主性在于寻求不同的支持者并纵横捭阖,而非简单依附于单一群体。该理论被发展为选举人理论(selectorate theory),批判性综述可参见 Mary Gallagher and Jonathan Hanson, "Power Tool or Dull Blade? Selectorate Theory for Autocracies", *Annual Review of Political Science*, 2015。
② [美]理查德·拉克曼:《国家与权力》,郦菁等译,上海人民出版社2013年版。
③ Ann Grzymala-Busse and Pauline Jones Luong, "Re-conceptualizing the State: Lessons from Post-Communism", *Politics and Society*, Special Issue on Reconceptualizing the State, 2002, 30(4), p.537.
④ Philip Gorski, *The Disciplinary Revolution: Calvinism and the Rise of the State in Early Modern Europe*, University of Chicago Press, 2003.
⑤ Julia Adams, *The Familial State: Ruling Families and Merchant Capitalism in Early Modern Europe*, Cornell University Press, 2005.
⑥ 精英极化可能会造成国家分裂或者崩溃,也可能造成精英的高度团结——经历过残酷斗争而达成的。参见 Tuong Vu, *Paths to Development in Asia*, Cambridge University Press, 2010.

(Gerald Easter)在认同最高领导者的能力、暴力机构和党的干部体制(民主集中制和党支部渗透于各个角落,被称为是"组织武器"的列宁式政党)对于建立强大的苏俄国家的重要性的同时,指出人际关系网络和精英认同等非正式权力资源的重要性。此处,人际网络某种意义上和精英集团、派系概念类似:均是被共同经历、背景、理念所塑造的政治精英的非正式组织群体。①

有学者认同军事-财政国家逻辑,但认为经济精英们是否支持国家建立强大的税收机构取决于其自身经济利益,其经济利益反过来又受资金市场的影响,从而解释了为何类似的地缘政治会造成不同的国家建构结果。如果借钱给统治者的经济精英们本身是净放贷者(其从信贷市场的借出多于借入),那么他们希望国家采取节约的财政政策(防止通胀带来的贬值)并建立有效的税收机制;反之,如果借钱给统治者的经济精英本身是净借贷者(其借入高于借出),那么,他们则希望国家采取不负责任的财政政策且建立无力的税收机构。② 国家建构时,已有的制度遗产,尤其是代表制议会,通过与地缘政治(乃至国土面积)和税收来源等因素的互动,对国家的政体形式也起着重要的作用。③

四、西欧之外的国家建构

发展中国家中充斥着"弱国家""失败国家""脆弱国家""仿造国家"等从其前缀形容词中就能看出端倪的国家。这些国家无力从社会提取足够的税收、官僚体系无力执行政策、腐败充斥、经济增长停滞;更有甚者,国家无法提供最基本的秩序,导致犯罪盛行,乃至于国家陷入内战。④ 为何发展中国家会和发达国家存在如此巨大的差异?除了经济发展水平的差异之外,主要是对内部资源提取的迫切性不强和外部资源可获得性强(国家建构的类型可参见表 2-2),而税收在这个过程中起了核心作用。⑤ 影响内部资源提取迫切性的因素主要是战争和战争威胁,影响

---

① Gerald Easter, *Reconstructing the State: Personal Networks and Elite Identity in Soviet Russia*, Cambridge University Press, 2000.从这个逻辑而言,伊斯特尔的苏俄个案可以纳入武有祥的精英关系类型学中,被视为是精英极化的类型,也很好地支持了武有祥的理论的外部效度。
② Ryan Saylor and Nicholas C. Wheeler, "Paying for War and Building States: The Coalitional Politics of Debt Servicing and Tax Institutions", *World Politics*, 2017, 69(2).
③ David Stavasage, "When Distance Mattered: Geographic Scale and the Development of European Representative Assemblies", *American Political Science Review*, 2010, 104(4).
④ Robert Bates, "State Failure", *Annual Review of Political Science*, 2008, 11(11).亦请参见本书第 1 章"政治秩序与政治失序"。
⑤ Deborah Brautigam, Odd-Helge Fjeldstad, and Mick Moore, *Taxation and State-building in Developing Countries:Capacity and Consent*, Cambridge University Press, 2008.

外部资源可获得性的主要因素则是国际援助和自然资源的可获得性。①

表 2-2　国家建构的类型学

		内部资源需求	
		高	低
外部资源可获得性	高	N.A.	新家产制国家（弱）
	低	国家建构-强（也可能失败）	传统国家（弱）

战争造就国家，但只是在一定条件下才造就国家。战争的持续时间、间隔时间和地理集中度的不同，可以解释西欧的国家建构经验为何不能应用于非洲和拉美。如果说非洲国家是因为缺乏战争威胁，拉美国家则是战争持续时间短、间隔时间长且地理上分散。② 米格代尔认为，缺乏战争的另一个后果是既有的社会结构和传统社会控制模式无法被摧毁，从而使得国家无法建立自身的社会控制。③ 大多数发展中国家的国家建构的国际环境区别于西欧国家建构时的独特的地缘政治和国际贸易环境，而且西欧国家本身的存在及其对发展中国家的干涉——不论是殖民还是国家独立之后的跨国企业、国际贸易、国际组织和国际援助等——也根本性地改变了其所处的国际环境。一方面，联合国、国际货币基金组织和世界银行等拥有大量经济资源和意识形态资源的国际组织赋予了二战后的新兴国家（包括后文提到的其他一些国家）新的使命：发展经济而非富国强兵、在全球进行经济竞争而非战争竞争。④ 同时，这些国际组织又基于现代国家的理想型目标给新兴国家制定了很高的国家目标、功能和能力的预期，而这些国家的经济社会发展程度却可能远不如17世纪的欧洲，无法内生地形成现代国家——这也使得后续的国家建构浪潮区别于西欧的国家建构。非洲和拉美大部分国家都地广人稀、经济落后，国家间对领土的争夺却并不激烈。同时，因为经济结构和国际环境的变化，西欧国家建构的经验也无法在第三世界复制。当原宗主国及其操纵的国际组织将现代国家的形式强加给这些国家的时候，即使辅之以后续的援助，这些国家的绝大多数还是无法像现代国家那样运行。

---

① 自然资源可获得性对国家发展的影响是"资源诅咒"理论的主要关注点，强调大量的自然资源带来的财政收入和财富会削弱国家建构的动力、造成贫富分化、种族冲突和内战、专制主义盛行等一系列恶果。围绕此话题，一篇综述性文章可参见 Erika Weinthal and Pauline Jones Luong, "Combating the Resource Curse: An Alternative Solution to Managing Mineral Wealth", *Perspectives on Politics*, 2006, 4(1)。
② Miguel Centeno, *Blood and Debt: War and the Nation-state in Latin America*, Pennsylvania State University Press, 2002.
③ [美]乔尔·S.米格代尔：《强社会与弱国家：第三世界国家的国家社会关系和国家能力》，张长东等译，江苏人民出版社2009年版。
④ Ann Grzymala-Busse and Pauline Jones Luong, "Re-conceptualizing the State: Lessons from Post-Communism", *Politics and Society*, Special Issue on Reconceptualizing the State, December 2002.

殖民历史会对独立后的国家产生深远影响——社会科学里称之为根本性原因(fundamental causes,区别于直接的近因 proximate cause)。① 殖民者是实行直接统治还是间接统治会对殖民地国家独立后的国家建构造成很大的区别。如日本殖民韩国时,摧毁了旧的经济社会结构、建立了高效的行政官僚体制和警察队伍。这也为韩国后来建成"发展型国家"奠定了良好基础。② 对于实行间接统治的殖民地,当这些国家独立之后,因为缺乏良好的官僚机构这个"基础设施",以及社会控制的碎片化,国家建构面临极大挑战,陷于"强社会、弱国家"的困境而不能自拔。③ 殖民地国家往往还面临复杂的族群关系问题。在族群关系简单的社会中,可能存在有机国家(organic state):无力直接和广泛地渗透社会,但因为存在宗教归属或缺乏较强的政治化的种族差异却也能获得民众精神上的效忠——因为除了国家之外民众缺乏替代性的认同或可依附物。④ 然而,殖民者在很多殖民地建立了"仿造的国家"(artificial states),将不存在任何国家认同的不同的种族和部落纳入同一国家,从而带来严重的种族冲突。此外,这些国家人民贫穷、缺乏教育。因为要学习西方的现代国家,这些贫困的国家还往往拥有规模庞大的政府机构:政府雇佣过多官员,因而这些官员只能得到很低工资,以至于政府官员通过各种方法获取资源,从而经济被破坏。这样的恶性循环并未被大量的国际援助所打破而进入新的均衡,因为权力不受制约的统治精英们发现将国际援助用于巩固自身权力、收买支持者和打击反对者,比用于构建国家机构和提高民众福利,更为理性(符合自身利益)。⑤ 所以,国际援助往往强化了腐败状况而非改善了治理。

虽然缺乏国际战争,但是在一些国家,国内战争也发挥了国家建构重要动力的功能。内战是针对国内其他权威而非他国或者武装的共同体之间的武装对抗,与国家间的战争存在多个方面的区别:策略、规则、暴力形式、平民的角色和持久性等。传统理论一般认为内战会导致国家的失败、解体乃至崩溃,但也有学者认为内战会起到加强国家建构的作用,尤其通过提升税收能力和促进精英团结这两个机制。一方面,战争带来的安全和经济危机促使统治者向精英征税并加强和扩张税收征管机构,从而提高税收能力;另一方面,战争及其威胁也促使精英们意识到需

---

① 关于殖民历史对国家建构的影响的综述,参见 George Steinmetz, "The Sociology of Empires, Colonies, and Postcolonialism", *Annual Review of Sociology*, 2014, 40(1)。
② Atul Kohli, *State-Directed Development: Political Power and Industrialization in the Global Periphery*, Cambridge University Press, 2004.
③ [美]乔尔·S.米格代尔:《强社会与弱国家:第三世界国家的国家社会关系和国家能力》,张长东等译,江苏人民出版社2009年版。
④ Bertrand Badie, *The Imported State: The Westernization of the Political Order*, Stanford University Press, 2000.
⑤ 其背后的生存政治逻辑,正如本章所介绍的,为理性选择理论作了较好的解释。

要一个强大国家以保护其利益,并愿意为此支付更多税收。①

然而,并非所有发展中国家都跟非洲、拉美一样。在一些地缘政治不同、历史背景不同的地区,如东北亚地区,国家的形态则更接近于现代国家,甚至国家功能和国家能力有过之而无不及。发展中国家中也存在少数的超级强大但数量非常有限的发展型国家——专家和富有凝聚力的官僚机构和组织化的私营部门合作以推动国际经济转型的组织复合体。这些国家的出现很大程度上取决于其国际环境——这一环境不一定是战争,但肯定和战争威胁相关。有学者提出"系统性脆弱性"是造就发展型国家的前提条件:(1)民众生活水平的降低会带来不可避免的民众骚乱——广泛的联盟;(2)因为国家安全而需要的外汇和战备物资需求急剧上升——战争威胁;(3)缺乏税收来源造成的预算硬约束——资源有限。只有当三者结合的时候,为了保住权力,统治者才有强烈的动力去建立强大且有能力的官僚机构,改善制度绩效而非加强庇护关系。②

中东地区因为其所处的恶劣的地缘环境,其国家建构的努力和成果也较为特殊,其财政-军事能力甚至超过同时期的欧洲国家。但不同于欧洲,因为阶级结构的不同(土地贵族的缺乏)和宗教势力的强大,宗教精英成为国家和社会之间的中介,因此伊斯兰教的很多制度因素也被融入了中东的国家机构之中。③

冷战结束后,苏联和东欧共产主义体制国家发生剧变之后,其区别于西欧国家和发展中国家,此类国家面临的挑战与其说是国家建构,不如说是国家的重新建构——原来强大且高度集权的国家机构在剧变过程中分崩离析,出现了"重新封建化"④、"被俘获的国家"⑤等现象。按西方学者的看法,这类国家同时面临着四重转型:政体转型(民主化,被亨廷顿视为第三波民主化的主要构成部分)、经济转轨(市场转型和私有化)、公民社会的产生和发展,以及国家自身的转型——第四个转型相对前三个转型得到的关注较少,但却可能是更为重要的一个转型。与此同时,地缘政治也发生了剧烈的变化:东欧国家脱离了苏联的政治控制转而逐渐加入欧盟,

---

① Evan S. Lieberman, *Race and Regionalism in the Politics of Taxation in Brazil and South Africa*, Cambridge University Press, 2003; Diana Rodriguez-Franco, "Internal Wars, Taxation, and State Building", *American Sociological Review*, 2016, 81(1); Dan Slater, *Ordering Power: Contentious Politics and Authoritarian Leviathans in Southeast Asia*, Cambridge University Press, 2010.
② Richard Doner, Bryan Ritchie and Dan Slater, "Systemic Vulnerability and the Origins of Developmental States: Northeast and Southeast Asia in Comparative Perspective", *International Organization*, 2005, 59(2).
③ Lisa Blaydes, "State Building in the Middle East", *Annual Review of Political Science*, 2017, 20(1).
④ Steven Lee Solnick, *Stealing the State: Control and Collapse in Soviet Institutions*, Harvard University Press, 1998.权力的地方化和私人化,参见 Kotaro Fukuda, et al., "The Feudalization of the State", *Journal of Democracy*, 1999, 10(2)。
⑤ 被俘获的国家指的是内聚性强的国家服务于少数特殊利益群体而非社会整体利益。

苏联的原加盟共和国也各自独立。所有这些都对其国家建构产生影响,使其区别于西欧的国家建构模式和后殖民地国家的国家建构模式。它们国家的角色需要重新定位,从经济政治社会中撤出,计划经济和公有制经济变成自由市场经济或者国家资本主义等。

第四节 未来研究方向

相比民主化等热门话题,国家理论的专著和期刊文章数量相对较少,但其在比较政治学中还是一个核心话题,而且在近30年取得了长足的理论进步,推动了比较政治学其他话题的研究。而且近年来,国家能力的研究也开始得到越来越多的关注。米格代尔在一篇综述文章中提到,在21世纪的前十年,比较政治学里国家理论的研究有以下几个趋势:

- 从基于一个范式(理性选择、结构主义、文化主义)到多个范式的结合;
- 从比较静态到注重历史细节,强调关键节点和先后顺序;
- 从单一的国家模板到同时注重国家的同质化和差异性的研究视角;
- 从单一的个案研究或定量研究到某种特殊类型的国家的研究,并形成对话;
- 从线性的因果分析到过程导向的、复杂的、多层次的研究。[①]

这一趋势也同样适用于未来的研究。研究国家面临概念复杂性、抽象性、变动性的方法论困境。首先,作为一个集合体概念,国家包含多个维度且各个维度之间存在复杂关系,因此很难作为一个变量(无论是自变量还是因变量)进行分析。在分析过程中,我们往往侧重其一两个维度而非国家这一概念本身。其次,国家一方面是一个高度抽象的概念,另一方面却和我们的日常高度相关,如何把握抽象性与具体性的平衡也是一个挑战。再次,国家也在不断变动之中,国家和社会相互影响、相互形塑。这些都使得对国家的研究非常困难,即使经典的研究也难免存在诸多局限。

综合本章的讨论,笔者归纳整理了图2-1,展示一个简化了的国家建构的因果链。

进一步的研究,一方面在方法论上需要继续并深化米格代尔前面归纳的五个趋势;另外,还可能从以下几个方面取得突破:

---

① Joel S. Migdal, "Researching the State", in M. Lichbach & A. Zuckerman, *Comparative Politics: Rationality, Culture, and Structure*, Cambridge University Press, 2009.

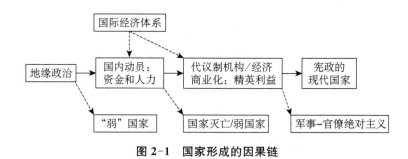

图 2-1　国家形成的因果链

- 研究一个大国内部的差异,比较政治学里称之为"地区转向"(subnational turn);
- 全球化及其逆潮对国家的影响;
- 注重民族、种族认同等国内因素对国家认同的影响,及其带来的对国家治理的挑战;
- 结合历史制度主义的发展,以因果机制研究为导向,细化和修正图 2-1 中基于结构因素的因果理论;
- 更好地将政体理论,尤其是新近的比较威权主义理论,和国家建构理论结合起来。

同样需要指出的是,关于中国政治的研究,除了极少数的例外,[1]很少有对国家理论作出贡献的。这一方面也印证了中国政治研究中比较政治学研究的边缘化地位的现状;另一方面,这和中国在最近一个多世纪发生的巨大的、全方位的、急剧的变迁(五千年未有之大变局)及其提供的理论素材严重不匹配。接下来可以从中国丰富的实证资料出发,在中层理论的层次研究国家和国家建构理论的各种因果机制,反哺比较政治学研究。

扩展阅读

[1] Catherine Boone, *Political Topographies of the African State: Territorial Authority and Institutional Choic*, Cambridge University Press, 2003.

凯瑟琳·布恩的研究借鉴关于经济结构对欧洲国家多样性的影响,研究非洲国家建构的地区多样性。布恩试图结合总体的策略结构与行为者的策略选择,并在此基础上建构相应的决策组合,以此验证非洲国家构建的路径,展现国家行为的多种面向。所谓的"政治地形学"(political topographies),是指非洲国家内部的地方性势力,包括不同地域的农业经济生产方式、社群结构(communal structure)、阶

---

[1] 如 Vivienne Shue, *The Reach of the State: Sketches of the Chinese Body Politic*, Stanford University Press, 1988。

级关系(class relations)、精英合作意愿。在布恩看来,政治地域及其历史发展所形成的社会资源与社会/政治状况形成了中央-地方行为者政治斗争与讨价还价的背景,它们是国家制度设计背后实质性的内生性因素。为了国家政权的维持,统治者会根据社会资源的贡献程度与控制难度会形成不同的决策组合。该书突破了之前以国家为单位的分析模式,强调制度多样性和制度变迁,是一部值得一读的著作。

[2] [美]乔尔·S.米格代尔:《社会中的国家》,李杨等译,江苏人民出版社2013年版。

该书是剑桥大学出版社比较政治学丛书中三本畅销书之一,提供了国家与社会关系的研究新的理论视角、分析模型和典型案例。作者突破了以往静态研究对国家与社会关系的单向摇摆,以双向的、平衡的、动态的视角看待国家与社会在发展中的重要作用,令人信服地论证了国家与社会之间存在着的交互影响。强调理解"支配"的概念,"社会中的国家"模型将国家视为"一个与自身相矛盾的实体",观察它需要具有双重视角:其一是"把国家视为一种强大的观念,它界定清晰、高度统一,且能够被单一的措辞所言说";其二是"将国家视为一系列松散联系的实践碎片,在这里,国家与其他境内外的组织之间的边界往往未能清晰界定,且后者常常会创制出相互冲突或直接与国家法律相冲突的规范"。

[3] Dan Slater, *Ordering Power: Contentious Politics and Authoritarian Leviathans in Southeast Asia*, Cambridge University Press, 2010.

丹·斯莱特教授的成名作——《调动权力:东南亚的抗争政治与威权利维坦》以东南亚的七个国家为研究对象,揭示了二战结束初期各国出现的不同的抗争政治(contentious politics)模式是如何对这些国家当下的国家能力和威权体制稳定性产生显著影响的。该书紧紧围绕当代政治科学中的两个重大议题——国家能力与政权稳定性,以统一的理论框架解释了不同国家由于历史上抗争政治的情势存在着重要差异,有的威权领导人成功调动了各类精英手中的权力资源从而建立起强大且稳定的威权利维坦,而有的则只能从部分类型的精英手中暂时地获得力量支持,最终无法建立高效的国家和稳固的威权体制。[①]

[①] 介绍内容引自,曹航:《【东南亚比较政治】No. 1 | Dan Slater:抗争政治与东南亚的国家建设》(2018年4月29日),"魔都政经青年通讯"微信公众号,最后浏览日期:2019年7月26日。

第 3 章
政府形式

在比较政治学研究中,狭义的政府形式一般是指行政权与立法权的关系。民主政体条件下的政府形式通常可以分为议会制、总统制与半总统制三种主要类型。学术界关心的是,如何界定不同政府形式的概念及其政治效应。更具体地说,这里的问题包括:首先,究竟如何从概念上界定议会制、总统制与半总统制?三者之间的主要制度差异是什么?其次,议会制、总统制和半总统制究竟孰优孰劣?何种政府形式更有利于提高民主政体的稳定性与有效性?如何理解从 19 世纪到当代关于政府形式的理论争论?他们的争论焦点又是什么?再次,从发达民主国家到新兴民主国家,不同政府形式的实际运作究竟怎样?它们的表现是否跟政治学界的理论观点和预期相一致?或者更明确地说,为什么总统制和半总统制在理论上更不被看好,但在最近二三十年的政治转型过程中却成了很多国家的选择?

以上都是目前跟政府形式研究有关的重要问题,本章试图解读、剖析或解决这些问题。本章分为四节:第一节重点介绍政府形式的概念及其类型学;第二节讨论"议会制大战总统制"的诸种理论问题;第三节重点剖析最近三四十年为什么总统制与半总统制政府形式会崛起;第四节是全章的简要总结以及对未来研究议程的讨论。

第一节 政府形式的概念及其类型界定

在民主政体条件下,议会制、总统制和半总统制这三种主要政府形式的差异是什么?三者究竟孰优孰劣呢?如果考察世界政治的历史与现实,就会发现现实世界中的不同政府形式既有成功的案例,又有失败的案例。比如,英国是议会制国家的典型,美国是总统制国家的典型,法国是半总统制国家的典型,这三个国家尽管政府形式各不相同,但它们民主政体的稳定性都比较高,整体治理状况良好。可见,无论何种政府形式都能实现善治。相反,大家同样可以看到,欧洲在两次世界大战之间有不少议会制民主政体运转不灵的案例,拉丁美洲历史上有过大量的总统制民主政体失败的案例,历史上的德国魏玛共和国和今日不少的非洲、东欧国家也曾经遭遇过半总统制民主政体表现不佳的案例。由此看来,同样的政府形式完全可以有着不同的表现。

为了比较三种政府形式的优劣,先要研究界定政府形式的概念以及剖析其制度特征。一般认为,在总统制条件下,选民选举立法机构,即一院制或两院制国会;同时选举总统,民选总统选择与任命内阁部长并领导内阁、管理政府部门。总统制的主要特征是:第一,行政机关和立法机关均由民选产生,民选总统是政府首脑;第二,总统任期与国会任期固定,彼此互不统属,互相均不能推翻对方;第三,总统任命与指导内阁,并具有宪法承认的部分立法权。在议会制条件下,选民选举议员组成一院制或两院制立法机构,然后由立法机构(通常是下院或众议院)选举或任免首相(或总理)及内阁。纯粹的议会制的主要特征是:第一,立法机关由民选产生;第二,由首相(或总理)与内阁成员构成的行政机关来自立法机关;第三,立法机关多数通过"不信任投票"随时可以罢免行政机关。在半总统制条件下,选民同时要选举立法机构和总统,总统任命总理及各部部长,但总统任命总理时必须要得到立法机构半数以上的支持。半总统制的主要特征是:第一,总统与立法机构均由民选产生;第二,总统拥有巨大的宪法权威,可以任免首相(或总理)与内阁;第三,首相(或总理)与内阁必须要得到立法机关多数的信任。[①]

从概念界定来看,议会制与总统制的主要差异就在于立法机关(国会)与行政机关(总统、总理与内阁)之间政治权力关系的不同。在总统制下,一般认为总统的政治权力巨大。理由是总统由选民选举产生、直接对选民负责,其政治权力来自全体选民的授权,因而具有很高的合法性。尽管如此,从权力结构和实际权力运作过程来看,总统跟国会之间是较为严格的分权制衡(checks and balances)关系,总统权力的运作时时需要受到国会的制约。因而,总统制下的总统与国会之间更多的是一种权力分立、互相制衡的关系。

然而,在议会制下,总理或首相与国会之间在政治权力上更多是一种融合与合作的关系——当然,这并不意味着它们之间没有分权制衡,实际上它们仍然分别掌握着两种不同的政治权力,即行政权与立法权。跟总统制相比,议会制下的行政权与立法权在实际政治运作往往是互相融合的。一个主要的惯例是,总理或首相通常由国会或国会下院的多数党或多数政党联盟领袖出任。这样,从表面上看,议会制下的总理或首相的政治权力远非总统制下的总统那样拥有民选领袖的地位,但

[①] 参见[英]罗德·黑格、[英]马丁·哈罗普:《比较政府与政治导论》,张小劲等译,中国人民大学出版社 2007 年版。关于议会制、总统制与半总统制的类型差异,还可以参见 Matthew Søberg Shugart, "Comparative Executive-Legislative Relations", in R. A. W. Rhodes, Sarah A. Binder, and Bert A. Rockman, *The Oxford Handbook of Political Institutions*, Oxford: Oxford University Press, 2006。

前者往往掌握了国会或国会下院的多数议席。

由此,我们看到,在英国,首相要想在国会通过某项预算案或改革法案往往阻力更小,因为首相通常掌握着国会的多数议席——很多时候还是一党绝对多数控制着国会。这样,特别是存在一党绝对多数议席或稳定的政党联盟控制着过半数议席的条件下,首相或总理的实际政治权力或政治权威跟总统相比反而有可能更大。相反,在美国,总统能否在预算案、改革法案和重要决定上得到国会批准则是一个巨大的挑战。以美国前任总统、民主党人巴拉克·奥巴马(Barack Obama)为例,其最后任期的一个尴尬处境是共和党掌握了国会参议院、众议院的多数议席。这样,特别是在政府预算与公债上限的法案上,奥巴马就跟国会参众两院产生政治上的紧张关系。如果总统与国会互不妥协,行政权与立法权的关系就有可能会陷入政治僵局。当然,当总统所在的政党同时控制国会参议院、众议院多数议席时,美国总统的政治权力就会随之增加,总统与国会之间的政治运作也会变得更加顺畅。

从形式上看,半总统制某种程度上是总统制与议会制的结合。如果说议会制与总统制通常被视为政府形式的两种原生类型,那么半总统制就是议会制与总统制的混杂类型。从全球范围内半总统制政体的实际运作来看,半总统制的具体宪法设计与制度安排的差异很大。当总统权力巨大时,这种半总统制就更接近于总统制;当总统制权力较小时,这种半总统制就更接近于议会制。由于半总统制之下的总理与内阁既需要总统提名,又需要对国会负责,因而使其制度设计较议会制和总统制都更为复杂。此种情形下,如果总统和国会的多数党或多数政党联盟同属一党,行政权与立法权之间的结构性冲突就比较小;如果总统与国会的多数党或多数政党联盟不同属一党,两者的结构性冲突可能会比较大。正是由于这种制度特征,学术界的一个问题是:半总统制究竟是兼具总统制和议会制的优点?还是集中了总统制和议会制的缺点?这个问题尚无定论。

美国政治学者阿伦·利普哈特(Arend Lijphart)认为议会制与总统制存在着三个主要的差异:第一,议会制下的总理或首相及其内阁要对议会负责,可由议会多数罢免,而总统制下的政府首脑无须对议会负责,无须因为议会的不信任投票(这里不是指总统严重渎职、犯有重罪或违宪后遭到议会弹劾的情形)而辞职;第二,总统制下的总统由民选产生,而议会制下的总理或首相则由议会挑选;第三,"议会制下的行政机关是集体的、团队式的,总统制下的行政机关是个人的、非团队的"[1]。

---

[1] Arend Lijphart, *Patterns of Democracy:Government Forms and Performance in Thirty-Six Countries*, 2nd edition, Yale University Press, 2012.

一般来说,议会制与总统制是较容易定义和区分的,但半总统制与它们之间的差异就比较微妙,甚至容易互相混淆。作为一种政府形式类型,半总统制是法国政治学者莫里斯·迪韦尔热(Maurice Duverger)最早提出的,他在1980年的论文中用三个要素来定义半总统制,分别是:(1)总统由普选产生;(2)总统掌握较大的实权(quite considerable powers);(3)以总理为首的责任内阁对议会负责,可由议会不信任投票推翻。① 应该说,迪韦尔热的这一概念界定非常清晰,该定义后来也被学术界广泛采用。

迪韦尔热对半总统制概念的界定尽管很有价值,但他的定义仍然有一个缺憾,即"总统掌握较大的实权"这一标准有时难以把握。有学者会问,总统究竟掌握什么样的政治权力才可以称得上是"较大的实权"呢?对于迪韦尔热的半总统制定义来说,如何确定衡量标准确实是一个实际的问题。正是由于这个原因,后来的很多学者试图改善政府形式类型学的定义,特别是重新定义关于半总统制的操作性标准。

美国政治学者何塞·安东尼奥·柴巴布(José Antonio Cheibub)更多地着眼于政治程序角度来区分政府形式的不同类型。与迪韦尔热提出的"总统掌握较大的实权"这一实质性标准不同的是,柴巴布在类型区分方面引入了更容易操作的程序性标准,试图提供一个兼顾半总统制的政治实质与操作程序的类型学方案,参见图3-1。②

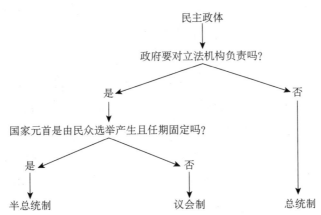

图 3-1　民主政体下政府形式的类型学新标准

资料来源:José Antonio Cheibub, Jennifer Gandhi, and James Raymond Vreeland, "Democracy and Dictatorship Revisited", *Public Choice*, 2010, 143(1-2)。

---

① Maurice Duverger, "A New Political System Model: Semi-Presidential Government", *European Journal of Political Research*, 1980, 8(2).
② José Antonio Cheibub, Jennifer Gandhi and James Raymond Vreeland, "Democracy and Dictatorship Revisited", *Public Choice*, 2010, 143(1-2).

在图 3-1 中，对于符合民主政体标准的国家，柴巴布及其合作者按照如下程序与步骤进行政府形式的分类：(1)政府需要对立法机关负责吗？如果否，则为总统制。这里所谓的"行政机关需要对立法机关负责"，标准也很明确，即立法机构能否通过不信任投票推翻政府。这一标准也与议会主权或议会责任制的概念有关，意指立法机关多数拥有推翻政府的宪法权力。如果对问题(1)回答为"是"，则继续追问：(2)国家元首是由民众选举（popularly elected）产生且任期固定吗？第二个问题如果回答为"是"，则为半总统制；如果回答为"否"，则为议会制。

实际上，柴巴布等人这里对半总统制的界定，跟爱尔兰政治学者罗伯特·艾尔杰（Robert Elgie）的定义比较接近。后者曾经给半总统制提出过一个简洁的定义："半总统制是指，宪法之下既有一个直接选举、任期固定的总统，又有一个需要对立法机构集体负责的总理和内阁。"[①]这样，艾尔杰就贡献了一个半总统制的最简定义，即"公民直选总统"与"对议会集体负责的总理和内阁"之结合。

由此，艾尔杰就放弃了可能会在操作上带来争议的标准——"总统掌握较大的实权"。在艾尔杰看来，只有宪法条款才是"客观标准"，能够较为可靠地判断一个国家的政府形式是否是半总统制，而不是借助于任何别的"主观标准"。确实，这一定义界定标准更简洁、更客观和更清晰。然而，在支持迪韦尔热的学者看来，艾尔杰这一定义忽略了总统有无"掌握较大的实权"这一实质性标准，而这恰恰是区别半总统制与议会制的关键。有学者担心，如果仅仅考虑程序性定义，即公民直选总统，而无视总统是否掌握较大的实权，将无从区分到底什么是实权总统、什么是虚位总统，也就无从区分什么是半总统制、什么是议会制。

但也有学者认为，总统掌握较大的实权这一实质性标准，其实跟总统直选这一程序性标准，存在着很大的重合性。从跨国研究的经验来看，凡是直选总统，几乎都是实权总统，即总统掌握较大的实权；凡非直选总统，几乎都不是实权总统。根据本章作者对第三波民主化国家政府形式的梳理，大致的结论是相似的：即凡实行直选总统的国家，总统的政治权力通常都是比较大的——尽管我们肯定无法认为，不同民主国家所有公民直选的总统具有的政治权力都是巨大且相似的。[②]

迄今为止的主流做法——用议会制、总统制与半总统制来区分行政-立法关系——固然具有简洁性的优点，但有学者认为，这一做法忽略了同一种政府形式内部实际权力配置的巨大差异。比如，即便同为总统制或半总统制，总统与议会之间甚至还包括总理在内的诸种权力的实际关系是非常复杂的。有学者因此认为仅仅

[①] Robert Elgie, "Semi-Presidentialism: An Increasingly Common Constitutional Choice", in Robert Elgie, Sophia Moestrup and Yu-Shan Wu, eds., *Semi-Presidentialism and Democracy*, Palgrave Macmillan, 2001.

[②] 包刚升：《宪法工程学：第三波民主化国家的政治制度与转型绩效》，待出版书稿，第四章。

采用议会制、总统制与半总统制这样的粗略分类是不够的。

比如,两位美国学者马修·舒加特(Matthew S. Shugart)和约翰·凯里(John M. Carey)1992年的一项著名研究——《总统与国会:宪政设计与选举动力》——关注的就是总统与国会之间的实际权力配置关系。他们认为,半总统制还可以具体细分为总理总统制(premier-presidentialism)与总统议会制(president-parliamentarism),前者是指"民选总统拥有某些实权"以及"内阁只向国会负责",后者是指"民选总统拥有相当实权"以及"内阁同时向总统及国会负责"。在这种研究视角下,行政权与立法权之间的实际权力配置,或者说总统、总理与国会之间的实际权力配置,才是决定政府形式的关键因素。因此,从宪法设计来说,不同的具体制度安排完全有可能导致总统制或半总统制灵活性与适应性的差异。[1]

即便是何塞·柴巴布这样长期研究议会制与总统制的学者,他牵头的一项最新研究也认为,议会制、总统制与半总统制的类型学已经无法有效区分全球范围内不同民主国家政府形式的关键特征,这种类型学标准在界定一个国家行政权与立法权之间真实的权力配置方面存在偏差。他们认为,研究者更应该深入一个国家的宪法条款和具体制度中,去具体考察行政权与立法权之间的实际权力配置。为了更精确地界定政府形式的具体差异,他们关注的是行政权与立法权之间权力配置的9个关键细节,分别是国会信任(assembly confidence)、民选国家元首(popularly elected head of state)、行政命令(executive decree)、紧急状态权力(emergency powers)、立法动议(initiation of legislation)、立法监督(legislative oversight)、行政否决(executive veto)、内阁任命(cabinet appointment)和解散国会(assembly dissolution)。正是这些宪法条款和具体制度安排的不同,造成民主国家政府形式方面的真实差异。通过这项研究,他们呼吁学术界应该超越议会制与总统制的类型学概念,而更应该关注行政权与立法权在宪法条款和具体制度上的实际安排。[2]

尽管议会制、总统制与半总统制这一传统政府形式类型学存在缺陷,但其优点也是不容忽视的,即提供了一个相对简洁的类型学框架,可以区分不同民主政体在行政权与立法权关系上的关键差异。固然,更精细的宪法条款和具体制度安排同样重要,但更为精细的类型学至今仍然无法提供一个全球范围内民主政体类型学的概貌性图景,容易让人陷于"只见树木不见森林"的制度细节之中。所以,一个合理且务实的做法是,在更完善的政府形式类型学被发现或发明出来之前,我们仍然需要借助区分议会制、总统制与半总统制的政府形式类型学概念。

---

[1] Matthew S. Shugart and John M. Carey, *Presidents and Assemblies: Constitutional Design and Electoral Dynamics*, Cambridge University Press, 1992.
[2] José Antonio Cheibub, Zachary Elkins and Tom Ginsburg, "Beyond Presidentialism and Parliamentarism", *British Journal of Political Science*, 2014, 44(3).

第二节 关于政府形式的理论争论:从 19 世纪到当代

从 20 世纪 90 年代开始,国际学术界出现了一场议会制与总统制的大论战,笔者喜欢将其称为"议会制大战总统制"。关于何种政府形式更为优越的讨论,通常涉及对政治制度比较与评判的标准问题。如何评判一种政治制度的优越性呢?实际上,现代政治学主要考虑的是两个重要维度:一个是分权制衡维度;另一个是政府效能维度。政府形式的选择或政治制度的设计,既需要强调分权制衡,又需要注重政府效能。大家熟知的西方的三权分立学说,更强调前者,即分权制衡因素。有人把自英国哲学家约翰·洛克(John Locke)、法国哲学家孟德斯鸠(Montesquieu)及美国政治家兼思想家詹姆斯·麦迪逊(James Maddison)等人所强调的这种观点,称为西方政治传统中的分权学说。但其实,西方政治传统还有另外一种脉络,即强调政府效能的因素。自英国哲学家托马斯·霍布斯以来的国家传统,到美国政治家兼思想家亚历山大·汉密尔顿(Alexander Hamilton),他们或多或少都强调国家的必要性、强有力的中央政府的重要性与政府效能的不可或缺。作为美国建国重要历史文本的《联邦党人文集》,主张的就是分权制衡因素和政府效能因素两者间的平衡。这也是我们理解不同政府形式优劣的重要视角。

其实,早在 19 世纪晚期,英国宪法学者沃尔特·白芝浩(Walter Bagehot)就比较过议会制与总统制的政治运行逻辑。白芝浩认为,英国的议会制要优于美国的总统制,其主要逻辑是:与议会制相比,总统制由于最高政治权力掌握在不同机构的手中,行政部门的权能就遭到了削弱,从而弱化了政府能力或政府效能。他这样说:

"在一个主要的方面,英国的制度远胜于美国。由议会产生并可由这个立法性机构中占多数席位的党派撤换的英国首相肯定依凭于这个议会。如果他想让立法机构支持他的政策,他就能够得到这种支持,并进而推行他的政策。但美国总统得不到这种保证。总统是某个时候用某种方式产生的,而国会(无论是哪一院)是在另外某个时候用另一种方式产生的。二者之间没有什么东西将其捆绑在一起,且从事实上讲,二者之间不断地产生冲突。"①

自白芝浩之后,议会制与总统制——前者以英国为代表,后者以美国为代表——作为民主模式选择的优劣比较,在政治学界受到了高度的关注。特别是,美国前总统、政治学者伍德罗·威尔逊也卷入了这场学术论战。有趣的是,威尔逊尽

---

① [英]沃尔特·白芝浩:《英国宪法》,夏彦才译,商务印书馆 2005 年版,第 42—43 页。

管身为美国总统,竟然是议会制的支持者。当然,当时就有学者持不同主张,他们认为总统制并不逊色于议会制,白芝浩的论断过于偏颇。①

当代关于议会制与总统制的大论战则是由美国政治学者胡安·林茨(Juan J. Linz)挑起的。1990年,林茨在题为《总统制的危害》一文中论证,总统制与议会制相比更不利于民主的稳定。② 在总统制之下,总统和议会由不同的选举产生,容易导致双重合法性(dual legitimacy)的冲突,即总统和议会都声称自己拥有最高的合法性。如果总统的财政提案、法律提案和人事任命由于无法得到议会多数支持而不能获得通过时,总统(行政部门)就会无所作为,政府效能会遭到严重削弱。再加上总统任期固定,这一局面可能会导致行政机关与立法机关之间出现的对抗僵局(deadlock),整个国家就容易陷入宪法危机。因此,总统制下的总统实际上很难拥有议会制下受到国会多数支持的首相或总理所具有的政治权威,民主稳定性就可能降低。③

自20世纪90年代以来,多项后续研究都为林茨主张的议会制优于总统制的观点——笔者称之为"林茨假说"——提供了理论支持。在林茨本人与阿托罗·韦林内拉(Arturo Valenzeula)联合主编的《总统制民主的失败》两卷作品中,很多学者通过对拉美地区的国别案例研究,为"林茨假说"提供了更为丰富的案例证据。④ 按照何塞·柴巴布的计算,1946—2002年采用议会制的民主国家平均每58年才出现一次民主崩溃,而总统制民主国家平均每24年就出现一次民主崩溃;在此期间,全球发生的157次政体类型变革中,流行总统制的18个拉美国家就占到了58次,比例为37%。柴巴布甚至认为,全球范围内长期稳定的总统制民主国家只有美国。⑤

近期不少样本规模较大的定量研究也倾向于认为,议会制在政体稳定与治理绩效两个方面都要优于总统制或半总统制。比如,美国政治学者皮帕·诺里斯(Pippa Norris)2008年的一项定量研究认为,议会制总体上更为优越,而总统制与半总统制在民主稳定性方面表现不佳,更容易引发军事政变、政治暗杀与政治骚乱。⑥

---

① 参见汇编作品:Arend Lijphart, ed., *Parliamentary Versus Presidential Government*, Oxford University Press, 1992。
② Juan J. Linz, "The Perils of Presidentialism", *Journal of Democracy*, 1990, 1(1).
③ Ibid.
④ Juan J. Linz and Arturo Valenzuela, eds., *The Failure of Presidential Democracy*, The Johns Hopkins University Press, 1994.
⑤ Jose Antonio Cheibub, *Presidentialism, Parliamentarism, and Democracy*, Cambridge University Press, 2007.
⑥ Pippa Norris, Driving *Democracy: Do Power-Sharing Institutions Work?*, Cambridge University Press, 2008.

尽管如此,"林茨假说"在国际学术界也不乏反对者。美国著名族群政治学者唐纳德·霍洛维茨(Donald Horowitz)早在20世纪90年代初就敏锐地指出,林茨的研究存在着样本偏差,因为总统制的案例主要集中在拉丁美洲,而议会制的案例主要集中在欧洲。这样,我们就难以认定,拉丁美洲的总统制政体表现不佳,主要是由总统制这一制度变量引发的,而不是拉丁美洲与欧洲之间存在重大分殊的其他重要变量所致。霍洛维茨还指出,林茨可能低估了总统制的灵活性和具体制度安排的差异。换言之,同样是总统制民主政体,如果具体政治制度的设计更为合理,就能够在总统制之下塑造更好的制度弹性和更强的政府效能。①

斯科特·梅因沃林(Scott Mainwaring)的研究认为,总统制是否影响民主政体稳定,关键取决于它与何种政党体制相结合。简而言之,当总统制与多党制结合时,更容易引发行政权与立法权的冲突,不利于民主政体的稳定;当总统制与两党制结合时,行政权与立法权更容易协调,民主政体下的政府效能也更高。比如,美国就是通过总统制与两党制的结合获得民主有效性与稳定性的典范。这样,梅因沃林就为这场学术大论战引入了一个新的变量:政党体制。②

上文提到的《总统与国会:宪政设计与选举动力》一书中,马修·舒加特与约翰·凯雷于对20世纪民主崩溃国家案例的统计分析后认为,议会制民主政体崩溃的数量其实要高于总统制和半总统制民主政体崩溃的数量。特别是对于第三世界国家而言,议会制民主政体在实际运转中遭遇严重问题的可能性更大,参见表3-1。③ 当然,两位作者关于民主崩溃的界定与统计标准可能存在一定的争议。

表3-1 20世纪的民主崩溃与政府形式

议会制	总统制	其他类型
*缅甸,1962	*阿根廷,1930	奥地利,1933(总理-总统制)
爱沙尼亚,1934	*玻利维亚,1964	*厄瓜多尔,1962(总统-议会制)
*斐济,1988	*巴西,1964	德国,1933(总统-议会制)
希腊,1936	*智利,1973	*韩国,1961(总统-议会制)
希腊,1967	*哥伦比亚,1953	*秘鲁,1968(总统-议会制)
*圭亚那,1978	*古巴,1954	*斯里兰卡,1982(总统-议会制)
意大利,1922	*危地马拉,1954	
*肯尼亚,1969	*韩国,1972	
拉脱维亚,1934	*尼日利亚,1983	

---

① Donald L. Horowitz, "Comparing Democratic Systems", *Journal of Democracy*, 1990, 1(4).
② Scott Mainwaring, "Presidentialism, Multiparty Systems, and Democracy: The Difficult Equation", *Comparative Political Studies*, 1993, 26(2).
③ Matthew S. Shugart and John M. Carey, *Presidents and Assemblies: Constitutional Design and Electoral Dynamics*, Cambridge University Press, 1992.

(续表)

议会制	总统制	其他类型
立陶宛,1926	*巴拿马,1968	
*尼日利亚,1966	*菲律宾,1972	
*巴基斯坦,1954	*乌拉圭,1973	
*巴基斯坦,1977		
葡萄牙,1926		
*塞拉利昂,1967		
*新加坡,1972		
*索马里,1969		
西班牙,1936		
*苏里南,1982		
*泰国,1976		
*土耳其,1980		

资料来源：Matthew S. Shugart and John M. Carey, *Presidents and Assemblies: Constitutional Design and Electoral Dynamics*, Cambridge University Press, 1992。

注：*表示第三世界国家案例。本表按国家英文名称首字母顺序排列。

他们进一步认为，有很多理由可以为总统制民主政体做辩护，包括：总统制体现了更好的问责制、更好的可辨识性、更好的分权制衡以及总统通常会成为更好的政治仲裁者等。尤其是，对于总理-总统制这种政府形式类型——这其实是半总统制的一种类型——来说，它往往能较好地克服总统制原本任期固定的僵化性、抑制多数决定的弊端、克服双重合法性的困境、实现有效的分权制衡以及拥有更好的仲裁与调停机制等。

柴巴布尽管总体上更倾向于支持议会制，但他为总统制不利于民主稳定提供了一项新的解释，这一解释关注的是总统制的社会情境条件（context）。在他看来，具有长期军人统治传统的国家民主转型后更可能选择总统制——这一现象存在着较为明显的路径依赖问题。柴巴布认为，这类具有长期军人统治传统的国家本身就不太容易实现民主转型或民主巩固。[①] 柴巴布的这一发现有两个启示：一是长期军人统治或许是导致民主政体不稳定的一个关键变量，总统制不过是一个中介变量；二是如果长期军人统治的国家难以经由转型走向议会制，那么对这些国家来说，总统制民主政体能否成为有效的民主体制，或者说一种怎样的总统制政体才是稳定而有效的民主政体，才是更具实践意义的问题。按照这种思路，学术界应该积极研究总统制宪法设计的多样性和具体制度安排的差异性，并借此来塑造稳定而有效的总统制民主政体。

---

① José Antonio Cheibub, *Presidentialism, Parliamentarism, and Democracy*, Cambridge University Press, 2007.

乔万尼·萨托利（Giovanni Sartori）在1994年出版、1997年修订再版的《比较宪法工程学》一书中认为，总统制总体上是一种表现差劲的政府形式，经常遭遇政变与民主衰退，而美国只是一个特殊的例外。萨托利指出，美国总统制成功的原因主要有三个：一是美国社会的意识形态分歧较小；二是政党力量与政党纪律较弱；三是单议席选区制使得国会议员与地方选区——而非与政党——之间的政治联系更为紧密。正是这些因素为美国的总统制注入了稳定性与灵活性。萨托利也因此认为，美国总统制模式恐怕难以被成功复制或出口他国。但是，萨托利同时指出，议会制并非是克服总统制缺陷的良药，纯粹的议会制政体同样会有很多缺陷。他甚至提到，纯粹的议会制民主政体历史上也曾有过糟糕的表现。综合来看，萨托利更偏好政府形式的混合类型——半总统制。萨托利认为，跟总统制相比，半总统制具有更大的灵活性与弹性。"纯粹的总统制是一种容易导致僵局的结构，而半总统制提供了一种避免僵局的机制。"但他陈述这一观点时也非常谨慎："我的论点不是半总统制是'最佳的'，而是'更适用的'（more applicable）。"[①]

跟萨托利同样支持半总统制的不少学者认为，半总统制可以融合议会制与总统制的优点，同时能够有效避免两者的弱点。但相反的意见却认为，半总统制不仅不能融合议会制与总统制的优点，反而还集中了两者的缺陷。半总统制的研究专家罗伯特·艾尔杰甚至也提到，以自由之家的国家评分系统作为参照，在自由民主程度分值和民主是否崩溃两项指标上，半总统制新兴民主国家的平均表现较议会制与总统制新兴民主国家都更为逊色。[②]

第三节 总统制与半总统制的崛起及其成因

马修·舒加特与约翰·凯雷早在出版于1992年的《总统与国会》一书中，就提醒读者一个不能忽视的事实，20世纪后半叶以来，总统制政体的数量和比重都在大幅地增加。他们在政府形式类型学中，把总统制与半总统制都统一称为总统制。这一现象跟不少学者一边倒地批评总统制与半总统制的论调并不吻合。难道全球范围内的政治实践都错了吗？这两位学者这样说：

"对议会制的支持者而言，令他们感到痛苦的是，没有任何运作中的总统制政体转型为议会制政体，但却有几个议会制政体转型为总统制。……因此，我们

[①] Giovanni Sartori, *Comparative Constitutional Engineering: An Inquiry into Structures, Incentives and Outcomes*, 2nd edition, Palgrave Macmillan, 1997.

[②] Robert Elgie, "The Perils of Semi-Presidentialism: Are They Exaggerated?", *Democratization*, 2008, 15(1).

所面对的是,象牙塔里的学术共识与实际的政治运作,两者间存有重大的落差。"①

根据笔者的研究,1974年的第三波民主化以来,特别是20世纪90年代以来,全球范围内民主政体中总统制与半总统制的数量和比重均有大幅度地增加。我们甚至可以将其称为20世纪90年代以来总统制与半总统制的快速崛起。从总量上看,在1974—2013年的73个第三波民主化国家中,议会制的数量与比例是最低的,仅为16个和21.92%;总统制的数量与比例最高,分别为30个和41.10%;半总统制的数量与比例居中,分别为22个和30.14%;此外,还有5个——73个国家中的6.85%——第三波民主化国家在这一时期至少经历了一次政府形式变革,参见表3-2。②

表3-2 第三波民主化国家政府形式的数量与比例:1974—2013年

政府形式	数量(个)	比例
议会制	16	21.92%
总统制	30	41.10%
半总统制	22	30.14%
其他	5	6.85%

这里还计算出了第三波民主化国家政府形式随时间而变化的趋势,参见图3-2。从时间趋势上看,第三波民主化的政府形式类型变迁呈现出几个主要特点:第一,随着民主化的推进,议会制政体的数量先是稳步提高,但从20世纪90年代中期开始不再显著增长,而是呈现波动趋势;第二,总统制政体的数量处于优势地位,是所占比重最高的政府形式,其数量在第三波民主化的整个过程中都呈现稳定的增长趋势;第三,半总统制政体在1990年之前非常罕见,但从1990年起数量开始稳步提高,因而也是最近25年间所占比重增长最快的一种政府形式。从全球民主化的历史经验来看,总统制与半总统制政体的崛起是第三波民主化的重要现象。③

学术界的最新研究也揭示了类似的情况。从第三波民主化的经验来看,稳定的总统制与半总统制民主政体数目在20世纪90年代以来有了显著的增加。从数量关系上看,总统制与半总统制的扩散,跟第三波民主化的进展呈现显著的正相关

---

① Matthew S. Shugart and John M. Carey, *Presidents and Assemblies:Constitutional Design and Electoral Dynamics*, Cambridge University Press, 1992, p.3.
② 关于这里所涉的73个第三波民主化国家的选择标准,参见包刚升:《第三波民主化国家的政体转型与转型绩效(1974—2013)》,《开放时代》2017年第1期。相关表格的数据参见包刚升:《宪法工程学:第三波民主化国家的政治制度与转型绩效》,待出版书稿,第四章。
③ 包刚升:《宪法工程学:第三波民主化国家的政治制度与治理绩效》,待出版书稿,第四章。

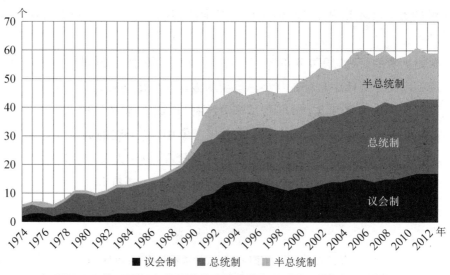

图 3-2　第三波民主化国家政府形式的变迁趋势（1974—2012 年）

性。有鉴于此，总统制或半总统制作为一种政府形式，不太可能是第三波民主化的负资产。从第三波民主化的最新经验来看，新兴的总统制或半总统制民主政体并非无法拥有稳定性和有效性。因此，有学者进一步提出，即便行政权与立法权的关系是重要的，学术界也应该超越简单的总统制与议会制之争，更应该去发掘具体的宪法设计与制度安排的重要性。换言之，究竟是何种具体的关于行政权与立法权的宪法设计和制度安排——而非抽象的议会制或总统制的分野——更容易塑造民主政体的稳定性与有效性。①

另一个关键问题是，过去学术界的共识是，总统制或半总统制跟多党制的结合更容易导致民主政体的不稳定。但最近的一项研究则挑战了这一共识。卡洛斯·佩雷拉（Carlos Pereira）和马库斯·安德烈·梅洛（Marcus André Melo）在 2012 年合作的一篇论文《多党总统制出乎意料的成功》中认为，总统制与多党制的组合也可以带来较为优良的或至少是尚可接受的政治绩效。他们指出，从 1979 年到 2006 年，玻利维亚、巴西、智利、哥伦比亚、厄瓜多尔和巴拿马等拉丁美洲国家都是总统制与多党制的组合，但都实现了新兴民主政体的基本稳定。亚洲的印度尼西亚也是总统制与多党制的组合，在苏哈托倒台之后也实现了新兴民主政体的基本稳定。尽管总统制加多党制的组合不是一种理想类型或最优类型，却可以是一种次优的、能运转起来的民主制度模式。那么，多党总统制民主政体为何能够实现

---

① 相关研究文献较多，参见 Josep M. Colomer and Gabriel L. Negretto, "Can Presidentialism Work Like Parliamentarism?", *Government and Opposition*, 2005, 40(1); José Antonio Cheibub and Svitlana Chernykh, "Are Semi-Presidential Constitutions Bad for Democratic Performance?", *Constitutional Political Economy*, 2009, 20(3); José Antonio Cheibub, Zachary Elkins and Tom Ginsburg, "Beyond Presidentialism and Parliamentarism", *British Journal of Political Science*, 2014, 44(3).

稳定地运转呢？他们认为有三个主要的原因：一是总统权力设计上的灵活性；二是总统可以利用权力资源来赢得立法机构的支持；三是行政权力受到制衡所带来的益处。这项研究还以巴西为例，论证了这种多党总统制民主政体的可行性。①

理解 20 世纪 90 年代以来全球总统制与半总统制崛起的一个视角，是政府形式在全球范围内的分布具有强烈的地区特性。比如，议会制主要分布在多数西欧、中欧、北欧国家，多数英国殖民地和那些具有国王或君主立宪传统的国家；总统制主要集中在美国、拉丁美洲与非洲地区，再加上韩国、印度尼西亚、菲律宾等少数亚洲国家；半总统制主要分布在法国、葡萄牙等少数西方民主制比较成熟的国家，前社会主义国家，以及跟法国、葡萄牙有政治关系的原殖民地国家。那么，在第三波民主化过程中，为什么总统制和半总统制政体的扩展速度如此之快呢？总统制的扩展主要是三个地区：一是拉丁美洲地区；二是非洲地区；三是亚太地区。众所周知，拉丁美洲是总统制的传统地区，其起源一直可以追溯至拉丁美洲独立战争。1974—2013 年，拉丁美洲绝大多数国家都卷入了第三波民主化运动，这是总统制数量得以扩张的主要原因。此外，在非洲和亚太地区，不少发展中国家在第三波民主化过程中是从军人统治走向民主转型的。按照柴巴布的研究，军人统治的国家一旦启动民主转型，通常更有可能选择总统制。② 在第三波民主化过程中，这三个地区的民主国家或民主转型国家数量与比重显著增加，这是总统制快速崛起的重要原因。

至于半总统制政体，按照我国台湾学者吴玉山的研究，全球范围内主要有三个国家群组——西欧民主成熟的国家、后列宁主义国家与后殖民国家，而三者进入半总统制的路径各不相同：西欧国家往往是应付危机型；后列宁主义国家则是受到了党国体制下双首长制传统的影响；后殖民国家往往是模仿宗主国（法国与葡萄牙）所致。③ 在第三波民主化过程中，符合吴玉山西式民主成熟国家类型的半总统制政体是葡萄牙；其他国家多数半总统制政体的扩张主要跟苏东剧变有关，双首长制的党国体制较容易转型为半总统制；还有一部分选择半总统制的非洲国家则是源自它们跟法国或葡萄牙的政治关系。这也是半总统制最近二三十年快速扩展的直接原因。

理解 20 世纪 90 年代以来全球总统制与半总统制崛起的另一个视角，是从制度逻辑上讲，总统制与半总统制跟议会制相比并非一无是处。第三波民主化研究

---

① Carlos Pereira and Marcus André Melo, "The Surprising Success of Multiparty Presidnetialism", *Journal of Democracy*, 2012, 23(3).
② José Antonio Cheibub, *Presidentialism, Parliamentarism, and Democracy*, Cambridge University Press, 2007.
③ 吴玉山：《半总统制：全球发展与研究议程》，《政治科学论丛》（台湾大学政治学系学术期刊）2011 年第 47 期。

必须要正视的问题是：为什么总统制与半总统制在理论上不被看好，但仍然得到了广泛的扩散？就第三波民主化国家数量而言，总统制与半总统制政体的数量如今已经超过议会制的三倍以上。首先，笔者的一个解释是，除了路径依赖的问题，总统制流行的一个重要原因是，在那些议会政治传统和政党政治不发达的国家——实际上很多发展中国家都是这样的，总统制至少提供了最高统治权的解决方案。反过来，对于那些议会政治和政党政治不发达的国家，如果实行议会制，一个首要的挑战是能够为民主政体提供稳定的最高统治权或领导权。如果不能，这种新兴民主政体很有可能会陷入不稳定状态。尽管总统制有很多问题，但通过一次公民直选，既解决了谁统治的问题，又为这一职位提供了足够的合法性。当然，由这种方式产生的总统以及在这种政府形式下执政的总统，能否有效执政、达成高的民主治理绩效，则是另一个问题。但无论怎样，即便议会政治与政党政治传统不发达，总统这一民选职位在很大程度上解决了最高统治权的问题。

其次，跟基本政府形式类型学相比，总统制与半总统制对于立法权与行政权关系的更为精细的制度设计可能更重要。实际上，不仅立法权与行政权的关系或狭义上的政府形式是重要的，而且议会制、半总统制与总统制内部也存在着非常明显的政治效应分化，从而影响到同一政府形式下的不同新兴民主政体的转型绩效。所以，即便对于总体表现欠佳的总统制政体来说，如何进行更为精细的宪法设计，以达到分权制衡与政府效能之间更好的平衡，从而实现民主治理的高绩效。这就关系到，总统制与半总统制条件下更为具体的制度设计问题，或者说如何对现有总统制进行具体制度设计的改革问题。对于理论上不被看好的总统制与半总统制来说，通过具体宪法设计与制度安排上调整，来提升总统制与半总统制作为一种政府形式的灵活性与效能，就变得非常重要。我们既要关注这三种基本政府形式在绩效方面的优劣差异，又要超越简单的议会制、半总统制与总统制之争，走向对更为具体的宪法设计与制度安排的反思。

比如，在上文提及的马修·舒加特和约翰·凯里所著的《总统与国会：宪政设计与选举动力》一书就非常关注总统与国会之间的实际权力配置关系。[1] 实际上，就宪法设计而言，几乎每一项总统权力都可以有着不同的配置，从而构成了大小不等的总统权力。与之相对应的是，一部宪法在配置总统权力时，实际上也在配置国会的权力；如果是一部半总统制的宪法，它同时也在配置总理与内阁的权力。因此，一部宪法关于总统权力的配置，实际上就是在规范总统与国会或总统、总理与国会的政治权力关系。

---

[1] Matthew S. Shugart and John M. Carey, *Presidents and Assemblies: Constitutional Design and Electoral Dynamics*, Cambridge University Press, 1992.

上文曾经提到何塞·柴巴布牵头的一项研究认为,行政权与立法权之间的实际权力配置或具体制度设计,需要关注9个关键的制度细节,见表3-3。[①] 在所有这9项权力配置中,国会信任和民选国家元首这两项配置是区分议会制、总统制与半总统制的基本宪法设计,也是比较确定的不同制度类型特征。但是,除此之外,行政命令、紧急状态权力、立法动议、立法监督、行政否决、内阁任命和解散国会(assembly dissolution)这七种权力,一方面对于议会制和总统制来说可以有着不同的具体制度配置,比如强弱不一的宪法条款安排;另一方面对于半总统制而言更是不确定的条款,也就是不同的半总统制政体在这七种权力配置上完全有着不同的设计。而这些不同的具体宪法设计与制度安排上的配置,构成了不同政府形式差异的关键特征,也在很大程度上决定着一个民主政体中总统与国会或者总统、总理与国会之间的政治权力关系。当然,这也会在很大程度上影响一个民主政体的稳定性与有效性。

表3-3 行政-立法关系制度的设定特性

特性(attributes)	制度		
	总统制	议会制	半总统制
政府形式定义的特性			
国会信任(assembly confidence)	非	是	适用政府首脑
民选国家元首(popularly elected head of state)	是	非	是
选择性的特性			
行政命令(executive decree)	非	是	不确定
紧急状态权力(emergency powers)	强	弱	强
立法动议(initiation of legislation)	立法机关	行政机关	不确定
立法监督(legislative oversight)	是	非	不确定
行政否决(executive veto)	是	非	不确定
内阁任命(cabinet appointment)	行政机关	立法机关	不确定
其他特性			
解散国会(assembly dissolution)	非	是	不确定

资料来源:José Antonio Cheibub, Zachary Elkins and Tom Ginsburg, "Beyond Presidentialism and Parliamentarism", *British Journal of Political Science*, 2014, 44(3)。

---

① José Antonio Cheibub, Zachary Elkins and Tom Ginsburg, "Beyond Presidentialism and Parliamentarism", *British Journal of Political Science*, 2014, 44(3).

第四节 理论总结与未来研究方向

本章的上述讨论，呈现了议会制与总统制大论战的复杂性。实际上，关于议会制、总统制与半总统制的学术论战至今并无定论。相当比例的学者强调议会制相对于总统制或半总统制的优越性，认为议会制有利于民主政体的稳定性和有效性；部分学者则强调总统制或半总统制未必会削弱民主政体的稳定性与有效性，而是主张总统制与半总统制同样可以成为优良的政府形式选择；还有学者则更强调其他因素的重要性，包括具体的宪法设计与制度安排、政党体制、民主转型前威权体制的类型等；此外，还有学者主张政府形式跟一个国家政治背景与社会情境的匹配性。总体上，不同的学者基于不同的视角主张不同的观点，并为这种观点提供了不同的经验证据。

本章的最后一节主要是对已有研究做一个简要的总结，并对未来的研究议程进行展望。首先，现有研究认为，政府形式是关键的宪法设计，对民主政体的稳定性与有效性会产生重要的影响。很多已有研究认为，议会制是更为优越的政府形式，是宪法设计中政府形式的首选，同时需要更加审慎地对待总统制与半总统制。但这并不意味着议会制可以高枕无忧。上文讨论的相关研究也显示，议会制与半总统制亦有不少转型失败的案例。对总统制来说，一个政治风险是，由于立法权与行政权的冲突而弱化了政府效能，从而更容易陷入宪法僵局或政治危机；另一个风险是，当直选的甚至同时领导主要政党的总统过分强势时，就无法兼顾到分权制衡，这样的总统制政体容易走向威权化。尽管如此，正如上文已经讨论的，总统制并非一无是处。类似的，半总统制遭遇民主失败或治理绩效低下的案例也不少。在20世纪上半叶，最著名的半总统制政体遭遇民主崩溃的案例就是德国魏玛共和国。但萨托利这样的学者更偏爱半总统制，认为这种政府形式提供了足够的灵活性。那么，总的来说，到底议会制、总统制与半总统制孰优孰劣呢？这个问题或许仍然需要学术界基于新的理论和新的证据来给出新的回答。

其次，现有研究还认为，基本的政府形式差异是重要的，但每种政府形式之下的宪法设计与具体制度安排也同样重要。基于这种思路，未来的研究或许更应该超越简单的议会制与总统制之争，而是走向更为精细的政府形式类型学。没有一个国家在政府形式上的具体制度设计是完全一样的。有一种观点认为，既然如此，要想进行有效的量化研究往往是困难的，所以未来更应该借助国家案例或比较案例的研究方法来发掘具体制度设计背后更为精细的逻辑。

再次，现有研究认为，政府形式与政治社会情境的匹配性也很重要。与何谓最优良的政府形式这一"应然式"思考相比,萨托利则更强调,一个国家的政府形式通常并非来自制宪者精通理论优劣之后的有意选择,而是某个特定历史演进过程的产物。比如,美国选择总统制的一个重要原因,是美国没有国王;相比而言,欧洲很多国家的议会制,都是立宪君主制下首相与内阁权力不断强化的结果。对于总统制盛行且民主绩效一度表现不佳的拉丁美洲,萨托利进一步追问:如果拉丁美洲国家改行议会制,议会制就能解决拉丁美洲面临的政治问题吗?萨托利甚至认为,拉丁美洲如果继续存在着较高的政治分歧与碎片化的政党体制,即便改行议会制,这种议会制民主政体恐怕也难以达成优良的治理绩效。① 沿着这样的学术路径,学术界未来或许更应该回答:政府形式与政治社会情境之间究竟是如何互动的呢?

最后,现有研究还提醒我们,讨论政府形式优劣的一个可能误区是,有人仿佛觉得一个国家在民主化的制宪时刻或修宪时刻是可以自由选择政府形式的,但实际上,政府形式具有严重的路径依赖。对新兴民主政体来说,既然政府形式改革极少发生,那么真正具有实践性的问题或许是:对于一个实行总统制的新兴民主政体来说,如何让这种总统制成为更有效的总统制。这里可能涉及两个层面的问题:一是在不改变政府形式的条件下,如何让现有的政府形式——比如总统制或半总统制——实现更好的运转;二是在不改变基本政府形式的条件下,如何对立法权与行政权实际权力配置的具体制度设计进行调整,使其实现更好的运转。或许,这些问题都还有待于学术界进行进一步的研究。

扩展阅读

[1] [英]沃尔特·白芝浩:《英国宪法》,夏彦才译,商务印书馆2005年版。

《英国宪法》是19世纪英国宪法学者、政治学者沃尔特·白芝浩的作品,该作品主要关注的是19世纪英国的基本政治制度及其运作状况。对本章的研究议题来说,白芝浩的独特贡献在于,他首次提出了议会制与总统制——或者说行政权与立法权关系——的优劣比较问题。总体上,白芝浩认为,英国议会制模式要优于美国总统制模式,关键在于英国议会制条件下的议行融合更容易带来好的政府效能。

[2] Arend Lijphart, ed., *Parliamentary Versus Presidential Government*, Oxford University Press, 1992.

阿伦·利普哈特主编的《议会制政府与总统制政府》是一部汇编作品。该作品收录了截至20世纪90年代初英美学术界讨论议会制与总统制孰优孰劣的代表性作品,其中包括美国前总统、政治学者伍德罗·威尔逊对美国总统制的反思,美国

---

① Giovanni Sartori, *Comparative Constitutional Engineering: An Inquiry into Structures, Incentives and Outcomes*, 2nd edition, Palgrave Macmillan, 1997.

政治学者胡安·林茨对总统制的批评和对议会制的褒奖,以及后来很多学者跟林茨所主张的观点的理论论战。如果想研究政府形式的问题,该作品是一部非常有用的入门读本。

[3] Matthew S. Shugart and John M. Carey, *Presidents and Assemblies: Constitutional Design and Electoral Dynamics*, Cambridge University Press, 1992.

马修·舒加特和约翰·凯雷所著的《总统与国会:宪法设计与选举动力》如今已经成为这个领域的当代经典。他们超越了林茨意义上的基于基本政治制度的议会制与总统制的类型学,而是着眼于从更为精细的制度设计来讨论总统权力与国会权力的具体结构与配置问题。这就为我们理解政府形式或行政权与立法权的关系问题提供了新的理论视角。

[4] José Antonio Cheibub, *Presidentialism, Parliamentarism, and Democracy*, Cambridge University Press, 2007.

美国政治学者何塞·安东尼奥·柴巴布所著的《总统制、议会制与民主》是21世纪以来一部较新地系统讨论议会制与总统制优劣的著作。该书认为,总统制确实更有可能导致政治僵局、缺少形成政治联盟的激励、使民主政体下的政党力量弱化等问题,但总统制民主政体的诸种问题,其实不在于总统制跟议会制在宪法设计上的重大差异,而是因为总统制更可能出现在有长期军人统治传统的国家。从经验上看,在具有长期军人统治传统的国家兴起的民主政体本来就更可能走向不稳定。这样,柴巴布就把论战焦点转向了对政府形式的前置性社会条件的分析。

第二编
制度体系

第 4 章
选举与投票

选举制度和选举行为是比较政治学研究的重要主题。事实上,对选举制度和选举行为进行研究,具有非常悠久的历史。早在古希腊时期,亚里士多德就在《雅典政制》中,详细记载并评述了雅典城邦的投票和选举活动。① 17 世纪开始,霍布斯、弥尔顿、洛克等人已经对选举问题有所讨论;到了 18 世纪,孔多塞对投票悖论的论述,开启了研究选举制度的先河;而进入 19 世纪,关于多数决制与比例代表制的论战,在欧洲掀起了一阵探讨选举制度改革的热潮,1864 年和 1885 年,欧洲各国甚至召开了两次大型的国际会议来检讨选举制度的改革。② 20 世纪之后,随着政治学学科的发展,选举研究逐渐成为一个相对成熟的学术领域,在政治科学的研究中居于非常重要的地位;由于选举研究在很多方面具有可量化性,有很多从事政治科学的学者甚至试图借此发现一些类似于自然科学中的"法则"。③

政治学领域关于选举和投票的研究文献浩如烟海。经历多次转向、沉淀,并与其他议题融合,该领域在一些重要议题上取得了广泛共识;但是,不同流派的学者对于特定议题仍保留独特视角,并分别取得了实证支持;目前,由于方法论局限和相关数据匮乏,学术界对于另外一些争论还不能给出确切答案。本章将在简要介绍选举制度类型的基础上,以迪韦尔热法则为考察重点,梳理选举制度及其政治效应的相关重要文献,并进一步探讨该领域的相关研究方向。

第一节 选举制度类型划分

在选举民主国家,选举制度是将选票转化为议会席位或者政府职位的关键规则。各个国家的选举制度千差万别,即使同一个国家,不同历史时期的选举制度也有可能存在较大差异。对选举制度进行划分,尚未存在统一的标准。大体而言,可

---

① 何俊志:《选举政治学》,复旦大学出版社 2009 年版。
② 王业立:《比较选举制度》,五南图书出版股份有限公司 2011 年版。
③ [美]罗伯特·E.戈定主编:《牛津比较政治学手册》,唐士其等译,人民出版社 2016 年版。

以从输入端和输出端对选举制度的具体类型进行区分。①

从输入端来看,选举制度包含三个基本要素:选区大小、选举公式和选票结构。首先,选区大小是指当前选区共有多少张政府(议会)席位,细分为单一选区(只有一席)和多数选区(多于一席)。美国、英国及受英美殖民过的国家多采取单一选区,而其他一些国家多划分多席位选区。其次,选举公式指依照何种方式分配这些席位:是按党派得票率分配,还是得票数最多者(相对或绝对多数)独享。选票结构是指选民是否需要给所有候选人标上喜好顺序,还是直接投给某个候选人。例如,美国立法机构选举,选民只投给一个候选人,而爱尔兰却要求选民给所有候选人排位,标记出第一至最后一名。

在输出端,上述组件有机结合,大致产生三种选举制度:比例代表制、多数决制、混合选举制。比例代表制一般发生在多数选区情况下,选民投票给一张包含多个候选人的政党名单(party list)。选举结束后,政府席位先按政党得票数进行分配,再依次根据各自政党名单内候选人排名先后进行分配。假设,一个政党获得五个席位,那么排在政党名单前五名的候选人都能获得席位。所以,对于少数党派候选人,成功跻身名单前几名将大幅提高获选概率。根据如何决定候选人排名次序,比例代表制又可分为开放名单(open party list)和封闭名单(closed party list)。如果是封闭名单(如以色列的比例代表制),只有政党本身(包括积极分子和领导)才能决定候选人的排名顺序。如果是开放名单(如巴西的比例代表制),除了政党之外,选民也可以影响排序。这种制度安排可以让受欢迎的候选人排名更靠前,以此来调动投票积极性。其背后运作逻辑类似时下的选秀节目。另外,还存在一种形式的比例代表制,称可转移单票制(比如,爱尔兰的议会选举)。选民有一张选票,可以投给最中意的候选人。如果这个候选人获得的选票数已经超过了当选所需或淘汰出局,那么投给他的选票会根据选民的志愿转移到其他候选人那里。这样能够大幅度减少选票浪费。

多数决制则分为相对多数决制和绝对多数决制。在相对多数决制中,得票最多的候选人(不需要过半数)获得这张或几张选票。而在绝对多数制中,候选人需要达到50%以上选票才能够当选;否则,需要进入第二轮选举。比如,2017年法国大选,第一轮选举总共有十一名候选人,票数分散导致没有人直接当选。其中,领跑的两位候选人马克龙和勒庞进入第二轮,且最终以埃马纽埃尔·马克龙(Emmanuel Macron)获选结束。

混合选举制则融合了政党比例代表制和多数决制,主要有两种形式:联立制和

---

① David M. Farrell, *Electoral Systems: A Comparative Introduction*, Macmillan International Higher Education, 2011.

并立制。其中,德国是联立制的典型代表。在联立制选举中,选民共有两张选票:一张是单一选区票,另一张是政党票。立法机构席位首先由选区票决定,然后才由大范围的政党票加以补充。选区代表由某种形式的多数制(通常是简单多数制)决定,而党派代表却由比例代表制决定。大范围的政党票会补充给党派列表选举结果。从选举效果上看,联立制更加接近比例代表制。另一种混合制是并立制,以日本、韩国等国为代表。并立制的选区席位与政党按得票比例获得的席位分开计算。那么,一个政党可以同时获得选区票和大范围的政党票。由于拥有更多资源且不受制度约束,这种并立的格局更利于大党发展。

第二节 选举制度对政党体系的影响

一、选举制度、社会裂痕和党派数量

选举制度在很大程度上决定了一个政体内政党数量和政党体系。其中,最经典的一个问题是选举制度决定党派数量。制度派学者认为选举制度的"宽容度"是决定政党数量多寡的关键,强调关注选区大小和选举公式:小选区和多数制会限制党派数量增长;大选区和比例代表制则有助于促使党派数量繁衍。

作为制度派鼻祖,法国学者莫里斯·迪韦尔热提出选举制度可以通过以下两个路径影响党派数量:机械过程和心理过程。前者指选票按照一定方式转化为政府席位的过程。后者指这一转换过程作用于心理层面,使得选民对所支持党派获胜进行重新评估,并调整最终获得大选胜利的心理预期。这种评估和预期有可能改变选民的投票行为,并对最终互相竞争的党派数量产生直接影响。在这两个过程长期作用下,单一选区多数制(也称为简单多数票当选)导致两党分布(称为迪韦尔热法则),而比例代表制则促成了多党格局(或称为迪韦尔热假设)。[①]

迪韦尔热主要考虑了选举公式,而忽略了其他变量(如选区大小)如何影响党派数量。随后,道格拉斯·拉伊(Douglas W. Rae)的研究证实选区大小和选举公式共同影响党派数量,而选票结构则没有影响。[②] 然而,拉伊采取的研究方法、数据来源并不完善,以至于很多结论受到挑战、削弱,甚至推翻。比如,阿伦·利普哈特(Arend Lijphart)发现选举公式和选区大小即便能够影响党派数量,但其作用远

---

① Maurice Duverger, *Political Parties: Their Organization and Activity in the Modern State*, Methuen, 1959.
② Douglas W. Rae, *The Political Consequences of Electoral Laws*, New Haven, CT: Yale University Press, 1967.

比预估的要小；而选票结构却可以在单一选区中影响党派数量，而不像拉伊所说的完全没有影响（选区大小是最重要的单一变量）。①

这种制度优先的论断显然让处于争论另一端的政治社会学家们感到不满意，特别是对"制度决定党派"这一逻辑方向不满。事实上，一些国家在采纳比例代表制前就已是多党分布。换言之，并不是比例代表制催生出额外党派，而是多党格局选择了比例代表制。同时，作为既得利益集团，现存党派会优先考虑自己的利益。这意味着当需要改变选举制度时，他们会优先选择那些服务自己利益的新体制。② 故而，两者的因果关系应该是政党体系选择选举制度。于是，政治社会学家着眼于一个社会中存在多少个能够区分出不同阶层的裂痕数量：裂痕越多，则需要更多政党代表民意。③ 西摩·马丁·李普塞特（Seymour Martin Lipset）和斯泰因·洛坎（Stein Rokkan）指出社会裂痕是影响政党体制发展的关键所在。④ 即便作为制度派先驱，迪韦尔热本人提出"一个社会内的方方面面例如多种意识形态特别是社会经济结构"才是决定政党系统"最至关重要"的因素。⑤ 至于两者确切关系，社会多样性和党派数量之间存在一个倒"U"形：当多样性处于低或中度水平时，社会裂痕可转化为政党，而当高于一定程度后则停止转化。⑥

时至今日，一个被大多数学者接受的结论是两套因素共同起作用：多党派的出现既需要一个"宽容"的选举制度，又需要存在多个社会裂痕。⑦ 具体来讲，当一个社会中仅存少数裂痕时，即便采取非常宽容的选举制度（比例代表制），也不会产生过多党派，因为集体利益趋同，而不需多党派代表；而当选举制度紧缩，社会裂痕即使再多，也不能产生过多党派，因为最后只有少数党派能够获选。

虽然，这一领域的研究已经比较透彻，依然存在一些遗留问题，亟待解答。

第一，在讨论社会裂痕的时候，我们到底在讨论什么？上文提到，民主社会公民的利益分布并不均衡。那么，到底哪些不同利益（民族、种族、宗教、社会经济地位等）算是真正意义上的社会裂痕，并由此催生出新党派呢？

---

① Arend Lijphart, "The Political Consequences of Electoral Laws, 1945-85", *American Political Science Review*, 1990, 84(2).
② Josep M. Colomer, "It's Parties that Choose Electoral Systems (or, Duverger's Laws Upside Down)", *Political Studies*, 2005, 53(1).
③ Anthony Downs, "An Economic Theory of Political Action in A Democracy", *Journal of Political Economy*, 1957, 65(2).
④ Seymour Martin Lipset and Stein Rokkan, *Party Systems and Voter Alignments: Cross-National Perspectives*, Free Press, 1967.
⑤ Maurice Duverger, *Political Parties: Their Organization and Activity in the Modern State*, Methuen, 1959.
⑥ Heather Stoll, *Changing Societies, Changing Party Systems*, Cambridge University Press, 2013.
⑦ Pippa Norris, *Electoral Engineering: Voting Rules and Political Behavior*, Cambridge University Press, 2004.

第二,为什么当选举制度和社会裂痕保持不变时,党派数量依旧改变呢?其中一种可能性是还存在除制度和社会因素之外的其他变量。另外一种解释是选举制度从刚被引进到最终发挥功效需要经历多个步骤(引进、认识、接受、排斥、修改、再接受、制度化)和一段适应期才能发挥作用,因此党派数量变化有可能滞后于选举制度。特别是在新制度方兴未艾、缺乏民主经验的新民主国家,制度并不能马上发挥出应有效果。

第三,选举制度存在明显的时代感和地域性,处于不同时代和国家会发挥不一样的效果。一般而言,制度通过提供激励促使选民产生特定行为(如策略性投票),从而塑造整体政党体制。那么,选民在成熟社会和还处于转型阶段的社会,对激励的判断和预期自然不一样。这种空间局限性提醒我们,一个国家的制度效应不应该直接套用到别的国家上;这也提醒我们,需要引进时间变量拉长研究视角,追踪制度在特定国家内长时间的演变过程。

二、相关环境因素

除了社会裂痕之外,其他环境因素也有可能影响党派数量。

第一,如果要使某一社会群体转变为政党,那么这个群体人数需要足够多,并且连接群体的纽带需要是高"黏性"的;否则,即便采用宽松的选举制度,也只有少数政党出现。

第二,一个健全、制度化的政治系统是选举制度稳定输出、发挥应有效果的必要前提;当所在的政党体制不健全时,即便是像多数制这样具有强限制性的选举制度也不能阻止党派数量增长。这种情况下,采取比例代表制结合法定门槛更能限定党派数量。

第三,总统制也会影响立法选举中的政党体制。一般认为,在其他条件相同的情况下,同时或非常接近地举行总统和立法机构选举将减少党派数量并巩固政党体制。但是,上述结论仅存在少数候选人时才成立;如果候选人过多,同时举行总统和立法机构选举会增加党派数量。[1] 有学者提出了另一个限制条件:只有当总统羸弱或极为强大时,同时举行立法选举和少数候选人的总统选举才巩固政党体制。[2] 另外有研究发现,总统制集权程度和党派候选人之间存在一个显著的非线性关系:当总统中等强大时,增加总统权力将减少总统候选人数量;当总统羸弱或

---

[1] Matt Golder, "Presidential Coattails and Legislative Fragmentation", *American Journal of Political Science*, 2006, 50(1).
[2] Allen Hicken and Heather Stoll, "Are All Presidents Created Equal? Presidential Powers and the Shadow of Presidential Elections", *Comparative Political Studies*, 2013, 46(3).

极为强大时,增加总统权力却会增加候选人数量。

选举制度并非独立于环境因素而无差别发挥功效;相反,只有满足特定条件后,选举制度才能发挥出应有效果。正如迪韦尔热所说的"选举规则和政党体制之间的关系并非机械化自动发生:特定选举体制并不一定带来唯一确定的政党体制;它仅仅是往特定方向实施了一些影响"。即便称为犹如"社会学法则"一般,迪韦尔热法则的运作方式依旧带有概率性,而非确定不变。①

比如,加拿大采取多数制选举,但是无论在国家还是选区层面都存在多个政党,而非迪韦尔热法则预测的两个。有可能联邦制使得地方相对于中央拥有更大的权力空间,从而冲淡了选民投票给那些在国家层面有影响力但在地方却没有竞争力的政党,并且影响了多数制的限制效应。② 但是,另外一些研究成果发现联邦制并不会减少选区层面的战略投票行为,进而影响党派获得的选票数量。③ 由此可见,学人先后尝试解释加拿大这一例外也反映出了关于选举制度研究的窘境:一种解释范式存在缺陷,就尝试另外一种,使得最后得出的结论前后矛盾,不能自圆其说。这也提醒人们,理论存在适用范围和局限性,并没有放之四海而皆准的理论范式。同时,我们需要兼顾理论的广度和深度,需要更多的个案分析来验证提出的假设。

第三节 机械过程和"选票-席位非比例性"

在投票结束之后,各个政党需要根据既定的选举规则(选举公式和选区大小等因素),按照得票数量分配立法机构的席位。对于那些小党派而言,即便获得了一定比例选票,也很有可能分配不到一个席位,从而使得支持他们的选票被"浪费掉"。比如,在单一选区多数制选举中,某个政党获得超过70%的选票而得到唯一一个席位,剩下的30%选票就浪费了。退一步来说,不管采取何种选举制度,都不能完全实现票席转化。换言之,一定程度的得票数和席位的不一致性在所难免。其中,一个最常见的误解是多数决制要比比例代表制产生更高的票席非比例性。

---

① Maurice Duverger, *Political Parties: Their Organization and Activity in the Modern State*, Methuen, 1959.
② Brian J. Gaines, "Duverger's Law and the Meaning of Canadian Exceptionalism", *Comparative Political Studies*, 1999, 32(7); Pradeep Chhibber and Ken Kollman, *The Formation of National Party Systems: Federalism and Party Competition in Canada, Great Britain, India, and the United States*, Princeton University Press, 2009.
③ Pradeep Chhibber and Ken Kollman, *The Formation of National Party Systems: Federalism and Party Competition in Canada, Great Britain, India, and the United States*, Princeton University Press, 2009.

但是，这一论断需要加上一个适用范围，即，这一现象在选区而非国家层面成立。这也好理解，多个党派会在不同选区轮流交替获胜而使得国家层面的统计结果互相抵消。① 由于这一过程仅仅是按照既定选举规则实现票席转化，而不牵涉环境因素通过介入选民心理而改变制度应有效应，学界关于机械过程取得的共识远多于分歧。②

首先，选票-席位匹配度（比例性）受多个因素共同影响。通过实证的方式，拉伊发现选举公式和选区大小（即选区内选民或人口总数的多寡）都会影响选票和席位的匹配度。③ 一直到20世纪90年代，利普哈特系统性修正并加强了选举公式和选区大小对于票席非比例性的作用，并在另外一份研究中指出选区大小和选举门槛才是影响票席匹配度最重要的两个变量，而选举公式和其他一些变量则被降格为次等因素。④

其次，萨托利发现选区大小和票席匹配度之间呈曲线关系：当选区由小逐渐变大时，票席匹配度相应升高；当达到一定大小之后，选区大小对于票席匹配度失去增强效果。另外，更多的研究发现选区大小和选举公式间存在一个交叉项，即选区大小在不同的选举公式下发挥不同的效应。大选区在比例代表制中带来高水平的票席匹配度，而在多数制中则会造成极度的不平衡。瑞士和西班牙两个国家的国内数据的实证结果支持了以上结论。⑤ 更合理的解释可能是，选举公式首先区分出比例代表制和非比例代表制，然后再由选区大小决定匹配度高低。

其实，以上关于各种因素如何影响票席匹配度的讨论提醒我们，应该警惕那种简单的选举制度二分法，认为多数决制都具有强限制性而比例代表制则相对宽容，而应该更多关注选举制度的具体组成部分。在实现票席转化的过程中，几乎所有的选举制度或多或少都会偏向最大党派，而不利于小党。所不同的是，一些制度在最初设计时就意识到了这一点，并在决定如何设置分配方式的时候，采取措施保护小党派的生存发展。

---

① G. Bingham Powell and Georg S. Vanberg, "Election Laws, Disproportionality and Median Correspondence: Implications for Two Visions of Democracy", *British Journal of Political Science*, 2000, 30(3).
② Matthew S. Shugart, "Comparative Electoral Systems Research: The Maturation of a Field and New Challenges Ahead", Michael Gallagher and Paul Mitchell, eds., *The Politics of Electoral Systems*, Oxford University Press, 2005.
③ Douglas W. Rae, *The Political Consequences of Electoral Laws*, Yale University Press, 1967.
④ Arend Lijphart, et al., *Electoral Laws and Their Political Consequences*, Algora Publishing, 2003.
⑤ Bernard Grofman and Peter Selb, "Turnout and the (Effective) Number of Parties at the National and District Levels: A Puzzle-Solving Approach", *Party Politics*, 2011, 17(1).

第四节 "浪费掉"的选票和策略性投票

选举是一个公开竞选政府席位的过程,投票是让某些党派获得这些席位的一种理性行为。这里,"某些党派"并不具有唯一指定性,选民可以投票给最优政党(选举中最能代表自己立场的政党,但不一定能获胜),也可投给次优选择(跟选民立场部分重叠,但有获胜希望的政党)。试想,一场赢者通吃的选举,小党派支持者深知自己投出的选票并不足以让最优党派胜出。此时,那些具有高辨识能力又能及时获取信息的选民会重新考虑选票去处:是孤注一掷投给最优政党而不管选举结果,还是做出次优选择——投给获胜有望的政党呢?通常,重新考虑的结果偏向于后者,即诉诸策略性投票。①

学界提出了多种因素解释策略性投票。从选民角度来看,策略投票能够改变既定发生的选举结果,并朝自己期望的方向转向。② 从宏观角度来看,一个健全稳定的政党制度可以减少策略投票产生的不确定因素,并增强可预期性。正如前文所述,进行策略投票的最初动机是利用制度设置改变选举结果。试想,如果政治环境杂乱不堪,选举制度随机而非定向输出结果,选民可能连投票的冲动都没有了,更不用提进行策略性投票。这也解释了为什么策略性投票更加容易出现在成熟而非转型期社会。③

由于制度设定的关系,选民对于多数决制选举中的党派得失显而易见,降低了进行策略投票的信息成本;反观比例代表制,多个党派数量和相对复杂的选举规则都增加了选民获取投票信息和正确利用规则的难度。那么,策略性投票是不是只发生在多数决制选举中呢?比例代表制中的选民是否总是"真诚投票"呢?对于这两个问题,部分学者给出了肯定的答案。从获取信息成本上看,在简单多数制中,选民只需要了解领跑的两位候选人。而在比例代表制中,选民需要了解更多政治信息才能做出选择,从而增加了辨认出谁将最终胜出和那些获胜无望政党的难度。从竞争的激烈程度看,迪韦尔热认为采用比例代表制的选区常有多个席位,而且党派获得席位的方式常跟得票率挂钩(也就是说,自己支持的党派获得的席位越多,越有可能获得更多席位)。所以,比例代表制的选民面对的选举激励相对要少,从

---

① Gary W. Cox, *Making Votes Count: Strategic Coordination in the World's Electoral Systems*, Cambridge University Press, 1997.
② Bruce E. Cain, "Strategic Voting in Britain", *American Journal of Political Science*, 1978, 22(3).
③ Giovanni Sartori, "Political Development and Political Engineering", in J.D. Montgomery and A.O. Hirschman, eds., *Public Policy*, Harvard University Press, 1968.

而鼓励真诚而非策略性投票。①

然而,其他一些研究日益挑战这种静态观点。刚开始,学者尝试从两种制度的近似度入手:在采取小选区的比例代表制选举中,政党仍然需要争夺有限的立法机构席位,依旧存在进行策略投票的动机和必要性。换言之,有限席位(通常五个席位之内)造成比例代表制的竞选压力并不亚于多数决制选举。这类研究并没有从根本上区分出两种选举制度在产生选举激励上的不同,只是在比例代表制基础上,加上一个限定条件(有限席位),并没有从本质上深挖两者不同。一般来说,制度提供激励促使选民往特定方向运动。为了证明比例代表制不存在策略投票,只需要证明比例代表制不存在选举激励,可以分两步来证明:(1)选举制度只产生一种激励形式,即席位激励;(2)选民关心选票去处(是否会被浪费掉)是唯一激励,且不回应其他选举激励。如果两步同时和只有一步成立,那么策略性投票只在多数制选举中出现;如果同时不成立,策略性投票也有可能发生在比例代表制中。现在,研究问题转化为比例代表制是否产生其他形式的选举激励,而且选民是否回应这些激励。

在采取比例代表制国家中,政党通常需要以组阁的形式跟其他政党分享权力,继而实施政策。选民可以通过选举影响联合政府的具体组成成分,包括让支持的党派加入联合政府,决定组阁者人选来影响联合政府的组成成分并产生内阁和政策影响,投给跟自己同方向但更极端的政党而使最终协商妥协的结果朝自己有利方向推进,采取"门槛保证政策",即主动投票给选民认同的党派帮助他们加入联合政府;如若不然,这些党派就不能加入联合政府。②

其他一些学者可能怀疑选民并没有能力预期政府组阁和政策执行,同时,比例代表制选举并不能直接带来政策影响,进而降低了选举重要性。简言之,这些所谓的选举激励并不能改变选民行为。但是,实证研究反驳了上述观点:选民确实能够理解并利用这些激励,预期随之产生的联合政府,并依次进行策略性投票。③ 大选区的选民依然能够依据一些简单的"启发"(heuristics),如过往选举结果,来进行策略性投票。④

由此可见,选举制度和策略投票并不像之前认为的那么直截了当,策略性投票

---

① Maurice Duverger, *Political Parties: Their Organization and Activity in the Modern State*, Methuen, 1959.
② Gary W. Cox, *Making Votes Count: Strategic Coordination in the World's Electoral Systems*, Cambridge University Press, 1997.
③ André Blais, John H. Aldrich, Indriði H. Indridason and Renan Levine, "Do Voters Vote for Government Coalitions? Testing Downs' Pessimistic Conclusion", *Party Politics*, 2006, 12(6).
④ Thomas Gschwend, "Ticket-Splitting and Strategic Voting under Mixed Electoral Rules: Evidence from Germany", *European Journal of Political Research*, 2007, 46(1).

也并不只出现在特定选举制度中。那些凡是容许选民参与并表达自己"复杂而又微妙喜好"的选举制度(如开放名单制、选择投票制、单记名可转移投票制)都有可能催生出策略性投票行为。策略投票在英国非常常见,故英国常被选为策略投票的研究对象。特别是 1997 年的英国大选最终结果创下了多个纪录:工党和自由民主党收获了前所未有的席位数,但与其对应的选票数量却并没有相应水涨船高。如果这两个政党获得的席位数增加不是因为总投票数较大,那么一定另有隐情。假设得票数在选区平均分布的话,两党的席位数将会大幅度下降,而保守党应该获得更多的席位不至于遭遇惨败。这说明工党的支持者在选区层面进行了大范围的协调:在保障工党席位的前提下进行策略投票,将票投给自由民主党,以对抗保守党。有学者精确地计算出,42%的工党支持者投票给了自由民主党;81%的自由民主党支持者(同样具备进行策略投票机会)投给了工党,而只有少部分(14%)转投保守党。所以,策略投票的真实比例要比现有研究高得多。①

第五节 选举制度和投票率

一、解释选民投票选举的两种路径

在微观层面,选举制度常作为自变量解释普通选民投票行为;在宏观层面,可解释整个国家的投票率。学者感兴趣的问题包括:到底是制度还是文化促使选民投票?为什么有些类型的选举制度导致高水平的投票率?一个矛盾而现实的窘境是学界在理论认知和发展上对于上述问题已经达成诸多共识,但对于各个"小零件"间是如何协调工作还不得而知。例如,学者对于同一变量(如多党制)到底是抑制还是促进投票都能给出支持和反对的理由,并分别得到实证支持,而对于背后真正起作用的机制却扑朔迷离,充满分歧。

为了回答选民为什么投票,学界提出了两种可能路径:理性选择制度派和历史文化派。在制度派的分析框架中,普通选民视投票为一种理性行为,是为了让自己支持的党派获胜而实现选举利益最大化的一个过程——一方面,选举规则提供正向或负向的激励;另一方面,政治角色(如候选人、党派和选民)作出相应回应:积极投票或消极不投票。② 至于如何区分正向和负向激励,一个粗略的方法可以依据

---

① R. Michael Alvarez, Frederick J. Boehmke and Jonathan Nagler, "Strategic Voting in British Elections", *Electoral Studies*, 2006, 25(1).
② G. Bingham Powell, "American Voter Turnout in Comparative Perspective", *American Political Science Review*, 1986, 80(1).

如何影响选民投票收益:促成自己支持党派获得席位则为正向激励,包括大选区、低选举门槛、高选票-席位匹配度等;而阻碍获胜则为负向激励,包括小选区、高门槛、低票席匹配度等。选举制度通过产生这些激励影响选民和政党(候选人)行为。由此可见,这一流派的理论基石认为选民至少在集体层面是理性动物,对于各种选举激励积极且敏感:改变选举制度自然会改变选举行为。比如,1970年,荷兰取消了强制性投票,投票率随之下降;同年,瑞典从两院制改为单院制,投票率也相应提高。

但是,这一理性思考框架适用于集体层面的政治行为分析,当套用到个人身上时,却存在诸多解释困难。作为理性动物,选民应该深知一张选票远不足以决定选举结果。那么,对于个人而言,不管选举激励多大都不应该投票。特别对于那些仍处于转型期的社会,由于各种原因(缺少民主生活经验、不理解选举制度、政治前景不明确等),更有理由让理性选民怀疑投票会带来任何实质性变化。[①] 为了弥补这一缺陷,学界提出了另外一种思考视角。历史文化视角认为,投票是一种习惯性行为(habitual),由深嵌于一个社会中的独有政治文化和公民自身价值观决定。"参与型"政治文化指的是公民对于政治制度和民主表现满意,拥有高水平的政治效能感,充满公民意识等。这些主观意识和价值观通过提高公民参政积极性提高投票率。所以,选举行为由内在价值观驱动,仅为表达意愿而非考虑任何实质形式的获利。[②] 同时,由于政治文化具有内在稳定性且不在短期内波动,选举行为也趋于平稳。

总体上,制度派表现优于文化派。通过横向比较20世纪六七十年代19个民主社会的投票数据,罗伯特·杰克曼(Robert Jackman)发现政治制度和选举法律起到了绝大多数的作用,而国家间所谓的参与型文化差异和投票率高低无关,甚至相反。不管采取何种度量方式,美国的公民参与文化非常浓厚,但投票率却相对其他民主国家低得多。那些所谓的参与型文化变量(包括政治兴趣、个人效能感、政治关注度、公民使命等)并不能提高投票率。[③] 杰克曼和罗斯·米勒(Ross Miller)把这一传统延伸到20世纪80年代并新增了刚完成威权转型的新型民主社会(希腊、葡萄牙和西班牙)后,依旧支持上述结论。[④]

[①] Aníbal Pérez-Liñán, "Neoinstitutional Accounts of Voter Turnout: Moving Beyond Industrial Democracies", *Electoral Studies*, 2001, 20(2).

[②] Ronald Inglehart, *Modernization and Postmodernization:Cultural, Economic, and Political Change in 43 Societies*, Princeton University Press, 1997.

[③] Robert W. Jackman, "Political Institutions and Voter Turnout in the Industrial Democracies", *The American Political Science Review*, 1987, 81(2), pp.405-423.

[④] Robert W. Jackman and Ross A. Miller, "Voter Turnout in the Industrial Democracies during the 1980s", *Comparative Political Studies*, 1995, 27(4), pp.467-492.

另外,一个反复观察到但对其背后工作原理知之甚少的现象是:在其他条件一样的情况下,比例代表制选举产生更高的投票率。对此有很多解释。

首先,比例代表制通过产生更多党派出现,使得选民有机会找到最能代表自己利益和立场的政党,从而缩小意识形态距离并强化党派标识意识,提高投票率。然而,由于多党制需要组阁才能执政的缘故,选民主观上认为这多出来的一步使得多党制弱化了选举的重要性,压制投票率。其实,为了检验上述逻辑判断是否成立,我们可以比较混合选举制中的单一政党多数政府(即,不需继续组阁情形)和多党政府(即,需要组阁情形):如果上述假设成立,可以预见后者投票率应低于前者。但是,实证结果并非如此。

其次,比例代表制也可以通过选区大小间接影响投票率。因为比例代表制常伴随着更大选区规模,小党派自然也有可能获得一席之地。由于大多数选票都能转化成政治席位,只有少数选票被"浪费掉",选民也会认为自己的选票更加重要而去投票,提高了投票率。反观单一选区,竞争往往存在于最大两党之间,而有些选区还存在"安全席位"(safe seats),即在这些选区最大党稳操胜券,使得谁将最终胜出缺少悬念。这种情况下,投票与否并不会改变结果,压抑了投票率。

再次,从政党和候选人角度看,选区竞选激烈程度会带来的选举行为。由于席位跟票数直接挂钩,比例代表制有可能促使党派投入更多资源动员选民投票;而在其他类型的制度中,靠竞争胜出并获得席位的情况并不多见。但是,这一说法却经不起实证检验。有研究通过横向比较七个民主社会体制发现,基于候选人的选举动员要高于比例代表制。① 另外一些研究甚至发现新西兰选举制从简单多数制变成联立制后,动员程度反而下降了。②

最后,比例代表制以及所处的政治机构减少了选民获取必要信息的成本,使得选民能够获取更多的信息,而更加愿意投票。比例代表制所在的政治机构往往是一体化(integrated),或非分散型(discontinuous)的,即机构在市府、区域和全国范围这三个维度上信息通道都是打通的。比例代表制作为横向渠道,一体化政治机构作为纵向渠道,能够让选民更加容易获取政治信息,从而提高投票率。反观其他选举制度,其所在的政治机构是分散的(即,上下通道是闭合的)限制了选民获取信息,压抑了投票率。③

---

① Jeffrey A. Karp, Susan A. Banducci and Shaun Bowler, "Getting out the Vote: Party Mobilization in a Comparative Perspective", *British Journal of Political Science*, 2008, 38(1).
② Jack Vowles, "Offsetting the PR Effect? Party Mobilization and Turnout Decline in New Zealand, 1996-99", *Party Politics*, 2002, 8(5).
③ Henry Milner, "Electoral Systems, Integrated Institutions and Turnout in Local and National Elections: Canada in Comparative Perspective", *Canadian Journal of Political Science/Revue Canadienne de Science Politique*, 1997, 30(1).

时至今日，学界对于选举制度和投票率之间真正起作用的机制仍模棱两可。这也许是由以下几方面原因造成的。第一，起作用的是与选举制度相关的具体特征，而非选举制度本身。这些具体特征以不同组合、不同比例出现，产生大小不一的效率：既可以促进，也可以抑制投票率。布莱斯（André Blais）等人发现当统计模型中包含更多变量和国家后，比例代表制促进投票率的效果显著减少。① 学术界也从宏观层面的选举制度转移到内在选举特征，因为不同配比的比例代表制造成不同选举结果。② 第二，不同案例选择使得前后结论矛盾，而区域性差异又进一步限制了结论适用范围。第三，由于一些数据的不可得性，大部分现存的跨国研究只能控制少数几个宏观变量，而忽视了其他具体的内在变量。

二、互联网环境下的选举策略

随着互联网的兴起，选民行为日益受到在线信息的影响。其直接结果就是选举制度不再是影响选民行为的唯一因素。最近，学者开始关注在线社交媒体（如Facebook 和 Twitter）如何影响选民行为（线上与线下交互），以及假新闻（fake news）的作用。作为一个新兴领域，学者对于互联网政治的认识前后经历了巨大改变，从刚开始的单线程，慢慢过渡到多线程，逐渐完成知识的积累。这一领域的研究能够很好地补充选举制度起作用的大时代背景。

在互联网 1.0 时代，学者普遍认为不存在真正意义的线上活动——线上活动无非是复制线下政治信息，扩大信息传播半径而已。那么，互联网只会增强而不能改变选民现存观念，更不会影响最终选举行为。当时，跟政治竞选相关的网络服务主要集中为网站和个人博客，信息的传播模式依旧类似于大众传媒（如电视）的那种候选人到选民"一对多"的单线程传播，只允许有限度政治互动，而不存在有效的对话机制。在这种氛围下，难怪学界否定了一系列关于社交媒体的政治社会效果，包括预测选举结果、消除积存的权力结构不公。③

随着技术进步，特别是社交媒体的兴起，选民在互联网 2.0 时代会更加愿意透过社交媒体发声，主动表达观点，积极参与讨论。这些新趋势不但降低了信息获取的成本，而且完成了选民的自我赋权，使得个体能够在自己的"强"和"弱"关

---

① André Blais and Agnieszka Dobrzynska, "Turnout in Electoral Democracies", *European Journal of Political Research*, 1998, 33(2).
② Bernard Grofman, "Perspectives on the Comparative Study of Electoral Systems", *Annual Review of Political Science*, 2016.
③ Andranik Tumasjan, Timm O. Sprenger, Philipp G. Sandner and Isabell M. Welpe, "Election Forecasts with Twitter: How 140 Characters Reflect the Political Landscape", *Social Science Computer Review*, 2011, 29(4).

系网中,传播自己的政治理念。社交媒体如推特的评论、转发功能甚至能够让处于关系网外的陌生选民进行直接交流。这也编织了一张"点对点"和"点对网"的信息传输途径。根据接收-接受-样本理论,互联网能够提供一种新的提高信息接收并接受的途径。[1] 线上的政治动员信息也确实会增加现实生活中的投票行为。[2] 于是,候选人也改变了原有的竞选方式,更多关注互联网在多个方面起到的作用。韩国国会议员间的在线网络可见度(web visibility network)使得一些候选人更加有可能获得政治捐款。[3] 同时,候选人也开始意识到小额在线捐助可以积少成多,解决竞选经费不足。比如,2008年美国大选,奥巴马团队瞄准了在线年轻选民市场,更多地依赖这些选民的小额捐助(10美元、20美元不等)。

三、威权体制下的选举行为

民主社会主要通过类似于选举制度这样的方式来解释选举行为,但威权社会中的选举结果更多受到人的因素影响:威权政府可以通过制度外的方式获得选举胜利,并且更多地受到人为的限制。所以,学界对于威权体制下的选举研究主要集中以下两方面:威权政府为什么要举行选举和选民为什么要参与(或不参与)选举。

在这个领域,学界存在一个比较统一的意见:通过选举这种方式能够延续威权统治。[4] 通过举行威权选举,威权政府能够实现以下五种目的。第一,统治者可以通过展示自己的受欢迎度劝退潜在的挑战者。第二,选举提供及时反馈,使当权者了解民间疾苦,并相应调整政策,形成政策和选民意见的一致性。第三,选举是另一种形式的"资源共享",独裁者能够谋求并巩固政治联盟的途径。学者认为独裁者需要建立一种权力分享机制以汇拢统治集团,维护现有制度。如果反对派能够通过选举上位,那么诉诸极端行为去推翻独裁者的概率将下降。第四,推行选举可视为一种可靠的保护机制,对内统治和税收程度不会"竭泽而渔"。那么,国内资本

---

[1] Cristian Vaccari, "From Echo Chamber to Persuasive Device? Rethinking the Role of the Internet in Campaigns", *New Media & Society*, 2013, 15(1).
[2] Robert M. Bond, Christopher J. Fariss, Jason J. Jones, Adam D. I. Kramer, Cameron Marlow, Jaime E. Settle, and James H. Fowler, "A 61-Million-Person Experiment in Social Influence and Political Mobilization", *Nature*, 2012, 489(7415).
[3] Yon Soo Lim and Han Woo Park, "The Structural Relationship Between Politicians' Web Visibility and Political Finance Networks: A Case Study of South Korea's National Assembly Members", *New Media & Society*, 2013, 15(1).
[4] Dawn Brancati, "Democratic Authoritarianism: Origins and Effects", *Annual Review of Political Science*, 2014.

就没必要逃到国外了。第五,选举使得统治集团和独裁者互相监督,实现权力平衡。

第六节 选举制度对女性和少数族裔代表性的影响

本节中,我们将选举制度和普通民众通过代表(representation)再次连接起来,即审视选举制度如何影响两种类型的代表形式:描述性代表(descriptive representation)和实质性代表(substantive representation)。

首先,一个经常被提出的问题是比例代表制是否能带来更好的描述性代表,特别是妇女和少数族裔? 相对而言,比例代表制是一种温和的政治体制,保障小党获得席位和参政机会、边缘群体(少数族裔等)和妇女当选公职,产生更好、更公平的代表结果。① 在比例代表制选举中,政党既通过推选女性候选人吸引选民,也能够提高妇女的代表程度。②

此外,学者关心的另外一个问题是选举制度和政府产出的关系,提出的问题包括哪种制度能带来更好的实质性代表? 一方面,比例代表制能够通过增加党派数量拉近选民和政党距离,但同时远离中间选民位置。③ 另一方面,比例代表制选举需要协商调和并形成组阁政府,从而使得最终的政府位置靠近中间选民;而多数决制常伴随两党制,其中一个政党上台后,政策就会向一端倾斜。④ 所以,比例代表制(多党制)这种一拉一推的最终结果是正负抵消,并对意识形态一致性(实质代表)没有影响,但是却能让议员更加贴近选民。针对上述选举制度和意识形态一致性之间的分歧,马特·戈尔德(Matt Golder)和亚采克·斯特拉斯基(Jacek Stramski)认为是由不同的衡量方式造成。⑤ 通过整合并验证了三种不同的衡量方式后,小 G.宾厄姆·鲍威尔(G. Bingham Powell Jr.)仍然发现比例代表制在大多数时间段要比多数制更能促进选民跟议员之间的意识形态一致性。

---

① Richard E. Matland, "Women's Representation in National Legislatures: Developed and Developing Countries", *Legislative Studies Quarterly*, 1998, 23(1).
② Ibid.
③ Arend Lijphart, *Patterns of Democracy:Government Forms and Performance in Thirty-Six Countries*, Yale University Press, 1999.
④ John D. Huber and G. Bingham Powell, "Congruence Between Citizens and Policymakers in Two Visions of Liberal Democracy", *World Politics*, 1994, 46(3).
⑤ Matt Golder and Jacek Stramski, "Ideological Congruence and Electoral Institutions", *American Journal of Political Science*, 2010, 54(1).

第七节　未来研究方向

一、选举制度的长期影响

从选举制度在以上各个方面带来的影响可见,对于一个课题的研究往往是在曲折中前进,有时需要经历迂回、折返,而非一步到位,既定不变。究其原因,往往是因为新制度需要经历多个步骤和一段时间的适应期才能落地,发挥应有效果。可以预见,不同环境通过影响选民的心理过程,从而输出迥异的结果。同时,这一动态过程受内外因素共同影响(内部:政治效能感,政治知识,民主成熟度,接受程度;外部:经济兴衰规律,政治环境,文化信息)。这就造成这些变量时刻处于变化当中,使得选举制度即便是在单个国家也有可能产生不同效应,更不用提在不同环境中所产生的政治效应了。可见,我们需要引进时间变量来拉长研究视角,观察制度的长期表达效果。

二、选举制度与选民行为的互相影响

政治学研究常见的两个研究对象是制度和人。作为静态研究对象,制度背后起作用机制是确定、透明、一视同仁的,所以得出的结论往往具有共识性。但是,人却是不确定、时刻处于动态变化中,且千差万别,得出的结论也仅仅适用于局部地区,也更加容易引起争议。至于两者交界地则更是捉摸不定,往往需要选择合适的研究设计(如类实验研究、个案分析)来完成。

三、混合选举制的效果

混合选举制融合了比例代表制和多数制。两者按照不同比例混合后,混合制会表现出完全不同的选举效果。再考虑到所处的环境因素,其表达机制和最终选举效果往往大相径庭。从研究设计的角度上看,混合选举制的这种属性为很多的研究问题提供了绝佳的解决途径。我们可以采取类实验和国家内配对选区的方法,即比较环境因素相似但选举制度却不同的两个选区,来观察选举制度的落地情况。跟那种大视角过多依赖大规模跨国数据的研究设计不同,这种放弃大规模概括化(generalization),并主动缩紧研究视角的"集约型"研究方法,能大幅度提高

研究设计的内部效度(internal validity)和控制其他变量。

四、新的技术条件下的选举

科技革新会带来巨大的社会政治效应。从早期的互联网 1.0 时代，在线政治竞选视互联网为额外的一种传播信息的途径，遵从线上模拟线下的模式，只扮演极其有限的政治角色，其传播效果远比不上其他形式的大众传媒（如电视、纸质传媒等）。但之后，随着移动互联网的到来和在线社交媒体的进一步兴起，政治竞选形成了鲜明的自身风格。这些新时代的发展改变了政治内容的起草方式以适应在线选民的心理特征，从而达到最大化的转播途径。类似于传统媒体的那种中规中矩的方式，并不能完全提起在线选民的兴趣。一种更好的替代方式是：那些浅显易懂、幽默风趣的内容更能扩大杀伤半径。同时，互联网也改变了政治内容的传播方式，从最开始的候选人对选民单线程的"一点对多点"传播，到随后的选民自己生产评论内容、转发信息以实现"多对多"的传播。候选人不再是唯一的内容生产商，大众都参与其中。这也体现了移动互联网在政治生活中"去中心化"的作用。但是，这种降低扩散成本的传播途径也造成了一些恶果。譬如，2016 年的美国总统大选，关于假新闻的传播改变了选民的投票行为，很大程度上改写了此次大选结果。学界正在尝试跟上假新闻的演变步伐。其实，从一个更加宏观的角度上看，我们对于假新闻在一些政治不那么显著的议题上还是很欠缺。例如，假新闻如何影响人们对于全球变暖的看法、妇女平权、对外经贸等。后续研究可以补上这一短板。

扩展阅读

[1] Gary W. Cox, *Making Votes Count: Strategic Coordination in the World's Electoral Systems*, Cambridge University Press, 1997.

这本著作详细介绍了策略投票的后果和影响选民协调的结构因素。其中一个最主要的研究问题是不同的选举制度如何影响市场预期和选民协调。其中的一个重要观点是，候选人数量（选区大小加上 1，即 M+1）和选举公式及社会裂痕一起作用于政党数量。

[2] Andreas Schedler, *The Politics of Uncertainty: Sustaining and Subverting Electoral Authoritarianism*, Oxford University Press, 2013.

这本书构建了一个全新的关于选举威权政体理论，深入阐述了选举威权行为，比如，何时操控选举结果，或选民何时抗议等。同时，主要解释了威权政体面临的两个困境：信息不确定性和当权者危机。

[3] Darren G. Lilleker and Nigel A. Jackson, *Political Campaigning, Elections and the Internet:Comparing the US, UK, France and Germany* (*Vol. 4*), Routledge, 2013.

这本书的贡献主要体现在展示了互联网在多国之间的发展历程和演变。在此之前,大部分关于互联网的研究严重滞后,基本上还是静态看待互联网和在线竞选。这部著作填补了这一空缺,详细解释了新时代背景下互联网在选举中的作用。

第 5 章
政党与政党体系

政党是以执掌政权为主要目标,并在政治精英内部、精英与大众之间建立某种制度化联系的政治组织。政党是现代社会的产物。在前现代社会中,也存在着各种以控制政权为目标的团体,比如宫廷政治中的党派和民间帮会组织等,但由于这些团体在争夺政权的过程中并没有和民众建立起稳定的、制度化的联系,因此不能被看作现代意义上的政党。只有当波澜壮阔的现代化进程开启,社会动员使得为数众多的民众获取了政治意识,形成了政治参与的愿望时,政党才应运而生。

尽管政党是在大众政治时代发展成熟的,其起源却可以追溯到传统社会中政治精英相互斗争而形成的不同派别。在从宫廷派系向现代政党演化的过程中,精英在意识形态问题上的分化是必不可少的步骤。如果派系之间只是围绕实际利益勾心斗角,那么斗争的阵营划分一般是不稳定的,会随着利益关系的变化而变化。只有当焦点转向了具有道德高度的意识形态之争,阵营划分才会走向制度化,派系斗争也能够获得更高的正当性,从而争取更广泛人群的支持。① 在政党政治起源的英国,光荣革命时期的议会议员围绕天主教会的政治影响问题分裂成了"辉格党"和"托利党"两个派别。此后,这两个派别分别提出了较为固定的政治主张,并建立起了稳定的支持者群体:辉格党支持君主立宪制和宗教宽容,主张与时俱进,代表工商业阶层的利益;托利党人则支持强势君主,强调英国国教的垄断地位,代表土地贵族利益。这两种政治主张的对立,成为后来自由主义和保守主义两大意识形态斗争的雏形。到了 18 世纪初,英国国王开始仅从一个政治派别中选择政府主要机构的负责人,这一举动开创了两个党派轮流执政的传统。②

直到 19 世纪初期,欧美国家中的选举权仅属于拥有一定数量财产的少数上层阶级。因此,此时的政党除了在议会内部协调意见外,主要活动是在社会精英群体中争取支持、选择候选人,其成员数量局限于当选的政客和他们背后的精英支持者团体。此时的政党组织还非常原始和薄弱,更像是由一群志同道合的政客组成的

---

① 参见赵鼎新:《论意识形态与政党政治》,《学海》2017 年第 3 期。
② William Roberts Clark, Matt Golder, and Sona N. Golder, *Principles of Comparative Politics*, CQ Press, 2012.

俱乐部。在19世纪的中后期，欧美各国的选举权逐步扩大，政党为了赢得日益壮大的选民群体的支持，不得不在议会之外建立起选区支部和地方机构，平时为选民提供各项服务、维持密切联系，选举时则动员选民投票。此外，还有一些政党（如社会主义政党和基督教政党）是由社会运动或利益集团发展而来的，这些团体通过将自己的代表选入议会而参与到决策过程中来。总之，工业化进程和普选制度的推广使得精英型政党向群众型政党转变，后者的成员数量大幅增加，政党组织与群众的联系日益紧密。①

与欧美发达国家中随着选举政治发展起来的政党不同，在亚非拉的许多地区，政党是作为反帝国主义、反殖民主义的民族解放运动的领导团体而成长壮大的。这些政党的最初使命是组织本土政治精英和民众结束殖民者或外国势力代理人的统治。这一过程中涌现出了许多革命型政党，其目标是以法律外手段颠覆现有的政治秩序，因此它们的组织形式往往带有军事化、机密性和集权化的特征。② 在革命型政党夺取国家政权以后，鲜有引入西方国家多党轮流执政模式的案例。如果革命型政党能够建立严密的党组织和形成强大的内部凝聚力，其领导下通常会出现一党制政权或多党竞争下的一党独大制。相反，如果执政党的组织松散，凝聚力低下，则政党政治往往被军人干政或个人独裁所取代。

本章将介绍与政党有关的若干重要研究领域和问题，并梳理一些前沿性的学术观点和论争。第一节讨论的是政党在现代社会中所发挥的主要功能，包括为政治生活提供结构和秩序、规范精英群体内部关系，以及组织和动员民众三个方面。第二节介绍政党体系的概念和关于政党体系如何形成的理论解释。第三节关注发达国家中政党和选民关系的演变过程，并展望这一关系变化给未来政党发展带来的挑战。第四节探讨发展中国家政党组织和政党体系与发达国家的一些显著差异。

第一节 政党的功能

无论一国采用何种政体，政党对于现代政治体系的运转几乎都是不可或缺的。研究美国政治的著名学者谢茨施耐德（Schattschneider）曾做过这样的论断："政党创造了民主……现代民主制度离开了政党是不能想象的。"③亨廷顿在一本研究第

---

① Maurice Duverger, *Political Parties: Their Organization and Activity in the Modern State*, Methuen, 1959.
② Robert C. Tucker, "Towards a Comparative Politics of Movement-Regimes", *American Political Science Review*, 1961, 55(2).
③ E. E. Schattschneider, *Party Government*, Tarrar & Rinehart, Inc., 1942.

三世界政治的经典著作中也指出,建立强有力的政党组织是亚非拉国家迈向政治稳定和现代化的关键环节。① 政党在现代政治中所发挥的功能大致上可以从三个方面进行讨论。

在西方,政党在现代政治中的首要功能体现为:在代议制民主体制下,政党为政治运行提供基本的流程和秩序,为人们理解政治过程提供便利。这一功能体现在立法机关内部的决策过程和普通选民的投票行为两方面。对于立法机关中的议员而言,假设每个人都是独立的行为者,不接受政党组织的协调和约束,那么每一个决策的通过都需要临时拼凑一个多数支持群体。考虑到政策议题的数量和议员偏好的多样性,由一群独立议员组成的立法机构在决策时必然是混乱而低效的。正如社会选择理论中的"阿罗不可能定理"所指出的,当一个集体中的个人偏好不受任何限制,又没有一个组织制定投票议程时,该集体是无法从若干选项中选择一个稳定的胜选方案的。② 政党的作用就在于将一群偏好相近的议员组成一个联合体,限制党员的偏好表达,设置一定的讨论和投票议程,为立法机关内的决策过程带来秩序和稳定性。约翰·奥尔德里奇(John Aldrich)在对美国政党历史的考察中提出,美国国会中首次出现联邦党和共和党的组织形式,其目的就是为了协调议员们在联邦政府权限问题上的行动。③

对于普通选民而言,政党同样为政治行为提供了结构化的引导。现代政治的一大特征是政治参与的扩大化,然而政治议题的复杂性决定了绝大多数民众都没有时间和精力去了解这些议题的来龙去脉。民主理论家熊彼特曾经略带嘲讽地指出,即便在各行各业成就斐然的精英人士,只要一谈论到远离其日常经验的政治问题,其思维能力就降低到一个很低的水平。虽然民众理解复杂议题的能力有限,但要判断哪一个政党的基本立场与自己的价值观或经济利益相近,却并非难事。因此,政党为民众提供了一个信息捷径,选民在表达立场或投票时,只需要追随自己所认同的政党即可,而不需要仔细研究具体的政治议题。④ 一些研究美国民众政治态度的学者发现,许多选民对某一政党形成了稳定的认同感,这种政党认同常常通过家庭代代相传,并在相当程度上影响了人们在一系列社会问题上的观点。⑤ 当然,随着竞选方式的改变,欧美各国民众的政党认同总体呈现下降的趋

---

① Samuel P. Huntington, *Political Order in Changing Societies*, Yale University Press, 2006.
② Kenneth J. Arrow, *Social Choice and Individual Values*, Yale University Press, 2012.
③ John H. Aldrich, *Why Parties? The Origin and Transformation of Political Parties in America*, University of Chicago Press, 1995.
④ Anthony Downs, *An Economic Theory of Democracy*, Harper and Row, 1957; Morris Fiorina, *Retrospective Voting in American National Elections*, Yale University Press, 1981.
⑤ Angus Campbell, Philip E. Converse, Warren E. Miller and Donald E. Stokes, *The American Voter*, University of Chicago Press, 1980.

势,政党提供信息捷径的功能部分地被个人的竞选活动所取代,这一点在下文中会更详细地讨论。

任何一个政治体制的稳定都离不开政治精英间的团结协作。政党在现代政治中的第二个功能体现在对政治精英内部关系的规范作用上。这种规范作用首先是指为政治新人提供了一条可预测的、按部就班的晋升途径。在由政党控制政权的国家中,加入政党并在党内逐级升迁是实现政治抱负的最主要途径。踏入政坛的新人在政党的提拔和培养下,逐渐获得治国理政的技能和经验。

一本著作里这样描述一名有政治野心的英国年轻人的职业发展轨迹:

> 他首先为一个主要政党(如保守党)做一些相对次要的工作。一段时间后,如果他有兴趣竞选下院的席位,他必须说服保守党在当地的选拔委员会。由于是政治新人,党组织会先安排他在一个没有多少希望胜选的选区证明自己。如果在竞选活动中表现优秀,下一回他可能在一个保守党有望胜选的选区获得提名。一旦胜选进入下院,政党会对他进行各种锻炼和指导。只要他工作努力,在辩论中表现出色,并且总是按组织的意愿投票,他可能会获得一些更重要的职位,如政党在外交或卫生问题上的发言人。最后,当他在党内获得了一定威望,可能被保守党的议员选举为党的领袖,并有望最终担任首相。在这个过程中,他的每一步晋升都必须得到党组织的支持,而他也逐渐学会了作为一名党员应当如何表现。①

由于各国的制度安排细节不同,政党在招募和培养政治精英上的作用也存在区别。比如,在总统制国家中,由于总统在任命官员时无须考虑维持议会中的多数支持(见本书第3章"政府形式"),不隶属于政党的社会人士更有可能被任命至内阁或其他重要岗位。而在议会制国家中,通常只有党内资深政客才有机会担任政府要职。此外,在美国和许多拉美国家,总统和议员的候选人不是由政党组织挑选的,而是通过"初选"产生的,这意味着候选人可以越过政党组织,直接争取选民的支持。当政党组织的精英培养功能削弱时,一些缺少政治经验的体制外人士更有可能通过选举担任政府要职,这也容易增加政府决策的不可预测性。2016年,地产商唐纳德·特朗普(Donald Trump)当选美国总统后的表现就是一个典型的例证。

为初入政坛的党员提供一条清晰可见的上升途径,按部就班地提拔党员干部,这对于维持党内关系的和谐是至关重要的。组织严密的政党,总是按照一定的等级秩序来布置任务和分配奖励的。一般而言,低级别的党员被安排执行大部分艰苦的任务,而资深党员则享受大部分福利。这种制度安排下,资深党员为了保住用

---

① W. Philips Shively, *Power and Choice: An Introduction to Political Science*, McGraw-Hill, 2011.

多年辛劳换来的优厚待遇,绝不会轻易地背叛本党,而年轻党员为了未来的待遇提升,也会不遗余力地为党服务。① 通过待遇和任务的等级制分配来巩固党内团结,这一逻辑同时适用于民主体制和威权体制下的政党。

政党规范精英内部关系的另一个维度是党内规则如何促进政党领袖权力分享机制的制度化。近年来关于一党制或一党独大制的相关研究,尤其热衷于分析政党制度对权力行使的约束作用,以及这种约束如何增强了党内精英的凝聚力。促成权力分享的具体制度包括集体决策机构、领导人更替机制、利益分配机制等。总体上看,这一类研究认为权力分享的制度化缓和了党内精英的权力斗争,不同派系能以长远的眼光看待斗争结果,即使是一时失势的一方也愿意等待在下一轮博弈中卷土重来的机会。②

关于政党在规范精英内部关系上所起到的功能,还有两个有待研究的问题。第一,现代社会是否存在某些特征,使得政党这一组织特别适合扮演规范、调节精英关系的角色?诚然,在大多数现代国家中,规范政治精英关系的功能都是由政党完成的,但这可能是由于其他因素所导致的政党政治的盛行,而不能说明政党在这方面具有其他政治组织无法替代的优势。事实上,有不少文献研究了其他统治集团如军队和王室集团在凝聚政治精英方面所采取的制度性措施。未来的研究应该更多地比较政党和其他性质的统治集团(王室、军队、政治性的宗教团体)在调节政治精英关系上运作方式的区别。第二,已有研究在强调权力分享机制与精英内部凝聚力时,通常难以解决制度的内生性问题。真实的因果机制可能是凝聚力较强、个人专断倾向较弱的统治集团更容易建立起正式的权力分享机制,这些制度只是精英团结的"副现象",而不具有独立的解释力。③ 这说明,对于政党内部正式制度的研究,必须首先解释这些制度诞生背后的社会政治过程。

政党在现代政治体系中的第三个主要功能是以制度化的形式组织和动员民众参与政治,维系政府与民众的联系。以工业化和城市化为主体的现代化进程给人们的生活方式带来了巨大变化。学者们用"社会动员"这一概念来总括这些变化,其中包含从自给自足的生产向市场关系的过渡、人口向城市的迁移、熟人社会被陌生人社会所取代、受教育程度的提升和大众媒体的普及等。④ 民众对政府服务的

---

① Milan Svolik, *The Politics of Authoritarian Rule*, Cambridge University Press, 2012.
② Jason Brownlee, *Authoritarianism in an Age of Democratization*, Cambridge University Press, 2007; Jonathan Schlefer, *Palace Politics: How the Ruling Party Brought Crisis to Mexico*, University of Texas Press, 2009.
③ Thomas Pepinsky, "The Institutional Turn in Comparative Authoritarianism", *British Journal of Political Science*, 2014, 44(3).
④ Karl W. Deutsch, "Social Mobilization and Political Development", *American Political Science Review*, 1961, 55(3).

需求上升,对政治问题日益敏感,参与政治的热情也随之高涨。此时,如果民众的参政热情无法得到有效的引导和疏解,则政治参与很可能导致各种形式的政治动荡。政党为组织民众参与政治提供了一个制度化的渠道。按照亨廷顿的说法,"组织政治参与扩大的首要制度保证就是政党及政党体系。在政治参与水平尚低时就形成了适当的政党组织的国家……很有可能会在扩大政治参与的道路上稳步前进,而那些在现代化过程中政党之建立晚了一步的国家,政治参与扩大的前程就会不那么平坦"①。从政治发展的视角看,尽管政党组织和动员民众参政的方式在民主体制和威权体制下存在很大差别,但这些方式所体现的政党功能却在本质上是相同的。

在民主体制下,竞争选票的压力迫使政党建立与选民的密切联系,凝聚和表达社会上的不同利益,确保政府能够回应不同社会集团的诉求。如英国的工党就由工会运动所创立,其目标是在政府中代表工人阶级的利益;近年来一些欧洲国家兴起的极右翼政党,相当程度上代表了这些社会中反对移民、反对文化多元主义和反对欧洲一体化的呼声。② 当选举来临时,政党不遗余力地动员选民参加投票,为提高民众的政治参与度发挥了重要作用。不少研究指出,在缺乏政党动员的情况下,理性选民参与投票的概率是很低的。③ 政党凭借深入各个选区的组织结构和走街串巷的竞选活动,可以和选民面对面的亲密接触,让选民从投票行为中获得满意感和自豪感,从而增加他们的投票概率。④ 即使在选举之间,政党也可以动员民众参加游行示威等活动,表达他们的政治立场。

威权体制中的执政党为了政权的稳固,也会试图保持与民众的联系,动员社会各阶层的政治支持。比如,执政党通过模糊政党与国家机构的边界,垄断关键的社会经济资源(职务、土地、住房、商业机会),将资源分配与对政党的支持挂钩。执政党使用各种渠道来了解民众对体制的支持度高低,包括党组织对各社会团体的渗透,以及对各选区得票数量的观察等。民众为了保护自己的切身利益,只有向威权体制表示忠诚和支持。值得注意的是,执政党动员民众的功能与其维护党内精英团结的功能之间是相辅相成、互为支撑的。执政党越能够彰显自己在民众中不可动摇的支持基础,则党内精英越确信在执政党之外没有政治前途,党内出现分裂或

---

① [美]塞缪尔·亨廷顿:《变化社会中的政治秩序》,王冠华等译,生活·读书·新知三联书店1989年版,第367页。
② William Roberts Clark, Matt Golder and Sona N. Golder, *Principles of Comparative Politics*, CQ Press, 2012.
③ John H. Aldrich, "Rational Choice and Turnout", *American Journal of Political Science*, 1993, 37(1).
④ Rebecca B. Morton, "Groups in Rational Turnout Models", *American Journal of Political Science*, 1991, 35(3); Carole J. Uhlaner, "Rational Turnout: The Neglected Role of Groups", *American Journal of Political Science*, 1989, 33(2).

叛逃他党的可能性越小。这一逻辑解释了为什么在一些选举中,执政党明知本党的胜选结果不存疑问,却仍然要竭尽全力动员支持者以争取压倒性的票数优势。① 同时,动员选民的活动也是执政党监督和锻炼基层党员的一种方式。基层党员必须努力做好选举组织工作,如召集选举集会、监视反对派等,才能得到党组织的奖赏,被提名担任重要职务。因此,选举动员使得基层党员不能消极怠工,而是必须积极为党服务,以换取晋升机会。②

第二节　政　党　体　系

政党体系指的是一国政治中活跃的政党数量、各自的规模以及政党之间复杂的互动关系。在一个稳定的政党体系中,主要的政党数量、不同政党的生存策略和彼此的竞争结盟关系是基本确定的,每个政党的行为都受到体系层面因素的制约。与选举制度和政府形式不同,一国的政党体系不是在宪法或其他正式制度中确定的,而是产生于政治家、政党和选民之间复杂的互动。③ 政党体系一旦成型,对于该国的政治稳定和治理绩效都会发生重要的影响。早期研究政党的经典著述,如迪韦尔热的《政党在现代国家中的组织与活动》④和萨托利的《政党与政党体系:一个分析框架》⑤,都尝试对各国的政党体系做出分类。现代政治中常见的政党体系包括一党制、一党独大制、两党制和多党制。

一党制指的是只有一个政党具有合法执政资格的政党体系。在一个政党垄断政权的情况下,尽管其他政党或许有存在的资格,但它们都必须接受执政党的领导。当代政治中,一党制主要存在于以苏联为代表的社会主义政权,以及亚非地区终结了殖民统治后新建立起来的国家中。⑥ 社会主义政权依照列宁主义理论,将执政党视为无产阶级的先锋队,团结和领导人民群众完成革命的使命。在新独立的国家中,一党制通常由民族独立运动发展而来,政党在领导了民族解放运动之后,主张一党统治是完成民族建构和经济发展的最有效手段。在一些国家,革命性的意识形态在一党制的创建过程中会起到关键性的作用,它引导执政党推行激烈

---

① Alberto Simpser, *Why Governments and Parties Manipulate Elections: Theory, Practice, and Implications*, Cambridge University Press, 2013.
② Beatriz Magaloni, *Voting for Autocracy: Hegemonic Party Survival and Its Demise in Mexico*, Cambridge University Press, 2006.
③ 因此,一些中文文献将"party system"翻译成"政党制度"是不准确的,应当译为"政党体系"。
④ Maurice Duverger, *Political Parties: Their Organization and Activity in the Modern State*, Methuen, 1959.
⑤ Giovanni Sartori, *Parties and Party Systems: A Framework for Analysis*, ECPR Press, 1976/2005.
⑥ [英]安德鲁·海伍德:《政治学》(第三版),张立鹏译,中国人民大学出版社 2015 年版。

的社会经济变革。然而,当一党制逐渐进入巩固和调适阶段后,意识形态的重要性趋于减弱,制度建设、技术官僚治理和社会利益整合成为政权稳定的关键因素。[①]

在一党独大的体系中,多个政党可以通过选举竞争执政权,但事实上一个政党能够在每次选举中获胜而连续执政。应当指出,在任何体制中,执政地位都会给政党带来一些选举中的优势,比如,主导政策制定的能力、媒体中更高的曝光度,以及民众规避风险的心理使其对在野党不信任等。[②] 如果一个执政党只是凭借这些天然优势而连续执政,那么其运作方式尚不足以破坏多党选举竞争的自由度和公平性。换言之,这样的政党体系是可以与民主制并存的。一般认为,1955年至1993年在日本执政的自民党和1994年后在南非执政的非洲人国民大会党都属于这一类型的一党独大制。

此外,还有一些政党维持长期执政地位的手段显然是反民主的,破坏了多党竞争的公平性。这些手段包括利用国家机器为执政党助选、限制反对派的竞选活动、制造选举暴力、选举舞弊等。[③] 这一类一党独大制属于不折不扣的威权体制。其中,学术界关注最多的是墨西哥持续了70多年的革命制度党统治。革命制度党诞生于20世纪初期的墨西哥革命,由内战中多股的政治力量整合而成。从1929年至2000年,该党赢得了每一次的总统选举,得票率通常在70%以上。墨西哥宪法规定,总统在六年任期结束后不得连选连任,这就使得执政党内不同派系都有机会染指最高权力,有利于党内精英的团结。同时,革命制度党利用其对国家资源(财政预算、官僚系统、国有企业)的控制为自己争取到巨大的竞选优势。20世纪80年代以后,革命制度党对国家资源的垄断能力开始下降,党内也出现了精英分裂、另建他党的情况,再加上选举规则在几番修改之后变得愈加公平,一党独大制最终于2000年被反对党的胜选所终结。

历史上,一党制和一党独大制之间是经常互相转化的。比如,在非洲民族解放运动中,一些领导民族独立的政党先是在基本公平的多党选举中确立了压倒性的优势,随后通过修改宪法、取缔反对党的方式确立了一党制。在20世纪八九十年代的"第三波"民主化浪潮期间,诸如坦桑尼亚和喀麦隆等一党制国家先后在内外压力下取消了党禁,开放了多党选举,但由于至今未经历政党轮替而演化成了一党

[①] Samuel P. Huntington, "Social and Institutional Dynamics of One-Party Systems", in Samuel P. Huntington and Clement H. Moore, eds., *Authoritarian Politics in Modern Society: The Dynamics of Established One-Party Systems*, Basic Books, 1970.

[②] Jason Thomas, *Party Duration: Examining the Effects of Incumbent Party Tenure On Election Outcomes*, doctoral dissertation, University of Iowa, 2015.

[③] Andreas Schedler, "The Menu of Manipulation", *Journal of Democracy*, 2002, 13(2); Andreas Schedler, ed., *Electoral Authoritarianism: The Dynamics of Unfree Competition*, Lynne Rienner, 2006.

独大制。近年来,俄罗斯、土耳其和委内瑞拉等国家也在逐渐向一党独大制迈进。近年来学术界对威权国家中的一党独大制进行了深入的研究,发现在以下几个因素的单独或综合作用下,可能导致一党独大制的终结:执政党控制国家机器和国家资源能力的丧失、执政党内部出现的分裂与叛逃现象、反对党组成的竞选联盟、国际社会的民主化压力等。①

然而,目前关于这一类威权体制的理论很大程度上是基于对墨西哥、俄罗斯等少数几个案例的深入研究,还有包括马来西亚、坦桑尼亚、埃塞俄比亚等在内的许多案例没有得到太多关注。相信随着越来越多的一党独大制进入学者的视野,关于这种威权体制的理论还有完善的空间。有必要指出,承认多个政党有执政资格,并允许其参与对最高权力的角逐,这是一党制和一党独大制之间的关键区别,决不能够被忽视。多党选举的存在为威权体制向民主体制的和平过渡提供了重要的契机,在威权体制下"以选举促民主"是现实中屡见不鲜的范式。②

在两党制下,有两个处于支配地位的政党拥有大致相同的执政机会。虽然存在其他小党,但只有两个党轮流赢得立法机关的多数而执政。两党制主要出现在英国及其原殖民地国家(如美国、澳大利亚、新西兰)。19世纪的英国政坛由保守党和自由党竞争执政权,然而随着工会力量的兴起,自由党的地位逐渐被工党所取代,自1920年代以后形成了保守党和工党轮流坐庄的局面。不过,最近数十年的英国政治已经出现了偏离经典两党制的趋势,保守党和工党的总得票率从1950年代初的95%下降到了1974年后的75%以下。在2010年的英国大选中,没有一个政党获得超过半数的下院席位,保守党不得不和第三大党——自由民主党组成了二战后英国第一个联合政府。相比之下,美国的政党体系是更纯粹的两党制,二战之后参众两院的成员几乎全部来自民主党和共和党。总统选举中虽然偶有第三大党能获得相当数量的选票,但从未有一个政党能够持续性地对两大党构成挑战。

多党制指的是有两个以上的政党有望执政的体系,这种执政可以是一党单独执政或是参加多党组成的联合政府。多党制是民主国家中最常见的政党体系。例如,以色列建国后的历次选举中,从未有一个政党赢得的议席超过120个议会席位的半数。议席在众多政党之间分布,经常需要多个政党联合才能组建控制议会多

---

① Steven Levitsky and Lucan Way, "International Linkage and Democratization", *Journal of Democracy*, 2005, 16(3); Daniela Donno, "Elections and Democratization in Authoritarian Regimes", *American Journal of Political Science*, 2013, 57(3).

② 这种观点的最有力表达可见于 Staffan I. Lindberg, *Democracy and Elections in Africa*, Johns Hopkins University Press, 2006. 有代表性的反驳观点,可参见 Lee Morgenbesser and Thomas Pepinsky, "Elections as Causes of Democratization: Southeast Asia in Comparative Perspective", *Comparative Political Studies*, 2019, 52(1).

数席位的政府。以 2009 年的议会选举为例，多达 12 个政党赢得了议席，其中得票率最高的前进党也不过赢得了 28 个席位，最终组成的联合政府包括了利库德集团和其他五个较小的政党。

对政党体系基于粗略观察的分类法在 20 世纪 70 年代后渐渐被更加精确的测量指标所取代。政治学家经常使用"有效政党数目"这一指标来反映政党体系中实际发挥影响力的政党数目。[①] 该指标的计算公式既考虑了赢得选票或议席的政党总数，同时又根据每个政党的得票或议席数量给予其不同的权重。计算有效政党数目的公式为：

$$N = \frac{1}{\sum_{i=1}^{n} P_i^2}$$

其中 N 代表有效政党数目，n 代表获得选票（或议席）的政党总数，i 代表不同政党。根据这个公式分析 20 世纪 80 年代中期各国议会席次分布，可以发现美国的有效政党数目是 1.95，英国是 2.09，以色列是 3.86，比利时是 7.01。有效政党数目为政党体系的分类提供了一个更加严谨、易于操作的方法，一般认为该指标在 3 以下的可以被归类为两党制，否则为多党制。

一些学者还在多党制内部细分出了"温和多党制"和"极化多党制"两种类型。在温和多党制中，有效政党数量为三至五个，政党之间的意识形态分歧较小，并且都接受现存政治体制的规则和正当性。政党之间组成执政联盟的模式相对固定。相比之下，极化多党制中有效政党的数量更多，意识形态分歧大，且可能存在试图推翻现存体制的"反体系政党"。政党之间组建联盟的模式无章可循。一些政党持极左或极右的意识形态，坚持中间立场的政党易遭受来自左右两个方向的攻击。极化多党制常常导致政局不稳，典型的例子包括魏玛共和国和法兰西第三共和国。[②] 二战后许多国家在设计政治制度时，都采取措施阻止意识形态极端化的小党进入政党体系，如设置获得议席的最低得票门槛等。

关于两党制还是多党制最有利于民主理念的实现，学者们进行了颇具启发性的辩论。学界认为，两党制和多党制实际上代表了两种不同的民主模式，反映了对于民主应该如何运作的不同愿景。两党制代表着多数决民主的模式，这种模式中选举的实质是两个政治团队对执政权的竞争。每个执政团队应该对选民做出明确的许诺，一旦当选则应该兑现竞选时的承诺。政策制定的权力应该集中在当选的执政团队手中，反对党则只负责监督和批判。只有如此，当选的团队才能不受掣肘

---

① Markku Laakso and Rein Taagepera, "'Effective' Number of Parties: A Measure with Application to West Europe", *Comparative Political Studies*, 1979, 12(1).
② Giovanni Sartori, *Parties and Party Systems: A Framework for Analysis*, ECPR Press, 1976/2005.

地执行竞选时所作的承诺，而选民也能在下一次选举时更好地问责执政党。多党制代表的是共识型民主，这时选举的功能不是产生一个代表多数的执政团队，而是选出一个能够最大程度反映社会多元意见的代表团体。当选的议员代表来自社会各方的利益，并且为他们所代表的利益在议会中进行谈判和妥协。政策不应该只由社会中的多数决定，而是应该顾及尽可能多的社会群体。总之，多数决民主能够更好地实现对政府的问责，具有清晰的责任归属和授权方式；而共识型民主则具有较强的代表性。①

不同的政党体系是怎样形成的呢？综合有关这一问题的研究，我们大致可以认为政党体系是由社会裂痕结构、政治精英的策略行为和政治制度相互作用决定的。首先，从社会学的视角看，政党体系是社会裂痕结构在政治层面的反映。② 所谓社会裂痕，指的不是一般性的意见分歧，而是指经济、文化、宗教等因素将人们划分为稳定的、持久性的对立阵营。在其他条件相同的情况下，社会裂痕的维度越多，需要获得政治代表权的社会群体也越多，从而导致政党体系中的政党数量增加。

研究欧洲社会裂痕与政党体系的奠基性著作是李普塞特和洛坎在1967年发表的文章《分裂结构、政党体系与选民结盟》。③ 文章指出，西欧国家社会裂痕的形成受到两个关键历史进程的影响：世俗民族国家的诞生和工业革命。世俗民族国家构建的过程遇到了两股势力的反对：封建社会遗留的地方割据势力和罗马天主教会，这就导致了中央-地方裂痕和宗教裂痕的出现。同时，工业革命又催生了城市与乡村、资本家与工人之间的社会裂痕。劳资矛盾在所有国家里都成为重要的社会裂痕，但其他三组裂痕的重要性则因国家而异。不同社会裂痕的出现时间、具体性质以及相互作用在各国的历史情境中是存在差异的，因此政党体系也在各国呈现出了不同特点。例如在英国，宗教改革运动中新教的胜利基本消除了宗教问题上的裂痕，中央政府与边缘地区的对立随着1921年爱尔兰的独立而画上句号，而土地贵族也与新兴的工业资本家结成了政治联盟。这样一来，阶级对立几乎成为英国政治中唯一重要的社会裂痕，因此政党体系演化成了代表不同社会阶层的保守党和工党两分天下的局面。相比之下，荷兰社会因为宗教问题而分裂成了天

---

① Arend Lijphart, *Patterns of democracy: Government Forms and Performance in Thirty-Six Countries*, Yale University Press, 1999; G. Bingham Powell and Georg S. Vanberg, "Election Laws, Disproportionality and Median Correspondence: Implications for Two Visions of Democracy", *British Journal of Political Science*, 2000, 30(3).
② Maurice Duverger, *Political Parties: Their Organization and Activity in the Modern State*, Methuen, 1959.
③ Seymour Martin Lipset and Stein Rokkan, "Cleavage Structures, Party Systems and Voter Alignments", in Seymour Martin Lipset and Stein Rokkan, eds., *Party Systems and Voter Alignments: Cross-National Perspectives*, Free Press, 1967.

主教徒、新教徒和世俗主义者,而随后出现的阶级分裂又与宗教分裂纵横交错,导致"工人阶级"无法被已有的政党所吸纳,而是必须成立新的工党以获取代表权。这样一种纵横捭阖的社会裂痕结构促成了多党制的形成。①

必须指出,李普塞特和罗坎并不是社会决定论者,他们也认识到了政治精英在政党和政党体系发展过程中所发挥的能动性。在构建民族国家和工业革命的历史进程中,政治精英总是根据自身利益,有选择性地动员政治支持并提升某些社会裂痕的政治显著性。② 萨托利甚至认为,不是阶级分野导致了政党的产生,而是政党向民众灌输了阶级认同。③ 这一观点启发学者们去研究政治精英是如何选择性地激活某些社会裂痕的政治显著性。

除了被激活的社会裂痕维度之外,选举制度也对一国的政党体系有着直接的影响。法国政治学家迪韦尔热认为,社会裂痕为政党的代表功能提供了潜在的需求,但选举制度在相当程度上决定了这种需求是否会导致新政党的形成。选举制度决定了政党赢得的选票如何被转化为一定的议席数量。得票数量与所得议席数量越成比例(得票数量的增量与议席数量的增量的比值越接近1),则选举制度对规模较小的政党越有利,政党体系中的有效政党数量就越多;反之亦然。

具体而言,单一选区相对多数制是一种比例性较低的选举制度,它高度挤压了小党生存的空间。迪韦尔热指出,单一选区相对多数制的长期使用会导致两党制的出现,这一规律被称作迪韦尔热定律。这种选举制度下,政党必须在一个选区内击败所有其他政党才能获得一个席位,而全国范围内能在相当数量选区内做到这一点的政党一般不会超过两个。那些依赖小规模支持群体的政党虽然能赢得一定票数,但却无法在许多选区赢得相对多数,因此其得票数难以被转化为议席。比如在采用这种制度的英国,自由民主党在1992年的下院选举中获得了17.2%的选票,但仅仅赢得了3.1%的下院席位;保守党和工党一共赢得77%的选票,却占得了93%的议席。相反,在比例代表制下,每个政党获得的议席比例和得票比例大致相同,这为小党提供了良好的生存空间,促成了多党制的产生。因此可以认为,比例代表制较真实地将社会多样性反映到了代议制机关中,而多数决选举制挤压了社会少数群体的被代表权,从而扭曲了社会裂痕维度与政党数量之间的对应关系。

---

① Michael Gallagher, Michael Laver and Peter Mair, *Representative Government in Modern Europe*, McGraw-Hill, 2006.
② Herbert Kitschelt, "Party Systems", in Carles Boix, and Susan Stokes, eds., *The Oxford Handbook of Comparative Politics*, Oxford University Press, 2007.
③ Giovanni Sartori, "From the Sociology of Politics to Political Sociology", in Seymour Martin Lipset, ed., *Politics and the Social Sciences*, Oxford University Press, 1969.

第三节　发达国家变化中的政党-选民关系

政党在现代政治中最具独特性的角色是建立与民众制度化的联系、动员和组织民众参与政治。近数十年来，许多学者注意到欧美成熟民主国家中的政党-选民关系发生了深刻的变化。这些变化背后的原因是什么？它们又将对政党和政党体系的未来运作模式产生什么影响？这是本节关注的内容。

在前文提及的李普塞特和罗坎的论文中，作者认为欧洲各国的政党体系经过一个多世纪的发展，到20世纪20年代已经基本定型，呈现"冻结"的状态。各国主要政党的支持者群体以及政党之间的力量对比从20世纪20年代至20世纪60年代都没有出现明显的变化。一个典型的欧洲国家政党体系包括两个左翼政党（社会党和共产党）和两个右翼政党（基督教民主党和自由党）。政党体系"冻结"的原因包括：各国的社会裂痕结构没有发生显著变化，特别是阶级认同仍然是集体意识的重要组成部分；20世纪20年代之后，已经没有新的选民群体被大规模地整合到选举政治中来；各国的选举制度基本定型，有利于维护现存的政党体系；群众型政党为了巩固自身支持，组织各种社会团体和活动，让支持者对政党产生归属感和认同感，避免让这些支持者去支持其他新的政党。

然而，李普塞特和罗坎的结论遭受了之后的经验事实的有力挑战。欧洲各国的选举竞争中出现了新的议题和分裂维度；传统左右翼政党的得票率显著下降，新兴政党支持率上升；政党在相邻两次选举中得票的变化率增加，显示其支持群体的稳定性在下降。[①] 针对这些新的发展趋势，学者们提出了欧洲政党体系及其背后的社会裂痕结构正在经历"解冻"过程的观点，其社会结构的变化可以从以下两个方面进行概述。

其一，罗纳德·英格尔哈特（Ronald Inglehart）认为发达工业国家正在从现代社会向后现代社会过渡，选民的价值观体系也从物质主义向后物质主义转变。战后欧美国家持续的经济增长，孕育了一批在衣食无忧、繁荣富庶的环境中成长起来的公民。对这些选民来说，传统的社会裂痕维度正在被后物质主义的议题所替代，他们更加关注表达自由、文化多元主义、族群平等和性解放等问题。[②] 在这样的背景下，一些新型左翼政党相继出现，将关注点放在了环境保护、移民、性别平等一类

[①] Michael Gallagher, Michael Laver and Peter Mair, *Representative Government in Modern Europe*, McGraw-Hill, 2006.

[②] Ronald Inglehart, *Modernization and Postmodernization: Cultural, Economic, and Political Change in 43 Societies*, Princeton University Press, 1997.

的议题,其支持者主要来自年轻的、受教育程度高的中产阶级。① 与此同时,新型左翼政党的诞生也刺激与其针锋相对的极右翼政党的崛起,后者强调维护欧洲传统价值的重要性、批评欧洲一体化进程、将外来移民视作对本国文化认同和社会福利体制的威胁。②

其二,欧美发达国家固有的一些社会裂痕维度正面临着逐渐消解的危险,技术进步和经济现代化使得制造业就业人口逐渐向第三产业转移,中产阶层人群不断扩大,社会阶层之间生活方式的趋同缓和了资本家与工人阶级之间的矛盾。一些西方学者认为,这导致的直接后果是选民对某一社会阶层以及传统上代表这一阶层的政党的认同感淡化。他们的研究还认为,选民所属的社会阶层与他们的投票行为之间的相关性在逐渐减弱:在20世纪60年代,社会结构变量(阶级、宗教、工会成员)能够解释选民投票行为中23%的方差,而这一解释力到20世纪80年代下降到了15%。③ 简而言之,许多选民不再天然地对某一社会阶层或宗教派别怀有强烈的归属感,也不再忠诚地支持声称代表这些社会阶层或教派的政党。对此,不少政党也采取了回应性的措施,减弱了与特定社会群体之间的联系,开始向争取各阶层支持的全民型政党转型。

对于这些长期的社会结构变化对政党-选民关系造成的深远影响,学术界存在着两种不同解读。第一种观点认为,政党和选民之间的联系正在经历一次重组(re-alignment),随着选民偏好和社会裂痕维度的变化,短期内传统的左右翼政党会与选民群体相脱离,但这些政党很快会调整其政策立场,同时一些新兴政党也会反映选民意见的变化。在经历一段调整适应期后,各个政党的支持者群体和得票数量又会趋于稳定。而在第二种观点看来,政党和选民之间逐渐走向脱钩(de-alignment),两者之间在情感上和组织上的联系已不可逆转地走向衰弱。受教育程度的提高和大众媒体的普及,使得选民不再像过去那样依赖政党来提供政治信息,阐释政治问题。同时,媒体和金钱在现代竞选中的决定性作用,也让政客能够绕过基层党组织和积极分子直接与选民沟通。因此,政党连接政府和选民之间的桥梁作用会逐渐式微,未来我们会观察到党员数量的持续降低、政党身份的频繁变化、相邻两次选举结果的大相径庭,以及民众将政治参与的重心从选举转向其他社会活动。

---

① Herbert Kitschelt, "Left-Libertarian Parties: Explaining Innovation in Competitive Party Systems", *World Politics*, 1988, 40(2).
② William Roberts Clark, Matt Golder and Sona N. Golder, *Principles of Comparative Politics*, CQ Press, 2012.
③ Michael Gallagher, Michael Laver and Peter Mair, *Representative Government in Modern Europe*, McGraw-Hill, 2006.

总之，尽管欧美发达国家中左翼和右翼政党板块之间的均势大致维持不变，一些传统政党也仍然在选举中扮演重要的角色，但一些长期的社会发展趋势的确有理由让人担心政党-选民关系的脱钩和政党的衰弱。选民对社会阶层的集体认同在下降，不同政党的支持者群体之间的边界逐渐模糊，政治偏好变得愈加个人化。对于政党政治的观察者而言，后物质主义时代的分裂维度是否会继续侵蚀传统的政治议题，政党是否会与选民渐行渐远，甚至被单一议题团体和社会运动所取代，都是未来政治生活中非常值得关注和研究的问题。

第四节　发展中国家的政党与政党体系

政党和政党体系理论大多是从西方发达国家的历史经验中抽象概括而来的。对于西欧和北美以外的众多发展中国家(本节中主要指那些 20 世纪中叶后新兴的民族独立国家)而言，政党是作为一种舶来品被引入政治生活中的。由于政党创建时所面临的历史背景和使命不同，发展中国家的政党从内部组织形态到互动模式都和发达国家有显著的区别。从起源背景上看，欧美国家首先出现的政党是由议会中的派别发展而来的，这些政党对于孕育了自身的代议政治具有很强的认同感和依赖性。相比之下，发展中国家的政党大多是在现存政治体制之外发展壮大的，其目的通常是推翻殖民政权或各种形式的传统政体，这类政党对于议会政治和政党竞争的认同程度是较低的。从政党的历史使命来看，发展中国家的政党在取得政权后同时面临着构建现代国家、规划经济建设、扩大政治参与和促进社会再分配等一系列艰巨任务，而这些任务在西方是在数百年的现代化进程中逐次出现的。以英国为例，当政党在 17、18 世纪初登历史舞台时，建立民族国家的任务已经在绝对君主制下基本完成，光荣革命及其成果的延伸主要解决的是宪政秩序和政治正当性的问题。19 世纪历次议会改革法案逐渐实现了政治参与的扩大，而 20 世纪工党的崛起又回应了社会再分配的需求。可以想见，当这一系列历史难题同时摆在发展中国家面前时，这些新兴政党的负荷能力遭遇到了怎样的挑战。

与西方国家相较，发展中国家在政党起源模式、经济社会发展阶段以及文化传统上的特殊性，使其政党和政党体系呈现出几点重要的差异性。

首先，发展中国家出现一党体制的概率大大高于发达国家。一方面，在一些新兴的民族独立国家中，诞生于体制之外的革命型政党往往对于议会中的政党竞争带有疑虑和敌意；另一方面，这些政党在夺权之后急于通过权力的集中来推动各项现代化任务，避免政党竞争所带来的掣肘。许多发展中国家面临政治人才短缺的问题，因此希望将受过良好教育、具备行政经验的人才都吸纳进执政党内部。在那些民族国家构建的使命尚未完成的新兴国家,执政的精英害怕多党竞争会加剧不同部落、族群或地域之间的离心倾向。① 这些因素的共同作用使发展中国家易于出现一党制政权,动员全社会的力量来加快现代化的进程。

其次,与发达国家的政党相比,发展中国家政党组织化的程度存在着更大的差异性。领导社会革命或民族解放运动的政党在夺权以后,是否能够维持政党组织的活跃度是一个很大的疑问。许多政党在上台之后失去了革命时期的热情和动力,政党竞争的缺失让党组织变得日益软弱和涣散。党政合一的体制下,党的干部将越来越多的时间用于政府行政工作,政党建设的工作被逐渐忽视。党的会议次数减少、党费收缴不及时、党的基层组织萎缩等症状导致政党在政治体系中的重要性下降,而诸如个人独裁者、军队、官僚体系等行为者的相对地位上升。科特迪瓦首任总统、民主党领袖乌弗埃-博瓦尼在位33年,加蓬第二任总统、民主党领袖翁丁巴在位42年,喀麦隆第二任总统、民族联盟领导人保罗·比亚在位35年(截至本书写作时依然在任),这些领导人的超长任期一定程度上说明了这些国家的政党组织已经沦为个人统治的工具,失去了制度的约束力和自主性。

研究显示,如果将政党领导人的更替作为制度化的一项指标,那么发展中国家中执政党的组织化程度普遍低下,大多数政党尚未完成哪怕是一次领导人的更替,或在更替之后不久就失去政权。② 还有学者从政党基层组织对社会的渗透程度、对不同社会组织和阶层的吸纳能力、对社会关键资源的垄断能力等方面揭示了非洲执政党制度化程度的差异。③ 一些研究指出,政党夺取政权的过程越艰难,面临的内外敌人越多,越是经历了暴力斗争的洗礼,它们就越可能建立起坚强有韧性的党组织。④

再次,在实行多党竞争的发展中国家,政党和民众的连接方式也展现出独特的面貌。有学者将政党和选民之间的连接方式分为三类:政纲型连接(programmatic linkage)、侍从主义型连接(clientelist linkage)和克里斯玛型连接(charismatic linkage)。⑤ 政纲型连接方式盛行于西方发达国家,在这种方式下,政党通过阐述

---

① Immauel Wallerstein, "The Decline of the Party in Single-party African States", in Joseph La Palombara and Myron Weiner, eds., *Political Parties and Political Development* (SPD-6), Princeton University Press, 1969; Rupert Emerson, "Parties and National Integration in Africa", in Joseph La Palombara and Myron Weiner, eds., *Political Parties and Political Development* (SPD-6), Princeton University Press, 1969.
② Anne Meng, "Ruling Parties in Authoritarian Regimes: Rethinking Institutional Strength", *British Journal of Political Science*, 2019, pp.1-15.
③ Yonatan L. Morse, "From Single-Party to Electoral Authoritarian Regimes: The Institutional Origins of Competitiveness in Post-Cold War Africa", *Comparative Politics*, 2015, 48(1).
④ Benjamin Smith, "Life of the Party: The Origins of Regime Breakdown and Persistence under Single-Party Rule", *World Politics*, 2005, 57(3).
⑤ Herbert Kitschelt, "Linkages between Citizens and Politicians in Democratic Polities", *Comparative Political Studies*, 2000, 33(6-7).

不同的治国理念和政策来吸引选民的支持,选民则将票投给与自己理念或政策立场最为相近的政党。选举中胜出的政党推行一系列政策,这些政策使全社会或社会中某一阶层受益,但选民受益与否和自己的投票记录没有直接关联。侍从主义型连接指的是政党向选民提供物质利益以交换其手中的选票,而物质利益分配的唯一标准是获益人是否将票投给了该政党。这些物质利益可能是贿选的金钱或小礼物、国有部门的工作岗位、财政预算对地方的转移支付等。在这种连接方式下,选民并不关心政党上台后推行的政策路线,他们只希望手中的这一票能即刻换回实在的利益,或避免自己失去已经享有的利益。最后,在克里斯玛型连接方式下,政党依靠一个具有极高个人魅力的政治领袖来获取民众的支持。克里斯玛型的领导人通常会尽量削弱政党组织和政策纲领所起的作用,而将选民的注意力转向自己的魅力光环上。

在发展中国家,政党和选民之间较常见的连接方式是后两种,尤其是侍从主义。学术界对于侍从主义的滋生土壤已有较详尽的研究,主流观点认为发展中国家较低的经济发展水平是导致贿选等直接交换行为盛行的重要原因。选民的收入水平越低,其选票越容易被政党发放的一些蝇头小利所收买。另外,发展中国家政府控制的经济和社会组织占有较大的比重,有利于政党利用国家资源来构建一个恩庇-侍从网络。最后,发展中国家政党存在的时间较短,政党和选民之间的互信程度低于发达国家,因此选民倾向于怀疑政党所作出的政策许诺能否兑现。这种情况下,政党若要争取选民的支持,不能依靠需要长时段才能实现的政策纲领,只好诉诸简单明了的物质交换。①

最后,如果发展中国家允许较为自由的多党选举,那么政党的选举波动性(electoral volatility)将会显著地高于发达国家。选举波动性是用来衡量政党体系中各党支持率稳定性的一个概念,其基本计算方法是将各政党在两次相邻选举中得票变化的百分比相加。发展中国家政党的选举波动性高,说明它们所享受的民众支持率较发达国家的政党更不稳定。这一现象的原因可以从前文所述的政党发展历程和组织特性中找到。发展中国家存在许多组织化程度低下的政党,他们只是个别政客争权夺利的工具,并没有广泛的基层组织和群众基础。这些政党随着有权势政客的登台和离场,经历着频繁的组建和瓦解。当然,正如上文提到的,有学者认为西方发达国家中政党和选民之间正在经历脱钩的过程,媒体和金钱降低了政党基层组织在选举中的作用,以政客个人为中心的竞选活动也可能使得选举波动性增加。因此,当我们将发展中国家和发达国家的政党进行比较时,必须牢记

---

① Philip Keefer, "Clientelism, Credibility, and the Policy Choices of Young Democracies", *American Journal of Political Science*, 2007, 51(4).

后者并非一成不变的理想模型,而是与社会结构和技术手段一起经历着深刻的变化。

第五节 未来研究方向

现有研究在解释执政党组织建设和制度化程度时,一般关注政党形成早期所面临的内外挑战,特别是政党在夺取政权的过程中是否经历了长期的武装斗争。在政党执政后的漫长时间内,哪些因素还会对党的制度化程度施加影响?执政党的制度化程度应该用哪些维度来测量?

在西方发达国家,随着竞选活动越来越依赖电视广告、社交媒体和利益集团的捐款,政党的基层组织所起的作用在下降。再考虑到中产阶级的壮大和社会裂痕维度的转变(如移民问题、与欧盟关系问题的重要性凸显),西方政党是否面临走向衰败的危机,甚至有消亡的可能?

现代化理论认为,随着经济发展、中产阶级壮大和社会利益的多元化,国家政治也将朝着多党竞争执政权的体制转化。然而,为什么在世界上一些现代化程度较高的国家,如日本、新加坡等,却长期由一个政党掌握着执政权?

扩展阅读

[1] Giovanni Sartori, *Parties and Party Systems: A Framework for Analysis*, ECPR Press, 1976/2005.

萨托利的《政党与政党体系》一书初版于1976年出版,是一部政党理论和比较政党研究的奠基性著作。萨托利在书中首先阐述了关于政党的一般理论问题,包括派系(faction)向政党的演变、政党与作为整体的政治体系的关系、政党作为表达渠道的功能等。萨托利专门分析了党国体系(party-state system),其中政党与国家融为一体、国家公共行政不过是党务的副产品。萨托利还着重探讨了政党体系的不同类型,就竞争性体系和非竞争体系各自的逻辑进行了详细分析,并为政党研究提出了一个总的分析框架。

[2] Alan Ware, *Political Parties and Party Systems*, Oxford University Press, 1996.

艾伦·韦尔的《政党与政党制度》一书以比较的视角,着重介绍了西方民主国家中政党和政党体系存在国别差异的原因。全书主要分为两大部分:第一部分讨论有关政党政治的基本理论问题;第二部分结合英国、法国、德国、日本和美国的实际,比较分析了这五国在相关问题领域中的发展状况。

[3] John H. Aldrich, *Why Parties? The Origin and Transformation of Political Parties in America*, University of Chicago Press, 1995.

约翰·奥尔德里奇的《为何是政党?》是一部研究美国政党体系的经典之作。通过分析从建国到南北战争期间美国政党发展的关键节点,作者展示了政党如何解决了民主体制下的三个根本问题:(1)公职的分配;(2)选民的动员;(3)在立法机关中达成并维持多数,实现政策目标。二战之后,美国政党的特征发生了深刻的变化,它们逐渐变成了以候选人为中心(candidate-centered)的政治组织,主要为政客竞选并保住公职提供服务。奥尔德里奇认为这一转变为政党注入了新的活力,提升了它们的治理能力。对于美国以外的地区,该书提出的政党形成和转型理论也是极具借鉴意义的。

[4] Kay Lawson and Peter H. Merkl, eds., *When Parties Fail: Emerging Alternative Organizations*, Princeton University Press, 2014.

关于政党面临危机的讨论由来已久,一些学者开始认真考虑政党被其他政治组织形式所替代的可能性。该书的编者认为,政党与民众连接功能的退化,催生了其他形式的组织和社会运动。这些替代性的组织被分为四种类型:环保组织、辅助型组织、社团组织和反威权组织。参与撰写该书的学者研究了14个国家中的新型政治组织,并在每一个案例中探讨了如下问题:政党是否真的衰落了? 衰落的原因是什么? 新的组织形式如何回应政党体系的衰败? 这些新的组织能持续下去吗? 这部著作对于理解政党在未来政治生活中的角色位置是大有裨益的。

第三编
国家与社会

第 6 章
国家-社会关系

广义的社会，包括家庭和国家之间的所有关系网络、社会组织和各类行动者。社会本身的构成主体、内涵与边界，就是一个相对模糊且具有争议的问题，国别差异也很大。而国家-社会关系的多重可能性也往往取决于：社会网络和组织的具体形态、国家的历史制度遗产与现实组织方式、正式与非正式的社会利益整合方式、文化/道德图式(schema)等相关因素。因此，这也是比较政治学的重要议题之一。某种程度上，国家-社会关系是一个在更长时段内保持相对稳定的变量，也是一种更为深层次的、与权力分配密切相关的"结构"。① 政党、选举、民主制度、政治文化等本书其他章节所关注议题，都以此为基础。质言之，国家-社会关系是比较政治学的"元议题"之一，也是李普塞特等政治学经典作者的最初问题意识。

然而，有关国家-社会关系的理论并不系统，研究问题、工具和群体者本身都相对松散。其中，议题最为集中、影响力最大的概念和理论，莫过于"市民社会"(civil society)了；而这本质上是西方历史实践的镜像。一方面，西欧"社会"相对独立的发展及其制度基础有中世纪的深刻渊源和宗教之根，也和自由城市的传统相关；② 另一方面，在近现代资本主义、市场经济和城市发展过程中，资本家、中产阶级和城市居民等社会主体力量进一步增强，促进了行业协会、自治社会组织、公共空间的发展，极大地冲击了以往国家和教会主导的政治秩序和权力格局，某种程度创造(或言拓展)了市民社会的特殊空间和独特形态。这一理论图景，实际上是对国家-社会关系的一种理解，一种想象，并在 17—19 世纪达到理论高峰后，在 20 世纪上半期保守主义回潮后转衰。

尽管如此，20 世纪八九十年代全球多地政治转型的实践重新推进了这一理论的发展。拉丁美洲、非洲等地的民主化进程伴随着市民社会的再创造、再发现；而

---

① 休厄尔曾经指出，不同的"结构"有两个维度的区别：深度和权力的相关性。参见[美]小威廉·休厄尔：《历史的逻辑：社会理论与社会转型》，朱联璧、费滢译，上海人民出版社 2013 年版，第四章。
② 参见 Charles Taylor, "Modes of Civil Society", *Public Culture*, 1991, 3(1). 中译本请见邓正来、[英] J·亚历山大主编：《国家与市民社会：一种社会理论的研究路径》，上海人民出版社 2006 年版。泰勒提出，市民社会的概念起源于中世纪早期以来有关社会的观念、教会的对立性、主观权利观念、自治城市传统和中世纪世俗政体的二元性。

通过诸多国际组织、部分跨国社会运动网络和政府的援助与贷款项目,美国也把经济上的新自由主义、政治上的所谓民主化和社会层面的市民社会打包为一揽子的发展方案大力宣扬。而在西方内部,福利国家的扩张与危机、大众对于议会民主制度的普遍失望,也促使社会行动者寻找新的民主场域与制度可能。这些政治动向都倾向于把市民社会这一特殊的理论模型普遍化、本质化、激进化,在取消和遮蔽其内部多样性的同时,又将其当作我们时代政治问题的万灵药。

在此背景下,本章主要探讨:(1)剖析市民社会的定义、组成部分、理论假设,以此来说明国家-社会关系的主流理解与理论想象;(2)概述和比较不同国家与地区(西方与非西方的)的历史与当下实践,以说明当代市民社会概念的贫困与局限,并发掘国家-社会关系的替代性可能;(3)提出在实证层面更有意义的研究问题、视角与概念工具。

第一节 当代市民社会的定义和组成部分

与其他有关人类政治和社会领域的重要理论工具相类似,"市民社会"也是一个聚讼纷纭的概念。横向来看,不同的定义往往隐含了对于国家-社会关系的不同理解,亦是特定时空内政治与社会实践的镜像或理想,并提供了不同的政治行动指南。而从历史纵向来看,这一概念自17世纪诞生以来,本身之理论内核、外延边界以及内部矛盾之发现、辩论和解决,也经历了重大的变化。① 此处单以当代美国著名的政治哲学家和公共知识分子迈克尔·沃尔泽(Michael Walzer)为例。他认为,市民社会是人类不受强制而联合起来的领域,其中包含一系列关系网络,为了家庭、信仰、利益和意识形态等多种目的而建构。② 这是相当克制、精简的定义,亦没有附带太多的价值判断和理论预设。而在具体的实证研究和社会实践中,至少存在三类不同类型/形式的"非强制性关系网络",它们相互联系、相互交织,共同构成了市民社会。

首先是社会组织。社会组织的种类繁多,常见的有组织社会活动或提供公共

---

① 早期最重要的理论家包括洛克、弗格森等,对市民社会充满乐观情绪,之后休谟、康德、黑格尔、马克思、阿伦特等进一步剖析了市民社会理论内在的悖论。其中,黑格尔提出了新的综合方案:市民社会作为一种规范性的,或者说道德性的秩序,只有扬弃与国家之间的矛盾才能达致,因为国家才是理性的化身。详细的思想史研究可见 Adam B. Seligman, *The Idea of Civil Society*, Princeton University Press, 1995.
② Michael Walzer, "The Idea of Civil Society: A Path to Social Reconstruction", in E. J. Dionne, ed., *Community Works:The Revival of Civil Society in America*, Brookings Institution Press, 1998, pp. 123-124.

服务的非政府组织、有政治倡导和动员作用的草根组织、工会和职业协会、各种性质的商会与学会、社会企业以及社会筹资的基金会、非国教系统的教会组织（non-established church）等。而在中国的行政管理框架中，"社会组织"这一统计口径包括社会团体、民办非企业单位和基金会三种不同类型。对社会组织最早的研究来自阿历克西·德·托克维尔（Alexis-Charles-Henri Clérel de Tocqueville）。他盛赞了19世纪美国社会生活中广泛分布的社会组织，认为它们源于美国清教的地方教会和乡镇自治传统，有强大的自组织能力，促进了人民参与公共事务的意识和能力，带来了身份的平等，以及公共精神和爱国心，是美国民主制度的基石。[①]

其次是社会运动。社会运动是由多元的个体、群体和组织所形成的非正式网络，往往会在一定时期内形成共同的身份，因政治或文化层面的矛盾而进行抗争，以期改变现实政治，或带来更广范围的社会变革，比如环保运动、性别种族平权运动等。社会运动并不完全处于市民社会的寻常框架之内，并有相对独立的学术脉络，尽管两者有很多概念和事件上的重合。总体来说，社会运动处于市民社会与政治社会之间的边界，是联系两者的重要桥梁。[②] 一方面，社会运动与市民社会组织化的部分相互联系、相互哺育。按照当代社会运动重要学者西德尼·塔罗（Sidney Tarrow）的概括，社会运动达成最重要的三个因素之一就是由市民社会所孕育的网络和组织。[③] 另一方面，社会运动又无疑把市民社会的诉求带入了政治社会。在中国，我们也可以看到环保等社会运动如何嵌入不同层级的国家官僚机构，国家如何在此过程中改变政策，与此同时市民社会本身也被改变。[④]

最后是公共领域/空间。从十八、十九世纪欧洲城市的咖啡馆和沙龙，到我们日常可见的报纸和其他类型的公开发表刊物，再至新近出现的网络空间都是典型的公共领域。如果说市民社会中单个的社会组织容易陷入特殊利益（特别是在身份政治的背景下），那么社会运动则提供了达成公共性的网络纽带，而公共领域则是实现公共性的重要平台。当代最重要的公共知识分子之一尤尔根·哈贝马斯（Jürgen Habermas），将公共领域界定为市民社会与国家/政府之间的具有社会性的非正式空间。在理想状态下，不同身份和地位的个体可以通过理性-批判的公共辩论（或言交往理性）来达成共识，发现"公共利益"是什么，并寻找达致公共利益的

---

① 参见［法］托克维尔：《论美国的民主》，董果良译，商务印书馆1989年版。
② "政治社会"最早由葛兰西提出，是指国家、政府、议会、政党等以政治和行政为目的的组织，很多时候掌握或垄断了强制力，与市民社会的非强制性联合逻辑不同。而社会运动中的"革命"，与市民社会容忍、克制的基本逻辑也不尽相同，一般不属于市民社会的概念范畴。
③ Sidney Tarrow, *Power in Movement: Social Movements and Contentious Politics*, Cambridge University Press, 2011.他所指出的社会运动的三个因素为：政治机会、话语框架、网络和组织。
④ Peter Ho and Richard L. Edmonds, *China's Embedded Activism: Opportunities and Constraints of a Social Movement*, Routledge, 2008.

集体和个体的途径。但他也指出，权力和资本是导致公共空间被普遍"殖民"的重要因素。①

第二节　市民社会理论的主要假设

无论是沃尔泽的定义，还是对各种组成部分的考察，并不能得出有关市民社会的任何本质性论断。唯一可以确定的是，组织和网络的"多元性"大约是市民社会的重要特征之一，而这亦是国家-社会关系多重可能性的基础。但正如上所述，20 世纪八九十年代以来市民社会理论的新一波复兴重新建构和发明了一系列充满道德期待和价值判断的推论——它既不是西方和非西方社会实践的全部，也不是任何历史的忠实镜像，亦有别于传统市民社会概念史的理论脉络。概而言之，这一成为北美（某种程度也包括欧洲）学术主流的新市民社会理论，大约包括以下话语。

1. 独立性

作为一个相对独立自主、边界明确的领域，市民社会一方面与国家和政党等为代表的"政治社会"相区隔，反对霸权、强制力和等级制；另一方面与资本和市场主导的经济领域也有所不同，反对垄断、剥削和无情的市场原则。健康发展的市民社会需要不断守卫边界，抵制上述两方面逻辑与相关主体的侵蚀。只有独立性才能保证市民社会作为威权和不公的对抗性场域。让·科恩（Jean Cohen）与安德鲁·阿拉托（Andrew Arato）在 1994 年出版的《市民社会与政治理论》一书中把原先的二元模型进一步推进为政治社会-市民社会-经济社会的三元模型，可谓是"独立性"话语的理论基础。② 虽然原作亦强调了三个领域之间的联系和调解协商，但在局部实践和理论的流变中，对抗性的、零和的甚至"负和"（negative sum）的关系不免被强化了。③

2. 民主与团结

很多理论认为，市民社会的发展、存续与独立是民主制度巩固的前提，也是民主健康与否的重要指标。例如，民主理论的公共学者戴尔蒙德曾详述了市民社会对于一般民主制度的十项正面功能，包括平衡和监督国家权力、加强政治参与、培

---

① ［德］哈贝马斯：《公共领域的结构转型》，曹卫东等译，学林出版社 1999 年版。有关公共领域的多元性和可能性的扩展讨论，请见 Craig J. Calhoun, *Habermas and the Public Sphere*, MIT Press, 1992。
② 参见 Jean L. Cohen and Andrew Arato, *Civil Society and Political Theory*, MIT Press, 1994。
③ 奥尔森从另一个角度也强调了市民社会与国家/市场的分离。他认为市民社会中利益集团的寻租行为对国家和市场是一个持续的威胁。参见 Mancur Olson, *The Rise and Decline of Nations: Growth, Stagflation, and Social Rigidities*, Yale University Press, 1982。

育宽容妥协等民主制度的基本品格、塑造利益表达和政策参与渠道（特别是被正式政治制度排斥的群体）、促进社会利益的多元组合并防止政治竞争的极化、训练和培养政治人才、监督公平选举、促进信息和理念的流动、形成支持经济改革的联盟，以及最终增强国家问责性和能力。① 本章将从市民社会是否能促进社会团结与民主政治参与的角度来探讨这一问题。

第三节　反思市民社会模型：必然独立吗？

显而易见，以上两种理论话语充满了规范层面的理想性。理论与政治实践之间存在张力当然是常态，在不同历史时期的表现也不尽相同。那么，当下的市民社会理论想象与经验世界中的国家-社会关系是何种联系，包括西方和非西方的社会？哪些实践中的制度安排被遮蔽和低估了，哪些又被照搬、嫁接和放大了？这一过程中产生了哪些非意料后果？又可以看到哪些替代性的可能？这是本章下一节要回答的问题。

首先，正如上一部分所示，独立性假说某种程度已成为我们时代的政治共识。然而这一假说在理论和实证层面都面临诸多困境。在理论层面，查尔斯·泰勒（Charles Taylor）在其《市民社会的模式》一文中早就指出，独立性源自洛克"社会先于国家"的"信托说"。而洛克的理论只是一种市民社会理论传统，另一个重要的潜流是孟德斯鸠。孟德斯鸠认为"（市民社会）的重要性并不在于形成了一个非政治的社会领域，而在于促成了政治体系权力多元化的基础。最为相关的并不是（市民社会）有国家之外的生命，而是如何与政治体系互动融合，在其中占有相当的分量"②。换言之，这一理论模型拒绝政治社会与市民社会的简单二分，而是提倡两者相互交流、相互渗透、相互赋权。市民社会有自己独特的资源和网络，但市民社会从来不是政治的全部。同样，乔尔·米格代尔倡导"社会中的国家"（state in society）研究路径，既反对国家独立性的神话，也反对社会独立性的乌托邦。他看到国家与社会始终在边界上或显或隐地争夺"控制权"，因为国家-社会的边界始终是流动的，而国家与社会内部的多元主体也有多重复杂的联系。③

更具体来说，互联而非独立，至少有三个重要的作用。第一，正如历史社会学

---

① Larry Diamond, "Rethinking Civil Society: Toward Democratic Consolidation", *Journal of Democracy*, 1994, 5(3).
② 参见 Charles Taylor, "Modes of Civil Society", *Public Culture*, 1991, 3(1).
③ 参见[美]乔尔·S.米格代尔：《社会中的国家：国家与社会如何相互改变与相互构成》，李杨等译，江苏人民出版社 2013 年版。

家迈克尔·曼所揭示的那样,不管理论如何描述,国家与社会始终处于一种恒长的辩证运动之中。国家固然攫取社会的资源,但国家的"建制性权力"(infrastructural power),包括组织和人力资源能力、交通网络、先进技术等,在国家内部的行动者进入社会、国家崩溃或者国家-社会互动的过程中,也会扩散到社会。① 托克维尔也曾说:"不准政治结社的国家,一般结社也极少……一般结社有助于政治结社。但是,另一方面,政治结社又能使一般结社得到长足发展和惊人完善。"② 要之,市民社会并不能凭空建立,通过与政治社会的互动,可以获得组织资源、人力资本、治理技术和政治愿景等必需的要素。这也正是杰弗里·亚历山大(Jeffrey Alexander)所言之市民社会需要来自其他社会领域的"促进性投入"(facilitating inputs),包括物质的和文化的。③ 反过来,社会组织亦为国家建构和正式制度发展提供了组织资源和政治实验。两者可以是相互赋权的。

第二,市民社会多元的组织原则和自愿结社的基本逻辑决定了其资源和组织并不集中,并不能实现利益的高效整合,并缺乏完成政治协商的制度基础。因而,市民社会并不能替代政府和政党,而只是联系社会与国家的多重通道之一。相较之下,国家的官僚机构以科层制方式完成行政任务,而政党则能实现社会利益的有效整合,促进集体行动,构成政治市场,组织和实施国家权力。④ 市民社会必须要借助这些"制度化的政治参与"来反映和最终实现社会诉求,否则无法建构自身的政治力量。以杰克·戈德斯通(Jack Goldstone)为代表的新一代社会运动研究就强调社会运动不仅要直接渗透到政党和国家制度之中,与之深入合作,使用相应的抗争手段和话语,还要间接成为形塑政府、立法、司法机构和政党的重要结构性因素之一。他认为,社会运动在一战之前与制度化的常规政治联系紧密,而20世纪60年代之后才出现了结构性的分离。⑤

第三,积极保持和维护市民社会与其他社会领域和社会要素之间的通道,还可以实现亚历山大所谓的"修复"功能(civic repair):市民社会时刻面临其他领域逻辑的侵入或"殖民"(哈贝马斯语),但是市民社会也可以进入其他社会领域,用"民

---

① Michael Mann, "The Autonomous Power of the State: Its Origins, Mechanisms and Results", in John Hall, ed., *The State: Critical Concepts*, Routledge, 1994, pp.109-136.
② [法]托克维尔:《论美国的民主》,董果良译,商务印书馆2017年版,第706页。
③ 参见 Jeffrey Alexander, *The Civil Sphere*, Oxford University Press, 2008, pp.8-9。
④ 有关政党的功能,请见本书第5章"政党与政党体系"。当然,在某些情况下,社会组织也可以在某种程度上成为政党的替代,有学者提出了美国的"社区行动机构"(community action agency)何以部分替代了基层政党功能。当然,这些机构本身最早也是由国家建立的,从国家内部获得了相当的资源。参见 Marwell and P. N., "Privatizing the Welfare State: Nonprofit Community-Based Organizations as Political Actors", *American Sociological Review*, 2004, 69(2)。
⑤ 戈德斯通认为,社会运动在第一次世界大战之前与制度化的常规政治联系紧密,20世纪60年代之后才出现了结构性的分离。参见 Jack Goldstone, *States Parties and Social Movements*, Cambridge University Press, 2003。

主""平等"等逻辑来对其中压迫性的社会实践实现修复。① 那么一个相关的问题是,互联和合作何以可能？修复何以可能？实际上,政治社会和资本主义经济社会并不如某些理论所假设的那样铁板一块,或逻辑单一。强大如资本主义国家,从来也不是意志统一的行动者,而是不同历史时期形成的制度网络,也许更应被视作一系列并不连续的政策场域和机构。就连从19世纪以来和国家关系最为疏离的女权运动,也在最近半个世纪认识到女性政治精英、市民社会、国家内部的女性主义职业官僚（femocrats）/机构之间可以达成所谓的"赋权三角"（triangle empowerment）,推动女性主义政策。②

再来看具体的国别实践。美国的例子也许最有说服力,大抵因为美国最早被托克维尔作为独立、自足的市民社会的先驱,而后来的学者进一步将之发展为一种市民社会的"美国特殊论"。③ 但如果把历史过程打开的话,我们就可以看到,20世纪美国公共治理和社会发展的过程,实际上是政府、市民社会与私人经济三个领域之间以不同形式合作、相互依赖并同时争夺组织合法性的过程。早在胡佛时期,他就提出建设所谓的"协作国家"（associative state）,利用当时新兴的非营利研究机构和基金会来提供公共服务和政策研究,借用其科学权威,以便打破议会政治无法推动改革政策的僵局。到了罗斯福新政时期,特别是在社会福利方面,又从胡佛时期的"协作"变成政府主导、社会组织补充并体现国家政策精神。而到了战后,这一关系再度调整:基金会和社会组织资助并推动新社会实验,而政府扮演推广的角色,将这些实验制度化,成为更大范围的公共政策。但自20世纪70年代以来,以艾丽斯·奥康纳（Alice O'Connor）所谓的"慈善激进主义"（philanthropic activism）为代表,市民社会组织又有一轮扩张,并日益采纳独立于国家的话语和姿态。此后进入新自由主义时期,市民社会的危机与其说是被国家权力"殖民",不如说是如何处理其与市场/资本的关系。④ 比如,妮可·马威尔（Nicole Marwell）就研究了一系列公共住房机构如何把非政府组织、基金会与私人企业放在同一个金

---

① 参见 Jeffrey Alexander, *The Civil Sphere*, Oxford University Press, 2008, pp.193-212。
② Beatrice Halsaa, "A Strategic Partnership for Women's Policies in Norway", in Geertje A. Nijeholt, Virginia Vargas and Saskia Wieringa, eds., *Women's Movements and Public Policy in Europe, Latin America and the Caribbean*, Garland, 1998; Virginia Vargas and Saskia Wieringa, "The Triangles of Empowerment: Processes and Actors in the Making of Public Policy", in Geertje A. Nijeholt, Virginia Vargas and Saskia Wieringa, eds., *Women's Movements and Public Policy in Europe, Latin America and the Caribbean*, Garland Publishers, 1998.
③ 参见 Daniel Bell, "American Exceptionalism Revisited: The Role of Civil Society", *The Public Interest*, 1989, 95(38)。
④ Alice O'Connor, "Bringing the Market Back in: Philanthropic Activism and Conservative Reform", in Elisabeth Stephanie Clemens and Doug Guthrie, eds., *Politics and Partnerships: The Role of Voluntary Associations in America's Political Past and Present*, University of Chicago Press, 2010.

融平台上来竞争,其中既创造了新的机遇,也带来了市场逻辑的"殖民"。① 由此可见,在美国晚近一百年的历史中,美国市民社会的性质和边界曾发生了多种维度上的显著变化;与其强调独立性的神话,不如在具体的历史脉络和社会肌理中研究这一变化本身。

相比之下,中国作为非西方传统的重要例子,也提供了处理国家与社会关系的独特历史经验。很多研究者都断言中国历史上没有产生过独立的市民社会,或者只有孱弱分散的社会组织,或者是所谓"国家主导的市民社会"(state-led civil society)。② 而黄宗智部分跳脱了这一狭隘的争论。他认为中国自清以来,国家与社会的接触发生在双方都参与的所谓第三领域,在此间进行半正式化的协商和协调。这一领域与哈贝马斯的公共领域有所区别,并不断然拒绝国家进入,而是需要有(基层)国家的参与,以提供必要的政治主体和资源;而其独特的组织方式和逻辑,又与国家、社会都不尽相同。这一领域从民国开始已开始制度化,到了新中国成立之后更加成熟,产生了像"法律调解"这样有效而社会成本较低的安排。③

现实的另一面是,20世纪80年代以来,很多发展中国家在转型过程中,依照独立性话语的蓝图来重构政治实践和组织社会,反而导致了非意料的后果。这促使当地的知识分子和社会行动者重新思考国家-社会关系。比如在东欧,转型前后生长起来的社会组织和社会运动希冀组成瓦克拉夫·哈维尔(Vaclav Havel)所说的"平行政治"(parallel polis),意即市民社会独立/平行于政治社会。④ 然而,当市民社会成为唯一政治正确的话语和合法性所在,但在短期内又无法形成和集聚政治行动所需要的组织资源、人力资本和政治技术,再加上转型前就形成与国家的对峙局面,很多社会组织在民主制度建立起来之后并不能有效或者不愿参与议会政治,且社会动员力也不断下降,成了马克·霍华德(Marc Howard)所说的"弱市民社会"⑤。进而,市民社会与新建立的政治社会之间也缺乏有效的沟通机制(而旧机制已崩溃)。前者代表的公共需求往往被政党有意忽略,与官僚部门的摩擦也从

---

① Nicole Marwell, "Privatizing the Welfare State: Nonprofit Community-Based Organizations as Political Actors", in Elisabeth Stephanie Clemens and Doug Guthrie, *Politics and Partnerships: The Role of Voluntary Associations in America's Political Past and Present*, University of Chicago Press, 2010.
② Timothy Brook and B. Michael Frolic, *Civil Society in China*, M.E. Sharpe, 1997.此外,比如罗威廉(William Rowe)和魏斐德(Frederic Evans Wakeman)就争论过中国在明清以来到底有没有市民社会:前者认为可以找到一些"市民社会的组成要素",而后者认为这些要素至多是分散的,并没有形成一个公共空间。
③ Philip Huang, "'Public Sphere'/'Civil Society' in China?: The Third Realm between State and Society", *Modern China*, 1993, 19(2).
④ Vaclav Havel, "The Power of the Powerless", in John Keane, ed., *The Power of the Powerless: Citizens Against the State in Central Eastern Europe*, Hutchinson, 1985.
⑤ 参见 Marc Howard, *The Weakness of Civil Society in Post-Communist Europe*, Cambridge University Press, 2003。

未停息,这也反过来打击了普通民众的积极性。①

另一个相关的后果可用同样经历民主化的拉美国家来说明。当市民社会成为唯一有意义的社会身份来源,并代表了所有透明和民主的政治关系,拉美国家迅速从国家主义转向无政府主义。而当非政府组织无法完成政治上的功能和期待时,民众又因极度失望转而倒向新威权主义。因此,"选举至上主义"若隐若现,选举舞弊和威胁等时有发生;而军队、国家安全部门和重要的资源领域也被某些政治派系所垄断。另一边,市民社会与政治社会脱嵌后,又成为新自由主义方案的天然盟友。因其对国家的拒绝为经济私有化和社会生活的"商品化"打开了空间。出于意识形态的原因,社会组织在国有的社会福利制度崩解后并不愿意填补空白,这使得拉美、东欧新形成的"公民权"大打折扣。② 这进一步说明,政治社会与市民社会的关系,也会影响市民社会与经济社会的关系,这三者往往是联动的。

第四节　反思市民社会模型:必然民主和团结吗?

在独立之外,第二个需要反思的是有关民主与团结的问题。正如思想史著作一再指出的,社会团结的理论在历史上基础就不坚实,以至很快被大卫·休谟(David Hume)、弗里德里希·黑格尔(Friedrich Hegel)和更为晚近的如汉娜·阿伦特(Hannah Arendt)等的怀疑论所解构。③ 在近代以来的市民社会实践中,"理性个体"与"社会团结"之间的悖论一再浮现,而社会团结的衰落或崩溃也是恒长而普遍的现象。上一部分所论之社会组织专业化、官僚化或被精英控制,从而导致去政治化的趋势,亦是一个重要表现,此处不再赘述。要之,"团结"无论在理论还是实证层面都不是必然的。这必然影响民主政治的形式与质量。

在拷问这一点之外,本部分还想讨论另一个相关问题:当市民社会作为一种处

---

① 参见 Marlies Glasius, David Lewis and Hakan Seckinelgin, eds., *Exploring Civil Society: Political and Cultural Contexts*, Routledge, 2004。德雷兹科维茨曾详细研究了转型前市民社会与国家对立的结构和记忆,如何导致依靠外国和国际组织资助的 NGO 与管理外援的外交部之间的严重对抗。参见 Elżbieta Drażkiewicz-Grodzicka, "'State Bureaucrats' and 'Those NGO People': Promoting the Idea of Civil Society, Hindering the State", *Critique of Anthropology*, 2016, 36(4)。
② "脱嵌"(disembeddedness)和"商品化"(commodification)取自卡尔·波兰尼的理论,参见 Karl Polanyi, *The Great Transformation: The Political and Economic Origins of Our Time*, 2nd edn., Beacon Press, 2001;马歇尔认为,公民权由三部分组成:人身权、政治权与社会权。社会福利就是社会权的重要组成部分。参见 T. H. Marshall, *Citizenship and Social Class: And Other Essays by T. H. Marshall*, Cambridge University Press, 1950。
③ Adam B. Seligman, *The Idea of Civil Society*, Princeton University Press, 1995, Chapter 3.

理国家-社会关系的理想模式扩展到没有基督教的文化之根和近代理性主义运动的社会情境中,要如何来一方面创造个体,另一方面又保证团结呢?团结的基础又何在呢?对此,不同学者言人人殊,并有诸多隐匿的交锋与对话。比如,科恩和阿拉托的答案是相当现代的:尽管尊重多元性是市民社会的基本品格,但必须基于现代化、理性化的生活空间,保证沟通的开放性,用以沟通为基础的规范性共识取代和质疑以传统为基础的规范性共识。换言之,市民社会达致团结的方式必然只有一种,即现代的方式。① 而查特吉一直批判类似的现代主义,认为市民社会、现代民族国家和资本的逻辑是一致的、相互容纳的;而(前现代的)社群"属于自然的领域,原生的领域。只有经过净化、驯服的形式,才能成为主观共享的情感,来保护和滋养(新的民族共同体)……但是(社群)也总是带来威胁,如暴力、分裂、恐惧和非理性的诸种可能……国家与市民社会在资本的话语中都有相应的地位,而社群在理想状态下是被流放的……社群变成了地下的延绵流脉,不愿消失,但仍具有颠覆性"②。

拥有非西方国家-社会关系研究经验的学者,往往是赞同查特吉的。总体来说,他(她)们批评社会团结的"现代论"至少面临以下几个困境:(1)很多时候,西方之外的社会中,独立、理性的个体并没有诞生,当然也无从在自愿结社的基础上建构理想类型的市民社会,且理想的团结建构和信任建构方式又太过抽象,无法提供在不同历史社会环境中操作的可能;(2)"前现代的"原生社会网络仍是非西方社会空间的主要组织基础,从而可能提供替代性的团结方式和资源;(3)本土的"类市民社会元素",往往出现在城市中产阶级的公共空间之外;(4)西方的市民社会资源如不与本土性的团结方式相结合,只能成为强加的外来秩序和悬空的一层组织,并可能抑制本土"社会保护运动"。

再以具体的国别案例来加以详述。在中东/北非的很多地区,如土耳其、黎巴嫩、巴勒斯坦地区、突尼斯和埃及等历史上发达的伊斯兰城市,在前现代时期就形成了强大的社会传统和市民文化。其中很多形式的社会组织至今仍是社会生活的有机织体,例如行会和限制成员身份的垄断性职业辛迪加、类似信托或基金的瓦合甫(awqaf)③、由乌理玛(ulama)④领导的城市社群和苏菲教团、普通民众之间的非正式储蓄社(saving club),还有以色列以古老的"依舒夫"(Yishuv)、吉布茨(kibbutzim)为基础的犹太人公社等。一方面,这些组织并非"西方"意义的市民社

---

① Jean Cohen and Andrew Arato, *Civil Society and Political Theory*, MIT Press, 1994.
② Partha Chatterjee, "A Response to Taylor's 'Modes of Civil Society'", *Public Culture*, 1990, 3(1).
③ 瓦合甫是伊斯兰法律中的宗教捐献,通常是指为穆斯林宗教或公益目的而捐献建筑物或田地。捐献的财产由慈善信托机构管理。
④ 乌理玛是伊斯兰知识学者的通称。

会,因其大多基于家庭、宗教、语言、封闭社区或者职业身份为基础的网络,其成员身份是给定的(ascriptive),而非拥有抽象公民权的平等独立个体的自由联合(voluntary)。其团结的方式主要依靠非正式的人际网络,信任的性质也是"特殊的"(particular)、相互的,而非一般性、契约性的。当然,这些组织很多是新权威主义、新传统主义、父权主义的(以色列公社除外),其领导人物与国家和政治精英联系紧密,成为协调国家-社会关系的重要渠道,在叙利亚和伊拉克尤其如此。[1] 这就形成了一个悖论。

在撒哈拉沙漠以南的非洲国家,情况有很多相似之处,比如在城市地区也有市场协会、工会、教会等组织,但有两个重要的区别,具体如下。一是,中南非洲的城市化水平历史上比中东-北非(Middle East and North Africa,即 MENA 地区)要低,城市空间和工业部门更少,农业经济占优,社会并没有完成"整合革命",而是由多种社会行动者创造的不同社会时空的叠加。二是,这一地区的问题并不是治理的缺陷,而是中央化的国家本身并没有建构完成,因而市民社会对抗国家的话语和剧本并不适用,而社会权力的斗争往往发生在不同的政治空间,社会的组织与协商能力别具活力。[2] 因之,撒哈拉沙漠以南非洲国家的诸多结社力量与社会网络出现在农村而不是城市:具体体现为农民扩展家庭内部和之间的互助网络,还有农村储蓄社、提供部分社会福利的自发组织等,其团结的基础有赖于家庭和传统道德经济中的权利义务关系与道德期待。[3]

以上都是很重要的替代性团结方式与空间。当然,它们与现代性中市民社会的团结模式也并不截然是矛盾的,下文以土耳其为例来说明。世俗化固然在某种程度上促进了政治现代化,但也导致一部分弱势群体在正式政治过程中处于边缘化的地位。其中,妇女和儿童被认为属于家庭的私域,而工人阶级被中产阶级的社会组织所排斥。在这种情境中,妇女和工人广泛参与了地区自助组织、慈善团体和技术学校,以及其他一些临时性的集体行动网络。这一公共空间主要利用和重塑了既存的网络和社群的组织资源,并且为女性提供了和私人家庭空间相联系的部

---

[1] 参见以下综述:Sami Zubaida, "Civil Society, Community, and Democracy in the Middle East", in Sudipta Kaviraj and Sunil Khilnani, eds., *Civil Society: History and Possibilities*, Cambridge university press, 2001; Berhard Kienle, "Civil Society in the Middle East", in Michael Edwards, ed., *The Oxford Handbook of Civil Society*, Oxford University Press, 2011。

[2] Michael Bratton, "Beyond the State: Civil Society and Associational Life in Africa", *World politics*, 1989, 41(3).

[3] Ebenezer Obadare, "Chapter 13: Civil Society in Sub-Saharan Africa", in Michael Edwards, ed., *The Oxford Handbook of Civil Society*, Oxford University Press, 2011; David Lewis, "Civil Society in African Contexts: Reflections on the Usefulness of a Concept", *Development and Change*, 2002, 33(4); Mahmood Mamdani, *Citizen and Subject: Contemporary Africa and the Legacy of Late Colonialism*, Princeton University Press, 2018.

分政治空间,也并不需革命性地改变性别角色,虽然并不具备沟通的开放性。长期来看,这些基于传统团结的实践、政治技术和组织资源,构成了所谓的"非正式市民组织",未必不能成为现代市民社会的有机成分,至少是过渡和连接的重要场域,也部分缓解了代表性问题。① 这也说明,市民社会建设必须和本土网络相结合。

而市民社会建设与本土网络悖离的例子也不少。在加纳、南非和乌干达等地,国际援助建设的社会组织创造了一个更为高调而资源丰富的独立领域,进而左右国家的发展策略和发展的政治。但这种政治影响并没有改变这些国家的国家-社会关系,也没有促进社会参与或团结,而是进一步为政治精英提供了合法性,维护了权力分配的现状和威权国家的力量。② 詹姆斯·弗格森(James Ferguson)通过对莱索托塔巴-采卡(Thaba-Tseka)项目的田野研究来试图说明,国际社会组织如何变成了"反政治的机器"(anti-politics machine),把社会问题进一步建构为"技术问题",从而增强了发展话语与官僚的权力,削弱了社会的力量。③

第五节 未来研究方向

从上一节我们可以看到,无论是在应然的层面,还是实然的层面,20 世纪80 年代以来的市民社会理想模型和相应的理论话语都面临诸多悖论和困境。在各国的具体案例中,市民社会也许并不独立,也并不总是促进民主,亦很难达成社会团结。虽然理想类型与政治现实总有一定张力;但以西方政治传统为起点、又经最近四五十年新自由主义和民主化浪潮后,市民社会在某种程度上被本质化、激进化,已远离了沃尔泽的精简定义,并在非西方国家造成了一系列的非意料后果,虽然也不乏积极的作用。而市民社会始终只是社会的一部分。更有成效的路径,也许是从意涵更广的国家-社会关系重新出发,进行实证设计和理论建构。

概言之,新的实证研究需要回答以下的一个或几个关键问题。

从考察社会领域的独立性,转向考察国家、社会、经济(市场)在具体的历史和国别情境中如何遭遇,如何联系,如何互动。具体的研究维度包括:发现和认可这些互动实践和相应制度管道的多元性,从此出发建立一定的类型学;关注不同领域

---

① Jenny B. White, "Civic Culture and Islam in Urban Turkey", in Elizabeth Dunn and Chris Hann, eds., *Civil Society: Challenging Western Models*, Routledge, 1996. 当然,这正式和非正式的市民组织之间不可能没有斗争、冲突和妥协。这一过程本身也是市民社会实证研究的好材料。

② Julie Hearn, "The 'Uses and Abuses' of Civil Society in Africa", *Review of African Political Economy*, 2001, 28(87).

③ James Ferguson, *The Anti-Politics Machine: "Development", Depoliticization, and Bureaucratic Power in Lesotho*, University of Minnesota Press, 1994.

在边界上如何争夺合法性，塑造和重塑边界本身，相互之间的权力关系又如何变化；说明这些关系并不总是斗争性的，可以不是零和或负和的，甚至可以是积极的、双赢的。比较政治学研究中的重要变量（见本书其他具体章节），比如国家内部的权力结构、政党制度、历史和现实的族群关系、政治文化等，都可以部分解释这些维度的差异。

从考察市民社会促进民主的若干机制，拓展为考察市民社会如何与政治社会连接，被何种政治变量影响或形塑，从而导致不同的政治后果（意料的和非意料的），包括过度政治化、民主巩固，或者去政治化等。科恩和阿拉托曾强调，"自我限制"（self-limitation）是市民社会的一个重要品质：既要避免过度政治化，保护一个公共日常交往和协商的空间，因而与革命等激烈的社会运动形式是不同的；又要避免去政治化，保持公共性和参与性，维护公民"积极的自由权"。那么如何达成、维持这一品质？什么样的政治环境和制度基础有利于创造这一品质？这些都是亟须解答的实证问题。

从理性、独立的个体自愿联合，转向探讨团结的本土基础（并不必然是传统的）。此处重要的研究问题包括：社会组织、公共领域到底在怎样的场域中得到发展？行动主体是谁？其达致和维持公共性的社会基础和组织策略又如何？本土网络的形态、性质、规模如何，是开放的还是封闭的？同时，研究者还要关注：这些资源在普遍具有二元特征的非西方社会是否促进了参与和公平，是否有和现代社会融合的可能？还是加强了传统的权力结构？

关注广义的社会空间内部的生态和特征。例如，有哪些社会组织、运动和平台，其组织模式、合法性来源和运行逻辑是否有足够的多样性？此外，何种背景的行动者成为主体，他（她）们如何思考与行动？而瑞利等学者也曾指出，市民社会组织不能简单地用强或弱来加以描述，而应该考察其组织能力与独立性之间的复杂替代关系。[1] 施密特则更为深入地剖析了社会组织的两个个体层面特征，即"战略性能力"和"包容性"，以及两个系统层面特征，即"阶级治理"和"相容性"。他认为，这四个特征越是正面，越是可以达成互联、民主与团结。[2]

---

[1] Dylan Riley and Juan Fernández, "Beyond Strong and Weak: Rethinking Postdictatorship Civil Societies", *American Journal of Sociology*, 2014, 120(2).

[2] Phillippe C. Schmitter, *Some Propositions about Civil Society and the Consolidation of Democracy* (Reihe Politikwissenschaft / Institut für Höhere Studien, Abt. Politikwissenschaft, 10), Wien: Institut für Höhere Studien (IHS), 1993, http://nbn-resolving.de/urn:nbn:de:0168-ssoar-267634, retrieved June 12, 2020.

扩展阅读

[1] Jeffrey C. Alexander, *The Civil Sphere*, Oxford University Press, 2008.

该书是当代市民社会理论的重要进展之一,主要试图在理论和实证两方面重构市民社会的文化结构:公共空间。现实的市民社会总是充满矛盾和分裂,伴随着对于公共空间的压制。然而,市民社会亦可侵入其他非公共领域进行"修复",从而实现公共空间中民主、正义与社会团结等基本理想。

[2] Elizabeth Dunn and Chris Hann, eds., *Civil Society: Challenging Western Models*, Routledge, 1996.

该书认为到20世纪90年代为止的市民社会研究都以西方现代自由主义和个人主义为基础,而缺乏对于不同时空中社会内部非正式网络和人际联系的细致考察。人类学因其对非西方社会权力的道德维度、社会团结方式和社会秩序的形成等议题的考察,而有助于揭示市民社会的多元实践。

[3] Elisabeth Stephanie Clemens and Doug Guthrie, *Politics and Partnerships: The Role of Voluntary Associations in America's Political Past and Present*, University of Chicago Press, 2010.

该书认为,托克维尔关于美国自愿结社传统与民主的关系的论述是一种理论想象。美国20世纪以来发展的历史,实际上是国家及其内部的官僚体系、市民社会组织和私营企业三方争夺合法性、管辖权和持续互动的结果。

第 7 章
政治参与

政治参与是联系公民与国家、公民与政策制定以及政策实施之间的纽带。① 首先,政治参与是民主中不可缺少的特征。罗伯特·达尔(Robert Dahl)认为多元政体的两个决定要素之一就是政治参与,政治参与是普通公众表达偏好和不满的重要渠道,也是促进政府通过正式政治和行政途径回应民众的来源。② 西德尼·维巴(Sidney Verba)和诺曼·尼(Norman Nie)在其经典著作《美国的参与:政治民主与社会公正》中强调:"没有政治参与的地方几乎不存在民主,政治参与的人越多,就越有可能出现民主。"③虽然高水平的政治参与并不总能保证民主的蓬勃发展,但广泛的政治参与是民主的基本条件。当公民参与到国家的政治生活中,能够更好地向政府问责,保障宪法赋予公民的权利,在政策过程中更好地代表个人和社区的意见。④ 其次,政治参与作为一种行动主义具有多重价值,可以通过强化公民意识、增加对公共事务的兴趣、提高社会宽容、促进普遍的互助互惠以及彼此间的相互信任。最后,政治参与也是善治的重要特征,广泛积极的政治参与在政府治理过程中充分发挥其作用,通过传递公民兴趣、偏好和向政府施压,产生更优良的决策和更合法的结果,促进更负责和更有效的政府。

政治参与是一个有争议性的概念。政治参与概念不同,使得研究政治参与的不同结论出现了较大的争议,例如采用狭义的政治参与概念的学者认为政治参与的程度下降,但采用广义的政治参与定义的学者认为政治参与模式发生了变化。⑤ 政治参与概念的模糊性也严重阻碍了对民主质量的评估。因此,厘清政治参与的概念与影响因素是理解政治参与、突破现有政治参与研究的关键。本章对政治参与的概念、类型和主要解释理论进行了系统梳理和学理探究,从理论和方法

---

① 参见 Sidney Verba, Kay Lehman Schlozman and Henry E. Brady, *Voice and Equality: Civic Voluntarism in American Politics*, Harvard University Press, 1995。
② Robert A. Dahl, *Polyarchy: Participation and Opposition*, Yale University Press, 1973.
③ Sidney Verba and Norman H. Nie, *Participation in America: Political Democracy and Social Equality*, Harper & Row, 1972.
④ 参见 Samuel P. Huntington, *Political Order in Changing Societies*, Yale University Press, 1968。
⑤ Colin Hay, *Why We Hate Politics*, Polity Press, 2007.

角度展望了政治参与研究未来的方向,帮助同学们掌握政治参与研究的前沿议题及成果。

第一节　政治参与的概念

一、政治参与的概念

早期研究强调政治参与必须是影响政府决策的行为。加布里埃尔·阿尔蒙德(Gabriel Almond)和维巴认为政治参与是公民必须积极参与地、有意地影响政府某些行为。他们还认为,政治参与不限于法律或常规行为,参与者还可以单独行动或作为更广泛组织或机构的一部分行事。总的来说,他们将政治参与界定为始终针对政府的主动行为,这种行动可以是个人或社区性质的活动,不限于法律活动或常规活动。① 亨廷顿和琼·纳尔逊(Joan Nelson)对一系列发展中国家进行研究,进而对政治参与进行了更加明确的定义。他们指出"政治参与是公民试图影响政府决策的活动",并且进一步解释道:"(1)政治参与包括活动而不包括态度;(2)政治参与是指平民的政治活动,或者更确切地说,是充当平民角色的那些人的活动;(3)政治参与只是指试图影响政府决策的活动;(4)政治参与包括试图影响政府的所有活动,而不管这些活动是否产生实际效果。"② 维巴和尼将政治参与定义为公民的那些或多或少以直接影响政府人事选拔或政府活动为目标,从而采取的公民行动。③

随着政治参与逐渐成为学术界关注的焦点,政治参与的概念从相对简单的概念发展为多维度的概念。越来越多的研究将非理性或非制度化等政治行为也被纳入了政治参与的一部分。④ 以下列出了政治参与最为常见的定义。

• 公民试图影响或支持政府和政治的行为。⑤

---

① Gabriel Almond and Sidney Verba, *The Civic Culture: Political Attitudes and Democracy in Five Nations*, Sage Publications, 1963.
② [美]萨缪尔·P.亨廷顿、[美]琼·纳尔逊:《难以抉择——发展中国家的政治参与》,汪晓寿等译,华夏出版社 1989 年版。
③ Sidney Verba and Norman H. Nie, *Participation in America: Political Democracy and Social Equality*, Harper and Row, 1972.
④ Dieter Rucht, "The Spread of Protest Politics", in Russell J. Dalton and Hans-Dieter Klingemann, eds., *The Oxford Handbook of Political Behavior*, Oxford University Press, 2007.
⑤ Lester W. Milbrath and Madan Lal Goel, *Political Participation: How and Why Do People Get Involved in Politics?* Rand McNally College Publication Co., 1977.

- 公民或多或少以直接影响政府人事选拔或政府活动为目标,从而采取的公民行动。①
- 公民的直接或间接影响政治制度各个层面的政治选择的自愿性活动。②
- 公民旨在影响公共代表和官员采取的决定所采取的行动。③
- 让民主国家的公民有机会向政府官员传达关于他们的关注和偏好的信息,并向他们施加压力。④
- 任何直接影响政府机构和政策过程,或间接影响公民社会,或试图改变社会行为系统模式的活动的任何方面。⑤

总的来看,这些概念表明政治参与作为一个抽象的或一般性的概念,涵盖了与政府、政治或国家有关的公民的自愿性活动,旨在解决社区问题、改变系统性的社会行为模式、致力于影响政体的集体生活或者诱导重大的社会变革。

政治参与具有四个特点:第一,政治参与是一种行为,仅仅是看电视、访问网站或者声称对政治感兴趣不构成参与行为;第二,政治参与是人们以公民身份从事的活动,而不是政治家或专业游说者的行为;第三,政治参与应当是自愿的,而不是由法律、规则规定的;第四,政治参与涉及政府、政治或者广义的国家,包括政治体系、政治过程等,并不限于特定的阶段,也不涉及具体的层面或领域。⑥

但是,政治参与的概念仍然有所争论。斯图尔特·福克斯(Stuart Fox)总结了政治参与概念的九大争议:(1)主动 vs.被动行为(active vs. passive behavior),即政治参与是否必须采取行动,或者被动地持有某些价值观或态度;(2)个人 vs.集体活动(individual vs. group activity),即政治参与是否必须在一个集体中进行,还是个人层面的活动;(3)实际性 vs.象征性活动(instrumental vs. symbolic activity),即政治参与是以达到参与者利益实现某一具体目标,还是没有切实目标的象征性活动;(4)自愿性 vs.强制性活动(voluntary vs. mobilized),即政治参与必须是自愿的,还是可以由机构或者其他人动员或强制;(5)有意的目标 vs.无意的后果

---

① Sidney Verba and Norman H. Nie, *Participation in America: Political Democracy and Social Equality*, Harper and Row, 1972.
② Max Kaase and Alan Marsh, "Political Action: A Theoretical Perspective", in Samuel H. Barnes, et al., eds., *Political Action: Mass Participation in Five Western Democracies*, Sage Publications, 1979.
③ Parry Geraint, Moyser George and Day Neil, *Political Participation and Democracy in Britain*, Cambridge University Press, 1992.
④ Sidney Verba, Kay Lehman Schlozman and Henry E. Brady, *Voice and Equality: Civic Voluntarism in American Politics*, Harvard University Press, 1995.
⑤ Pippa Norris, *Digital Divide: Civic Engagement, Information Poverty, and the Internet Worldwide*, Cambridge University Press, 2001.
⑥ Jan Van Deth, "A Conceptual Map of Political Participation", *Acta Politica*, 2014, 49(3).

(deliberate aims vs. unintended consequences),即政治参与的目标是有意的,还是能够带来未曾预料的结果;(6)法律/常规行为 vs.非法/非常规行为(legal/conventional activity vs. illegal/unconventional activity),即政治参与是否仅限于合法活动,还是非法活动,政治参与包括传统行为,还是也包括非常规的行为;(7)影响 vs.意图(influence vs. intent)。如果政治参与对目标有实际影响,或者影响力充足,那么政治参与是否仅仅是一种政治参与;(8)国家/政府目标 vs.一般政治行动者目标(state/government target vs. general political actor target)。政治参与必须针对政府还是国家,还是针对其他实体或人群的活动;(9)成功的活动 vs.失败的活动(successful vs. failed activity),即政治参与是否必须要成功地实现行动者的目标。①

事实上,讨论政治参与应当首先厘清"政治"是什么。在讨论政治时,最常见的两种观点是竞技场说(arena)和过程说(process)。"竞技场说"认为政治发生在某些有限的"竞技场"内,包括议会、行政机关、公共服务机构、政党、利益集团、选举等。②"过程说"认为政治是发生在所有的组织和环境中以及任何人们进行交互的场所。综合不同学者对"政治"的理解,"政治"的本质具有三个关键性的特征:首先,它规范性地为公民提供了更多的正式机构,公民越来越有能力使用行动策略,使其观点能够进入公共领域;其次,"政治"活动可以而且确实发生在政治舞台之外;最后,社会和政治之间界限上的相互作用对于研究当代政治参与形式至关重要。③ 那么,什么是"参与"呢? 第一,参与是一种施加影响力的尝试。事实上,维巴和尼1972年对政治参与的基本定义就强调了"参与"的含义。④ 参与能够让公民表达他们对政府人员的选择,即政策的选择。参与作为一种代表性机制,是公民试图让政治系统回应他们意愿的工具性手段,官员通过了解公众的偏好和需求并引导他们回应这些偏好和需求的方式。⑤ 第二,参与是一种直接决策。从词源的角度来看,"参与"一词在其民主语境下是指参与决策过程中的个人行为。⑥ 因此,在这个过程中,个人的权威不是委托给某个代表人,而是由参与人直接行使的。第

---

① Stuart Fox, "Is it Time to Update the Definition of Political Participation?", *Parliamentary Affairs*, 2013, 67(2).
② Adrian Leftwich, *What is Politics: The Activity and Its Study*, Polity Press, 2004.
③ Alan Marsh and Max Kaase, "Background of Political Action in Political Action", in Samuel H. Barnes, et al., *Mass Participation in Five Western Democracies*, Sage Publications, 1979.
④ Max Kaase and Alan Marsh, "Political Action: A Theoretical Perspective", in Samuel H. Barnes, et al., eds., *Political Action: Mass Participation in Five Western Democracies*, Sage Publications, 1979; Sidney Verba and Norman H. Nie, *Participation in America: Political Democracy and Social Equality*, Harper & Row, 1972.
⑤ Sidney Verba, "The Citizen as Respondent: Sample Surveys and American Democracy", *American Political Science Review*, 1996, 90(1).
⑥ Giovanni Sartori, *The Theory of Democracy Revisited*, Chatham House, 1987.

三,参与是一种政治讨论。据此,我们将政治参与理解为:公民在政治场域中对政府和政策施加影响力的行为。

二、政治参与与公民参与

在政治参与的概念不断延伸的过程中,政治参与的定义事实上与"公民参与"更为相似。但由于政治与公民社会相互依存,已有的文献很少对公民参与和政治参与进行明确的区分。总结现有的研究,政治参与与公民参与的不同主要表现为以下几点。

首先,概念不同。公民参与通常指志愿活动,着重于帮助他人、实现公共利益或解决社区问题以改善他人境遇或改变共同体的未来的一般公民行为,[1]意图影响在自己的家人和朋友圈子之外与他人相关的社会环境。与政治参与相似,公民参与也包含两部分:"公民"和"参与"。"公民"这一词指现代社会中的公民性,即良好公民的一系列规范。包括公民之间具有平等的权利和责任、公民之间的相互信任、公民对社会公共事务的积极参与以及公民对公共事务的关系等。[2]"参与"这一词在公民参与的研究中并没有明确的定义。罗伯特·帕特南(Robert Putnam)也并未对公民参与的具体类型进行探讨,他认为凡是有利于培育社会资本的公共行为都是公民参与。因此,无论是通过足球俱乐部、志愿组织参与公共生活,还是参加选举都是公民参与的表现形式。

其次,在类型上,政治参与和公民参与有着明显的区别。政治参与包括多种形式,包括选举过程的制度化形式(例如,投票、选举竞选等)和选举过程之外发生非常规形式(例如,签署请愿、参加政治示威等)。公民参与还涉及多种类型的活动,还包括共同解决社区问题、志愿服务、向慈善机构捐款等。乔金·艾克曼(Joakim Ekman)和埃里克·阿姆纳(Eric Amna)认为公民参与和政治参与之间存在联系与区别。他们认为公民参与是一种非显性、潜在的政治参与,包括注意力和行动两部分;而政治参与包括制度化政治参与和非制度化政治参与。因此,关注政治问题、向慈善组织捐款、志愿工作等都属于潜在的政治参与,是政治参与的前提(如表7-1所示)。[3]

---

[1] Cliff Zukin, et al., *A New Engagement? Political Participation, Civic Life, and the Changing American Citizen*, Oxford University Press, 2006.
[2] Robert D. Putnam, Robert Leonardi and Raffaella Y. Nanetti, *Making Democracy Work: Civic Traditions in Modern Italy*, Princeton University Press, 1994.
[3] Joakim Ekman and Eric Amna, "Political Participation and Civic Engagement: Towards a New Typology", *Human Affairs*, 2012, 22(3).

表 7-1 公民参与与政治参与类型的区别

	公民参与（潜在政治参与）		政治参与		
	介入（注意力）	公民参与（行动）	制度化政治参与	行动主义（非制度化参与）	
				合法	非法
个体形式	· 对政治和社会中的问题感兴趣 · 关注政治问题	基于个人兴趣和关注政治和社会问题的活动	选举参与和联系官员行动	通过个人手段发出声音或对政治产生影响（例如：签署请愿书、政治消费）	个体层面基于政治动机的非法行为
集体形式	· 对具有独特政治形象或议程的团体或集体的归属感 · 与政治相关的生活方式（如身份、衣服、音乐、食物、价值观）	志愿工作，改善当地社区的条件，慈善事业或帮助他人（在自己的家人和朋友圈子之外）	有组织的政治参与：政党、工会和组织的成员	基础松散的形式或基于网络的政治参与：新的社会运动、示威、罢工和抗议	非法、暴力活动和抗议活动：示威、骚乱、占领建筑物、破坏财产、与警察或政治对手对抗

资料来源：Joakim Ekman and Eric Amnå, "Political Participation and Civic Engagement: Towards a New Typology", *Human Affairs*, 2012, 22(3)。引用时在格式上有调整。

最后，从范围上来说，公民参与包括了政治参与。本·博格（Ben Berger）将公民参与分为三个层面，包括社会参与、政治参与和道德参与。[①] 政治参与指的是直接或间接影响政府和政策后果的任何行动。社会参与则更为常见，包含着所有形式的社团参与。与政治参与不同，社会参与并不包含政治因素，但广泛的社会参与能够促进社会资本提升和信任关系的形成，进而促进政治参与，因此社会参与是政治参与的前提。道德参与包括对特定道德规范、原则的关注和支持行为。就前者而言，道德参与意味着公众要么关注道德规范，要么关注与道德规范相关的活动。就后者而言，道德参与意味着要将关注道德规范及其行动结合在一起。

第二节 政治参与的类型

一般而言，政治参与可以分为制度化（institutionalized）与非制度化的政治参与（non-institutionalized）两类。前者包括投票、阅读政治新闻、讨论政治、联系官

---

① Ben Berger, "Political Theory, Political Science and the End of Civic Engagement", *Perspectives on Politics*, 2009, 7(2).

员、为党派工作以及其他有关选举过程的活动。而后者主要指抗议行为,如签署请愿书、示威游行、抵制、罢工以及任何其他抗议性的行为。① 维巴和尼将政治参与分为四个参与方面:投票、竞选、社区活动、联系公职人员,其中第四项又可以分为因社会议题和个人事务联系公职人员(如表7-2所示)。

表7-2 政治参与的维度与行为

政治参与的类别	影响程度	结果范围	冲突性	主动性	合作性
投票	高压力/低信息	集体性	高	低	低
竞选	高压力/低至高信息	集体性	高	中	中或高
社区活动	低至高压力/高信息	集体性	高或低	中或高	高
因社会议题联系官员	低压力/高信息	集体性	低	高	中
因个人事务联系官员	低压力/高信息	个人性	低	高	低

资料来源:Sidney Verba, Norman H. Nie, and Jae-on Kim, *Participation and Political Equality: A Seven-Nation Comparison*, Chicago University Press, 1978, p.55, table 3-1,引用时将第四个类别进一步划分为两种类型。

保罗·怀特利(Paul Whiteley)对政治参与的类型分为投票、签署请愿书、政治消费主义、与政治家或政府官员联系、展示宣传材料、在志愿组织工作等。② 扬·特奥雷尔(Jan Teorell)提出了更广泛的类型学,包括五个维度:第一,选举参与,即传统的制度性政治参与;第二,消费者参与,包括向慈善机构捐款、抵制和政治消费以及签署请愿书,从某种角度来说,它发挥了公民作为关键消费者的作用;第三,政党活动,即成为政党内部的成员,为政党做志愿工作或捐款;第四,抗议活动,包括参与示威、罢工和其他抗议活动的行为;第五,联系组织、政治家或公务员。③ 但政治参与事实上还包括更为广泛的类型。特奥雷尔等人提出的类型学仍然明确地集中于更狭义的显性政治参与,即旨在通过瞄准相关政治或社会精英来影响实际政治结果的活动。基于此,艾克曼和阿姆纳将政治参与按照两个维度进行划分:第一,个体形式的还是集体形式的;第二,正式政治参与还是行动主义的,她们根据这两个标准将政治参与分为多个类型(如表7-3所示)。

---

① Alan Marsh and Max Kaase, "Background of Political Action in Political Action", in Samuel H. Barnes, et al., *Mass Participation in Five Western Democracies*, Sage Publications, 1979.
② Paul Whiteley, *Political Participation in Britain: The Decline and Revival of Civic Culture*, Palgrave Macmillan, 2012.
③ Jan Teorell, Mariano Torcal and Jose Ramon Montero, "Political Participation: Mapping the Terrain", in Jan van Deth, Jose Ramon Montero and Anders Westholm, eds., *Citizenship and Involvement in European Democracies: A Comparative Analysis*, Routledge, 2007.

表 7-3　政治参与的类型

	正式政治参与	行动主义	
		合法政治抗争或行动	非法政治抗争或行动
个体形式	• 投票选举和公民投票 • 非投票或空白投票行为 • 联系政治代表或公务员 • 竞选或担任公职 • 向政党或组织捐款	• 采购、抵制和政治消费 • 签署请愿书 • 发放政治传单	• 公民抗争 • 出于政治动机损害公共财产
集体形式	• 成为政党、组织或工会的成员 • 参加工会组织的活动（自愿工作或出席会议）	• 参与新的社会运动或论坛 • 参与罢工、抗议活动和其他行动	• 公民抗争 • 破坏或阻碍公路和铁路运输 • 占领公共空间 • 参与暴力示威或保护动物的维权行动 • 与警察发生暴力冲突

资料来源：Joakim Ekman and Erik Amna, "Political Participation and Civic Engagement: Towards a New Typology", *Human Affairs*, 2012, 22(3)。

总的来说，常见的政治参与形式主要包括如下四种类型。

1. 选举与投票

民主制度的核心在于选民通过投票的方式进行选举，选举是整个政治学科中最重要的议题。选举可以运用于某一个职位、某些职位或者上百个职位的产生中。在选举的过程中，选民可以对一位或几位候选人表达不加限定的支持或者给候选人排序，即单选投票和顺序投票。即使需要选举的只有一个职位，选举规则也可以要求当选者或者赢得相对多数，或者赢得绝对多数。[①] 比较政治学中非常强调选民登记和投票的制度规则与法律安排的重要性，因为这些制度背景更多地影响着选民登记和投票结果。大量的实证研究表明，政治制度和选举法规，包括义务投票的相关法规、自动注册程序、有力的政党——社会团体联盟，以及选举结果的接近程度、政党数量、社会经济发展水平以及国家的大小等因素都会影响着投票结果。

2. 政党活动

政党是现代民主国家中最为重要的政治代表组织，政党决定动员哪些选民，以及如何对选民进行动员。[②] 政党通过极度简化选民的各种选项，将选民组织起来，因此政党认同、政党录用、政党竞选等也成为政治参与的主要类型。人们在选举中如何投票主要取决于选民之间投票权如何分配，以及选民与政党的策略互动。安

---

① Rein Taagepera, "Electoral Systems", in Carles Boix and Susan C. Stokes, eds., *The Oxford Handbook of Comparative Politics*, Oxford University Press, 2007.
② Frances Hagopian, "Parties and Voters in Emerging Democracies", in Carles Boix and Susan C. Stokes, eds., *The Oxford Handbook of Comparative Politics*, Oxford University Press, 2007.

东尼·唐斯(Anthony Downs)在其早期著作《民主的经济理论》中提出经济投票理论:选民是根据工具理性行动的行为体,选民根据有关执政党表现的信息或期望决定其投票选择。选民按照偏好选择与自己偏好更接近的政党,而政党会制定能够吸引最多数量选民的纲领。这就导致"中位选民"的出现,即在选民偏好呈简单左右翼分布且采用胜者全胜的选举规则时,政党会向中间选民的立场靠近,采用温和中间路线。① 但后续研究表明,选民的政策偏好并不是简单的左右分布,大部分选民的政策偏好比较模糊。从 20 世纪 70 年代开始,选民的政策偏好逐渐开始转变,左右翼区分日益弱化,伴随着电视、网络等传播媒介的兴起,政治候选人与选民直接互动的机会与能力大幅增强,公民的政党参与行为日趋弱化。越来越多的迹象表明政党活动衰落十分明显,很多政党的党员数量都在下降,选民对政党的认同也有所减弱。②

3. 政治抗争

公民自愿参与的异议表达行动,包括非官方的罢工、抵制、请愿、占领建筑物、公众示威,甚至是政治暴力活动。诉求提出者与其对象之间偶发性、公众性、集体性的互动,包括至少有一个政府是诉求者、诉求对象或诉求者的同盟;如果诉求得以实现,则会影响至少一方诉求者的利益。影响政治抗争行为的因素可以从两方面来看:在宏观层面上,包括民主化转型、收入不平等、国家能力、左翼法团主义崛起等;在微观层面上,包括政治信任度、挫败感或剥夺感、受教育程度、社会组织网络、价值观等。

4. 网络政治参与

网络政治参与已经成为公民参与稳定民主的重要途径。互联网的特点及影响机制使得网民的网络政治参与行为大量涌现。网络政治参与的表现形式非常多样化,并且在不同群体和议题上有所差异。网络上存在的参与行为大致可以区分为政治关注和集体行动,后者有向抗争行动转变的可能性,如在 21 世纪初,中东等地部分国家的相关抗争行动最终演变为"颜色革命"。罗莎·博奇(Rosa Borge)等人将网络政治参与分为五个等级:第一层级是获取信息,例如上网等;第二层级是实现交流,例如收发电子邮件、收发社交媒体信息等;第三层级是获取政治方面的互联网服务,包括参与民意测验等;第四层是提供公共空间,如公共论坛、博客等;第五层级是真正的线下政治参与。③

---

① Anthony Downs, *An Economic Theory of Democracy*, Harper and Row, 1957.
② Peter Mair and Ingrid van Biezen, "Party Membership in Twenty European Democracies, 1980-2000", *Party Politics*, 2001, 7(1).
③ Rosa Borge, Clelia Colombo and Yanina Welp, "Online and Offline Participation at the Local Level: A Quantitative Analysis of the Catalan Municipalities", *Information, Communication & Society*, 2009, 12(6).

第三节 理解政治参与：三波研究

政治参与的概念发源于西方社会，伴随着政治参与实践的推进，有关政治参与的研究也不断地扩展。对20世纪以来政治参与在西方的发展，有学者将其概括为"三阶段论"，即以选举为主的政治参与、非制度化的社会运动以及政治参与的扩大。

第一阶段为20世纪50年代至60年代，以选举为主的传统政治参与研究。20世纪中叶，代议制民主的崛起和民主国家普选的发展使得这一阶段有关政治参与的研究对"政治参与"的理解非常严格。20世纪50年代的研究主要集中在投票、竞选以及政党参与上。到20世纪60年代初，政治参与的概念逐渐扩展到公民和政府官员之间的联系。政治参与被理解为政治家和政党选举以及公民与政府人员的联系，这些活动形式主要是传统的政治参与方式。早期的研究强调政治参与必须是影响政府决策的行为。萨缪尔·亨廷顿和琼·纳尔逊对一系列发展中国家进行研究，进而对政治参与进行了更加明确的定义。具体可参见第一节对两位学者关于政治参与定义的介绍。

第二阶段为20世纪60年代末到70年代，以非制度化的社会运动为主要研究对象。政治、经济的迅速发展带来了政治参与的显著增长。这一阶段的研究认为政治参与不应仅限于制度化的政治参与，政治参与的研究在两个方面显著地扩展：一方面，由于社区团体的日益增加，公民与政府官员之间的联系进一步扩展。维巴和尼认为政治参与不是一维的和累积的，而是分散化和专业化的。政治参与是公民或多或少以直接影响政府人事选拔或政府活动为目标，从而采取的公民行动，包括公民、政府官员和政治家之间的直接联系，以及"社区活动"。但是，两位学者将政治参与限于正规而合法渠道，那些仪式性、支持性和符号性参与，以及暴动、抗议、叛乱等暴力行为并不属于政治参与。另一方面，其他学者认为政治参与并不限于常规性参与，公民反对、拒绝和不赞成等行为也是公民表达利益和意见的方式。萨缪尔·巴恩斯（Samuel Barnes）及其同事将政治参与定义为"个体公民旨在直接或间接影响各个层次的政治制度的自愿性活动"，政治参与必须包括抗议和暴力性行为。他们关注了奥地利、英国、荷兰、美国和原联邦德国的公民不服从和政治暴力态度——"抗争倾向"，即个人采用非传统政治参与形式的倾向，例如请愿、示威、抵制、占领公共场所、堵塞交通、财产损失和个人暴力等。[1]

---

[1] Samuel H. Barnes, Max Kaase and Klaus R. Allerbeck, *Mass Participation in Five Western Democracies*, Sage Publications, 1979.

第三阶段为20世纪90年代初,现代社会的政治和非政治领域的界限消失以及社区的发展导致政治参与的扩大,特别是志愿服务和社会参与等"民间活动"。随着互联网技术的发展,互联网政治参与也逐渐成为一种参与模式引起了学术界的关注。以上主要对互联网对政治参与的影响进行综述,但网络政治参与和传统的政治参与存在明显的差异。传统的政治参与文献忽略了互联网政治参与的具体形式,或者将网络政治参与视为本质上不太有意义的话题。同时,网络政治参与概念和实证的不一致性是导致互联网使用与政治参与的研究仍然处于争论中的主要原因。有研究表明,网络政治参与逐渐构成一个独立的政治行动领域,网络政治参与是线下政治参与的补充,即使其并不能完全替代传统政治参与的地位。

第四节　政治参与的成因与条件

一、结构性因素与政治参与

影响政治参与的结构性因素主要包括:政体类型与政治权力结构、选举制度、人口特征以及全球化。

1. 政体类型

维巴等对七个国家的比较研究发现,每个国家的政治参与形式都有所不同,他们建议根据不同的政治系统对公民的政治参与行动模式进行研究。[①] 一般来说,在民主政体下,公民能够通过合法性的机制参与政治。政治权力结构,即分权和集权的政治制度会对政治参与产生影响。在分权程度较高的国家,权力并不集中于一个中心,非政府行动者有能力获得不同途径参与到政策过程中,社会组织以及非政府行动者拥有众多影响政策的机会。在分权程度中等的国家,公民可以采用更为温和的政治参与方式,例如签署请愿书和参与竞选活动。在强大的中央集权国家中,公民一般会采用更为极端的政治参与形式,如示威和罢工。总的来说,国家内部权力的集中程度与公民的政治参与水平呈现出一种负向关系,即权力越集中,参与水平越低。

2. 选举制度

选举制度的各种特征与政治参与中的投票行为密切相关(参见本书第4章)。[②] 第一,选举制度是比例代表制度还是简单多数制会显著地影响选民的投票

---

① Sidney Verba, Norman H. Nie and Jae-on Kim, "*Participation and Political Equality: A Seven-Nation Comparison*", Chicago University Press, 1978.
② 本节讨论的选举中的参与和投票行为,可结合本书第4章"选举与投票"阅读。

率。一般而言，一方面，比例代表制可以增加投票者的政治效能感和预期投票收益，同时也可以为选民提供更高的投票选项，进而带来更高程度的政治参与；另一方面，其他非比例代表制的选举中，少数党的支持者认为即使自己去投票也无法改变最终结果从而放弃投票。第二，投票是强制的还是非强制的也会影响投票率。强制性的投票会降低投票的成本进而提高投票率，希腊、意大利、比利时等国的某些时期的法律也规定了强制投票。第三，选举过程简单还是繁琐，比如，投票前是否需要提前登记获得选举资格。第四，投票日的选择，例如休息日还是工作日、同一天是否举行多次选举。休息日可以降低投票的成本，提升投票率。同一天选举能够增加媒体关注度，进而提高选民的总体意识和获得信息的水平，进而获得更高的投票率。

3. 人口特征

人口规模、人口稳定、总人口中的少数人口比例都对政治参与有着显著的影响。第一，人口规模中选民越多，选举投票率越低。根据唐斯的投票模型，选民作为一个理性人为了改变选举结果进行投票。这些预期收益随着选举中（两名）候选人之间的预期差异以及个人投票对选举结果产生影响的可能性而增加。如果人口规模越大，单个选民对投票结果的影响就越小，从而降低了投票预期效率，可能使得选民弃权。[1] 第二，人口流动。人口流动越高，选举投票率越低。稳定的人口数量能够增加公民的身份认同和族群认同，同时长期居住在同一地区的居民能够提高对候选人的了解，降低投票的信息成本，促进投票率的提升。[2] 第三，人口同质性。社会同质性越高，选民的投票率更低。人口同质性是社区凝聚的一个必要条件，能够促进公民参与到公共生活中，提高政治参与的热情。[3]

4. 全球化

全球化的影响尚存在争论，但也有一些研究认为它也对政治行为产生了重大影响。全球化改变了民族国家的相对权力，当权力转移到国际政府组织和超国家机构时，民族国家逐渐转变为越来越弱的政治行动者。全球化对政治参与的影响主要有两个方面：首先，民族国家的衰弱使得公民的生活更加私人化，不太可能参与传统的、基于社区的政治参与形式；[4]其次，政治参与的重要性也同时在下降，具体而言，全球化鼓舞了诸如单一议题倡导组织、跨国政策网络和新的社会

---

[1] 参见 Dennis C. Mueller, *Public Choice III*, Cambridge University Press, 2003。
[2] John E. Filer, Lawrence W. Kenny and Rebecca B. Morton, "Redistribution, Income and Voting", *American Journal of Political Science*, 1993, 37(1).
[3] Benney Geys, "Explaining Voter Turnout: A Review of Aggregate-level Research", *Electoral Studies*, 2005, 25(4).
[4] James Sloam, "Rejuvenating Democracy? Young People and the 'Big Society' Project", *Parliamentary Affairs*, 2012, 65(1).

运动等实体的兴起,向提供国家服务的机构表达政治关切,扩大政治参与目标的选择。[1]

二、微观层次因素与政治参与

影响政治参与的微观层次因素包括社会经济地位、性别以及人格。

1. 社会经济地位

社会经济地位是解释政治参与的首要理论。已有研究基本上证明了社会经济地位越高的公民具有较高的政治知识与越高的政治参与倾向。社会经济地位较高的公民,往往处于较好的成长、生活、工作以及社会政治环境。获得政治参与的信息充分,[2]使得公民往往具有较为正面积极的态度和政治参与能力。另一种可能在起作用的机制是教育程度,教育程度是决定政治参与更为直接的因素。教育程度较高的公民一般具有更多参与能力和技能,在受教育的过程中获得了更强的公民意识,进而提高了公民的政治参与强度。此外,也有研究认为社会经济因素通过个体层面的心理因素来激发政治参与。[3]

2. 性别

现有的研究发现,虽然女性在政治参与方面取得了实质性的进展,但在主要的西方国家中,女性仍然较少地参与政治。虽然在美国和英国,不同性别的政治参与差异并不像其他群体之间差距那么大,但这种差异长久以来一直存在。政治参与中的性别不平等对于政治平等和民主发展都是潜在的威胁。不同性别对政治参与的影响主要体现在以下两方面。一方面,由于女性获得社会经济资源的机会较少、更不容易获得工作,具有较低的政治知识和政治兴趣,因此参与政治的可能性较低。这也与不同性别的社会化过程相关:女性在社会化的过程中,往往更加重视隐私、遵纪守法以及富有同情心;男性则更具有领导力、自主性和自立性,更能够承担公共角色。另一方面,不同性别在政治参与的方式上有所不同。与男性相比,女性更倾向于非制度化的政治参与方式,例如签署请愿书、出于政治原因抵制/购买产品、为社会和政治团体捐款或筹集资金。这主要是因为非制度化政治参与需要的资源较少,并且与日常生活息息相关。

---

[1] Janelle Ward and Claes de Vreese, "Political Consumerism, Young Citizens and the Internet", *Media Culture Society*, 2011, 33(3).
[2] 王正绪、叶磊华:《东亚社会中的公民政治参与》,《政治学研究》2018年第1期。
[3] Aaron Cohen, Vigoda Eran and Samorly Aliza, "Analysis of the Mediating Effect of Personal Psychological Variables on the Relationship between Socioeconomic Status and Political Participation: A Structural Equations Framework", *Political Psychology*, 2001, 22(4).

3. 人格

人格是个体与环境互动方式的个体差异的重要来源,是影响政治行为的重要变量。心理学家将性格概括为五大特征:开放性(openness)、责任心(conscientiousness)、外倾性(extraversion)、宜人性(agreeableness)、情绪稳定性(neuroticism)。① 政治心理学家逐渐开始关注这五大人格对政治参与的影响。第一,开放性与公民的政治兴趣、政治知识和政治效能感密切相关。因此,具有开放性的公民更倾向于政治参与。第二,责任心对政治参与有正面影响。一些实证研究发现努力工作的人会更频繁的投票,具有责任心的公民更会遵守公民职责规范,进而认为投票是公民基本的义务并采取政治行动。同时,具有责任心的公民往往不会参与政治抗争,有学者认为大多数有责任心的公民并不认同参加抗议活动是公民义务,他们往往认为政治抗争是非法的。第三,外倾性与政治参与是正相关的关系。外倾性中的乐观和自信特征使得公民具有较高的政治效能感。具有外倾性的公民更倾向于通过社交网络与他人进行频繁的联系,一方面通过社交网络获得政治信息,另一方面社交网络具有一定动员作用,公民能够通过社交网络参与抗议活动。第四,宜人性能够促进公民参与当地的政治活动,如签署请愿书、联系官员、参与政治组织、投票等活动。第五,虽然有研究发现情绪稳定性会对投票率产生积极影响。② 特别需要指明的是,更多的研究发现情绪稳定性与政治参与之间尚未具有明显的联系。

三、社会化、传媒与政治参与

1. 家庭

作为公民大多数时间生活的场所,家庭通过多种方式与政治参与相联系。一方面,家庭背景影响着公民的政治知识。父母政治知识水平影响子女青少年时期的政治知识水平,这种影响甚至是长期的,一直会持续到子女的中年时期。③ 另一方面,父母的政治参与程度和形式也会影响子女的公民参与和政治参与的程度和形式。更关注政治新闻、参与消费者行动、与家庭成员频繁讨论政治的个人更有可能参与志愿行为和投票。④ 父母的政党偏好也会影响子女的政党偏好。参与过政

---

① Oliver P. John, Laura P. Naumann and Christopher J. Soto, "Paradigm Shift to the Integrative Big-Five Trait Taxonomy", in Lawrence A. Pervin and Oliver P. John, eds., *Handbook of Personality: Theory and Research*, Guilford Press, 2008.

② Alan S. Gerber, Gregory A. Huber, David Doherty, Coner M. Dowling, Connor Raso and Shang E. Ha, "Personality Traits and Participation in Political Processes", *The Journal of Politics*, 2011, 73(3).

③ Kent M. Jennings, "Political Knowledge over Time and across Generations", *Public Opinion Quarterly*, 1996, Vol.60, No.2, pp.228-252.

④ Cliff Zukin, *A New Engagement?: Political Participation, Civic life, and the Changing American Citizen*, Oxford University Press, 2006.

治抗争的父母,其子女也有可能参与抗争活动。①

2. 教育

近几十年有关政治参与的众多研究发现教育对个人的政治参与有显著的影响。教育是促进政治参与和其他形式公民参与的"普遍解决方案"。教育能够促进公民责任的提升,进一步促进个人获得了解政治世界的认知技能,接触政治信息以及政策制定者。首先,适当的教学方法能够增加公民的政治知识,同时在课堂中强调选举和投票的作用也能够正向地促进年轻人的投票意愿,以及引发他们对政治和公共事务的兴趣。其次,教育方式对不同形式的政治参与影响不同。学校能够为学生提供公民技能培训,如文书写作和辩论,促进学生更有可能以参与签署请愿书、参加抵制活动、听取政治新闻、参与慈善筹款和参加社区会议等形式实现政治参与。开展有关志愿服务的课堂讨论,使学生更有可能定期进行志愿工作,处理社区问题,参与慈善筹款活动,并尝试影响其他人的投票。最后,课堂气氛也影响青年人的政治参与。开放的课堂气氛有助于学生讨论一些有争议的社会问题,并为他们提供表达和听取不同意见的机会。② 最新的研究中,教育对政治参与的干预效应逐渐成为争论的焦点。一些学者在采用倾向值匹配、工具变量、随机实验等因果推断方法发现了不同结果,一些研究发现教育与政治参与的积极关系消失了,另一些研究发现教育与政治参与的正向关系依然存在。③

3. 大众媒体

大众媒体包括传统媒体与互联网,互联网政治作为一个新兴的研究领域,相关研究在下一部分单独分析,这部分主要分析传统媒体与政治参与的关系。早期对于媒体与政治参与的关系,主要有两种假说:媒体不适(media malaise)④和良性循环(virtuous circles)⑤。后续的研究逐渐强调不同媒介对政治参与的影响,例如报纸和电视对政治参与的影响有所不同。报纸的受众比电视受众更了解实际情况,电视受众则具有学习方面的优势。实证研究也发现,报纸阅读能够增加政治知识,观看电视则没有系统性的影响。另一些研究则集中于电视这类传统媒体对政治参

---

① Kent M. Jennings, "Generation Units and the Student Protest Movement in the United States: An Intra- and Intergenerational Analysis", *Political Psychology*, 2002, 23(2).
② Judith Torney-Purta, et al., *Citizenship and Education in Twenty-Eight Countries: Civic Knowledge and Engagement at Age Fourteen*, IEA (International Association of Evaluation of Educational Achievement), 2001.
③ Alexander K. Mayer, "Does Education Increase Political Participation?", *The Journal of Politics*, 2011, 73(3).
④ Michael J. Robinson, "Public Affairs Television and the Growth of Political Malaise", *American Political Science Review*, 1976, 70.
⑤ Pippa Norris, *A Virtuous Circle: Political Communications in Postindustrial Societies*, Cambridge University Press, 2000.

与的不同影响。传统媒体对政治参与带来不同的影响主要有如下三个原因。第一,媒介使用目的不同。帕特南的研究表明,使用电视有两种不同的目的,即娱乐目的和资讯。基于娱乐目的地使用电视行为与政治参与是负相关的关系;而基于资讯目的地收看新闻会显著地促进政治参与。① 第二,媒介内容偏好不同。公民使用媒体不仅有不同的目的,其对内容的偏好也有所不同。偏好新闻的公民能够利用媒体中丰富的政治信息提高政治知识进而增加政治参与;但偏好娱乐内容的公民会放弃媒体中的新闻信息,并不能更多地了解政治,更谈不上参与到政治生活中了。② 第三,渠道偏好不同。例如,一些公众倾向于观看公共电视新闻,而另一些公众偏向于观看商业电视新闻。公共渠道的使用促进了政治知识和政治参与水平的提高。

四、互联网、技术革新与政治参与

互联网对人们彼此联系的方式以及他们收集和分享信息的方式产生了巨大的影响。互联网打破了地理边界,并且显著地减少了时间和语言限制带来的沟通障碍。人们现在有能力通过互联网生成数字媒体(digital media),这种媒体可以比任何其他类型的媒体被更容易和更快速地访问。互联网已经成为政治参与的一个重要途径,例如在线请愿、电子邮件炸弹或虚拟静坐等,在2010年英格兰学费抗议事件、2008年奥巴马竞选等线下事件中发挥了重要的作用。同时,互联网作为一种动员方式能够减少依赖政党等政治机构的传统政治参与方式,这也会进一步影响公民参与政治的方式和行动。

随着公众利用网络空间表达意见的频率和深度的发展,互联网作为可能的"信息源、交流媒介和虚拟的公共领域",有助于公众进一步了解难以获知的公共政策议题,进一步提高公众的交流能力,同时有利于提高人们在线开展集体政治参与的潜能。现有研究大多乐观地预期互联网普及必然带来"数字民主"(digital democracy),即信息技术帮助公民克服时间、空间上的限制,使得政府治理更加民主,公民也因此掌握更多的知情权、政治知识,更加积极地参与政治。互联网为公民创造了积极参与公共治理的创新途径。互联网具有开放性、及时性以及匿名性的特性,公民能够利用互联网更加容易地获取政治信息和参与政治事务,大幅刺激了网络行动主义(internet activism)。由技术产生的开放化效应几乎有无限的潜能,互联网使得公民与政府的直接双向互动成为可能,为公民的政治参与提供了新

---

① Robert D. Putnam, *Bowling alone:America's Declining Social Capital*, Palgrave Macmillan, 2000.
② Markus Prior, "News vs. Entertainment: How Increasing Media Choice Widens Gaps in Political Knowledge and Turnout", *American Journal of Political Science*, 2005, 49(3).

的手段和路径,这为直接民主、协商民主带来了新元素。大量实证研究已经表明,互联网对公民政治参与有显著的促进效应,被称为动员(拓展)效应(expansionary perspective)。[1]

网络民主的悲观主义者认为互联网普及无助于网络政治参与。密集的网络化及网络的娱乐化、商业化会导致公众退出公共治理,疏离于政治生活,引起政治兴趣和政治参与水平的下降。帕特南早在《独自打保龄球》一书中就讨论了电视、互联网等娱乐方式的出现使得美国社会发生了很大的改变。[2] 公民不再像过去那样积极参加社团活动,年轻人不再热衷于关心和参加政治生活。马修·辛德曼(Matthew Hindman)在《数字民主的迷思》一书中对"数字民主"这种网络政治浪漫主义者提出了严肃的挑战,他认为技术是中立的,网络基础结构主要由物理层、代码层、内容层构成,但忽略了网络空间开放度的关键变量——搜索层。搜索引擎推动了公众注意力的高度集聚化,但也约束了公民的选择。[3] 因此,网络虽然创造了巨量的政治信息,但公民对政治信息的认知仍然是有限的。总之,互联网的"政治化"和"去政治化"同步进展,互联网空间的公共性与娱乐化、商业化趋势日趋明显,无疑对公民的政治参与带来了深刻影响。

第五节 结论与未来研究方向

政治参与研究是政治学中经久不衰的经典议题,对比较政治学和国家治理的重要性不言而喻。目前国内学界已有一些政治参与的理论和经验研究,但对当前比较视角下政治参与的研究热点和前沿关注不足。因此,本章致力于梳理政治参与的研究脉络和未来趋势,希望能为国内学者开展本土化的政治参与研究提供扎实的学理基础与创新思路。

首先,从研究范畴的拓展上,政治参与研究已经进入了较为成熟的阶段。政治参与从狭义的制度化政治参与,如选举、投票、政党参与等方式,逐渐转变为对非制度化的政治参与,如游行、示威、罢工等方式。随着新的技术的发展,政治参与的形式越发多样化,网络参与逐渐成为公民政治参与的重要内容。互联网的不断普及,使其成为民众追求话语权实现、引发社会关注以实现利益诉求的重要方式,对中国

---

[1] Rachel K. Gibson, Wainer Lusoli and Stephen Ward, "Online Participation in the UK: Testing a 'Contextualised' Model of Internet Effects", *The British Journal of Politics & International Relations*, 2005, 7(4).
[2] Robert D. Putnam, *Bowling alone: America's Declining Social Capital*, Palgrave Macmillan, 2000.
[3] 参见 Matthew Hindman, *The Myth of Digital Democracy*, Princeton University Press, 2008。

的国家治理带来了重要影响。在全世界信息通信技术（ICT）迅速发展的环境下，各国大力推动互联网信息技术的发展，将其作为国家治理的重要工具。互联网与政治的关系也逐渐成为网络政治学研究的焦点。

其次，从研究议题的演进上，20世纪以来，政治参与的研究经历了三阶段，从以选举为主的政治参与发展到非制度化的社会运动，再发展到多种政治参与形式并存。第一阶段政治参与的研究主要集中在投票、竞选与政党活动上，第二阶段政治参与的研究扩展到非传统形式的政治参与倾向，第三阶段政治和非政治领域界限导致志愿服务、社会参与、网络参与等政治参与形式出现，学者们逐渐将研究精力转移到这些新兴研究领域中。

再次，从理论发展来看，政治参与的解释性理论日趋成熟，推动着比较政治学的发展。传统上理性选择学派和行为主义学派关注政治参与的微观动力，强调诸如社会经济地位、社会化、政治人格、大众传媒等因素对政治参与的影响。然而，比较政治学者越来越关注政体类型、经济发展、国家-社会关系、全球化等宏观结构性因素对政治参与的系统性影响，以及宏观因素与微观因素在塑造政治参与时的互动模式。

最后，交叉学科的影响以及信息时代的到来同样影响到政治参与研究。行为主义在政治学中的兴起，使得政治参与研究逐渐开始关注人格特征对政治参与的影响，甚至将遗传基因纳入政治参与的影响因素中，采用双胞胎设计，建立ACE模型[1]验证遗传变异的政治参与差异，同时关注人格特征在遗传变异和政治参与的中介作用。互联网信息时代的到来也使得学者们开始验证互联网对政治参与的影响，并且对"数字民主"和"数字鸿沟"两种理论假设进行争论。在研究方法上，研究者使用实验室研究和多种准实验方法，力图解决原因变量与政治参与关系的内生性问题。

扩展阅读

[1] Gabriel Almond and Sidney Verba, *The Civic Culture: Political Attitudes and Democracy in Five Nations*, Sage Publications, 1963.

该书开创性地使用了跨国调查方法对政治文化进行研究。作者提出了政治文化的概念，政治文化是政治系统中人们内化的认知、感受和评价，并且区分了四种政治文化。政治文化是微观政治和宏观政治的纽带，能够帮助研究者更好地理解个体、政治结构和政治过程的联系。作者对美国、英国、德国、意大利和墨西哥的公

---

[1] ACE模型行为遗传学分析中的一种方法，其中A代表可相加的遗传效应，C代表共同的环境效应，E代表特异性的环境效应。

民态度进行调查,验证了公民文化是民主制度的基础,对于民主制度的稳定发展至关重要。该书对于新兴国家而言具有借鉴意义,作者认为可以通过教育培育公民文化,为比较政治制度研究开辟了新的前景和方向,并且对于个人、群体与政治结构和政治过程的关系提供了新的解释。

[2] Sidney Verba, Norman H. Nie and Jae-on Kim, *Participation and Political Equality: A Seven-Nation Comparison*, University of Chicago Press, 1978.

该书分析了 1966—1971 年奥地利、印度、日本、荷兰、尼日利亚、美国等国的调查数据,探讨了社会经济因素对政治参与的影响。他们引入了两类解释变量,一类是个人参与动机,另一类是政治动员的制度基础,后者是带来不同国家的主要差异。具体而言,作者考察了政党、工会、民族、宗教以及社区组织等制度因素对政治参与的影响,研究发现机构隶属关系对投票的影响最大,对竞选活动和社区活动的影响较弱。总的来说,奥地利、荷兰、日本的政治参与群体主要由社会经济地位较低的人群构成,美国和印度的政治参与群体通常是社会经济地位较高的群体。该书确定了政治参与研究中的重要问题,并且超越了传统比较政治研究调查方法的运用,对后续政治参与研究具有启发性意义。

[3] Barry Hague and Brian Loader, *Digital Democracy: Discourse and Decision Making in the* Information *Age*, Psychology Press, 1999.

两位作者采用案例研究的方法,研究了信息与通信技术,以及社会过程如何塑造技术的潜在方式,并且评估新技术的方向、潜力和局限。该书一共分为三部分:第一部分集中在理论概念,并且探讨了新型的信息与通信技术是否会导致民主的发展;第二部分分析信息与通信技术发展的政府实践,探讨了州和地方政府采用网页、电视、电子会议以及其他技术方式如何改变政府治理;最后一部分探讨信息与通信技术对政党、教育、社区、公民价值观和公民参与的潜在影响。该书对技术与社会之间的关系进行了详细的验证和反思,为社会科学家、计算科学家以及政策分析者提供了宝贵的阅读材料。

[4] Pippa Norris, *Democratic Phoenix: Reinventing Political Activism*, Cambridge University Press, 2002.

该书从比较视角基于 200 个左右国家及地区的统计数据考察了政治参与的程度和性质,作者认为以往研究中政治参与下降的论断为时过早,现代公民参与的新兴形式不断出现。作者首先对政治参与的经典理论进行了回顾,分析了政治参与的概念和模式。随后作者深入介绍了投票率的国际模式并且分析了政党成员的跨国差异。除了考察公民参与的传统形式,作者还考察了互联网在促进跨国行动主义和政治组织中的作用。作者将行动主义的分析置于全球背景下,对于政治参与的研究具有重大的启发意义。

[5] 国内外学界关于政治参与研究的多个重要数据库。

(1) 世界价值观调查(www.worldvaluessurvey.org,WVS)是一个由多国学者组成的全球网络,聚焦研究价值观的变化及其对政治生活的影响。该调查于1981年开始,囊括全球近100个国家,包含近90%的世界人口。WVS是有史以来对人类信仰和价值观进行的最大的非商业性跨国家时间序列调查,目前包括对近40万受访者的调查。

(2) 亚洲晴雨表调查(Asian Barometer Survey)、非洲晴雨表调查(Afrobarometer)、拉美晴雨表调查(LAPOP)等区域性晴雨表调查数据。这些调查数据通常在特定区域采用综合研究框架和标准化调查程序,开展社会经济现代化、政治转型与价值观变迁等长期跟踪调查。

(3) 中国综合社会调查(CGSS)、中国公民意识调查(ACCS)、中国城市治理调查(CUGS)等全国性调查数据为学界提供了研究我国政治参与的重要数据。这些调查通常是全国性、综合性、持续性学术调查项目,系统采集社会、社区、个人等多个维度数据,供使用者理解改革开放以来我国社会与政治生活的变化。

第 8 章
政治文化

1787年,英国使者乔治·马戛尔尼(George Macartney)带着英国国王的信件来到清廷,中英两个东西方大国首次直接接触。在经贸、人员交往等议题谈判之前,为何中英双方会因马葛尔尼是否向乾隆皇帝下跪争执不休,几乎翻脸?两百多年后的美国,当总统特朗普颁布针对中东特定国家的移民禁令时,很多非中东裔的美国民众加入了抗议者的行列,为什么这些民众会参与与自己切身利益无关的政治活动?这些现象的背后都闪现着文化的影子。持续大半个世纪的中国革命改变思想、触及灵魂。改革开放后,国学热出现,传统文化再次进入民众的视野。文化,对我们而言,从来不是一个陌生的话题。劳伦斯·哈里森(Lawrence Harrison)和塞缪尔·亨廷顿(Samuel Huntington)在编辑的一本著作中,用的标题就是文化至关重要(Culture Matters),在他们看来,文化显著地影响了政治变迁、经济发展以及社会生活。① 亨廷顿甚至认为世界冲突源自文化之间的分歧。② 那么,什么是文化?什么是政治文化?政治文化的研究议题和潜在贡献为何?

政治文化不仅是比较政治研究的一个领域,其背后的文化视角也是比较政治分析的主要分析视角之一。围绕着对人和政治社会现象的理解和解释,比较政治研究领域大致存在三种分析视角:理性选择、结构主义和文化范式。受经济学,尤其是微观经济学的影响,理性选择基于方法论上的个人主义(methodological individualism),主张把社会现象看成行为者理性考虑及互动博弈的结果。受外在约束条件的影响,理性行为者分辨出各种可能的选择,然后在策略互动中寻找最大化自身利益的方案。③ 与之不同,结构主义重视社会现象背后的结构性因素,如国际体系、阶级关系、国家状态,强调社会现象由超越个人能动选择的结构化力量决定,而非源自个人或行为者的策略和互动。如与革命相关有如下说法:"革命自发

---

① Lawrence Harrison and Samuel Huntington, eds., *Culture Matters: How Values Shape Human Progress*, Basic Books, 2000.
② Samuel Huntington, *The Clash of Civilizations and the Making of World Order*, Simon & Schuster, 1996.
③ Margret Levi, "The Economic Turn in Comparative Politics", *Comparative Political Studies*, 2000, 33(6/7).

到来,而非人为造就。"结构主义强调必然,理性选择强调能动,文化范式对两者既提出了挑战,也做出了补充。理性选择和结构主义的基础都是物质利益,文化视角则强调主观因素的影响。① 理性选择借鉴经济学的理性人假设,对行为者的偏好和目标做出普遍的统一假定,主张行为者拥有普遍一致的偏好排序。文化视角则认为在不同的文化情景下,行为者对自身利益的认识可能各不相同,普遍的统一偏好假定不符合现实。即使人的理性是普遍的,人以什么为利益,把什么偏好放在更重要的位置也是在行为者所处的社会关系和社会互动中形成塑造的,偏好排序同样可以改变。② 结构主义的解释决定论色彩浓重,往往很难解释很多现象的变迁,结构主义者,尤其是历史制度主义者开始越来越重视文化尤其是理念在制度变迁中的作用。③

无论从理论还是经验层面,文化的重要性都难以忽视。围绕政治文化的概念、分析视角和研究议题等内容,本文首先将介绍政治文化的两个分析视角:实证主义和解析主义视角,总结并提炼政治文化研究的主要议题。接着,本文从个体和集体两个层面具体介绍实证主义政治文化研究的两大议题:公民文化与民主制度、理念与政治行为。最后,本文会为读者提供一个进一步的阅读列表。

第一节 政治文化的分析视角和研究议题

文化(culture)被认为是英语世界里最难懂的两三个单词之一。生活中我们也会遇到各种各样与文化相关的词汇:文明、文化、宗教、道德、价值观、规范、符号、仪式、态度、观念、观点。文化含义的晦涩和内涵的庞杂困扰着诸多文化研究者,一个清楚的政治文化定义是追切所需,也是相关研究开展的基础。④ 文化内涵的丰富性和多层次性也为学者们的研究创新和争鸣提供了广阔空间。应该看到,对文化的理解和界定反映出研究者自身的世界观和认识论,接着影响了其研究的方法论乃至最终的结论。大致而言,政治文化分析中存在两种截然不同的视角:解析主义

---

① 参见朱天飚:《比较政治与国际关系的学科互动:一种理念的研究视角》,《国际观察》2013 年第 4 期; Craig Parsons, *How to Map Arguments in Political Science*, Oxford University Press, 2007.
② 参见 Aaron Wildavsky, "Choosing Preferences by Constructing Institutions: A Cultural Theory of Preference Formation", *American Political Science Review*, 1987, 81(1).
③ Mark Blyth, "Any More Bright Ideas? The Ideational Turn of Comparative Political Economy", *Comparative Politics*, 1997, 29(2); Stephen Hanson, "Review Article: From Culture to Ideology in Comparative Politics", *Comparative Politics*, 2003, 35(3).
④ 如:Stephen Hanson, "Review Article: From Culture to Ideology in Comparative Politics", *Comparative Politics*, 2003, 35(3); Filippo Sabetti, "Democracy and Civic Culture", in Carlex Boix and Susan Stokes, eds., *Oxford Handbooks of Comparative Politics*, Oxford University Press, 2009.

视角和实证主义视角。解析主义视角主要受人类学的影响,实证主义视角则主要受心理学的影响。

解析主义视角强调文化为人的行为提供意义,具有集体和公共性质。人类学家克里福德·格尔茨(Clifford Geertz)在《文化的解析》(*The Interpretation of Cultures*)一书中将文化定义为纯粹的符号系统。他的经典说法是:"人是悬挂在由他们自己编织的意义之网上的动物,而文化就是这些网。"①文化不是权力,也不是提供解释的原因,而是一种情境(context),帮助我们理解在其中的言语和行为。文化提供的意义是公共的,超越于个人之外,并不存在于人的头脑中。② 受爱弥尔·涂尔干(Emile Durkheim)③的影响,这些学者认为文化是集体性的历史产物。④ 同时文化系统内部有一定程度的自洽性和凝聚力。⑤ 持解析主义视角的研究者认为文化分析不是探索规律的科学,而是探索意义的阐释性学科。格尔茨指出:"文化研究从来不是预测性的,它只进行事后的阐释。"⑥文化研究的对象是社会话语,同时也要关注行为,因为文化形态(如符号和意义)在社会行动中展现。对一地符号意义系统的了解需要通过"深描"(thick description)的方式来实现,即研究者深深地嵌入进当地的文化系统,通过民族志的办法(如参与式观察、访谈)对话语和行为进行观察和解析,了解其蕴含的意义。文化阐释的目的是在共情的基础上增进对另一个情境下他人话语和行为的理解,展示的是文化的多样性。如格尔茨通过分析巴厘岛斗鸡揭示其背后体现的男性气概和自恋,以及其作为"有焦点的聚集"将社会成员凝聚在一起的意义和对当地社会关系的展示。⑦ 一部分政治学学者追随这种文化认识,重点关注一地对行为进行合理化的共享价值系统、文化规范、政治仪式或话语等。在这些学者看来,政治文化分析需聚焦于弥漫在这些人群中重要的符号、仪式和行为。如辛道辙(Doh Chull Shin)关注儒家传统对民众的政治心态和行为模式的影响,⑧赵鼎新重视天命观对当下状况的影响。⑨

与解析主义视角不同,实证主义视角主要受心理学的影响。与解析主义视角强调理解不同,持实证主义视角的研究者注重解释,在政治文化研究中试图提炼因

---

① Clifford Geertz, *The Interpretation of Cultures*, Basic Books, 1973.
② Richard Wilson, "The Many Voices of Political Culture: Assessing Difference Approaches", *World Politics*, 2000, 52(2).
③ 爱弥尔·涂尔干的中文译名还有埃米尔·迪尔凯姆、埃米尔·杜尔凯姆等,本书统一使用爱弥尔·涂尔干,但是涉及注释文献时则保留原书面貌。
④ Lucian Pye, "Political Culture Revisited", *Political Psychology*, 1991, 12(3).
⑤ Clifford Geertz, *The Interpretation of Cultures*, Basic Books, 1973, p.17.
⑥ Ibid., p.26.
⑦ Ibid., Chapter 15.
⑧ Doh Chull Shin, *Confucianism and Democratization in East Asia*, Cambridge University Press, 2012.
⑨ 赵鼎新:《"天命观"及政绩合法性在古代和当代中国的体现》,《经济社会体制比较》2012年第1期。

果关系,乃至发现因果规律。这些学者往往会给出一个政治文化的确切定义,以便更好地进行测量和发掘因果关系。加布里埃尔·阿尔蒙德(Gabriel Almond)和西德尼·维巴(Sidney Verba)的《公民文化》一书是这个视角的代表作。在这本书中,两位作者将政治文化定义为"人对政治现象的心理评价",这其中包括认知的取向(cognitive orientation)、情感的取向(affective orientation)和评价的取向(evaluational orientation)。一国的政治文化则是该国所有成员对政治现象的评价的类型及其分布。① 与之类似,罗纳德·英格尔哈特(Ronald Inglehart)将政治文化界定为"一个社会中民众为了适应外在环境而具备的价值、态度、观念和知识组合"②。将政治文化界定为民众内心的态度集合为测量政治文化提供了认识论上的基础,研究者因而可以采用问卷调查的方式来了解一国受访者的政治态度,通过分析特定政治态度的分布推断一国的政治文化类型并进行跨国比较。阿尔蒙德和维巴认为这有助于摆脱对一地文化规范的先验判断,能够让研究者分析文化内部不同内容之间的关系并进行经验检验。接着,研究者可以用其解释各种政治经济社会现象,其中的关注焦点是民主政体的兴起和巩固。③

可以看到,解析主义和实证主义视角存在着显著差异(如表8-1所示),前者将文化界定为超越个体的集体性存在,后者则视文化为个人观念和态度的集合。马克·罗斯(Marc Ross)将其中的区别称之为对文化的主观认识(subjective view of culture)和主体间的认识(intersubjective view of culture)。④ 双方的争鸣甚至提醒我们需反思"政治文化"一词的合理性。由于不认为存在特定有关"政治"的文化,一些持解析主义视角的学者甚至拒绝使用政治文化一词。梅布尔·彼瑞金(Mabel Berezin)就认为政治文化(political culture)还是政治与文化(politics and culture)可能是两个完全不同的概念,政治文化意味着有着政治文化这个特殊的领域,区别于经济文化、社会文化,政治与文化则是用文化的视角来分析政治问题。⑤

一些学者也开始综合或者调试这两种视角,提出新的思路。一方面区别于格尔茨的符号论的结构主义思想,另一方面又不同于将文化看成是个人的深层次心

---

① Gabriel Almond and Sidney Verba, *The Civic Culture: Political Attitudes and Democracy in Five Nations*, Princeton University Press, 1963.
② Ronald Inglehart, *Modernization and Postmodernization:Cultural, Economic, and Political Change in 43 Societies*, Princeton University Press, 1997.
③ 有学者乃至提出,政治文化的概念兴起与西方推广民主密切相关。见 Margaret Somers, "What's Political or Cultural about Political Culture and the Public Sphere? Toward Historical Sociology of Concept Formation", *Sociological Theory*, 1995, 13(2)。
④ Marc Ross, "Culture in Comparative Political Analysis", in Mark Lichbach and Alan Zuckerman, eds., *Comparative Politics:Rationality, Culture and Structure*, Cambridge University Press, 2009.
⑤ Mabel Berezin, "Politics and Culture: A Less Fissured Terrain", *Annual Review of Sociology*, 1997, 23.

表 8-1　政治文化的两种视角

	解析主义视角	实证主义视角
文化的定义	仪式、符号、话语	个体观念的集合和分布
分析层次和单位	集体层次	个体层次
分析方法	深描、民族志	问卷调查、访谈
研究目标	展示文化的多样性	展示文化的规律性

理偏好,丽莎·韦丁(Lisa Wedeen)认为应该从符号实践(semiotic practices)的角度将文化带入社会科学研究之中,即行为者如何认知自己行为的意义,在什么符号和语言系统下行动,最终又产生了什么样的结果。文化研究的核心为两方面的内容:一是聚焦于文化如何影响"意义"的界定而非价格或投票等行为;二是关注文化符号如何影响行为,从而产生相应的政治后果。① 史天健也试图将解析主义视角的文化认识论引入实证研究中。在对文化的认识上,他呼应解析主义视角的观点,即文化赋予社会行为以意义,指出:文化约束乃至决定行为者对自身利益的界定,而不简单地增加或减少某些行为的成本或收益,不应被看成是另一种类型的政治资源。② 在文化分析的方法论上,他又与实证主义者站在了一起。他不赞同通过分析人的行为来解析文化规范,因为人的行动与其表达的意义并不相同,行为的模式(patterns of behavior)并不能赋予行动(actions)以意义,只有行为模式背后的文化才能赋予行动以意义。作者也不认同深描和解析的方法论,在他看来,一个政治文化的操作化定义依然是可得的,研究者进而可以进行测量和比较,并发掘政治文化与政治制度之间的因果关系。在书中,政治文化被定义为"一系列的规范组合,它规定一群人的行为准则,并将该人群与其他人群显著区分开来"③。政治文化从表面到深层,由态度和看法、规范、价值三个层级的内容组成。史天健认为政治文化研究应聚焦于规范,而非抽象的价值和易变的态度。在诸多文化规范中,核心为两点:一是对自我利益的界定,以个人为中心还是以集体为中心;二是权威观,即个人与国家权威之间的关系。④

两种截然不同的视角的存在,使得政治文化的研究议题内容丰富、层次多元。解析主义视角关注集体层面的文化现象,如意识形态、文化规范、宗教、符号、仪式、话语,而实证主义视角更多的关注个体层面的主观因素,如态度、观念、价值偏好。

---

① Lisa Wedeen, "Conceptualizing Culture: Possibilities for Political Science", *American Political Science Review* 2002, 96(4).
② Tianjian Shi, *The Cultural Logic of Politics*, Cambridge University Press, 2015.
③ Ibid., p.29.
④ 对史天健著作的详细介绍和评述,请见王正绪、德拉干·帕夫利切维奇:《公民与民主:史天健对中国研究及政治学方面的贡献》,《开放时代》2011 年第 9 期;胡鹏:《政治的文化解释》,《读书》2017 年第 5 期。

假设我们承认政治文化是一个研究领域,那么这个领域要回答什么问题?关注什么问题?艾伦·韦达夫斯基(Aaron Wildavsky)认为最重要的问题为两个:我是谁?我应该做什么?① 罗斯总结了政治文化研究的主要五个议题:文化和个人性格研究、公民文化传统、文化和政治过程、政治仪式以及文化与政治暴力。② 鲁斯·莱恩(Ruth Lane)认为一个政治文化的分析框架应包括对价值系统的结构分析、价值系统如何影响群体的组织和目标,以及对人的影响,尤其是塑造人在群体中的角色和目标。③ 考虑到政治文化研究内集体层面和个体层面的争论和分野,本章从两个维度:集体层面和个体层面、主观因素和客观现象出发,搭建了一个政治文化研究的议题框架(如图8-1所示)。

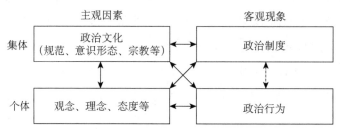

图 8-1　政治文化研究的议题框架

上述框架中实线关系属于政治文化议题,虚线则非。可以看到,除了研究政治制度与政治行为的互动关系外,所有其他的互动关系都可以纳入政治文化研究的范围,如集体层面的文化规范和意识形态如何与个体层面的观念态度互动、集体层面的文化规范如何与政治制度互动、个体层面的观念和态度如何与集体层面的政治制度互动。在接下来的两节中,本文将分别展示集体层面政治文化与政治制度之间关系以及个体层面理念与政治行为之间关系的研究进展。

第二节　公民文化与民主制度

民主政体的出现和巩固是比较政治研究的核心话题之一,如何解释特定政体,尤其是民主政体的起源和巩固?受韦伯《新教伦理与资本主义精神》的影响,秉持

---

① Aaron Wildavsky, "Choosing Preferences by Constructing Institutions: A Cultural Theory of Preference Formation", *The American Political Science Review*, 1987, 81(1).
② Marc Ross, "Culture and Identity in Comparative Political Analysis", in Mark Lichbach and Alan Zuckerman, eds., *Comparative Politics: Rationality, Culture, and Structure*, Cambridge University Press, 1997.
③ Ruth Lane, "Political Culture: Residual Category or General Theory?", *Comparative Political Studies*, 1992, 25.

实证主义视角的学者,一直试图发现支持特定政治制度出现的文化条件。达到以上目标的前提,是厘清文化因素与物质利益因素之间的关系,具体而言,政治文化解释需要与民主的经济社会解释相对话。受克雷格·帕森斯(Craig Parsons)结构功能主义的启发,一群政治学和社会学学者在 20 世纪 50 年代提出了"现代化理论"(modernization theory),即认为经济发展会带来民主的政治制度。西摩·马丁·李普塞特(Seymour Martin Lipset)的经典说法是:"民主与经济发展的程度有关,一个国家的经济发展越好,它维持民主的可能性越高。"[1]李普塞特并没有区分相关性和因果关系,经济因素影响民主政治的因果机制也多样。一部分现代化逻辑的支持者在后续的研究中试图证明:经济发展,具体表现为人均 GDP 的提高,是民主政治出现的前提条件。[2] 另一群学者则沿着经济发展带来的社会结构的改变,尤其是阶级状况和关系的视角出发,探寻经济发展影响民主政治的具体机制。有的强调资产阶级的作用,有的强调工人阶级的贡献,还有的关注经济不平等与民主之间的关系。[3] 总的来看,现代化理论认为民主建立在一定的经济社会条件之上,其内部观点的差别在于经济发展通过何种机制影响民主政治的建立。虽然经济社会的现代化会带来价值和文化规范的改变,从而影响政治制度的建立和巩固,但文化因素并非解释政治制度起源和巩固的独立变量。[4] 在注重物质利益和状况的现代化理论中,文化并不是重点。

实证主义政治文化研究的一个重要工作,即在于强调政治文化在政治制度起源和巩固中的作用。在政治文化学者看来,民主制度的起源和巩固取决于普通民众对民主原则的认同,而非仅是生活水平的提高。[5] 在现代化理论提出不久,阿尔蒙德和维巴在 1963 年出版了在本领域具有奠基性作用的《公民文化》一书,提出政

---

[1] Seymour Martin Lipset, "Some Social Requisites of Democracy: Economic Development and Political Legitimacy", *American Political Science Review*, 1959, 53(1).
[2] 如:Robert Jackman, "On the Relation of Economic Development to Democratic Performance", *American Journal of Political Science*, 1973, 17(3); Robert Barro, "Democracy and Growth", *Journal of Economic Growth*, 1996, 1; John Londregan and Keith Poole, "Does High Income Promote Democracy?", *World Politics*, 1996, 49(1); Carles Boix and Susan Stokes, "Endogenous Democratization", *World Politics*, 2003, 55。
[3] Barrington Moore, *Social Origins of Dictatorship and Democracy: Lord and Peasant in the Making of the Modern World*, Beacon Press, 1966; Dietrich Rueschemeyer, Evelyne Stephens, and John Stephens, *Capitalist Development and Democracy*, University of Chicago Press, 1992; Ruth Berins Collier, *Paths toward Democracy: The Working Class and Elites in Western Europe and South America*, Cambridge University Press, 1999; Carles Boix, *Democracy and Redistribution*, Cambridge University Press, 2003; Daron Acemoglu and James Robinson, *Economic Origins of Dictatorship and Democracy*, Cambridge University Press, 2006.
[4] 如:Barrington Moore, *Social Origins of Dictatorship and Democracy: Lord and Peasant in the Making of the Modern World*, Beacon Press, 1966。
[5] Christian Welzel and Ronald Inglehart, "Mass Beliefs and Democratic Institutions", in Carles Boix and Susan Stokes, eds., *Oxford Handbook of Comparative Politics*, Oxford University Press, 2009.

治制度的文化解释。从政治对个人是否有影响到个人是否关心政治过程，阿尔蒙德和维巴区分了三种类型的政治文化：狭隘型政治文化（parochial political culture）、臣民型政治文化（subject political culture）以及参与型政治文化（participant political culture）。狭隘型政治文化下的个人对政治几乎没有认知和期待，臣民型政治文化中的个人只关心政治结果，而参与型政治文化中的个人既关心政治过程又关心政治结果。① 阿尔蒙德和维巴认为公民文化是这三种文化的混合体，公民可以选择不关心政治或只关心政治结果，但这都是暂时的状况，对政治过程的关注才是公民文化的本质。测量公民文化的具体指标包括公民是否认为自己能够影响政治、对政治体制的评价、生活满意度以及对其他公民是否信任等。问卷调查显示：成熟民主国家如美国、英国，民众的政治态度与尚未实现民主的墨西哥民众有显著区别。两位作者因而提出：公民文化对民主政治的维系至关重要。公民文化对政治文化进行了界定，并强调公民文化对民主政治的关键性作用，但阿尔蒙德和维巴并未把公民文化与经济发展的关系区分开来，也没有论证是公民文化导致了民主政治的兴起和巩固。我们只看到了美国、英国等民主稳固的国家民众对政治的关注程度更高、更认同个人在政治中的地位等，这对于追求因果解释的研究而言显然是不够的。承接公民文化传统的集大成者是英格尔哈特，在1988年的《政治文化的复兴》一文中，他认为：不同国家出现了稳定的、有显著不同的文化特征群（cultural syndrome），这个特征群包括生活满意度、政治满意度、人际互信关系和支持现有政治秩序等内容，并与民主政治制度息息相关，即民主更容易在这样的社会生存下来。② 英格尔哈特认为经济发展并不一定会带来民主，现代化理论成立的条件在于经济发展需改变人的观念和一国的政治文化。他接着认为文化与经济发展相互影响，在最初的阶段，新教精神促进资本主义的发展，接着资本主义经济的发展带来公民文化的出现，随之引发民主政治。在后续的作品中，英格尔哈特将自己提出的文化特征群命名为"自我表达的价值观"（self-expression values），这其中包括公民对自由和参与的强调、公开的自我表达、对多样性的宽容、人际互信以及生活满意度等内容。③ 自我表达的价值观不同于对民主的肤浅迎合，展现了人的根本价值倾向，同时自我表达的价值观成为从个人态度集合成集体文化的桥梁，克服了可能出现的"生态学谬误"（ecological fallacy），有助于论证集体层面的文化现象和政治制度之间的关系。他和合作者接着提出了一个修订版的

---

① Gabriel Almond and Sidney Verba, *The Civic Culture: Political Attitudes and Democracy in Five Nations*, Princeton University Press, 1963.
② Ronald Inglehart, "The Renaissance of Political Culture", *The American Political Science Review*, 1988, 82(4).
③ Ronald Inglehart and Wayne Baker, "Modernization, Cultural Change, and the Persistence of Traditional Values", *American Sociological Review*, 2000, 65(1).

现代化理论：

> 经济社会现代化→减少人的外在约束，增加人的物质、认知和社会资源→民众逐步开始偏好自我表达的价值观→日益增长的需求，要求增加对公民权利、平等和回应性政府的要求→民主。[1]

修订版的现代化理论延续了现代化理论对经济发展源头性作用的重视，修订之处在于经济发展影响民主制度建立的中间机制。不同于前人强调的社会阶级结构或经济再分配效应，英格尔哈特把文化价值带入进来，将之视为经济发展推动民主的关键中间因素。经济发展会改变民众的价值系统，民众的整个价值偏好从物质主义转变为后物质主义，自我表达的价值观兴起，使其更加偏好民主政治。在实证检验中，他发现经济因素和自我表达的价值观两者加起来大致能解释样本中80%的民主政体的演变。帕特南则用公民文化传统解释意大利南北治理绩效的显著差别，公民文化传统带来社会资本，进而推动了民众的结社以及与政府的积极有效互动。[2]

总的来看，以阿尔蒙德、维巴、英格尔哈特等为代表的公民文化研究的核心在于两点：一是个体层面的观念积聚起来可以引发国家层面政治文化的差别；二是民众的政治观念对于政治制度的起源、巩固和运转至关重要。理论上，公民文化连接经济现代化和政治制度，提出了一个新的因果机制，将民众的观念和价值系统纳入现代化理论的框架之中。同时，公民文化研究将目光从政治精英转向普通民众，不再认为政治发展源于精英的设计和选择，而视之为普通民众自下而上参与公共生活和治理的结果。公民文化研究提出的文化变迁的解释框架也为学者们预测一地的政治文化和制度变迁提供了理论启发。[3] 在方法上，公民文化研究推动了以问卷调查为中心的政治态度研究的兴起。阿尔蒙德和维巴首先在五个国家进行了问卷调查，英格尔哈特等人则推动建立了至今已覆盖全球100多个国家的世界价值观调查（World Value Survey）。世界价值观调查采用标准化的问卷，至2020年已经进行了七轮。各种各样的政治社会态度问卷调查也纷纷出现。数据的共享和研究方法的可复制，极大地促进了实证主义政治文化研究的发展。[4]

与此同时，公民文化研究也遭遇了严肃的批评和挑战。概念界定和测量问题

---

[1] Ronald Inglehart and Christian Welzel, *Modernization, Cultural Change, and Democracy: The Human Development Sequence*, Cambridge University Press, 2005.

[2] Robert Putnam, *Making Democracy Work: Civic Traditions in Modern Italy*, Princeton University Press, 1993.

[3] Sheri Berman, "Review Article: Ideas, Norms, and Culture in Political Analysis", *Comparative Politics*, 2001, 33(2).

[4] 著名者如世界各个地区的晴雨表调查（Barometer Survey），参见 http://globalbarometer.net/；并参见本书第7章"政治参与"推荐阅读部分的介绍。

首当其冲。其一,不少学者指出:公民文化的内涵存在先验性,其基于英美两国的公民态度总结而来,使得这一界定能否总结其他国家的民主发展经验存疑。例如东亚的韩国、日本等国家也建立了民主制度,而这些东亚国家的儒家传统并没有消失。其二,公民文化由各种不同的具体要素(如生活满意度、政治满意度、人际互信)组成,这些要素之间的关系如何,通过什么样的组合关系形成整体性的公民文化,都不甚清楚。即使是同一个学者,如英格尔哈特,在不同时期作品中,公民文化(或自我表达的价值)包含的测量指标也不尽相同。其三,公民文化没有区分民主体制下的公民态度和非民主体制下的公民态度。以生活满意度为例,如果非民主体制能够带来经济增长以及生活满意度,那么民众的生活满意度往往使其支持现有体制,而不会推动民主进步,在这种情境下,生活满意度很难算成推动民主制度建立的公民文化要素。①

接着,政治制度与政治文化之间的因果关系究竟如何,公民文化研究也没有很好地进行论证。其折中态度:既强调文化对政治制度的重要性,也不排除经济社会条件的影响,不被制度主义学者接受。很早就有学者提出:是民主制度产生了民主文化,而不是相反。② 玛格丽特·萨默斯(Margaret Somers)提出了一个更为致命的批评:如果人的态度源自政治社会化或者经济现代化,是否意味着这本质上不是所谓的政治文化,而是社会变迁的产物,那么政治文化的文化成分体现在何处? 这个政治文化也不是政治的,因为也和公共生活无关,基本都源自非公共的私人生活。③ 在经验证据方面,爱德华·穆勒(Edward Muller)和米切尔·塞利格森(Mitchell Seligson)发现,如果控制了宏观方面的变量,如经济发展、收入不平等和次文化层面的多元性,公民文化态度并没有对民主制度产生显著影响。④ 罗伯特·杰克曼(Robert Jackman)和罗思·米勒(Ross Miller)同样认为公民文化对政治生活的作用被放大,在重新分析帕特南的数据以及英格尔哈特1990年的数据后,两位学者发现文化因素对政治经济绩效的影响并不显著。⑤ 在随后的研究中,他们进一步指出:文化对民主转型和民主巩固(表现)并没有显著影响。⑥

---

① 相关的经验研究参见 Jie Chen, Yang Zhong and Jan William Hillard, "The Level and Sources of Popular Support for China's Current Political Regime", *Communist and Post-Communist Studies*, 1997, 30(1)。
② Brian Barry, *Economists, Sociologists, and Democracy*, University of Chicago Press, 1978.
③ Margaret Somers, "What's Political or Cultural about Political Culture and the Public Sphere? Toward Historical Sociology of Concept Formation", *Sociological Theory*, 1995, 13(2).
④ Edward Muller and Mitchell Seligson, "Civic Culture and Democracy: The Question of Causal Relations", *American Political Science Review*, 1994, 88(3).
⑤ Robert Jackman and Ross Miller, "A Renaissance of Political Culture", *American Journal of Political Science*, 1996, 40(3), pp. 632-659; Robert Jackman and Ross Miller, "The Poverty of Political Culture", *American Journal of Political Science*, 1996, 40(3), pp.697-716.
⑥ Robert Jackman and Ross Miller, *Before Norms: Institutions and Civic Culture*, University of Michigan Press, 2004.

大卫·莱廷(David Laitin)乃至尖锐地指出:20世纪60年代以来由《公民文化》一书开创的政治文化研究并没有为后来者开辟更为广阔的空间,相反,政治文化研究越来越走下坡路,逐渐成为政治学研究的边缘议题。①

第三节 理念、利益与政治

公民文化研究展现了文化视角对结构主义的挑战和补充,公民文化成为取代或补充现代化理论的另一种"结构"。英格尔哈特认为,集体性的公民文化特征群出现后,很大程度脱离了个体的影响,具有稳定性。然而一些学者指出,在政治转型过程中,普通民众的观念并不起决定作用,政治精英的理念和互动相比更为关键。吉列尔莫·奥唐奈(Guillermo O'Donnell)和菲利浦·施密特(Philippe Schmitter)就提出:对未来信誉(future reputation)的考量有可能使威权精英转而推倒现有体制,从而实现民主转型。② 同时民主的出现是一个动态、反复的过程,不是一个阶段取代另一个阶段的线性发展。民主的各个组成部分(选举、议会体制、政党政治等)往往分别出现、动态演进,每个国家的具体形式可能都不同。③ 用结构化的一般性框架来解释丰富多彩的经验实践显得不够合适。这些都推动了理念视角的兴起。将分析聚焦于行为者的理念(ideas),用其来分析和解释政治现象,展现了文化视角与理性选择视角的区别。有别于集体性的特定政治文化,理念视角从行为者的角度更为细致地讨论理念和物质利益对行为者的影响。行为者成为观念的发明者和使用者,而不是结构性因素的"奴隶",其在政治中的角色更为重要。如意识形态或者文化规范虽然长期存在,但真正发挥政治影响需要有行为者来转化和传播。裴宜理(Elizabeth Perry)在分析中国共产革命与俄国共产革命的区别时指出:革命者对各种文化资源的创造性吸收和转换是两国革命差别的重要原因。④ 在这样的政治文化研究中,关注点从宏观的文化规范变成了中观的理念。

与公民文化研究试图提出对民主制度兴起和巩固的一般性解释不同,理念视角走向了"中观性质",即为了解决具体的研究问题而出现。研究者试图展示理念具体如何影响政治现象。雪莉·伯曼(Sheri Berman)用理念解释一战后德国和瑞

---

① David Latin, "The Civic Culture at 30", *The American Political Science Review*, 1995, 89(1).
② Guillermo O'Donnell and Philippe Schmitter, *Transitions from Authoritarian Rule: Tentative Conclusions about Uncertain Democracies*, Johns Hopkins University Press, 1986.
③ Sheri Berman, "Lessons from Europe", *Journal of Democracy*, 2007, 18(1), pp.28-41; Daniel Ziblatt, "Review Article: How did Europe Democratize?" *World Politics*, 2006, 58, pp.311-338.
④ Elizabeth Perry, *Anyuan: Mining China's Revolutionary Tradition*, University of California Press, 2012.

典社会民主党发展上的分野,德国社会民主党坚持旧有的理念,最终从一个大党走向式微,德国民主体制被法西斯颠覆,瑞典的社会民主党则创造了新的理念,选择与其他政治力量妥协和合作,最终开创了成功的社会民主实践。① 约翰·坎普贝尔(John Campbell)总结出理念在经验研究中的几种具体体现:认知范式和世界观、规范框架、世界文化、表达框架,以及纲领性意见。② 朱迪斯·戈尔茨坦(Judith Goldstein)和罗伯特·基欧汉(Robert Keohane)区分了三种类型的理念:世界观、原则化信念和因果信念。世界观是人们对世界的根本看法;原则化信念主要指人们的价值观,包括区分对与错、正义与非正义的规范性观念;因果信念指的是人们对原因与结果之间关系的看法,它是连接问题与行动的中间链条。两位作者提出:在对自己的利益不明确时,理念起着路线图的作用;当存在着多种选择或存在多种理念的竞争时,占主流的理念能够起到聚焦和黏合剂的作用,使持不同选择倾向的各方形成合作共识和联盟;理念也可以根植于制度之中,产生长久性的影响。③ 如在对中国农民政治行为的研究中,欧博文(Kevin O'Brien)和李连江发现利益受损的民众采取的是"依法抗争",而不是试图进行大规模革命性的运动或者进行每日的消极抗争。④ 如何解释抗争者的这种行为模式?李连江将之归结为抗争者的既有观念系统。通过访谈和问卷调查,他发现中国的农民更信任中央而非地方,尤其相信中央的意图,这种差序信任格局的存在使得农民选择通过政权认可的途径(如上访)维权,希望通过把诉求传达到中央以解决自己的问题。⑤

强调理念的影响和作用,首先需要处理的是理念与物质利益的关系。帕森斯指出:理念有两种面孔,有的时候它会指导人的行为,有时候它只是行为的其他原因的表象。⑥ 理性选择和理念视角的区别即在于理念是政治行为的借口还是原因。理性选择学者从来不排斥研究文化和理念,不过在这些学者看来,文化和理念起源于理性行为者最大化自身利益的动机,文化和规范充当了"隐形的制度",是行为者理性计算和互动的均衡结果。莱廷等指出在认同形成时人们会遇到多种选项,以语言、宗教或历史传承来区分彼此,而这个认同选择的做出很大程度上源于

---

① Sheri Berman, *The Social Democratic Moment: Ideas and Politics in the Making of Interwar Europe*, Harvard University Press, 1998.
② John Campbell, "Ideas, Politics, and Public Policy", *Annual Review of Sociology*, 2002, 28.
③ [美]朱迪斯·戈尔茨坦、罗伯特·基欧汉:《观念与外交政策:信念、制度与政治变迁》,刘东国、于军译,北京大学出版社 2005 年版。
④ Kevin O'Brien and Lianjiang Li, *Rightful Resistance in Rural China*, Cambridge University Press, 2006.
⑤ Lianjiang Li, "Political Trust in Rural China", *Modern China*, 2004, 30;李连江:《差序政府信任》,《二十一世纪》2012 年 6 月。
⑥ Craig Parsons, "Showing Ideas as Causes: The Origins of the European Union", *International Organization*, 2002, 56(1).

工具理性,即归属于这个群体能给个人带来多少物质好处。进一步,特定族群议题的出现,如斯里兰卡的泰米尔人、加拿大魁北克的法语群体的出现,并非文化比阶级议题更为重要,而是这些议题出现的组织门槛更低,已有符号系统成为政治行为者维护或增进自身利益的工具。① 丹尼尔·波斯纳(Daniel Posner)通过比较两个部族对马拉维和赞比亚两国一友一敌的状况,指出族群之间的关系很大程度上由其在选举中是否重要决定。② 如前所述,理性选择假定行为者具有普遍的统一动机,能够对自身的偏好和选择进行排序。理念视角则强调不同情境下,行为者的偏好并不相同,文化规范和理念会塑造行为者将何种东西视为自己的利益、何种利益更为重要。在实证研究中,一些学者认为理念视角还需回答理念能够解释多少(how much)的问题,否则理念永远只是多个解释变量中的一个,而不是唯一或最重要的解释变量。帕森斯提出:理念如果能够强烈地分割(cross-cut)一个体系内的共同物质利益,产生与物质利益解释预期完全相反的结果,那么我们可以更为清楚地将理念从物质利益中分离出来。如20世纪50年代两个同在法国外交部工作、有着相同或类似教育背景和党派属性的外交官,一个主张建立法德同盟,另一个主张与英国建立正式伙伴关系,那么我们基本可以断定:理念对这两个外交官产生了影响。③

接着,研究者还需关注理念如何影响具体的政策。伯曼指出,研究理念对现实政治的影响,需要回答如下几个问题:(1)特定的理念是如何变得政治显著、进入政策议题的? (2)特定的政治理念是如何被制度化,进而产生长期的影响? (3)理念通过何种机制影响具体的政策和政治?④ 史天健提出了文化影响政治后果的五条机制:影响行为者对社会行为的意义的理解、提供评价他人行为的标准、提供影响他人的资源、确定行为者在特定环境内可以合理追求的目标、形塑行为者追求特定目标的手段。⑤ 在实际研究中,持理念视角的研究者往往聚焦于政治领导人、行政官僚、专家学者等关键行为者,分析这些行为者的理念和偏好的政策工具,以及其如何扩大自己的联盟以实现自己的目标。

---

① David Laitin and Aaron Wildavsky, "Political Culture and Political Preferences", *American Political Science Review*, 1988, 82(2).
② Daniel Posner, "The Political Salience of Cultural Difference: Why Chewas and Tumbukas Are Allies in Zambia and Adversaries in Malawi", *American Political Science Review*, 2004, 98(4).
③ Craig Parsons, "Showing Ideas as Causes: The Origins of the European Union", *International Organization*, 2002, 56(1); Stephen Skowronek, *Building a New American State, The Expansion of National Administrative Capacities, 1877-1920*, Cambridge University Press, 1982.
④ Sheri Berman, "Ideas, Norms, and Culture in Political Analysis", *Comparative Politics*, 2001, 33(2).
⑤ Tianjian Shi, *The Cultural Logic of Politics*, Cambridge University Press, 2015.

第四节　结论与未来研究方向

与国家构建、政体类型、社会运动等比较政治学议题相比,政治文化既是一个议题,也是一种分析问题的视角。文化视角的多元使得这个领域内容庞杂、议题多元。政治文化研究与政治哲学研究都关注价值,但政治哲学更重视价值的内涵分析,以及辨析不同价值的优劣。政治文化研究则关注价值在现实世界的表现和影响,其如何产生,具体主张为何,又产生了什么样的影响。政治文化研究内部也存在不同的视角和分析思路:解析主义视角将文化看成集体层面的符号、价值和规范,强调政治文化研究的目的在于追求对意义的理解,实证主义视角则把文化视为个体层面观点和态度的集合和分布,强调政治文化研究的目标在于解释政治现实,尤其是特定政治制度的起源和巩固。两种视角充分体现了人文与科学取向在政治文化研究上的分歧。

文化视角也一直在与结构主义、理性选择的争鸣中取得发展和进步。罗斯指出:文化并不是有确定边界的组成群体,其内部也未必是经常一致的,在政治生活中要想充分认识到文化的作用,应了解文化如何与利益、制度相互联系、交织。[①] 政治文化的议题本身也深刻地受到结构和能动张力的影响。公民文化和民主制度关系的话题就更偏向结构化,追求的是一般规律;理念视角更偏能动,没有一般规律可循,研究者更多地关注特定的理念如何影响实际的政治行为和公共政策。结构主义和理性选择有着巨大区别,但其均立足于物质利益。[②] 无论公民文化研究还是理念视角,两者均需处理主观因素与物质利益之间的关系。公民文化研究最终选择和物质利益妥协,将公民文化加入现代化理论,将其视为经济社会发展的副产品;理念视角则通过案例比较、提出横切理念(cross-cut ideas)等方法试图排除物质利益的影响,使理念独立于物质利益,成为单独的自变量(项)。

通过以上的介绍,我们可以知道政治文化研究已不再只提供套套逻辑,也不是研究不能解答时的最后回答,或者充当残差项。但显然,政治文化研究在诸如政治文化的变迁、政治文化与政治制度等议题上还存在巨大的进展空间。政治文化会持续成为比较政治研究的重要议题之一。

[①] Marc Ross, "Culture in Comparative Political Analysis", in Mark Lichbach and Alan Zuckerman, eds., *Comparative Politics:Rationality, Culture and Structure*, Cambridge University Press, 2009.

[②] Craig Parsons, *How to Map Arguments in Political Science*, Oxford University Press, 2007.

扩展阅读

[1] Gabriel Abraham Almond and Sidney Verba, *The Civic Culture: Political Attitudes and Democracy in Five Nations*, Sage Publications, 1963.

政治学者阿尔蒙德和维巴的《公民文化》一书是实证主义政治文化研究的开山之作。两位作者在对政治文化进行界定后,提出了三种理想类型的政治文化。随后两位作者对五个国家的民众进行了问卷调查,借此比较和分析各个国家民众在政治社会议题上的态度和观点,并提出公民文化与民主制度息息相关的判断。《公民文化》对后来的政治文化研究产生了深远的影响。该书有中文译本。

[2] Clifford Geertz, *The Interpretation of Cultures*, Basic Books, 1973.

文化人类学者格尔茨的《文化的解析》一书是解析主义文化视角的代表作,该书由作者的文章集合而成,既有有关文化的一般性论述,又有具体的文化现象和案例讨论。作者将文化界定为塑造人生活和生命意义的符号系统,是决定人之所以为人的关键因素。文化分析不是探索规律的科学,而是一种探索意义的阐释性学科,核心在于"意义的理解"。著作文字晦涩难懂,却在文化的本体论、认识论、方法论方面提出了诸多富有洞见的论点,耐心阅读的读者,一定会大有收获。该书有中文译本。

[3] Robert Putnam, *Making Democracy Work: Civic Traditions in Modern Italy*, Princeton University Press, 1993.

罗伯特·帕特南的《使民主运转起来》一书开始于一个有趣的比较:20世纪70年代末意大利开始地方分权化改革,改革后北部地区的治理绩效明显好于南部地区。如何解释其中的差异?帕特南认为经济因素不足以解释南北治理绩效的显著差异,需要将社会资本纳入进来。在意大利北部,历史遗留下来的公民传统有助于社会资本的形成,从而促进了民众与地方政府的良性互动,提高了当地的治理绩效和满意度。该书是将政治文化因素纳入社会科学因果解释的典范之作,有中译本。

[4] Ronald Inglehart, *Cultural Evolution: People's Motivations Are Changing and Reshaping the World*, Cambridge University Press, 2018.

2018年出版的《文化的演化》一书是政治文化学者英格尔哈特的最新力作,该书用通俗易懂的语言提出了一个文化演化的整体性框架,讨论了包括全球文化模式及其演变、生活满意度和幸福感、性别和婚姻观念、战争和和平观念,以及民粹主义和排外主义在内的诸多议题。书中提出的"演化的现代化理论"立基于如下假定:人的生存问题更为重要,在满足生存需求后,人会向往个人自主和自由选择的生活方式。经济现代化推动"世俗理性权威观"的出现,而后工业化进程推动"自我表达的价值观"的兴起。作者接着用长时段、跨国的世界价值观调查数据检验上述假说。该书尚无中译本。

[5] 胡鹏:《政治文化新论》,复旦大学出版社2020年版。

该著作是本章的延续和发展。作者在全面回顾政治文化既有研究的基础上,提出了政治文化的新概念、类型和分析框架。有别于公民文化研究将文化视为个体态度的集合的观点,该书在社会学和人类学的启发下将政治文化界定为"被普遍接受的有关人类群体秩序和权力关系安排的意义系统"。政治文化是超越个体的意义系统,新定义彰显了其"文化属性"。作者进而从政治权力的目的和掌握主体两个维度区分出了四种政治文化的理想类型,突出政治文化的"政治属性"。在此基础上,作者提出了一个政治文化的互动分析框架,展示了政治文化的研究议题和对政治学研究的潜在贡献,并详细讨论了政治文化对政治行为的影响以及政治文化自身的变迁。

第 9 章
西方主要革命理论

古今中外的学人和当政者,都在孜孜不倦地探求长治久安之道。从贾谊的《过秦论》和《治安策》,到现代的社会治理研究,再到西方学界关于政权韧性(regime resilience)的研究,都体现了这种努力。托克维尔的《旧制度与大革命》一时洛阳纸贵,也反映出各界人士对于这个问题持续不变的兴趣。革命与秩序是一个硬币的两面。如欲寻求长治久安,则必须要理解革命的逻辑。什么是革命?为什么会有革命?为什么有些社会可以长久稳定,而另一些社会会爆发革命?革命的动态过程有什么特征?革命对于一个社会有什么影响?我们如何更好地研究革命?本章主要梳理西方的革命理论,向读者介绍西方学者关于革命和秩序的一些观点和结论。

第一节 革命概述:概念与类型

什么是革命?在学术界,关于革命的定义不断演变且充满争议。早期的革命研究主要集中于近代历史上几次"大革命"(great revolutions),比如1640年英国资产阶级革命、1776年美国独立战争、1789年法国大革命、1917年俄国革命以及1949年取得胜利的由中国共产党领导的中国革命。革命的定义显然受到研究对象数量有限的影响。斯考切波在其名著《国家与社会革命》中对革命界定如下:"社会革命是一个社会的国家政权和阶级结构都发生快速而根本转变的过程,与革命相伴随、并且部分地实施革命的是自下而上的阶级反抗。"[1]可见,斯考切波所代表的那一代革命理论家都是深受马克思主义历史观影响的结构主义者,服膺于阶级斗争学说。亨廷顿对革命的定义与斯考切波大致相同:"革命是一个社会主导性价值观和信条、政治制度、社会结构、领导层以及政府活动和政策在国内层面的快速

---

[1] Theda Skocpol, *States and Social Revolutions: A Comparative Analysis of France, Russia, and China*, Cambridge University Press, 1979, p.4.

而剧烈的根本性变化。"①何谓快速变化？杰夫·古德温(Jeff Goodwin)有不同看法，他认为，革命最好被视为过程而不是事件，时间跨度是很多年甚至数十年。②

20世纪70年代以来，世界革命形势的变化不断刷新人们对革命的认识。革命不再是阶级斗争那么简单。比如，1979年伊朗革命染上了宗教斗争的色彩，第三世界革命以反殖民主义和反独裁为旗帜。这些新变化使得革命也有了许多新的含义。更具挑战性的是，有些大事件没有发生暴力冲突，比如1986年菲律宾"人民力量革命"(People Power Revolution)颠覆了人们认为革命是暴力夺权的刻板印象，也使得革命的内涵更加复杂难解。面对这些变化，革命理论朝着三个方向发展。首先，研究视野不再局限于少数"大革命"，更多事件被纳入革命的范畴。其次，研究开始反思第三代革命理论，挑战其结构主义，更多强调人的能动性、意识形态、文化以及偶然性。最后，把革命纳入抗争政治的范畴，借用社会运动理论来重新理解革命。③

杰克·戈德斯通(Jack Goldstone)提出一个新的定义：革命是以社会正义为名、通过大众动员(无论是军人还是平民参与)强力(forcible)推翻政府，致力于创造新的政治制度的政治现象。④ 在戈德斯通看来，革命必须同时具备四个基本要素：以追求社会正义为旗号，广泛的大众动员，强力推翻政府和创造新的政治制度。缺少其中任何一个要素的事件都不能被称为革命。

戈德斯通进一步把革命与其他政治暴力区分开来。按他的说法，农民起义(peasant revolts)是针对地主的武装斗争，有时候也针对税收官员和其他官员，通常不谋求推翻政府，而是企图获取政府帮助以摆脱困境；反饥饿暴动(grain riots)是抗议食物短缺或过高物价的大众动员，通常伴随着占领仓库和商店、攻击店主和商人、抢夺粮食并分发给穷人以及要求国家补贴，主要发生在城市，也不谋求推翻政府；罢工(strikes)旨在改善报酬、工作时间和工作环境，多局限于某些地方或产业，即使涉及政府，也是以政策改变为主要目的，不图谋颠覆政权；社会运动(social movements)是组织化程度较高的大规模集体行动，以静坐、游行示威、占领公共空间或政府建筑等为手段释放怨恨和改变政策，目标是寻求特定社会变革，可能有暴力行为，但也不涉及创造新的政治制度；军事政变(military coups)是一个或少数军事领袖推翻并接管政府的暴力行为，虽然常常以恢复秩序、遏制腐败和拯救

---

① Samuel P. Huntington, *Political Order in Changing Societies*, Yale University Press, 1968, p.264.
② 参见 Jeff Goodwin, *No Other Way Out: States and Revolutionary Movements, 1945-1991*, Cambridge University Press, 2001。
③ Jack Goldstone, "Toward a Fourth Generation of Revolutionary Theory", *Annual Review of Political Science*, 2001, 4(1).
④ Jack Goldstone, *Revolutions: Theoretical, Comparative, and Historical Studies*, Wadsworth / Thomson Learning, 2003.

经济为名行事,但很难打出寻求社会正义的旗号,也几乎没有大众动员;最后,内战(civil wars)经常导致政府倒台,但暴力冲突常常源于家族纷争、军官争权以及宗教或族群矛盾等,鲜有实现社会正义的宏伟蓝图。

革命可以按照多个标准分类。按照结果划分,既改变政治制度,又改变经济社会结构的革命被称为"大革命",只改变政治制度的革命被称为"政治革命";按照革命主体划分,底层阶级参与的革命叫作"社会革命"(social revolutions),[①]如果革命由精英阶层发起进而发动大众参与,则可以叫作精英革命或者自上而下的革命;在暂时胜利或大规模动员之后没有巩固权力的革命叫作流产的革命。按照革命发起地和推进方向划分,亨廷顿把革命分为两类:边缘地带革命和中心地带革命。当政权比较稳固,革命者控制农村和边缘地区,待到政权衰退和其他条件成熟时,革命再向城市推进,进而占领首都和夺取政权,这样的革命叫作边缘地带革命,典型的例子是古巴和越南的革命;中心地带革命是另一情况,革命者在首都和大城市等中心地带夺取权力,致使旧政权从中心崩溃,革命再从城市扩散到全国,典型的例子包括俄国革命、法国大革命、伊朗革命和菲律宾革命。按照指导意识形态分类,革命可以分为自由主义或宪政革命(如英国资产阶级革命)、共产主义革命(如中国和俄国革命)和伊斯兰革命(如伊朗革命)。

第二节 早期革命理论

为什么革命会出现在某时某地而不是别的时候别的地方?解释革命的起源是革命研究中最浓墨重彩的一笔。按照戈德斯通的归纳,近现代的革命理论可以分为四代。以下按照他的这个框架依次介绍每一代革命理论。

一、第一代革命理论:描述和概括

第一代革命理论关注革命的自然发展过程(natural history of revolutions),试图归纳出革命共有的模式。20世纪二三十年代,历史学家和社会学家仔细考察了西方几大革命(如1640年英国革命、1776年美国独立战争、1789年法国大革命和1917年俄国革命),提出了一些规律性的经验总结。他们发现如下一些革命的共同特征:(1)革命之前,大量知识分子不再支持政权,开始批评政府,要求实施重

[①] Theda Skocpol, *States and Social Revolutions: A Comparative Analysis of France, Russia, and China*, Cambridge University Press, 1979.

大改革;(2)旧政权在垮台前夕,往往尝试扶大厦于将倾,通过实施变革来回应批评;(3)旧政权的倒台不是始于革命反对派的冲击,而是政府无力应对经济、军事和政治难题所引发的政治危机;(4)旧政权垮台后,革命阵营往往会分裂为不同派别,如激进派、保守派和温和派,而革命阵营的对立会导致军事政变或者内战;(5)温和改革派往往率先掌握革命后的政权;(6)当温和派组织政府和恢复秩序时,往往会继承旧政权的某些组织形式,与此同时,激进派会动员支持者采取新的组织形式来挑战温和改革派;(7)革命成功后,组织和意识形态的重大转变不是发生在旧政权垮台之初,而是发生在激进的大众动员型组织成功替代温和派之后;(8)革命带来的混乱和激进派的强力控制,往往以暴力强加的秩序收场,如法国大革命后的恐怖统治;(9)激进派和温和派之间的斗争以及革命捍卫者与外部敌人之间的斗争,往往会让军事领袖掌握绝对的领导权;(10)最终,激进派失势,温和派重新掌权,在新的阶段采取实用和温和的改革方案。①

第一代革命理论家对革命持批评态度,认为革命是一种社会病态,犹如人体发热,退热之后也许抵抗力有所增强,但发热并不能造就新的身躯。② 革命的赞颂者对此论点显然不能苟同。此外,上述十大规律勾勒出革命发生的基本流程(basic sequence),但后续研究发现,革命形式多样,并不必然遵循同一模式或顺序。

上述归纳充其量是知其然不知其所以然。即使上述十大规律抓住了大多数革命的核心特征,我们也无从得知革命发生的根源是什么,更不能知晓为何革命发生在特定时刻特定地点。我们需要真正的解释性理论假说。

二、第二代革命理论:广义理论

第二代革命理论雄心勃勃,致力于发展广义理论。20世纪五六十年代,发展中国家在谋求现代化过程中,出现了各种形式的政治暴力,包括革命、内战、骚乱和军事政变等。政治秩序和政治失序成了学术热点,关于革命的几大理论视角也应运而生,包括现代化视角、心理学视角和资源动员视角。

1. 现代化视角

影响最大的莫过于对现代化与革命之间关联的探讨。争论的焦点在于,现代化是否必然导致政治失序?在《变革社会中的政治秩序》一书中,亨廷顿指出,社会和经济的快速变革催生了社会新兴集团参与政治的巨大需求,而既有政治制度无法吸纳快速膨胀的参与压力,此时新兴集团就会用暴力摧毁旧的政治制度然后创

---

① 参见 Jack Goldstone, *Revolutions: Theoretical, Comparative, and Historical Studies*, Wadsworth / Thomson Learning, 2003。
② Crane Brinton, *The Anatomy of Revolution*, W.W. Norton, 1938。

造新的政治制度,于是革命就发生了。革命是政治参与的极端形式,革命的原因是政治发展落后于社会经济变革引发的政治参与压力,革命烈度的测量是政治参与的速度和广度,革命成功的标志是新创立的政治制度足够权威和稳定,能够满足扩张的政治参与需求。①

亨廷顿的论述是一种制度失衡论(institutional imbalance),是对尼尔·斯梅尔塞(Neil Smelser)社会制度协调论的发展。斯梅尔塞认为,一个社会包含各种次级体制(subsystems),如经济、政治体制和对青年人的岗位培训体制。如果各个次级体制并行发展相互协调,那么政府可以保持稳定;反之,如果某个次级体制脱离其他体制快速发展,就会导致制度失调,人们没有方向感,给新价值理念的传播创造了机会,有可能促使政府垮台。② 金观涛和刘青峰持有类似观点,他们认为社会结构是由政治结构、经济结构与意识形态结构这三个子系统相互耦合而成的稳定形态,长期的社会变迁势必导致三个子系统之间的不适应,从而使得社会结构出现周期性的动荡和崩溃。③

现代化一定会带来革命吗? 查尔斯·蒂利(Charles Tilly)对此表示怀疑。蒂利认为,"现代化"这个词太模糊,"革命"也是个富有争议的概念,不如用"工业化"或者"人口膨胀"替代"现代化",用"不稳定""暴力"和"政治冲突"替代"革命",亨廷顿界定的革命只不过是政治冲突的极端形式。蒂利批评道,亨廷顿的革命理论是脆弱的,无法帮助我们预知革命何时到来。假如我们回到1788年,根据亨廷顿的理论也无法预判1789年将会发生法国大革命。因此,亨廷顿的理论不是预测性的,只是一种导向,呼吁我们关注现代化这样的宏观社会变迁。蒂利呼吁,我们需要剖析革命的各个组成部分而不是把革命看作一个整体现象(unitary phenomenon),需要先区分各种形式的冲突再界定它们之间的联系,需要精确地考察城市化或政治集权如何影响社会集团的动员,需要探索权力结构变迁如何影响不同社会集团之间的关系。④

2. 心理学视角

相对剥夺感理论探讨革命的心理基础,认为宏观社会变迁会带来大众心理变化,进而催生革命。这一理论的代表作当属泰德·罗伯特·格尔(Ted Robert Gurr)的《人们为什么要造反》一书。⑤ 在格尔之前,戴维斯提出,现代化进程中公众挫折感的演变遵循一条"J-形曲线"(J-curve),经济快速增长时期公众比较满

---

① Samuel P. Huntington, *Political Order in Changing Societies*, Yale University Press, 1968.
② 参见 Neil J. Smelser, *Theory of Collective Behavior*, Free Press of Glencoe, 1963。
③ 参见金观涛、刘青峰:《兴盛与危机:论中国社会超稳定结构》,法律出版社2010年版。
④ Charles Tilly, "Does Modernization Breed Revolution?", *Comparative Politics*, 1973, 5(3).
⑤ Ted Robert Gurr, *Why Men Rebel*, Princeton University Press, 1971.

意,之后随着增长减速和人们预期高涨,挫折感就会陡然上升。格尔对这一心理过程重新概念化,提出"相对剥夺感"理论。格尔提出的"相对剥夺感"不是指个人与他人相比较导致的心理不平衡,而是指社会供给与个人预期的差距。格尔认为,每个人都有一定的价值期望(value expectation),而社会则有某种价值能力(value capacity)以满足个人期望。当社会的价值能力低于个人的价值期望,人们就会产生相对剥夺感。革命的产生源于一个"挫折-反抗机制",人们相对剥夺感越强,造反的可能性就越大,造反带来的破坏性也越大。[1]

相对剥夺感理论有明显的缺陷。一定程度的相对剥夺感在每个社会都存在,但不是每一个社会都会爆发革命。这说明,相对剥夺感引发革命还需要其他条件支撑,比如意识形态帮助人们分析压迫根源和指明解决之道,还需要有效的组织、充足的资源和恰当的机会,否则苦大仇深未必导致革命。[2] 还有,并不是每个参加革命的人都是由于相对剥夺感,也有可能是其他动机,比如利益计算、机会主义和理念认同等。

3. 资源动员视角

相比于现代化视角的宏观变迁和相对剥夺感的微观愤恨,资源动员理论(resource mobilization theory)处于中观层次,关注政体反对者何以能够实现集体行动。资源动员理论认为社会心理学视角的相对剥夺感不是大规模反抗运动出现的充分条件,革命的发生还需要发起者和参与者调动足够的资源。

蒂利提出一个动员模型来解释集体行动的产生和发展。[3] 在他看来,集体行动受到这几个重要因素的影响和塑造:参与者的利益算计(interest)、组织能力(organization)、动员能力(mobilization)、个体参与集体行动的阻碍或推动因素(repression/facilitation)、政治机会或威胁(opportunity/threat)、社会运动群体的力量(power)。该模型的核心是社会运动的动员。蒂利认为,动员能力受到两大因素决定:一是社会运动成员所掌控的生产因子总量(包括人口、土地、资本和技术等资源);二是把这些生产因子转换为社会运动资源的能力,而这又取决于运动参加者的利益及其组织能力。[4]

约翰·麦卡锡(John McCarthy)和梅耶·左尔德(Mayer Zald)也认为,社会

---

[1] James Davies, "Toward a Theory of Revolution", *American Sociological Review*, 1962, 27(1), pp.5-19.
[2] 参见赵鼎新:《社会与政治运动讲义》,社会科学文献出版社2006年版,第81页。
[3] Charles Tilly, *From Mobilization to Revolution*, Addison-Wesley Publication Co., 1978. 也有学者将蒂利的这一理论归为下一部分将讨论的第三代结构主义革命理论,例如:John Foran, "Theories of Revolution Revisited: Toward to a Fourth Generation?", *Sociological Theory*, 1993, 11(1), 该文认为蒂利倡导的是政治结构主义。
[4] 参见 Charles Tilly, *From Mobilization to Revolution*, Addison-Wesley Publication Co., 1978。

运动参与者所能调动的资源对于集体行动至关重要。① 他们试图解释20世纪60年代的美国为何会出现众多的社会运动。他们的答案是,其原因不在于相对剥夺感或社会愤恨增强了,而是社会运动参与者可利用的资源大大增加了。比如,白领工人和学生在社会中比重增加,相比于蓝领工人,他们可自由支配的时间增多了,更有条件参与社会运动;还有,供社会运动组织利用的钱财资源也增多了,募捐手段多样,捐款来源众多,都使得社会动员更加便利。但资源动员理论把个人怨恨作为常量,或许过分贬低了社会愤恨的作用,也许最多只能解释诉求温和的小规模社会运动,对于革命这样诉求激进的大规模暴力事件,单单依靠资源动员来解释恐怕力有不逮。

第三节 第三代革命理论:结构主义

结构主义理论主要讨论政权、精英和大众三者之间的关系以及国家结构和社会结构的特征是如何影响革命的。巴林顿·摩尔(Barrington Moore Jr.)和埃里克·沃尔夫(Eric Wolf)是第三代革命理论的先驱。受巴林顿·摩尔和沃尔夫的启发,学者意识到,单一的广义理论不足以解释革命的多样性,必须采取扎实的比较历史研究,厘清不同社会中的国家-地主-农民关系,才能更好地解释为什么有些国家发生了革命而另一些国家没有发生革命。这种研究转向最终导致了结构主义理论的崛起。

摩尔试图回答为什么不同国家会走上不同的政治现代化道路,如英国、美国和法国的议会民主制、德国和日本的法西斯主义以及中国和俄国的共产主义革命。② 摩尔的核心解释是各国地主和农民的关系、农业商业化程度及其伴随的阶级结构转换。在摩尔看来,英国农业生产方式彻底商业化了,资本主义发展和圈地运动使得地主变成资本家,农民变成了工人。资产阶级在光荣革命后与国王达成了妥协,议会民主赋予了资产阶级参政议政的权力且极大地限制了国王的专断权力,国王获得了资产阶级的税收支持,资产阶级与国王又转而联合压制工人和农民的反叛。相反,中国的中央集权制度和科举制抑制了农业商业化,在西方列强胁迫和资本主义入侵之下,农业商业化程度依然很低,地主没有转变为资产阶级,农民

---

① John McCarthy and Mayer Zald, *The Trend of Social Movements in America: Professionalization and Resource Mobilization*, General Learning Press, 1973; John McCarthy and Mayer Zald, "Resource Mobilization and Social Movements: A Partial Theory", *American Journal of Sociology*, 1977, 82(6).
② 参见 Barrington Moore, *Social Origins of Dictatorship and Democracy; Lord and Peasant in the Making of the Modern World*, Beacon Press, 1966。

也没有变成工人。小农生产方式在资本主义生产方式冲击下,贫下中农破产,生活无着,成为革命的主要力量。

沃尔夫解释20世纪前半叶的六大农民革命。他认为,农业资本主义、人口增长以及传统社会、政治和经济安排的脱位使得国家和精英的合法性受损,流动性较强的中农(middle peasants)与城市激进分子奋起反抗,进而催生了农民革命。①

顺着摩尔和沃尔夫的思路,杰夫瑞·佩吉(Jeffrey Paige)构建了一个解释农民革命的经济结构模型。佩吉以出口农业的经济组织作为自变量来解释不同类型的革命。民族革命更有可能发生在劳动力具有流动性的封建等级制下,地主个体拥有土地,农村劳工主要是季节性流动的雇佣劳动;社会主义革命更有可能发生在分权化的佃农经济制度下,分成佃农是主要劳动力。②

结构主义最重要的代表作是斯考切波的《国家与社会革命》。她的著作强力附和了温德尔·菲利普斯(Wendell Phillips)提出的一个著名论断,即"革命是到来的,而不是造就的"(Revolutions are not made; they come)。斯考切波选择了从1787年到19世纪初期的法国革命、从1917年到20世纪30年代的俄国革命和从1911年到20世纪的中国革命作为其主要案例。斯考切波基本理论要点是,三国革命背后都有共同的结构性关系(国家与国家关系、国家与阶级关系以及阶级与阶级关系),正是这三类关系循着自上而下与自下而上两条路径促发了革命。首先,自上而下地看,三国都是传统农业国家,在对外战争中失败或者面临外部威胁的情况下,政府合法性受损,继而启动改革和增加税收,但是改革和增税遭到统治阶级的抵制,于是政权与统治阶级分裂,国家旧体制在上层解体了。其次,自下而上地看,传统经济下的农民在外部冲击下相当脆弱,当农民组织性很强且独立于其他阶级,农民就会发起自下而上的反叛。上层旧体制解体和下层农民反叛一起导致了革命的发生。③ 斯考切波研究虽然影响很大,但也受到广泛的批评。她极端的结构主义视角除了忽略意识形态和革命领袖的作用,其机械的横向比较方法还抹杀了与时间相关的一些重要历史机制,如路径依赖、自证预言、意外事件和经验积累等。此外,论者批评她过分强调了国家的解释作用、错误地使用了密尔的比较研究方法、对某些案例史实理解有偏颇,以及轻视城市力量的贡献等。

斯考切波等人的研究开启了大量关于政权、精英和大众三者关系的研究。戈德斯通强调,关键问题有如下几个:(1)政权是否有足够的财政和文化资源来履

---

① 参见 Eric Wolf, *Peasant Wars of the Twentieth Century*, Harper & Row, 1969。
② 参见 Jeffery Paige, *Agrarian Revolution: Social Movements and Export Agriculture in the Underdeveloped World*, Free Press, 1975。
③ 参见 Theda Skocpol, *States and Social Revolutions: A Comparative Analysis of France, Russia, and China*, Cambridge University Press, 1979。

行其职能,无论是自我设定的职能还是精英和大众期待的职能;(2)精英群体是团结一致,还是四分五裂或者极度分化;(3)精英中的反对派是否与大众抗争有着紧密联系。如果一个政权不能充分汲取各种资源,就不能很好地履行职能,其统治就会无效(ineffective);如果一个政权的作为不符合社会中的宗教信仰、民族情感和正义理念,其统治就显得不正当(unjust)。无效和不正当的政权很容易失去精英和大众的支持。[1]

精英分裂和背叛几乎与革命如影随形。没有一个政权能够仅靠一人统治,最高统治者需要一个统治联盟,政权的存续需要强有力的精英支持。统治者可以利用精英之间的争斗,采取招募、利诱、威慑、分化和瓦解等策略来强化自己的统治联盟,但几乎不太可能收服所有精英,因而总是面临来自其他家族、政党或派系精英们的挑战。被政权排斥在核心圈之外的精英总是心怀不满。有很多研究表明,精英分裂和背叛是诸多革命的先导。[2] 当然,四分五裂的精英反对派不会对统治者形成什么实质性的挑战,真正的挑战来自精英的极化(polarized),即有那么几个团结一致的精英团体成为政权的强力反对者。然而,精英分裂和背叛的后果不一定就是革命,也有可能是政变或者改革。精英分裂和背叛要促成革命,还需要借助大众动员。

大众动员和反叛是革命必不可少的组成部分。出于贫困或不平等原因,大众感到不公,对政府心生怨恨。农民叛乱是革命研究中的重要分支,丧失土地、食不果腹以及地租、税负或其他负担过高都会让农民铤而走险;[3]工人会因为找不到工作或者物价暴涨走上街头;在一些国家,精力旺盛且富有激情的学生因为就业难或其他社会不公也会走上抗议之路。集体行动对于大众动员至关重要。既有的地方性组织(比如村社、工会、学生会、行业协会等职业团体)为大众动员提供了渠道或平台;人际关系网络、共享工作或学习场所以及街坊邻里也可以促成集体行动;此外,上层精英的组织动员也是关键机制(如共产党发动工人和农民参加革命)。

---

[1] Jack Goldstone, "Toward a Fourth Generation of Revolutionary Theory", *Annual Review of Political Science*, 2001, 4(1).

[2] Crane Brinton, *The Anatomy of Revolution*, W.W. Norton, 1938; David Faure and Jack Goldstone, "Revolution and Rebellion in the Early Modern World", *Journal of Asian Studies*, 1991, 50(4); Misagh Parsa, *States, Ideologies, and Social Revolutions: A Comparative Analysis of Iran, Nicaragua, and the Philippines*, Cambridge University Press, 2000.

[3] Eric Wolf, *Peasant Wars of the Twentieth Century*, Harper & Row, 1969; Jeffery M. Paige, *Agrarian Revolution: Social Movements and Export Agriculture in the Underdeveloped World*, Free Press, 1975; Joel S. Migdal, *Peasants, Politics, and Revolution: Pressures toward Political and Social Change in the Third World*, Princeton University Press, 1974; James C. Scott, *The Moral Economy of the Peasant: Rebellion and Subsistence in Southeast Asia*, Yale University Press, 1976; Samuel L. Popkin, *The Rational Peasant: the Political Economy of Rural Society in Vietnam*, University of California Press, 1979; Timothy P. Wickham-Crowley, *Exploring Revolution: Essays on Latin American Insurgency and Revolutionary Theory*, M.E. Sharpe, 1991.

结构主义的革命研究有很多，基本可以分为三大类，分别从社会组织结构、阶级结构和国家结构三大视角来解释革命。

首先，从社会组织结构角度，威廉·康豪瑟（William Kornhauser）的大众社会（mass society）理论颇有影响力。在康豪瑟看来，一个社会在结构上可分为三个层次：政治精英、中层组织和民众。中层组织是连接民众和政治精英的纽带。传统社会中存在很多以村落和血缘为纽带的社会中层组织，当现代化进程破坏了传统中层组织，而现代性的社会中层组织尚未发展起来时，大众社会就出现了。在大众社会里，精英可能直接操纵民众进而催生极权政体，民众也可能借助民粹主义手法直接控制精英。康豪瑟理论的核心是，发达的社会中层组织可以降低超大规模社会运动和革命的可能性。① 然而，资源动员理论对大众社会理论提出批评，认为恰恰是发达的社会中层组织和紧密的人际网络促进了社会动员，使得社会运动蓬勃发展。这里要注意，康豪瑟所探讨的是那些改朝换代式的、大型的革命和社会运动的动员，而资源动员理论所关心的均是一些发生在当代西方国家的中小规模的改良型社会运动的动员。

其次，阶级结构也是理解革命的重要视角。马克思主义关于资产阶级与无产阶级对抗的革命观是这方面的典型。马克思主义进一步认为，不同的生产方式会引发不同的阶级矛盾，有的阶级矛盾会导致革命，而另外一些阶级矛盾可能只会导致改良型的社会运动。巴林顿·摩尔的研究就是这方面的典范。

最后，国家结构对于革命也是极其重要的影响因素。社会阶级和经济结构都是以社会为中心的视角，而国家中心理论则强调国家结构对革命的影响。以国家为中心的革命理论肇始于托克维尔对法国大革命的研究。在《旧制度与大革命》中，托克维尔认为法国革命的根源是路易十四的集权极大地削弱了贵族的权威和职责，使得一切问题和矛盾直指以国王为代表的国家。传统社会结构有三层，包括国家、贵族、农民和家庭，其中贵族是平民和国家之间的缓冲器，对于社会稳定非常重要。贵族在地方享有很大权威，也掌管地方事务，平民有什么需求和怨气，往往找贵族解决。路易十四夺取贵族权力之后，贵族保留了原来的特权，但丢弃了原来的地方治理职责。国家直面原子化的平民，而平民有任何问题和怨恨，都直接找国家，许多地方性的经济问题都变成全国性的政治问题。在托克维尔看来，抽掉贵族这一中间缓冲层的国家结构孕育了法国大革命。② 斯考切波的《国家与社会革命》也是国家中心理论的重要著作。与马克思主义者不同，斯考切波反对国家只是统治阶级的工具，认为国家集团对于统治阶级有着"相对自主性"（relative

---

① 参见 William Kornhauser, *The Politics of Mass Society*, Free Press, 1959。
② 参见［法］托克维尔：《旧制度与大革命》，冯棠译，商务印书馆 1992 年版。

autonomy），有着自身的利益和意志。正是因为国家有着自身的结构和性质，才有了国家政权与统治阶级分裂以及旧体制崩溃的可能性。

以国家为中心的革命理论还讨论了以下几方面结构性因素对于革命的影响：传统国家与现代民族国家结构性差别，不同政体类型之间的结构性差别，以及国家在官僚化程度、对不同政治势力的吸纳能力和对社会的渗透能力三方面的结构性差别等。①

第三代革命理论远非完美。结构主义革命理论对于人的主观能动（agency）、革命领袖和意识形态的忽视招致了不少批评。例如，斯考切波等人的结构主义无异于机械的结构决定论，对革命领袖人物在法国、俄国和中国革命中的重大作用几乎没有提及。如果革命者平庸无能，就算条件具备，革命也不一定会发生。② 邓小平就说过，在中国革命中，"没有毛主席，至少我们中国人民还要在黑暗中摸索更长的时间"③。此外，结构主义理论难以解释为什么在结构性条件不成熟的情况下革命发生了，而在结构性条件具备的情况下革命却没有发生。在解释具体革命事件时，结构主义者总是在理论模型中悄悄地加塞一些非结构性因素，比如主观能动、偶然性、政治文化、意识形态、价值和信念等。这种弥补性的加塞行为正好体现出结构主义的弱点。这些被忽略的非结构性因素恰恰成为第四代革命理论的焦点。

当然，解释革命的爆发并不是革命研究的全部内容，革命的爆发和旧政权的崩溃只是革命流程的一个初始片段，后续的革命过程以及革命的结果同样需要详细考察。

第四节 第四代革命理论：关注过程

第四代革命理论把革命视为系统性危机、结构性机会和集体行动共同作用的产物，不寻求解释不稳定的原因（因为有太多因素了），而是把分析焦点从"革命为什么会发生"转向"在何种情况下国家变得不稳定"。④ 比如，戈德斯通的革命理论综合了客观结构性力量和偶发性力量。在戈德斯通看来，革命就像地震，是一个复杂的突发过程。他认为革命的原因包含结构性因素和突发性因素。结构性因素包括人口变迁、国际关系变化、不均衡或依附性的经济发展、针对特定集团的社会排斥以及个人化政体（personalist regimes）的演化等。这些结构性因素逐渐瓦解既

---

① 参见赵鼎新：《社会与政治运动讲义》，社会科学文献出版社2006年版。
② 同上。
③ 邓小平1980年8月21、23日答意大利记者奥琳埃娜·法拉奇问。见《邓小平文选》第二卷，人民出版社1994年版，第344—345页。
④ George Lawson, "Within and Beyond the 'Fourth Generation' of Revolutionary Theory", *Sociological Theory*, 2016, 34(2).

有的社会制度和社会关系,催生出一个"不稳定均衡状态"(unstable equilibrium)。然而,革命的最终爆发还需要突发性事件的助推,比如通货膨胀加剧、战争失败、偶发的社会骚乱和示威以及政府对社会抗议的不当处置等。如果一个社会处于稳定的均衡状态,即使突发事件频发,统治者在危机面前有强大的应变处置能力,革命依然不会发生。① 再比如,约翰·佛朗(John Foran)认为,第三世界的革命是以下几个连贯性因素相互作用的产物:恶化社会紧张关系的依附性发展、使社会极化的压迫性个人化政权、便于革命反对派建立合法性的反抗性政治文化、助推反对派激进化的经济衰退以及世界体系中出现的机会窗口。②

相比结构主义,第四代革命理论有几个明显的特征或优点。第一,认为革命是多种因素同时作用催生的突发过程(emergent process),并不是等待解释的静态实体(static entities),因而革命原因不能机械地简化到少数几个特征、变量或属性。第二,更加注重主观能动的因素(agentic turn),比如领导力、联盟形成、符号象征和革命动员,而这些因素恰好是被结构主义理论所忽视的。第三,强调革命性变革的国际面向,比如依附性发展问题以及革命对国家间关系的影响。③

如果说第一代革命理论限于描述,第二代广义理论和第三代结构主义理论侧重于解释革命的起源,那么第四代革命理论则更加关注过程,是一种以人的主观能动为核心关注的研究途径(agency-focused approach)。革命冲突是如何发端与展开的?革命动员是如何进行的?意识形态、政党与革命领袖是如何影响革命进程的?这些都是第四代革命理论的关注点。④

革命之前存在的社会网络通常成为便利的动员渠道。革命领袖和积极分子往往依靠社区、职业、协会和朋友圈等构成的社会网络招募新成员。比如,伯特·尤森(Bert Useem)发现,参加社会运动的人往往是那些经常参加社区各种政治活动并经常与亲朋邻里讨论政治问题的人;⑤大卫·斯诺(David Snow)等人的研究表明,大多数人第一次参加社会运动都是通过亲戚或朋友介绍的。⑥ 罗杰·古尔德(Roger Gould)把社会网络与社会动员的关系研究推进了一大步,通过对1871年

---

① 参见 Jack Goldstone, *Revolutions: A Very Short Introduction*, Oxford University Press, 2014。
② John Foran, *Taking Power: On the Origins of Third World Revolutions*, Cambridge University Press, 2005.
③ George Lawson, "Within and Beyond the 'Fourth Generation' of Revolutionary Theory", *Sociological Theory*, 2016, 34(2).
④ Jack Goldstone, "Toward a Fourth Generation of Revolutionary Theory", *Annual Review of Political Science*, 2001, 4(1).
⑤ Bert Useem, "Solidarity Model, Breakdown Model, and the Boston Anti-Busing Movement", *American Sociological Review*, 1980, 45(3).
⑥ David Snow, Sheldon Ekland-Olson and Louis Zurcher, "Social Networks and Social Movements: A Microstructural Approach to Differential Recruitment", *American Sociological Review*, 1980, 45(5).

巴黎公社时期动员过程的探究，他认为关于微观动员机制的讨论局限在个体层面的社会联系和单一性的网络，而社会网络的结构和复合性（包括正式组织和非正式的人际关系网络）对于动员更有解释力。①

空间环境对于革命动员也很重要。威权主义国家可以压制独立社会组织的发展，但不可能阻止同一居住和工作环境下的人际互动，而恰恰是这些同一空间环境之下的人际互动有助于革命动员。② 即使缺乏正式组织和网络，空间结构也可以通过以下机制为动员提供便利：谣言和小道消息的扩散、在同行压力下被迫参与、提供特殊的聚会场所、不同团体的模仿和较劲以及近距离的沟通联络等。

毫无疑问，社会组织对于革命的整个过程都至关重要。这就不得不讨论一种特殊的组织：革命政党。革命政党从诞生之初就旨在通过暴力夺取政权。革命政党为革命行动提供意识形态、组织保障、行动纲领、革命领袖和革命积极分子。共产党在俄国和中国领导的共产主义革命就是很好的例证。

身份认同对于革命动员也极为重要。如何让参加者对于革命事业产生情感认同并为之献身，革命者群体的共享身份认同就显得至关重要。为此，精英分子或革命领袖需要创设新型的身份认同或利用既有的身份认同，使参加者共享某种怨恨或某种期盼。③ 在共产主义革命中，无产阶级有了阶级意识之后，才从"自在的阶级"变成"自为的阶级"。当然，创造和维持这些"抗争性身份"（protests identity）需要借助意识形态、文化框架（cultural frameworks）和卓越领导力。④

意识形态和文化框架影响人们如何解读社会不公和政府失败。革命前夕，人们的认知从来都不是结构性条件的直接投射。⑤ 贫富差距、社会剥削、战争失利、饥荒和财政崩溃等可能被归因为自然灾难或不可避免的事件而不是政府的无能和

---

① Roger Gould, "Multiple Networks and Mobilization in the Paris Commune, 1871", *American Sociological Review*, 1991, 56 (6); Roger Gould, "Collective Action and Network Structure", *American Sociological Review*, 1993, 58(2); Roger Gould, *Insurgent Identities: Class, Community, and Protest in Paris from 1848 to the Commune*, University of Chicago Press, 1995.

② 参见赵鼎新有关社会运动的研究。

③ David Snow, Burke Rochford, Steven Worden, and Robert Benford, "Frame Alignment Processes, Micromobilization, and Movement Participation", *American Sociological Review*, 1986, 51(4); David Snow and Robert Benford, "Ideology, Frame Resonance, and Participant Mobilization", *International Social Movement Research*, 1988, 1.

④ Jack Goldstone, "Toward a Fourth Generation of Revolutionary Theory", *Annual Review of Political Science*, 2001, 4(1).

⑤ William A. Gamson, "Political Discourse and Collective Action", in Bert Klandermans, Hanspeter Kriese, and Sidney Tarrow, eds., *From Structure to Action: Social Movement Participation Across Cultures*, JAI, 1988; William A. Gamson and David S. Meyer, "Framing Political Opportunity", in Doug McAdam, John McCarthy, and Mayer Zald, eds., *Comparative Perspectives on Social Movements: Political Opportunities, Mobilizing Structures, and Cultural Framings*, Cambridge University Press, 1996.

腐败。同样的悲惨境况，解读不同，其后果也就不同。哪一种解读被广为接受，取决于政府与革命领袖在操纵和塑造民众感知的竞争中谁能胜出，而两者竞争的秘诀就是把当下境况和行动与既有的文化框架和精心建构的意识形态联系起来。① 缺乏有感召力的文化框架或意识形态的革命动员很难成功。

革命领袖的作用也不容忽视。革命领袖的使命主要是为革命提供两个最关键要素：愿景和组织（vision and organization）。有研究表明，革命领袖有"以人为中心"（people-oriented）和"以任务为中心"（task-oriented）两种类型。② "以人为中心"的革命领袖主要负责提供革命愿景，描绘未来全新的秩序和生活，激发追随者，塑造共同的身份认同，赋予革命参与者以力量感；"以任务为中心"的革命领袖则是务实型的实干家，制定具体策略、落实行动方案、筹集和掌管各种资源以达成目标。两种类型领袖恰好对应成功动员或治理的两大维度：正当性和有效性。两种类型革命领袖的紧密合作对于革命成功至关重要。

第四代革命理论也招致一些批评。首先，第四代革命研究仍然执着于寻求解释革命的"终极首要因素"（如戈德斯通强调国家稳定均衡）和"不可或缺的条件"（如佛朗列举的第三世界革命的五个要件），相比于结构主义，这种取向似乎只是在革命理论中添加了更多变量并纳入更多案例而已；其次，即便强调主观能动的作用，还是进一步强化了结构与能动的二元对立，在这一点上与结构主义并无二致；最后，没有充分借助跨社会视角（intersocietal approach）来理解革命现象。

第五节 革命的结果

在那些赞颂革命的人看来，"革命是历史的火车头"，革命是正面的、光荣的、积极的和进步的，革命带来了新社会、新秩序和新生活。"革命"这个词被蒙上神圣的色彩。然而，就革命的结果来说，事实远非如此简单。法国大革命是否摧毁了旧制度并创造了新世界？托克维尔对此表示怀疑。他说，革命者"在不知不觉中从旧制度继承了大部分感情、习惯、思想，他们甚至是依靠这一切领导了这场摧毁旧制度

---

① James DeNardo, *Power in Numbers: The Political Strategy of Protest and Rebellion*, Princeton University Press, 1985; Dennis Chong, *Collective Action and the Civil Rights Movement*, University of Chicago Press, 1991; Jeffrey Berejikian, "Revolutionary Collective Action and the Agent-Structure Problem", *The American Political Science Review*, 1992, 86(3).

② Eric Selbin, *Modern Latin American Revolutions*, Westview Press, 1993; Ronald Aminzade, et al., *Silence and Voice in the Study of Contentious Politics*, Cambridge University Press, 2001.

的大革命;他们利用了旧制度的瓦砾来建造新社会的大厦"①。著名保守主义思想家柏克在抨击法国大革命时说道:"法兰西为了获得真正的福祉,比所有的国家都付出了更高昂的代价,但买来的却是彻头彻尾的灾难!法兰西是在以犯罪来换取贫穷!……法律遭到破坏;法庭被颠覆了;工业萧条没有生机;商业凋敝;人民不缴税了,却一贫如洗;教堂被洗劫一空,但是国家却并没有得到改善。"②

当我们试图评价革命的结果或影响时,立马碰到两个棘手的问题。第一,一场革命到底何时算是结束了?没有在结束时间点上达成一致,评价革命结果就会各执一词。旧政权的崩溃显然不是革命的结束。一个说法是,当新政权建立的新制度确信无疑地生存和稳定下来了,这场革命就算是结束了。③ 这个定义其实也是模糊的,它可以有宽松和严格的两种解读。宽松的定义是,如果新政权的基本制度不再受到反革命或其他革命势力的严重挑战,那么这场革命就结束了。如果这么看,法国大革命结束于拿破仑执掌权柄的1799年热月,1917年爆发的俄国革命结束于布尔什维克战胜白军的1921年,1910年爆发的墨西哥革命结束于阿尔瓦罗·奥布雷贡(Alvaro Obregón)当选总统的1920年。严格的定义是,新政权建立的关键性政治和经济制度巩固下来并在未来一段时期内(比如20年)保持稳定。按照这个严格定义,法国大革命直到1871年第三共和国建立才算结束,④墨西哥革命的结束时间则推迟到卡德纳斯总统完成其改革的1940年。第二棘手问题是,究竟在哪个时间范围内来评价一场革命?革命的很多影响并不是即时性的,而是在随后的数年或者数十年才慢慢展现出来的。我们截取的时间点不同,对革命的评价自然不同。

革命在社会平等、政治体制、经济发展等方面都有复杂的影响。

第一,很多革命伴随着大规模的社会资产再分配,尤其是土地再分配。但新政权很难维持革命带来的社会公平,掌权者和部分社会集团享有更多的财富和特权,革命家可能沦为"新阶级"。在墨西哥和埃及,曾经激进的、民粹主义式的经济发展计划被抛弃,新政权重新拥抱资本主义经济体制并导致新的不平等。⑤

第二,在政治体制方面,革命的结果也是复杂多样。有些革命催生了开放的民主政体,另一些革命造就了封闭的威权或极权政体。新政权若是面临国内外强敌的挑战,就容易变成威权政体,要么是个人独裁式的(如拿破仑),要么是一党统治

---

① [美]托克维尔:《旧制度与大革命》,冯棠译,商务印书馆1992年版,第29页。
② [法]埃德蒙·柏克:《法国大革命反思录》,冯丽译,江西人民出版社2015年版,第66—69页。
③ Arthur Stinchcombe, "Ending Revolutions and Building New Governments", *Annual Review of Political Science*, 1999, 2(1).
④ 参见 François Furet, *Interpreting the French Revolution*, Cambridge University Press, 1981。
⑤ Mark N. Katz, *Reflections on Revolutions*, Blackwell Publishers, 1999.

式的(如墨西哥革命制度党);如若旧体制的崩溃符合国内外期许,新政权没有外部威胁或者享有外国支持,领导人向往民主,那新政权很可能会成为民主政体,1986年的菲律宾和1990年的南非就是这样的例子。

第三,革命对经济增长的影响也是众说纷纭。有学者发现,在长期经济绩效方面,有些国家的革命政权比不上没有经历革命的政权,① 其部分原因或许是革命政权在革命前后有过太多不利于经济增长的精英分裂和冲突。② 革命往往使得新政权更加集权和科层化,革命过程中破旧立新的高度强制力可能使得新政权急于且能够掌控经济,而这恰恰扼杀了企业家精神和创造力。另一种说法是,革命可以打破原来的社会结构,大规模再分配土地,消灭地主阶级,为后续的工业化扫除障碍;如果没有革命力量打破传统社会结构(比如印度种姓制度和地主势力没有经历革命性破坏),那么社会变革阻力重重,发展举步维艰。③

恰当评估革命结果或影响还面临一个研究方法上的挑战。我们需要仔细设计研究,以鉴别出革命的净效应。很多变化,也许并不是由革命带来的,而我们将其归功于革命。如何剔除干扰变量的影响,有效无偏地识别革命的因果效应,这是一大挑战。

第六节 未来研究方向

革命是重大的政治和社会现象。本章梳理和总结了西方学者的四代革命理论,归纳了这些理论是如何定义革命、解释革命起源、探索革命过程以及考察革命结果的。关于革命的研究在继续。未来的研究有无限可能,但有几个方面值得我们多留心。

一、第五代革命理论?

有人声称第五代革命理论已经浮现。④ 相比于前四代革命理论,它有如下几

---

① Susan Eckstein, "The Impact of Revolution on Social Welfare in Latin America", *Theory and Society*, 1982, 11(1); Susan Eckstein, "The Impact of the Cuban Revolution: A Comparative Perspective", *Comparative Studies in Society and History*, 1986, 28(3).
② Stephan Haggard and Robert Kaufman, *The Political Economy of Democratic Transitions*, Princeton University Press, 1995.
③ Barrington Moore, *Social Origins of Dictatorship and Democracy: Lord and Peasant in the Making of the Modern World*, Beacon Press, 1966.
④ 参见 Jamie Allinson, "A Fifth Generation of Revolution Theory?", *Journal of Historical Sociology*, 2019, 32(1)。

个特征。

第一，研究对象是非暴力的政治革命(non-violent political revolutions)，深彻改变社会结构的社会革命已经极为少见，而仅涉及政体变迁的政治革命则更为常见。比如，乔治·罗森(George Lawson)对 1980—2010 年"协商型革命"(negotiated revolutions)的研究表明，这些革命带来的变革仅限于政治与符号意义上，没有涉及社会和经济结构；革命中也没有暴力；革命受到国际体系中大国的欢迎而非抵制；革命诞生的是弱国家而非集权的强国家。[①] 把非暴力的政治革命纳入研究范畴，势必极大地修正革命的经典定义。人们不禁要问，暴力一定是革命的必备要素吗？

第二，特别强调跨国界以及国家间政治的影响。比如，丹尼尔·利特(Daniel Ritter)考察了 1978—2011 年的近四十起非暴力革命事件，解释何以会有武装革命到非武装革命的转变，为何非武装革命更加成功。利特的解释是，国际自由人权规范犹如"自由主义的铁笼"(iron cage of liberalism)，束缚了威权政府暴力镇压之手，塑造了威权国家内部自由主义反对派的非暴力倾向，并给非暴力革命提供了合法性支持。[②]

第三，进一步模糊革命、社会运动和民主转型之间的界限，抹杀"成功的"与"失败的"革命之间的区隔，把作为实体的革命(revolution-as-entity)拆解成作为过程的革命(revolution-as-process)。我们不能以某个确切时间段来划定某个革命事件并对其结果作出评判。

二、研究方法问题

关于革命的研究中，理论视角是多元的，研究方法也是多元的。在研究方法的选择上，基本上分为三大类：案例研究、微观分析和定量分析。案例研究是最传统的革命研究方法。案例研究方法(单个案例或比较案例分析)往往以国家为单位并考察体系层面的宏观因素，比如国与国之间的关系，国家、精英和大众之间的关系，民族或大型社会集团的意识形态和文化框架、国家层面社会流动性、国家债务和人口增长等宏观变量。微观分析将研究层次降低到个体，或者说由个体组成的集团，侧重研究对集团的激励，个体对集团的认同，革命领导力以及探究个体为什么会参与革命活动，社会心理学和理性选择模型是常用的理论视角。定量分析力图克服案例研究发现的不可推广性，搜集全球不同地区的革命数据进行大样本统计分析，

---

① George Lawson, *Negotiated Revolutions: The Czech Republic, South Africa and Chile*, Ashgate, 2005.
② Daniel Ritter, *The Iron Cage of Liberalism: International Politics and Unarmed Revolutions in the Middle East*, Oxford University Press, 2015.

试图找出革命条件与革命活动之间的普遍规律。

然而这些方法也面临着挑战,有学者专门梳理了发表于1970—2009年关于革命的案例研究,并集中讨论他们的研究方法和案例选择问题。① 运用内容分析等技术手段,作者发现革命研究中的案例选择并不是一个"自觉的"过程,有关案例选择标准以及研究设计的共识依然很少。大量研究是以资料的易得性为基础进行案例选择的。从研究的对象上看,传统的大革命诸如法国大革命的研究数量较少,相反一些相对次要的革命,如尼加拉瓜革命,是研究次数较多的。重要性似乎并不是学者们选取案例的标准。这迫使我们反思革命研究中知识积累的有效性问题。

三、其他研究难题

还有其他许多研究问题有待我们解决。这些悬而未决的问题包括但不仅限于:革命从何时开始又是何时结束的?如何确定其时间点和边界?革命与社会运动之间究竟有什么区别?如何处理和分析革命流程中的结构和能动的关系?革命如何算是成功了如何算是失败了?界定成功和失败的临界点在哪里?暴力一定是革命的必备要件吗?如何看待和解释没有暴力的革命(nonviolent revolution)?为什么一些革命比另一些革命更加血腥和暴力?在哪个时间范围内探讨革命影响是合适的?如何区分长期影响和短期影响?什么样的研究设计能更好地帮助我们鉴别革命的因果效应?此类问题还有很多。

扩展阅读

[1] [美]西达·斯考切波:《国家与社会革命:对法国、俄国和中国的比较分析》,何俊志、王学东译,上海人民出版社2007年版。

该书是结构主义革命理论的代表作。斯考切波想找出法国、俄国和中国革命背后的共同点。该书考察了三组结构性关系(国家与国家关系、国家与阶级关系以及阶级与阶级关系)如何结合在一起导致了社会革命的爆发并影响了革命的结果。在结构的作用下,"革命是到来的,而不是造就的"。这种极端的结构主义忽略了意识形态和革命领袖的作用。该书的比较研究方法也招致了大量批评。

[2] [法]托克维尔:《旧制度与大革命》,冯棠译,商务印书馆1992年版(高望译,中华书局2018年版)。

该书是革命理论中国家中心视角的先驱。托克维尔通过对法国大革命大量史

---

① Colin J. Beck, "The Comparative Method in Practice: Case Selection and the Social Science of Revolution", *Social Science History*, 2017, 41(3).

实的研究分析,揭示了旧制度与大革命的内在联系,探讨了十八世纪末法国大革命的起源以及大革命走向恐怖独裁的原因。托克维尔认为,路易十四的集权极大地削弱了贵族的权威和职责,改变了原有的"国家-贵族-农民和家庭"的社会结构,使得一切问题和矛盾直指以国王为代表的国家。

[3][法]埃德蒙·柏克:《法国大革命反思录》,冯丽译,江西人民出版社2015年版。

该书是保守主义奠基之作。柏克在书中猛烈攻击了法国大革命的原则。在他看来,那些原则看似在维护人权和自由,实则空洞、危险,是对人权、自由、宪政以及维系欧洲文明的传统的践踏。他深入剖析了法国大革命的根本症结,准确地预言了随后的一系列灾难性后果,并在革命初期就预料到法国大革命必定以某种军事独裁作为终结。

第 10 章
族群冲突

族群冲突已成为世界上不安全、破坏和人员伤亡的最致命原因之一。据研究,全球最近数十年间64%的内战发生在不同的族群之间。① 更骇人听闻的是,自越南战争结束以来,族群冲突导致了空前的人道主义灾难,如发生在南斯拉夫和苏丹境内的强制迁徙和大屠杀,以及卢旺达胡图族对图西族的种族屠杀,等等。此外,包含族裔因素的恐怖主义在袭击数量和造成的伤亡总数上都遥遥领先其他种类的恐怖主义。② 因此,几十年来,特别在冷战结束之后,社会科学家以从未有过的热情着手集中研究族群冲突爆发的原因。族群冲突研究领域中首要的研究问题是:哪些文化、社会、经济、政治和国际条件更容易导致族群冲突或和平?具体来说,为什么一些族群选择抵抗或反叛母国的中央政权,而另一些族群选择服从?民族主义、国族建构和国家建构这些概念与族群冲突有什么关系?国际层面的变化和族群冲突之间存在何种联系?自然资源会引起族群冲突吗?为什么族群战争往往比非族群内战和国家间战争持续更久?为什么有些族群成功获得了自治甚至独立,而另一些却失败了?曾敌对过的族群能否在暴力冲突之后和平相处?等等。

这一领域的研究成果浩如烟海,无法、也不需要全部加以综述。本章将对此领域的文献回顾限定在两个方面。首先,本章仅仅考察与族群冲突/战争的爆发相关的文献,同时承认,更完整的理解族群冲突还需要考察冲突的持续和冲突后的和平;其次,本章只考察20世纪80年代后的文献,因为只是在20世纪80年代之后,学界才取得了广泛的理论和实证进步。③

此外,本章不再详细介绍著名的三大范式(即原生论、工具论、建构主义)对于族裔性、民族(国族)和民族主义的争论。最新的研究已经远远超越了这种争论。

---

① Elaine Denny and Barbara Walter, "Ethnicity and Civil War", *Journal of Peace Research*, 2014, 51(2).
② Victor Asal and Karl Rethemeyer, "The Nature of the Beast: Organizational Structures and the Lethality of Terrorist Attacks", *Journal of Politics*, 2008, 70(2); Daniel Masters, "The Origin of Terrorist Threats: Religious, Separatist, or Something Else?", *Terrorism and Political Violence*, 2008, 20.
③ 当然,即使有了这两个限制,由于篇幅的限制,我们还是不得不舍弃许多其他优秀研究。

阿素托史·瓦尔西尼（Ashutosh Varshney）的评价很准确:"再也没有谁真的认为族群身份是原生的了,也没有谁会认为它没有任何内在价值,而仅仅能被当作战略工具使用。再也没有纯粹的原生论者或纯粹的工具论者了,由于经验证据的力量,他们再没有可能东山再起。"①结合三大范式中有用的元素是唯一正确的研究方向。当今绝大多数族群冲突研究者首先都是一个建构主义者,其次则是一个工具论者,同时还会承认某些原生性元素仍然在影响族群冲突。一些最新的理论整合式的研究已经尝试从三大范式中提取有用的元素并加以超越。篇幅所限,本章难以讨论清楚该问题,已有若干研究已简洁地讨论了这些问题。②

本章结构如下。第一部分简要地回顾基本的概念;第二、三部分通过将既有文献分为四个"波次",回顾和评价族群冲突研究的演化;第四部分着重介绍若干令人印象深刻的理论和经验整合式研究——这类研究代表了未来研究的方向,随后指出当前学界精细化研究的两种趋势;最后,本章指出既有研究中常被忽视和误解的理论化问题,并在方法、数据和研究议题等方面为未来研究指出一些基本的领域和方向。

第一节 主 要 概 念

目前,很多族群政治领域的关键概念并没有广泛接受的定义。处理这些棘手的概念问题超越了本章的范围,本章仅提供这些概念的工作定义而不深究细节。

一、族裔性和族群

尽管对于"族裔性"（ethnicity）的概念尚未完全达成共识,但当今大部分学者都大体承认,"族裔性"通常包含至少三个关键因素。首先,族裔性意味着"基于一系列如语言、文化、历史、地区和外貌等共有特征而产生的对共同起源的感知"。其次,同族裔的成员常常会赋予这些与族裔性息息相关的共同特征更深的含义。最后,这种共同体或群体意识可能会提供集体行动的基础。③

---

① Ashutosh Varshney, "Ethnic and Ethnic Conflict", in Carles Boix and Susan C. Stokes, eds., *Oxford Handbook of Comparative Politics*, Oxford University Press, 2007, p.291.
② 参见 Rogers Brubaker and David Laitin, "Ethnic and Nationalist Violence", *Annual Review of Sociology*, 1998, 24。
③ Anaïd Flesken, "Researching Ethnic Relations As the Outcome of Political Processes", GIGA Working paper, 2014, No.251, p.8;另外参见 Henry E. Hale, "Explaining Ethnicity", *Comparative Political Studies*, 2004, 37(4); Kachan Chandra and Steven Wilkinson, "Measuring the Effect of Ethnicity", *Comparative Political Studies*, 2008, 41(4); Andreas Wimmer, "The Making and Unmaking of Ethnic Boundaries: A Multilevel Process Theory", *American Journal of Sociology*, 2008, 113(4)等文献。

对于族群(ethnic group),约翰·弥尔顿·英格尔(John Milton Yinger)给出了超越三大范式的极简主义式定义:"族群是一个更大社会的一部分,这部分的成员自认为或被其他人认为有着共同起源并共享共同文化中的重要成分,而且,这些成员还会参加那种共同起源和文化在其中构成重要组成部分的集体活动。"①由于族群边界通常是模糊的,学界对于世界上到底有多少族群并没有一致意见,估计数目从数百到数千不等。能确定的是世界上大部分国家是多民族的,只有小部分国家几乎由单一族群构成(比如日本、朝鲜和韩国),或有一个占据主导地位的主要族群(例如法国和德国)。

二、冲突、暴力和族群战争

唐纳德·霍洛维茨(Donald Horowitz)将冲突定义为"一种为达成目标同时阻挡、伤害或消灭对手的争斗"②。但是这个定义存在问题,因为它暗示冲突一定伴随暴力。事实上,冲突在一切社会中几乎是永存的,但并非总是伴随着暴力。因此,本章在讨论2012年以前的文献时仅仅考虑暴力性族群冲突。本章使用詹姆斯·费伦(James Fearon)对族群冲突的定义:"暴力进攻可以在下述条件下被理解为'族裔性的',即它被针对其他族群的敌意所驱动,或者受害者是通过族裔标准选择的,或者攻击是在族群名义下进行的。"③

族群战争是更为剧烈的族群冲突形式。只有双方都部署了军队或者民兵,暴力冲突才可以被称为战争。此外,根据常用的战争数据库(Correlates of War)的定义,暴力冲突必须导致超过1 000人的战斗相关阵亡人数才可被视为战争。

三、族群冲突的三大范式

1990年以前的族群冲突研究中形成了三大范式——原生论、工具论和建构论。它们往往从非此即彼的角度来解释族群冲突,争论颇多。但是,这三大范式对后来的族群冲突研究影响深远,因此有必要先行解释之。原生论认为族裔的身份是被传统、历史和集体意识等原生属性所界定的,这种身份使得族群能够将自己与

---

① John Milton Yinger, "Ethnicity in Complex Societies", in Lewis A. Coser and Otto N. Larsen, eds., *The Uses of Controversy in Sociology*, Free Press, 1976, p.200.
② Donald Horowitz, *Ethnic Groups in Conflict*, University of California Press, 1985, p.95.
③ James Fearon, "Ethnic Mobilization and Ethnic Violence", in Barry Weingast and Donald Pittman, eds., *The Oxford Handbook of Political Economy*, Oxford University Press, 2006, p.857.

他者区分开,并且进一步通过某种机制引发冲突和暴力。① 工具论认为,精英和族裔投机分子之间的竞争导致他们选择通过操纵族裔认同来获取政治权力,进而引发族群冲突。② 建构论认为,群体之间身份界限的变动并非一成不变,群体身份是被社会建构出来的;在此过程中,文化和政治精英通过提醒大众所处的社会环境、群体内归属感和群体间差异而发挥重要的影响力。③ 如前文所述,近年来的研究已经超越了对这三个基本范式的争论。

最后,值得注意的是,尽管大多数的族群战争发生于一个族群和另一个控制着国家的族群之间,两个都无缘国家核心权力的族群之间也有可能发生族群战争。比如,第二次苏丹内战期间,苏丹人民解放军的分裂和随之而来的努尔人[瑞克·马查尔(Riek Machar)领导下的苏丹人民解放军纳西尔派]与丁卡人[约翰·加朗(John Garang)领导下的苏丹人民解放军托利特派]之间的战争(1991—2002年),就是正在进行的南北苏丹族群战争中的另一场独立的族群战争。

第二节 族群冲突研究的开端与发展

既有文献可以分为四个稍有重叠的波次。使用"波次"的标签来整理和评价既有文献,是因为族群冲突这个研究领域的学术发展存在明显的时代性。受到一个时期的社会科学整体发展态势的影响或是某些重要作品的影响,族群冲突领域在这一时期内的主要研究成果在问题意识、理论构建和方法论上的相似性要大于其差异性,且总体上与其他时期的学术研究特征存在显著的差别。

一、第一波(1990年以前):没有系统性证据的范式

理论上说,三大范式(原生论、工具论、建构主义)间的大辩论是第一波的文献的主要内容。这导致该时段中的很多文献过度抽象。而且,该时期中大多数重要的学者习惯于从他们最熟悉的某个特定地区选取少量案例,以此建立理论。在不与关注其他地区的地区问题专家核实和讨论的情况下,这些学者就暗示他们的理

---

① Edward Shils, "Primordial, Personal, Sacred and Civil Ties", *British Journal of Sociology*, 1957, 8(1); Clifford Geertz, "The Integrative Revolution: Primordial Sentiments and Civil Politics in the New States", in C. Geertz, ed., *Old Societies and New States*, Free Press, 1963.
② Paul Brass, *Ethnicity and Nationalism: Theory and Comparison*, Sage Publications, 1985; Nelson Kasfir, "Explaining Ethnic Political Participation", *World Politics*, 1979, 31(3).
③ May Edel, "African Tribalism: Some Reflections on Uganda", *Political Science Quarterly*, 1965, 80(3); Crawford Young, *Politics in the Congo*, Princeton University Press, 1965.

论具有普适性。然而,这一波族群研究更显著的特征或许是缺乏系统性的实证证据。大多数实证工作由单一案例或少量简单的案例构成,探寻驱动族群冲突的因素和机制的严谨比较研究几乎不存在。最典型的是泰德·格尔(Ted Gurr)的《人为什么反叛》一书,该书发展了关于反叛的"相对剥夺"(relative deprivation)理论,并提供了一长串假设,但几乎没有提供任何实证证据去支持理论和假设。①

此后,唐纳德·霍洛维茨的《冲突中的族群》②问世了。作为一部接近 700 页的力作,该书毫无争议是族群冲突领域的基础性文献。③ 从理论上说,霍洛维茨不但超越了三大范式,还从亨瑞·泰佛尔(Henri Tajfel)等人的群体社会心理学中吸收了营养。④ 其众多理论洞见预示了后来的许多关键性发展(如下文提到的新制度主义)。在方法论上,该书也以领先于时代的方式明确强调了比较研究的价值。在实证方面,该书收集整理了三个(亚)大陆的一大批证据。不论以何种标准,霍洛维茨这一著作几乎可以被认为是独立地将族群冲突这一领域从"社会科学的一潭死水"中拉了出来的重要学者,为族群冲突研究日后成为社会科学中一块独特和繁荣的宝地打下了基础。

二、第二波(1990—2000 年):中层理论和统计分析的兴起

苏联的解体和中东欧社会主义阵营的崩溃导致了一系列族群战争。同一时期发生的卢旺达种族大屠杀震惊了全世界。这些事件的发展历程清楚地显示,族群冲突可能成为后冷战时代新的苦难之源。在这种背景下,族群冲突研究的第二波兴起并迅速扩展。

第二波文献与第一波存在显著差异。在理论构建上,这批文献果断从范式间的大辩论转移到了对中层理论的探索。沿着这条路径,该领域内的理论通过与更为广阔的文献进行交流和对话而获得新发展。在经验研究方面,(粗糙的)基于跨国数据的定量研究开始兴起,同时,有关族群战争的新议题进入了族群文献的视野。

就理论发展而言,这批文献引入了两种关键性中层理论传统,而且两种传统都为以后进一步的研究打开了新天地,并启发了后续的重要研究。其一,巴里·波森(Barry Posen)将安全困境理论带进了族群冲突研究。他注意到,当一国的中央政权开始崩溃,或中央政权不再中立地保护国内的所有族群时,国内就会逐渐出现这种事实上的、与国际无政府体系非常相似的国内无政府体系。波森强调,在这种涌

---

① Ted Gurr, *Why Men Rebel*, Princeton University Press, 1973.
② Donald Horowitz, *Ethnic Groups in Conflict*, University of California Press, 1985.
③ 约瑟夫·罗斯柴尔德的《族群政治》屈居其后。参见 Joseph Rothschild, *Ethnopolitics: A Conceptual Framework*, Columbia University Press, 1981.
④ Henri Tajfel, "Social Psychology of Intergroup Relations", *Annual Review of Psychology*, 1982, 33.

现出的无政府状态下,恐惧以及进攻与防御行动之间的不可区分性可能会导致行动和反制行动之间的恶性循环,导致不同族群走向冲突。①

其二是理性选择理论。在一篇被广为引用的文章中,费伦问了一个看起来简单的问题:如果冲突总是代价高昂的,为什么国家间仍然相互攻伐?② 他接下来识别出战争的三大"理性人"原因:信息不完善、承诺问题、议题的不可分割性。费伦还认为,族群战争最好被理解为一个承诺问题。③ 费伦随后与大卫·莱廷(David Laitin)进行了长期合作,共同探索族群冲突领域,写出了一系列有影响力且不局限于理性选择理论的文章。

在实证研究中,有三项发展非常突出。第一,保罗·科利尔(Paul Collier)和安克·赫夫勒(Anke Hoeffler)试图去揭示"族群战争的经济原因"。基于一个包含了1960—1992年98个国家内27次内战的截面数据集,他们发现人均国内生产总值有力地减低了内战的可能性(和持续性)。另一个有趣的结果是,自然资源可能对内战的爆发有非单调性影响:"自然资源的占有会在初始时增加内战的风险和持续性,但此后却起到抑制的效果。"④作为第一个虽粗糙却系统性针对内战爆发和持续的定量研究,他们的文章一度走红。不幸的是,该文的数据和方法都存在一定的问题,他们的许多结果和解释后来陆续遭到批评和修正。

第二,主要受到科利尔和赫夫勒的发现和一系列伴随着争夺大量自然资源的冲突(例如哥伦比亚的毒品和石油、刚果民主共和国和塞拉利昂的钻石、南苏丹的石油和印度尼西亚亚齐省的天然气等)的启发,自然资源和内战之间的关系,又名"资源战争"或"资源诅咒"成为一个关键性的子研究领域。这个子领域,经常和"贪婪还是不满"之辩并列,强调在出现大量可掠夺自然资源时,不管是族群还是非族群内战都更可能爆发。⑤

第三,学者们注意到族群战争倾向于席卷相邻的国家和族群这一事实,开始探索跨国的族群亲属关系和权力争夺怎样推动了国内的族群冲突扩散到邻近的国家或族群内,继而成为族群战争的次要原因。⑥

---

① Barry Posen, "The Security Dilemma in Ethnic Conflict", *Survival*, 1993, 35(1).
② James Fearon, "Rationalist Explanations for War", *International Organization*, 1995, 49(3).
③ James Fearon, "Ethnic War as a Commitment Problem", paper presented at the 1994 Annual Meeting of the American Political Science Association, 1995, New York.
④ Paul Collier and Anke Hoeffler, "On Economic Causes of Civil War", *Oxford Economic Papers*, 1998, 50(4), pp.568-569.这两位研究者在他们的研究中一直未区分族裔性内战和非族裔性内战,因此存在严重的缺陷。
⑤ 例如:Mats Berdal and David Malone, eds., *Greed and Grievance: Economic Agendas in Civil Wars*, Lynne Rienner, 2000; Michael Klare, *Resource Wars*, Metropolitan, 2001。
⑥ 例如:David Lake and Donald Rothchild, eds., *The International Spread of Ethnic Conflict: Fear, Diffusion, and Escalation*, Princeton University Press, 1998。

第三节 大爆发与新发展

一、第三波（2000—2005 年）：取得有限理论进展的定量研究大爆发

第三波研究持续时段相对较短。该时段内的文献取得了一些实证意义上的快速进展，但往往采用非此即彼和线性的思维来理解复杂的社会科学现象，因此取得的理论进展比较有限。在实证上，第三波最重要的发展是三个关键数据集的引入：最初由泰德·格尔建立并在 2003 年得到更新的"处于风险中的少数族群"数据集（the Minorities at Risk dataset，MAR dataset）；阿尔伯特·阿莱西纳（Alberto Alesina）等人发布了包含 190 个国家的族群数据集；① 以及费伦公布的 160 国比较族群数据集。② 这些数据集和其他可获取数据（如 Penn World Table）打下了此后跨国定量分析快速扩展的基础。

第二个重大进步是关于"贪婪还是不满"的大辩论。该辩论来得快去得也快。基于新模型和包括 1960—1999 年 79 场内战的新数据库，科利尔和赫夫勒发现初级产品出口占整个国内生产总值比重的提高将大幅提升内战的风险，他们将这种发现视为机会（或贪婪？）是一种更关键的内战驱动因素的证据。③ 与此相反，他们认为"不满"的各项指标如仇恨、政治压迫、政治排斥和经济不平等仅仅有很弱的解释力。这推动了学界关于"贪婪还是不满"的辩论，而科利尔和赫夫勒是"机会（或贪婪？）"一方的忠实拥趸。然而，到了 2005 年，对一些显著的"资源战争"的更好研究已经使"贪婪还是不满"的简单二分法站不住脚。④ 事实上，最终科利尔、赫夫勒和多米尼克·罗纳（Dominic Rohner）也走出了"贪婪还是不满"而开始强调"可行性"。⑤

第三，注意到作为叛乱的内战绝大部分发生在贫穷或弱小的国家这一现象，费伦和莱廷提出了族群战争的"弱国家假说"和"机会解说"。⑥ 他们发现贫穷、政治

---

① Alberto Alesina, Arnaud Devleschawuer, William Easterly, Sergio Kurlat, and Romain Wacziarg, "Fractionalization", *Journal of Economic Growth*, 2003, 8(2).
② James Fearon, "Ethnic and Cultural Diversity by Country", *Journal of Economic Growth*, 2003, 8(2).
③ Paul Collier and Anke Hoeffler, "Greed and Grievance in Civil War", *Oxford Economic Papers*, 2004, 56(4).
④ 参见 Karen Ballentine and Jake Sherman, eds., *The Political Economy of Armed Conflict: Beyond Greed and Grievance*, Lynne Rienner, 2003.
⑤ Paul Collier, Anke Hoeffler, and Dominic Rohner, "Beyond Greed and Grievance: Feasibility and Civil War", *Oxford Economic Papers*, 2009, 61(1).
⑥ James Fearon and David Laitin, "Ethnicity, Insurgency, and Civil War", *American Political Science Review*, 2003, 97(1).

不稳定、恶劣地理条件和庞大人口数量这几个变量与内战爆发存在正相关关系。他们认为这表明了强国遏制叛乱而弱国引发叛乱。与科利尔和赫夫勒类似,费伦和莱廷也怀疑不满(用族群/宗教差异、民主、收入不平等来测量)是内战的关键推动因素的可能性。

这一波中最关键的实证进步大概在于,学界从此认识到,不管一个定量研究多么严格,它最多也只能揭示出相关性而非推动族群战争的准确机制。因此,就像政治科学和社会学的其他领域一样,在研究族群冲突的学者中也形成了关于研究方法的共识,即将深度且有过程追踪的案例研究与定量分析结合使用,比单独使用其中任何一种方法更能促进我们对社会现象的理解。这种认识带来了一部两卷本的族群战争研究论文集的问世,该书中的每篇论文分别深入地去讨论单个案例。① 与此同时,结构化的、基于过程追踪的比较案例研究也开始兴起。

总体来说,如第二波研究一样,第三波研究也未取得很大的理论进步。但是,该时段却有两项重要的创新。由于注意到心理因素的重要作用,有研究者开始探索仇恨、荣誉/不满、利益和恐惧在推动族群走向冲突过程中的不同影响程度。② 在识别了族群战争的四类"故事"(即古老仇恨、操纵性的领袖、经济竞争和非安全的螺旋)之后,斯图亚特·考夫曼(Stuart Kaufman)最终将沙文主义精英炮制的族群神话和恐惧认定为推动族群战争的关键性直接驱动力。同时,在正确地认识到情感可以与工具理性相协调之后,罗杰·彼得森(Roger Petersen)试图把几种关键性情感驱动力(即荣誉、仇恨、愤怒和恐惧)整合进一个更合乎逻辑的族群冲突理论之中。他强调,针对制度性支配的不满是一个有力和深层次的族群冲突驱动力,而愤怒可能是针对外部族群的冲动型大屠杀的直接导火索。值得注意的是,考夫曼和彼得森都采用了结构化的比较案例研究去支撑他们的理论假设。

二、第四波(2005—2012年):族群权力关系数据库,地理信息系统和次国家研究的到来

第三波研究并没有持续多久就迅速被第四波研究所取代。这可能反映了日新月异的技术变化和理论创新。这一波的研究特点是引入新的数据库和方法,并且开始重新讨论对国家的控制这一引发族群冲突的重要机制。理论上,出于对非常

---

① 参见 Paul Collier and Nicholas Sambanis, eds., *Understanding Civil Wars: Evidence and Analysis* (*2 Vols.*), World Bank, 2005。
② Stuart Kaufman, *Modern Hatreds: The Symbolic Politics of Ethnic War*, Cornell University Press, 2001; Roger Petersen, *Understanding Ethnic Violence: Fear, Hatred, and Resentment in Twentieth-Century Eastern Europe*, Cambridge University Press, 2002.

粗糙的族群分裂度（ethnic fractionalization）测量指标，以及第二、三波中文献缺乏讨论族群权力关系的不满，学者们开始寻求更富有成效的族群构成测量方法，并将族群权力关系重新带回这一领域。拉斯-艾瑞克·塞德曼（Lars-Erik Cederman）、安德里亚·维默尔（Andreas Wimmer）及其合作者共同建立并不断保持更新的"族群权力关系"数据库（the ethnic power relations dataset）为新一代的研究作出了重大贡献，使用该数据库的高质量论文不知凡几。

在实证层面上，本波中最激动人心的进步一定是地理信息系统（geographical information system，GIS）的引入。本来，族群冲突就是一种次国家现象。然而，之前的定量研究却是仅仅依靠国家层级的综合数据来进行的。哈尔瓦德·布赫（Halvard Buhaug）和斯科特·盖茨（Scott Gates）于2002年首次将基于GIS的次国家层级数据引入这一领域。[①] 自那之后，学者们开发了好几个基于GIS的全球数据集，大多和奥斯陆和平研究所、瑞典乌普萨拉大学以及瑞士苏黎世联邦理工学院有关。这些基于GIS的数据集包括"武装冲突地点和事件数据"（the armed conflict location and events data，2010）、"具有地理编码的石油和钻石数据集"（the geo-coded petroleum and diamond dataset，2007）、"族群地理定位数据集"（geo-referencing of ethnic groups dataset，2010）、"地理族群权力关系数据集"（the geo-ethnic power relations dataset，2011）。今天，绝大多数有关族群冲突的定量研究都要或多或少使用基于GIS的数据。因此，毫不夸张地说，我们对族群战争的理解变得更为精细。GIS的引入改变了这一领域。

借助更加丰富和细致的数据，研究者们开始重新评估之前的实证发现。最显著的发现是第四波文献挑战了前人关于族裔性和不满无法推动族群冲突的结论，重新确立了因政治支配带来的不满与族群战争爆发之间的稳健因果关系。[②] 族群权力关系现在重新回到学界的视野中。

在第四波研究之中，一个关键的理论发展是新研究路径的出现。我们将其称为"新制度主义"，因为它和旧制度主义关于"协和民主制是管理族裔分裂最佳制度安排"的主张截然不同。[③] 这种新制度主义路径复兴、扩展并整合了来自罗斯柴尔德、霍洛维茨和布拉斯的不少核心理论洞见。简而言之，新制度主义路径认为，理解了那种"因控制和塑造现代（民族）国家而产生的斗争"才能理解族群冲突。对此，霍洛维茨曾给出过有力的论断："对国家的控制、控制一个自己的国家、免于被

[①] Halvard Buhaug and Scott Gates, "The Geography of Civil War", *Journal of Peace Studies*, 2002, 53(4).
[②] Lars-Eric Cederman, Andreas Wimmer and Brian Min, "Why Do Ethnic Groups Rebel? New Data and Analysis", *World Politics*, 2010, 62(1).
[③] 争论详见以下文献：Arend Lijphart, *Democracy in Plural Societies*, Yale University Press, 1977; Donald Horowitz, *Ethnic Groups in Conflict*, University of California Press, 1985.

其他人控制,都是族群冲突的主要目标。"①

苏联时代仅有一些少数民族得以建立制度化的共和国,并由此导致了后续的风波。很大程度上受到这些现象的启发,菲利普·罗德尔(Philip Roeder)提出,(新)民族国家只能从"共同国家"(common-state)内现存的"独立州"(segmented states)产生,因为只有"独立州"才能为寻求分裂/自治的民族主义运动提供政治平台,让后者得以组建、发展,甚至最终在战争不可避免之时成功地挑战"共同国家"。② 罗格斯·布鲁贝克(Rogers Brubaker)关于苏联、原南斯拉夫和捷克斯洛伐克解体后的新国家怎样试图国族化(nationalizing)的研究,也属于同一类,虽然他并没有聚焦于暴力性族群冲突。③

第四节　超越第四波:理论-实证整合与精细化

基于族群冲突研究领域四波学术演进的积累,最近若干年的研究在理论、方法和问题意识上都有明显的变化和发展。本节将首先着重介绍一些令人印象深刻的新研究。这些研究直指族群冲突背后的深层因素,如国家建构、国家内部权力斗争、政治统治等,或是将这些深层因素与各类情绪等直接因素结合起来讨论,整合了碎片化的理论假说和实证证据,代表了未来优秀研究的方向。本章强调,族群研究一定要走向理论和实证研究的有机结合。其次,本节指出第四波以后族群冲突研究的另一面,即更加精细化甚至依然有些碎片化嫌疑的两种趋势:将族群冲突细化为不同类型和解剖成不同行为体的行为及其互动。一方面,这种精细化对于我们理解各类族群冲突而言无疑是有益的;另一方面,过度精细化可能会导致该研究领域的碎片化,失去对核心问题和大问题的关怀。这些精细化取向的研究话题本身并不新颖,但是系统性、大范围和使用严谨实证方法来进行精细化研究是过去未曾有过的。

一、迈向理论和实证研究的整合

自从第二波研究之后,理论整合就不再是族群冲突研究领域的核心关切。研究者纷纷急切地寻找驱动族群冲突的因素和机制。定量和定性研究方法的蓬勃发

---

① Donald Horowitz, *Ethnic Groups in Conflict*, University of California Press, 1985, p.5.
② Philip Roeder, *Where Nation-States Come From?* Princeton University Press, 2007.
③ Rogers Brubaker, "Nationalizing States Revisited: Projects and Processes of Nationalization in Post-Soviet States", *Ethnic and Racial Studies*, 2011, 34(11).

展,进一步导致该领域变得更加碎片化。唐世平认为:"从定量研究中,我们获得了很多看似将一些因素与族群战争/和平联系起来的相关关系,但往往缺乏因果机制的讨论。从定性研究中(即比较案例研究),我们依赖某些因素和因果机制,发展了一些关于族群战争的具体理论。然而,目前的族群冲突研究不仅缺乏整合,研究族群战争的学者往往会偏爱某些因素和机制,并将后者与另一些因素和机制对立起来。在这些学者看来,仅仅用他们喜欢的那些因素和机制就能够充分地解释族群战争这个复杂现象,而且这些不同的因素和机制之间并不存在互相影响。"①

2013年,学界卓有成效的合作带来了两项整合式的研究,很大程度上遏制了甚至可能终结了上述持续的碎片化趋势。这两部作品是:《不平等、不满和内战》和《战争之潮》。② 通过拓展弗朗西斯·斯图尔特(Frances Stewart)关于横向不平等的新制度主义观点和罗德尔关于"独立州"的研究主题,并将"政治上的排斥和统治所导致的不满"视为族群战争的一个重要推动因素,这两部作品提出了一个关于国家建构、国家权力斗争、政治统治和族群冲突的整合式新制度主义理论。③ 此外,安德里亚斯·维默尔(Andreas Wimmer)的理论还将国际体系的系统性变化,尤其是帝国的崩溃引入了理论框架。利用几乎跨越两个世纪的原始全球数据,在 GIS 的帮助下,这些作者进行了严谨的定量分析,并得到了支持他们的理论洞见的强有力证据。他们发现,以族群为界的政治和经济不平等能导致大量的不满,进而引发族群战争。他们更进一步展示说,族群战争更可能在重大的制度变迁期爆发,如原领地被并入一个帝国时或根据族裔的统治或排斥原则来创建民族国家时。同时,这两部作品对欧内斯特·盖尔纳(Ernest Gellner)和本尼迪克特·安德森(Benedict Anderson)等人的经典作品中有关民族主义、民族建构、国家建构、现代化和族群战争的重要理论提出了严肃的质疑。④

唐世平的族群战争爆发的广义理论是对该领域最近的一个贡献。⑤ 建立在前人理论整合尝试的基础上,唐世平首先将诸如恐惧、仇恨、愤怒和不满的情绪因素视为暴力行为的直接因素,再将诸如政治制度、不平等、统治和排斥等其他引发冲

---

① Shiping Tang, "The Onset of Ethnic War: A General Theory", *Sociological Theory*, 2015, 33(3), pp. 256-257.
② 参见 Lars-Eric Cederman, Kristian Gleditsch and Halvard Buhaug, *Inequality, Grievances and Civil War*, Cambridge University Press, 2013; Andreas Wimmer, *Waves of War: Nationalism, State Formation, and Ethnic Exclusion in the Modern World*, Cambridge University Press, 2013.
③ Frances Stewart, ed., *Horizontal Inequalities and Conflict: Understanding Group Violence in Multiethnic Societies*, Palgrave Macmillan, 2008; Philip Roeder, *Where Nation-States Come From?* Princeton University Press, 2007.
④ 参见 Ernest Gellner, *Nations and Nationalism*, Blackwell, 1983; Benedict Anderson, *Imagined Communities: Reflections on the Origins and Spread of Nationalism* (2nd edn.), Verso, 1983[1991].
⑤ Shiping Tang, "The Onset of Ethnic War: A General Theory", *Sociological Theory*, 2015, 33(3), pp. 256-257.

突的因素当作必须通过直接因素起作用的深层因素。他接下来使用"安全困境"和"族间-族内互动"两个元机制作为整合器,通过它们将众多散见在既有文献中的因素和机制包容进来,进而共同组成一个更加整合和动态的族群冲突理论。① 唐世平的广义理论和他的理论化路径,能够为进一步理论化其他具体的族群战争爆发中的动态机制提供有用的起点。

另一个更近的创新性研究来自菲利普·罗斯勒(Philip Roessler)。由于注意到很多非洲国家自独立之后就反复陷于政变和族群战争的循环之中,罗斯勒认为,来自一个族群的试图占据统治地位并控制国家的尝试,以及来自其他族群的反抗,能在很大程度上解释为什么很多独立后的非洲国家长期陷于政变、预防政变和族群战争的恶性循环之中。② 结合深度案例研究和定量分析,罗斯勒显著地促进了我们对族群政治与国家权力斗争之间的相互作用的理解。

二、将族群冲突细化为不同类型

第四波研究出现以来,族群冲突研究的议题已经远远超出了对族裔性内战爆发与否的研究,在继承了族群冲突研究学界不断演化过程中达成了一些共识(如对中层理论和方法的重视)。目前的研究呈现出越来越精细的趋势。研究人员进一步将族群冲突细分为各个小类,如非暴力运动、族群清洗/种族屠杀、族裔恐怖主义和民族自决运动等,进而去讨论各小类的族群冲突是否存在不同的因果发生机制。虽然这些并非新话题,但是这些新一代的研究往往能够使用合适的研究设计和令人信服的数据,并为一些重要的研究问题提供可信的回答。

相比暴力冲突,对非暴力形式的族群冲突还缺乏系统的研究。暴力冲突往往关注非政府的武装组织,而非暴力冲突还会讨论公民和非武装的反对派在各类运动中的作用。在全球国家间战争和内战数量同时呈现下降态势,而诸如阿拉伯之春和民粹主义等事件持续影响全球政治经济的时代,研究涵盖族裔或非族裔的非暴力冲突显得尤为重要。在这一研究议题中,埃里克·切诺韦思(Erica Chenoweth)领导的公民抵抗(civil resistance)研究无疑是杰出的。他们建立的"非暴力和暴力运动和结果"数据库是该领域重要的研究成果和研究资源,目前涵盖了1945—2006年间的250起以推翻政权、驱逐侵略者或争取独立为目的的非暴力和暴力起义事件。在切诺韦思与玛利亚·史蒂芬(Maria Stephan)合著的《为什

---

① Shiping Tang, "The Onset of Ethnic War: A General Theory", *Sociological Theory*, 2015, 33(3), pp. 256-257.
② 参见 Philip Roessler, *Ethnic Politics and State Power in Africa: The Logic of the Coup-civil War Trap*, Cambridge University Press, 2016。

么公民抵抗能够成功》一书中，作者综合使用该数据库和案例研究，发现非暴力运动存在与暴力冲突不同的机制，且比后者更容易达成政治目标，更能促进长期稳定的民主，而暴力叛乱往往并非最合适的战略。① 虽然切诺韦思等人的研究讨论并非聚焦在族群政治上，却能够缓解族群冲突研究对"暴力"的偏爱，并提供新的思路和数据。例如，下文中所讨论的凯瑟琳·康宁汉姆（Kathleen Cunningham）对族群自决运动中非暴力运动的研究就借鉴了切诺韦思的研究成果。

族裔或种族屠杀属于针对非战斗人员（平民）暴力的一种，历来不乏研究。首先，屠杀行为的罪魁祸首不一定都是中央政府或主要族群，族裔或非族裔的武装组织在获取外部援助之后会降低获取民心的动机，因而更容易做出践踏人权的行为。斯科特·斯特劳斯（Scott Straus）2015年对非洲种族屠杀的重新研究，则是代表了那些具有强烈的方法论意识的好作品。② 种族屠杀毕竟是小概率事件，斯特劳斯认为很多既有解释过度预测了（overpredict）种族屠杀的发生，而且绝大部分研究没有系统地研究那些可能发生但是最终没有发生屠杀的案例（noncases）。为了回答这些问题，作者在明确了自己选择案例的限制条件（scope condition）的基础上，提出了涵盖两个促进因素（战争导致不断升级的威胁和关于国家身份的初始话语）和四个阻止因素（反对话语、国家能力、经济动机以及外部因素）的理论解释框架。

以族群为名义的恐怖主义是全球性问题，受害者包括本族群成员、其他族群成员和无辜群众。据统计信息，全世界超过三分之一的恐怖主义组织（声称）为促进某些族群利益而存在，且族裔形式的恐怖主义在袭击数量和造成的伤亡总数上都遥遥领先于其他种类的恐怖主义。内战研究发现，反叛群体倾向于在国家首都和边缘地区使用恐怖主义，以期惩罚政府的平叛战略并在地理范围上扩大自己的影响力。但是主流的恐怖主义研究总体上忽视了对族群和恐怖主义的因果关系，目前还只有零星、未见系统的讨论。例如，布兰登·博伊兰（Brandon Boylan）发现，对母国的政治和经济不满，以及族群内部精英之间的斗争，都会引发族群恐怖主义。③ 山姆布达·加塔克（Sambuddha Ghatak）等人研究了民主国家内部的恐怖主义得出结论，政体类型对国内恐怖主义的影响受到国内是否存在政治上被排斥的少数族群的调控——当国内政治排斥存在时，任何民主国家都会出

---

① Erica Chenoweth and Maria Stephan, *Why Civil Resistance Works: The Strategic Logic of Nonviolent Conflict*, Columbia University Press, 2011; Erica Chenoweth and Orion Lewis, "Unpacking Nonviolent Campaigns: Introducing the NAVCO 2.0 Dataset", *Journal of Peace Research*, 2013, 50(3).
② Scott Straus, *Making and Unmaking Nations: War, Leadership, and Genocide in Modern Africa*, Cornell University Press, 2015.
③ Brandon Boylan, "What Drives Ethnic Terrorist Campaigns? A View at the Group Level of Analysis", *Conflict Management and Peace Science*, 2016, 33(3).

现恐怖主义。① 本章认为，建立在恐怖主义研究的基础上，探索和族裔相关的恐怖主义行为，回答诸如为什么某些族裔武装会采用恐怖主义这类问题，在理论上和在实践上都有重要意义。

自决运动(self-determination movement)作为一个族群冲突中更小的分类，依据的并非是族群组织采取的不同战略手段，而是根据族群组织的战略目的而界定的。自决运动指的是群体以要求更多自治权力、独立、与他国实现统一、建立泛族裔的超国家政治实体等为目的的运动。大多数自决运动都和特定的族群联系在一起。例如土耳其的库尔德人民民主党要求文化和语言自治权力的运动，乌克兰克里米亚地区不同的政治团体对联邦主义和独立的不同要求等。凯瑟琳·康宁汉姆团队最近的工作是对自决运动研究的重要贡献。她建立了二战后关于自决运动的数量、内部派系竞争和战略选择等变量的数据库。该数据库表明自决运动中的内部派别(组织)存在很大差异。平均来说，每个运动中的内部派别大约有8个，而有的自决运动中的派别则多达67个。在数据的支持下，她们发现，内部派系竞争和中央政府具有否决权的行为体数量，影响了中央政府对自决运动的应对战略，进而决定了自决运动是走向成功还是引发冲突。② 关于族群自决运动中的非暴力运动，作者发现小族群和地理上分散导致族群更容易使用非暴力战略。③ 在进一步区分自决运动中五种不同的非暴力战略后(经济不合作、抗议、非暴力干预、社会不合作、政治不合作)，作者告诉我们，自决运动中的组织不仅会模仿其他组织的非暴力战略，还会根据战略环境调整和多元化己方的战略。④ 康宁汉姆等人的研究是社会科学以及冲突研究领域中精细化趋势的典型。她们进一步将自决运动的分析单位从群体/运动层次降低为组织/派别层次。当然，研究路径并非唯一。莱安·格里菲斯(Ryan Griffiths)将视角扩展到1816—2011年的整个时期，试图将国际和国内因素统合起来解释现代全世界范围内的分离运动动态则是另一种整合路径。⑤

---

① Sambuddha Ghatak, Aaron Gold, and Brandon Prins, "Domestic Terrorism in Democratic States: Understanding and Addressing Minority Grievances", *Journal of Conflict Resolution*, 2019, 63(2), pp. 439-467.
② Kathleen Cunningham, *Insides the Politics of Self-determination*, Oxford University Press, 2014.
③ Kathleen Cunningham, "Understanding Strategic Choice: The Determinants of Civil War and Nonviolent Campaign in Self-determination Disputes", *Journal of Peace Research*, 2013, 50(3).
④ Kathleen Cunningham, Marianne Dahl, Anne Fruge, "Strategies of Resistance: Diversification and Diffusion", *American Journal of Political Science*, 2017, 61(3), pp.591-605.
⑤ Ryan Griffiths, *Age of Secession: The International and Domestic Determinants of State Birth*, Cambridge University Press, 2016.

三、将族群冲突解剖成不同行为体的行为及其互动

族群冲突越来越精细化的第二个特征是研究对象从笼统的冲突事件向相关冲突行为体的行为及其互动转变。族群冲突本质上涉及资源之争,对资源的争夺至少涉及控制国家的中央政府、少数族群和第三方行为体,解释这些相关行为体的行为有助于我们更为清晰地理解族群冲突的爆发动态。

首先,中央政府作为国家主权范围内的最高权威是资源的最终分配者,对族群冲突爆发与否有重要的影响。但是,国家并非一定会保持公允,往往会偏向某些族群,排斥另一些族群。从另一方面来看,国家对少数族群的政策非常重要。一旦某些少数族群在政治上被排斥,国内各种形式的族群冲突的发生概率会大幅增加。学界目前关于国家为什么会采取族群排斥政策出版了一些重要的著作,却给出了不同的答案。维默尔比较了法国和土耳其的现代化过程认为,民族国家在建立过程中,如果缺乏制度能力(包括中央集中化程度不够、公共产品提供能力不足和缺乏自发性组织网络)包容所有群体,便会采取排斥其他族群的政策。① 罗斯勒研究了当代的非洲政治,发现政府的排斥主要是为了预防少数族群精英发动政变。② 哈里斯·米洛纳斯(Harris Mylonas)考察了两次世界大战之间的巴尔干半岛,发现国家的修正主义对外政策目标以及少数族群与敌国共谋的威胁导致国家更多采取排斥政策。③ 康宁汉姆系统性研究二战后的自决运动,发现自决运动族群的内部越团结,国家权力太集中或太分散,都会增加排斥政策(即非包容政策)的概率。④ 从上述作品可以发现对这一问题的讨论体现一些有趣的现象。一是,不同的学者讨论了不同时空下的案例;二是,基于不同的研究视角,同时受到案例选择的影响,这些学者考虑了从国家关系、国家到(亚)群体层次的不同影响因素。这些现象既表明了族群排斥政策的复杂性,又为我们进一步理解该问题、开拓新的研究提供了基石。

其次,族群冲突中涉及的第二个重要行为体就是少数族群以及代表少数族群的反叛组织。在承认了不满和贪婪并不存在竞争性关系、动机和机会对于族群动员同样重要之后,目前的研究正在两个方面进一步探讨少数族群在冲突中的动态。这对于我们进一步分析群体层次的动态非常有价值。其一,更多的文献越来越将

---

① Andreas Wimmer, *Waves of War: Nationalism, State Formation, and Ethnic Exclusion in the Modern World*, Cambridge University Press, 2013.
② Philip Roessler, *Ethnic Politics and State Power in Africa: The Logic of the Coup-civil War Trap*, Cambridge University Press, 2016.
③ Harris Mylonas, *The Politics of Nation-Building: Making Co-Nationals, Refugees, and Minorities*, Cambridge University Press, 2012.
④ Kathleen Cunningham, *Insides the Politics of Self-determination*, Oxford University Press, 2014.

族裔反对派当作一个重要的战略行为体,分析他们使用的各种战略:联盟和竞争机制、反对派外交、治理战略、从非暴力到暴力甚至恐怖主义在内的多种战略的使用等。其二,若干重要文献从"社会网络"的角度讨论了(族裔)反对派组织或武装团体的形成和特点。本章想强调,这是一个被忽视却非常重要的研究领域。贾内特·刘易斯(Janet Lewis)和詹妮弗·劳森(Jennifer Larson)的一系列研究考察了在冲突研究中几乎被完全忽略的问题——反叛组织最初是如何形成的?该研究的重要意义在于提醒了我们既有研究中存在的大规模案例选择偏误,即只关注了那些发展壮大后的武装组织,而忽略了那些在初期就失败了的武装组织。她们发现,大众社会中的网络结构决定了反叛组织能否从最开始的小团体成长为具有挑战政府能力的武装团体。具体来说,同质化的族裔网络有利于这种成长。① 刘易斯进一步使用自己收集的乌干达的数据库来挑战了被广泛使用的"族群权力关系"数据库中关于该国的数据以及基于该数据库的实证研究。她发现该数据库忽视了一批"失败"比较早的叛乱行为和组织,而将这些失败组织纳入分析后,可以发现,塞德曼等人关于排斥性政策和叛乱爆发之间的相关关系几乎消失。② 刘易斯和劳森的研究表明对叛乱如何形成的微观探索是新的研究乐土,并提醒我们需要反思当前学界对族群、族群组织和叛乱组织的基本定义和假设。

最后,第三方因素对国内族群冲突的影响机制也是目前学界的重要研究领域,但是对第三方因素的研究显得很纷杂。这首先是因为第三方因素本身的类型就更复杂。这些因素大致可以分为三类,即全球性的因素、外部国家、外部非国家行为体。在全球性因素方面,研究者发现:(1)民族国家的建立会影响国内冲突;(2)冷战的结束导致国内冲突的形式发生了变化;(3)冷战后的国际机制降低了国内冲突的爆发;(4)民族自决运动和全球化却促进了少数族群对政治自治权的追求。在国家间关系上,外部国家一方面会更多支持对手国国内的(族群)反对派组织,为国家间的竞争和冲突寻找代理人;另一方面,外部国家并非一定会支持反叛组织,也会支持处于危机中的中央政府,从而避免后者陷入内战。在外部非国家行为体方面,跨国家的同族裔对国内族群冲突的影响动态一直受到大量关注,最近的研究表明,一国(族裔和非族裔)内战的发生概率与邻国同一族群(transborder ethnic kins group)的相对大小成倒 U 形关系。对涉及第三方因素的研究进行归纳,我们发现,总体上外部因素对国内族群冲突的影响几乎无孔不

---

① Jennifer Larson and Janet Lewis, "Rumors, Kinship Networks, and Rebel Group Formation", *International Organization*, 2018, 72(4), No. 4.

② Janet Lewis, "How Does Ethnic Rebellion Start?", *Comparative Political Studies*, 2017, 50(10).类似的研究参见 Kathleen Cunningham 和 Jessica Braithwaite 的"Foundations of Rebel Group Emergence (FORGE) Database"项目。塞德曼等人研究见 Lars-Erik Cederman, Andreas Wimmer, and Brian Min, "Why Do Ethnic Groups Rebel? New Data and Analysis", *World Politics*, 2010, 62(1), pp.87-119.

入,全球性因素通过影响国家身处的制度性或权力性环境来影响国家内部冲突,国家层次的因素更多反映了国家的竞争的国内化问题,包括跨国同族裔群体等外部非国家行为体具有超越主权边界的浸入效应,似乎很难将这些研究放在一个统一的分析框架中。但是,回顾本节的分析,探究第三方因素如何通过影响国家中央政府和国内少数族群的战略行为来导致或遏制某种具体类型的族群冲突将是有趣的尝试。

第五节　结论与未来研究方向

通过回顾族群冲突的研究历程、现状和趋势,不难发现族群冲突学界已经度过了随意提出无系统证据的理论或是盲目使用定量方法验证假设的阶段,好研究往往需要同时在理论和实证两方面提供新的知识。因此,本章强调,任何未来的研究都应该重视并理解两个大的问题:理解理论化和基本的方法知识。

第一个问题是基础性的:研究的理论构建和实证检验必须更紧密地结合起来。实证假设只能抓住实证规律,而理论的目的是解释这些实证规律。因此,在理想情况下,理论应该支持实证假设,而假设应该源于理论核心。然而,大量的(定量)研究一开始就不厌其烦地罗列各种假设,从没有想过应该从一个理论内核中推导出它们的假设。这类研究因此隐含地将"提出实证假设"等同于"理论化"。结果,这些研究最多只能算是低度理论化:绝大部分此类研究的结果不过是相关性。这种做法严重阻碍了该领域的知识积累,需要加以改变。

第二个问题实际上要求我们必须真正理解常用的研究方法(尤其是定量研究)的基本知识。首先我们必须避免"垃圾"回归,在把各种因素放入回归方程之前应该认真考虑。我们需要区别中介变量和混杂变量,并尽力处理好这些"自变量"之间潜在的、复杂的交互关系。此外,结合定性分析、定量分析和其他方法几乎肯定优于单独使用定量方法,因为大多数时候,就像罗斯勒和唐世平都曾强调过,定量分析仅仅揭示相关关系而非因果关系。[①] 举例来说,通过比较定量分析结果和得自过程追踪的证据,唐世平、熊易寒和李辉的研究表明,尽管数篇相关研究都表明石油的族群地理分布与族群战争的爆发之间存在稳健的统计关系,但是石油更多只是族群战争的直接导火索,而非族群战争的深层原因。根据他们的研究结论,用深度案例研究去检验一些特别引人注目的定量研究的结果是

[①] Philip Roessler, *Ethnic Politics and State Power in Africa: The Logic of the Coup-civil War Trap*, Cambridge University Press, 2016.

非常有益的。①

在强调了正确理解理论化和基本的研究方法知识的重要性之后，本章将在数据和研究议题两方面为未来的研究指出四个基本的领域和方向。

首先，我们依然需要收集数据，以测量族群政治烈度。基于我们对族群战争的理解，超越对战争或冲突与否的二维定义是一个新的研究方向。因为族群战争很少会突然爆发，而若干年的低烈度族群政治则容易逐步升级，并最终激起暴力冲突。② 因此，无论在理论还是政策方面，理解那些尚未爆发族群战争的低烈度族群紧张局势会在何时，以及通过何种方式最终升级（成为族群战争）或降级就变得必要。

其次，无论从实证、理论还是政策层面来说，检验不同政体中"族群政治"和"社会政治权力"之间的动态相互作用都将能够产出优秀的研究。例如，克里斯汀·哈克尼斯（Kristen Harkness）和罗斯勒分别讨论了多族群国家内来自国家和精英的权力政治怎样影响族群政治、族群政变和战争的发生。③ 这种研究路线将把族群冲突和比较政治领域的其他关键话题聚合在一起，很有可能成为一个成果丰硕的交叉领域。

再次，我们乐观地认为，冲突预测研究将前景光明。对族群冲突爆发的研究本就包含预测目的，我们一直希望能利用研究成果来采取冲突预防措施。然而直到最近，这方面的努力也仅取得了有限的进展。在高速发展的计算社会科学，以及我们不断积累起来的有关族群战争的理论和实证知识的帮助下，我们也许能在不远的未来最终走上成功之路。

最后，正如格尔多年前首先提出的那样，我们希望，族群战争的爆发频率可能已经在稳定地降低了。④ 最近，基于更系统的数据和分析，赛德曼等人的发现对格尔的观点提供了强有力的支持。⑤ 如果他们都是正确的，那么这种趋势可能会持续下去。然而不管族群冲突是否已经并会继续减少，通过族群和解重建敌对群体

---

① Shiping Tang, Yihan Xiong and Hui Li, "Does Oil Cause Ethnic War? Comparing Evidences from Quantitative and Process-tracing Exercises", *Security Studies*, 2017, 26(3).关于理论建论与实证研究以及定量、定性方法的结合，亦请参见本书第16章"超越定性与定量之争"。

② Nicholas Sambani, *Using Case Studies to Expand Economic Models of Civil War*, Perspectives on Politics, 2004.

③ Kristen Harkness, "The Ethnic Army and the State: Explaining Coup Traps and the Difficulties of Democratization in Africa", *Journal of Conflict Resolution*, 2016, 60(4); Philip Roessler, *Ethnic Politics and State Power in Africa: The Logic of the Coup-civil War Trap*, Cambridge University Press, 2016.

④ Ted Gurr, "Ethnic Warfare on the Wane", *Foreign Affairs*, 2000, 79(3).

⑤ Lars-Eric Cederman, Kristian Gleditsch and Julian Wucherpfennig, "Predicting the Decline of Ethnic Civil War: Was Gurr Right and for the Right Reasons?", *Journal of Peace Research*, 2017, 54(2).

之间的和平这个话题在比较政治和国家关系领域依旧被严重忽视,本章认为对这个话题的研究应该成为另一个关键的研究领域。① 毕竟,在部分多族群国家,族群暴力和战争往往会反复出现,在这种情况下,只有对立族群间深度和解,才能为深度的族群间和平打下基础。

扩展阅读

[1] Donald Horowitz, *Ethnic Groups in Conflict*, University of California Press, 1985.

700页的《冲突中的族群》毫无争议是族群冲突研究领域的百科全书式基础性文献。从理论上说,霍洛维茨不但超越了三大范式,还从亨利·泰佛尔等人的群体社会心理学中吸收了营养,根据本章作者的统计,全书至少分析或提及了涉及政治、经济、社会、制度和心理等方面的约25种导致族群冲突的因素或机制,这些理论洞见启发了后续的一系列研究。在方法论上,该书也以领先于时代的方式明确强调了比较研究的价值。在实证方面,该书收集整理了亚洲、非洲和加勒比地区的一大批证据。因此,该书能够为读者提供关于族群冲突的全面知识,同时启发有兴趣的读者从中发掘进一步的研究议题。

[2] Andreas Wimmer, *Waves of War: Nationalism, State Formation, and Ethnic Exclusion in the Modern World*, Cambridge University Press, 2013.

维默尔(与其合作者)在美国顶尖社会学杂志上发表的四篇研究(2006—2012年)构成了《战争之潮》一书的核心,这些文章共同组成了一个关于民族主义、民族国家形成与冲突之间的因果链条的连贯研究,分别回答了以下四个问题:民族国家作为一种新的合法统治形式,如何兴起,如何扩散至全球,其形成阶段如何导致伴生的国际和国内战争,以及民族国家在建立后怎么导致国内冲突。在理论上,《战争之潮》将国际体系的系统性变化,尤其是帝国的崩溃,引入了理论框架,强调对权力和合法性的争夺是上述诸多问题的核心,是一项杰出的整合式研究。在方法上,《战争之潮》利用几乎跨越两个世纪的原始全球数据和严谨的定量分析为书中的理论洞见提供了强有力证据。对于读者来说,阅读《战争之潮》将是一场重要的历史体验。

[3] Lars-Eric Cederman, Kristian Gleditsch and Halvard Buhaug, *Inequality, Grievances and Civil War*, Cambridge University Press, 2013.

《不平等、不满和内战》与《战争之潮》有三个共同的特点:其一,两本书的章节

---

① Shiping Tang, "Reconciliation and the remaking of anarchy", *World Politics*, 2011, Vol. 63, No. 4, pp. 713-751.

主要来源于多位作者在顶尖杂志上的合作发表；其二，这两部作品都将国家权力斗争和政治统治作为解释民族主义和族群冲突的核心机制，都倡导了一种整合式的新制度主义理论；其三，两本书都对经典作品中有关民族主义、民族建构和族群战争的重要理论提出了严肃的质疑。此外，该书的主要特点是再次回到了第二和第三波文献中关于"贪婪和不满"的论争，通过更为贴近理论的测量、更为完善的数据集和更为严谨的定量分析，该书发现，两种族群之间的不平等，即政治上的排斥和经济上的差距，能通过导致群体之间的不满，进而影响族群战争的爆发和持续过程，从而将群体间的"不满"确立为族群战争的一个重要推动因素。阅读该书，基本上能够帮助读者快速了解当前族群冲突学界最活跃的学者、最常用的数据和最受关注的研究话题。

［4］Philip Roessler, *Ethnic Politics and State Power in Africa: The Logic of the Coup-civil War Trap*, Cambridge University Press, 2016.

《族群政治和非洲的国家权力》同样抓住了国家权力斗争和政治统治这一族群政治的核心，其理论整合的创新方式在于将以往被割裂开的研究主题（政变和族群战争）结合在一起研究，开辟了新的讨论空间。由于注意到很多非洲国家自独立之后就反复陷于政变和族群战争的循环之中，罗斯勒认为，一个族群试图占据统治地位并控制国家的尝试，再加上来自其他族群的反抗，能在很大程度上解释为什么很多独立后的非洲国家长期陷于政变、预防政变和族群战争的恶性循环之中。结合深度案例研究和定量分析，罗斯勒显著地促进了我们对族群政治和非洲国家内部权力斗争之间相互作用的理解。因此，对于那些关注国内政治、冲突研究和非洲政治的读者来说，该书不啻为一本必读书。

第 11 章
冲突与内战

内战是比较政治学中的一个重要议题,涉及族群、暴力、国家建构等一系列问题。由于内战是政治暴力的一种较高形式,它对国家、社会以及普通民众所造成的伤害也是巨大的。包括政治学家在内的众多社会科学家对内战进行了较为深入的讨论,特别是在冷战结束后,对于内战的研究规模更是空前。这些研究主要涵盖内战爆发的原因、内战持续的时间、内战的结束,以及战后和平重建等议题。本章主要回顾现有研究对内战爆发原因的一些理论——不满说、贪婪说、国家能力说,它们分别认为社会不公、对经济利益的追求,以及国家能力的低下是重要的解释变量。这些研究为我们理解内战提供了很好的视角,但是它们也有不足,比如,分析层次过于宏大、夸大不公平的作用、没有区分不同人群的参战动机等;另外,后来的研究也进一步揭示以上三种理论在某些内战中同时具有解释力。最后,在对内战的最新研究中,学者更多地关注中微观层面,将重点放在组织、个体与环境的互动,从而进一步细化内战中的因果机制。

第一节 理解"内战"

在全球最底层的 10 亿人中,有 73% 在近期经历过一场内战或仍在饱受内战的煎熬。[①] 自二战结束到 2017 年,有国家卷入的国内冲突多达 285 起,席卷了 157 个国家和地区。仅仅在 2017 年,发生和持续发生的内战仍达到 10 起(死亡规模达到或超过 1000 人的冲突)。[②] 此外,内战还具有"传染性",难民潮、毒品与军火走私、法治的崩溃均与内战相关。以 2011 年开始的叙利亚内战为例,截至 2017 年,共造成了近 20 万平民伤亡,其中约有 25 000 名儿童。这场战争带来了空前的人道主义

[①] Paul Collier, *The Bottom Billion: Why the Poorest Countries Are Failing and What Can Be Done about It*, Oxford University Press, 2007, p.17.
[②] Pettersson T. and Eck K., "Organized violence, 1989–2017", *Journal of Peace Research*, 2018, 55(4).

危机,大量平民流离失所,生活难以为继。

当国内政治冲突演变为军事冲突时,我们可以在一般意义上认为这个国家陷入了内战。在学术文献中,学者们则对"内战"有着更为严格的定义。比如,斯塔西斯·凯里维斯(Stathis Kalyvas)认为,内战是在一个公认的主权国家内部并且在敌对状态伊始时,同属于一个相同权力机构的各方之间发生的武装冲突。① 这一定义强调冲突的行为主体及其属性。詹姆斯·费伦(James Fearon)和大卫·莱庭(David Laitin)提出界定内战的三个条件:第一,冲突方是国家代理人和非国家行为体,后者的目标是控制政府、控制某个地区,或是通过暴力迫使政府改变政策,一场内战中至少存在两个冲突方;第二,一场冲突死亡人数总数大于1 000,且每年平均死亡人数不少于100人;第三,各方的死亡人数都至少大于100人(与种族屠杀和大规模国家暴力相区分)。② 这个定义在实际研究中更具有操作性,但是,僵化的数字"1 000"会将一些原本符合关键性指标的案例排除在外,因而不同学者在内战的操作化定义阈值上会采取不同标准。例如,尼古拉斯·塞班尼斯(Nicholas Sambanis)认为,应当将冲突首年死亡人数在500—1 000人的军事冲突也作为内战处理;如果首年没有达到500人,那么只有在接下来三年累计死亡人数达到1 000人的军事冲突才被列为内战。根据塞班尼斯的计算,1945—1999年全球共发生了145场内战,每场战争的死亡均值为143 883人。③

尽管学者们对内战定义的操作化层面存在一定的分歧,但可以确定几点。首先,内战区别于国家间战争,必须在一个国际社会公认的主权国家内部进行;其次,内战必须要有冲突,单向的暴力实施不能算作内战;最后,内战是成一定规模的,战争所引发的死亡人数必须有一个严格的界限,以便区别于恐怖主义袭击、社群暴乱等其他形式的政治暴力。

在此基础上,我们还需要辨析一些概念与内战的关系,包括政治暴力、革命、分离主义、族群冲突等。政治暴力是较为广义的概念,指国家行为体或非国家行为体使用暴力来达成某种政治目的的行为。以是否发生在一个主权国家边界以内是政治暴力行为最常见的分类标准。符合内战的政治暴力行为一定是发生在某国内部,但国内的政治暴力行为并不一定是内战,例如种族屠杀(参见本书第10章"族群冲突")。革命也是十分重要的冲突类型,广受学界关注。革命通常被看作内战的一大类型。内战对于冲突双方并没有限定,而革命的特点在于冲突的一方必须

---

① Stathis Kalyvas, "Civil Wars", in Carles Boix and Susan Stokes, eds., *The Oxford Handbook of Comparative Politics*, Oxford University Press, 2009.
② James Fearon and David Laitin, "Ethnicity, Insurgency, and Civil War", *American Political Science Review*, 2003, 97(01).
③ Nicholas Sambanis, "What is Civil War? Conceptual and Empirical Complexities of an Operational Definition", *Journal of Conflict Resolution*, 2004, 48(6).

是腐朽、没落的旧国家;从词义来看,内战是中性的描述,而革命则带有倾向性。针对革命中冲突的一方必须是国家的特点,我们也可以说革命的对象一定是腐朽、没落的旧国家,意在推翻旧有政权,并意味着对整个国家进行政治、经济、社会以及思想上的深刻变革(参见本书第9章"西方主要革命理论")。在内战的分类中,常常需要与革命进行区分的是分离主义(separatism)。分离主义在冲突伊始就包含着与革命不同的动机——分离主义致力于实现独立,往往与族群冲突和民族主义不可分割,分离主义运动即使成功也不会带来整个国家的变革,反叛者不太关心与本族群无关的区域发生什么或应该落实怎样的政治和社会制度。

此外,是否与族群相关,也是内战分类的重要维度。族群战争(ethnic war)和宗教战争(religious war)是最重要的身份战争(identity war),而族群战争又是现实中观察最多的案例。族群战争指的是对身份认同、边界和公民权有着不同认识的族群之间就权力关系有着不可调和的矛盾,进行竞争而导致的暴力冲突。然而对族群的界定并不是一件简单直接的事情,理论上,唐纳德·霍洛维茨(Donald Horowitz)解释族群是由其归属性差别所区分的,这些差别包括肤色、外形、语言、宗教以及其他关于其共同起源的指标;① 当然理论层面的指标在操作化阶段仍然会面临各种各样的问题。族群战争通常并不寻求控制整个国家,而是要改变自身族群的地位,通过暴力手段影响政府政策、政治权力分配,甚至是将整个国家分割,并控制相应的区域,实行自治或独立,因而族群战争往往与分离主义和民族主义分不开。②

相较比较政治学领域中的其他议题,内战是一个较为"年轻"的成员,20 世纪 90 年代初开始才有大量专注于内战的文献出现。对内战的关注主要出于以下两点原因。第一,随着冷战美苏争霸的结束,国家间战争鲜有发生;而许多国家和地区出现了权力真空,曾经被掩盖的矛盾开始爆发,国家内部冲突的频率和严重程度都显著增加,这使得包括政治学家在内的社会科学研究者们重新开始关注发展中国家的内部冲突,内战成为政治冲突研究的核心现实问题。第二,欧洲经验告诉我们,战争和现代国家建构之间存在一定因果关系,特别是在制度建设和经济发展层面。③ 但是现实世界的经验证据又提示,大多数后发国家并没能从战争中取得国家建构的成功。因此,与理论相悖的政治现实也引来研究者的关注。

---

① See Donald Horowitz, *Ethnic Groups in Conflict*, Updated Edition with a New Preface, University of California Press, 2001.
② 当然并非所有族群战争都是内战,例如反殖民运动也是某族群寻求政治地位的改善和自治的政治暴力现象,但并非发生在某个主权国家边界之内。
③ Charles Tilly, ed., *The Formation of National States In Western Europe*, Princeton University Press, 1975; Charles Tilly, *Coercion, Capital, and European States, Ad 990-1990*, Basil Blackwell, 1992; Daron Acemoglu and James Robinson, "Economic Backwardness in Political Perspective", *American Political Science Review*, 2006, 100(1).

对于内战的研究是方方面面的，包括对内战爆发、持续性、严重程度、终结的解释，对战后和平维持的分析，全球化对于内战的影响，等等。在这些众多研究议题中，对于内战原因的解释吸引了最多的学界关注。那么究竟是什么原因导致了内战？我们大致可以从三个方向进行分析：不公说、经济基础说和国家能力说。当一个国家内部的权力与财富分配如果带有明显的倾向性，那么这个国家就有爆发冲突甚至内战的可能性——"不公说"正是从公平的视角来分析内战的。"经济基础说"则强调人们参加武装反叛必须具备一定"经济机会"，否则理性的个体和组织是没有动机参与到对抗政府的行为中去的。而"国家能力说"是从国家的角度入手，认为正是国家能力的低下或缺失给予反叛以可乘之机，在秩序混乱的情况下发生了内战。本章以下各节将依次介绍这三种理论的主要架构及其机制，并加以评论。

第二节　为自身地位而进行的反抗——不公平与内战

对于内战的解释，从差异、不公和仇恨的出发是十分直观和自然的。在早期的文献中，人们普遍认为个体层面的不公平是导致暴力反抗的主要原因。"相对剥夺感"就是这样一个概念化的总结。泰德·格尔在他那本影响深远的《人为什么造反》一书中对"相对剥夺"（relative deprivation）进行了框释：各种形态的集体暴力源于人们的期望所得与实际所得之间的巨大现实差距，这种差距往往是以物质标准进行衡量的；而人们走向反叛是通过"挫败-进攻"（frustration aggression）的机制实现的。① 格尔的实证检验展示，在那些"相对剥夺指数"高于中位数的国家，例如多米尼加共和国、印度、巴西、尼日利亚和巴拿马，其动荡的指数也高于中位数。相对剥夺理论与美国当时的国内政治环境十分契合；在许多人看来，黑人对政府的反抗就是源自对白人主导的美国社会的集体宣泄。

不少学者也通过多种方式对"相对剥夺"理论进行了更为严谨的检验，对其解释力有所保留。例如，爱德华·穆勒（Eduard Muller）通过对美国艾奥瓦州发生的种族骚乱的研究发现，人们是否走向暴力由两个因素决定："对政府权威的低信任度……（以及）以往反政府组织的暴力行为所取得成就的巨大鼓舞，坚信同样的手段可以帮助自身的事业。当这两点被同时纳入对集体暴力的解释时，相对剥夺就显得无足轻重了。"② 此外，格尔的理论对于心理和情绪等非理性因素的强调，也在一定程度上忽视了反叛人群的行为也可能是出于人们理性计算的结果。还有研究

---

① See Ted Gurr, *Why Men Rebel*, Princeton University Press, 1970.
② Edward Muller, "A Test of a Partial Theory of Potential for Political Violence", *American Political Science Review*, 1972, 6(3).

提出了剥削这种心理存在被建构的成分，如亚历山大·波茨（Alejandro Portes）就质疑了"相对剥夺"的因果方向，认为相对剥夺与暴力程度可能存在反向的因果关系，即人们实际上是在参加了集体暴力的活动后，才对剥削有了主观上的感知。①

对于相对剥夺解释发起最猛烈攻击的是大卫·辛德（David Snyder）和查尔斯·蒂利（Charles Tilly）。两位学者提出，对现实的不满以及相对剥夺感普遍存在于各个社会，但是集体暴力行为却不是普遍存在的，这说明从个体感知到集体行动有一个重要的条件——反叛所需的资源和组织门槛。动员机制十分关键，相对散布一些笼统意义上的不满，革命和集体暴力的过程中更重要的是各种具体诉求和诉求得到的反馈。②

有关不公平与集体暴力之间关系的争论并没有完结，纯粹的以物质基础为解释的理论过于简化了群体行为，以族群和文化为视角的政治竞争成为重要解释机制。以英国历史上对凯尔特地区③的国家建构为例，迈克尔·赫克托（Michael Hechter）提出了"文化分工"（cultural division of labor）的概念，用来解释由文化差异与职业排斥（occupational exclusion）相重合的情况下所引发的积怨。英国南北方的地理环境差异造成了巨大的经济和政治差异，这种差异又被后来的罗马统治、诺曼人入侵以及英格兰在扩张时期所执行的文化歧视政策所加深。④ 到了工业化时期，这些差异演变成为核心区域对边缘区域的"内部殖民"。现代化理论声称，随着工业化过程的推进，族群差异能够被克服——"工业化刺激核心区域与边缘区域之间的各种经济、文化和政治互动……会带来诸多效果，如区域经济发展区域公平、国民文化的趋同。"⑤然而，赫克托却认为随着工业化的深入，各个地区的生产会高度专业化，边缘地区会日益依附于核心区域，发展出一种"依附模式"（dependent mode）。在这种"依附模式"下，边缘地方被限制在从属地位的社会角色中，生活在这些区域的人们则会坚持他们自身的文化传统和身份认同，以求得自我保护。"在这些具有文化分工特性的地区，政治诉求不会以社会阶级的形式出现，而是以族群的形式出现。"⑥可以看出，赫克托的"内部殖民"是一种结构性的理

---

① Alejandro Portes, "Leftist Radicalism in Chile: A Test of Three Hypotheses", *Comparative Politics*, 1970, 2(2).
② David Snyder and Charles Tilly, "Hardship and Collective Violence in France, 1830 to 1960", *American Sociological Review*, 1972, 37(5).
③ 凯尔特是一个文化概念，指英格兰以北的广大威尔士、苏格兰以及爱尔兰地区。
④ 罗马人为了抵御北方"蛮族"的入侵，修建了长城，人为地将英国分为两个截然不同的区域；诺曼人入侵英格兰后，一些诺曼贵族继续向北进发攻占土地，事实上脱离了伦敦的政治统治；当英国国力强盛开始扩张时，又执行了一系列的种族歧视政策。
⑤ Michael Hechter, *Internal Colonialism: The Celtic Fringe in British National Development*, Routledge and Kegan Paul, 1975, pp.343-344.
⑥ Ibid., p.345.

论，内部冲突的表现形式为族群基于资源的竞争。尽管由于很少涉及中观层面的制度，结构性理论并不能充分解释集体暴力的形成，但却有助于我们更好地理解宏观层面的历史演变。

直到 1985 年《冲突中的族群》一书出版，不满理论才有了较大的突破。霍洛维茨利用族群间的认知对比（cognitive comparison）发展出从不公、积怨到冲突的因果理论。霍洛维茨的研究案例是族群冲突频发的亚洲和非洲国家。作者首先将冲突的根源延伸到这些国家的殖民历史。由于地理、资源等自然条件的差异，殖民者会选择最有利于统治的区域作为殖民中心。处于殖民中心的族群在知识储备和经济分工方面，逐渐有别于生活在边缘区域的人群，成了所谓的"先进"（advanced）族群；而相对完整地保留了自身的政治、经济、文化传统的边缘地区的族群成了"落后"（backward）族群。殖民政策带来不同族群定位的不同，并强化族群间的对比和价值评估，不公也伴随着这一过程产生。① 当去殖民化被简化为建立独立自主的国家时，所有矛盾都围绕着由谁来控制国家机器展开："先进"民族强调他们更好地继承了西方文明，从而在社会中更有"价值"；而"落后"民族则坚持他们才是这片土地的原住民，从而具备了"合法性"。"落后"族群恐惧于他们永远无法与"先进"族群竞争，进而处于被统治的地位；"先进"族群担心一旦作出让步，作为少数的他们从此会受到不公正的对待。这种被制度建构的权力结构决定了冲突难以避免。《冲突中的族群》成为剖解族群冲突因果机制的关键性研究，构建了从"不公"到"积怨"再到"冲突"的完整理论解释。

由于霍洛维茨的研究并没有涵盖所有类型的族群关系，所以其理论的外部效度受到一定质疑。随着定量研究在政治学领域的兴起，学者们逐渐着手建立数据库，使用更加全面的证据来探寻不公平与暴力之间的关系。从 20 世纪 80 年代开始，格尔开始对族群问题进行系统性的数据收集，形成了颇有影响的"风险中的少数族群"（minorities at risk，MAR）数据库。基于这一资料，格尔陆续发表了一系列关于族群抗争的研究。1993 年，他通过对在 90 个国家中的 227 个族群的系统分析，综合其创立的"相对剥夺理论"和蒂利的群体动员理论，得出结论："对于本族群地位的不满而引发的积怨，以及由族群领袖和政治企业家发起，并且由情境决定的对政治利益的追求，两者共同激发了族群的抗议与反叛。"② 简而言之，积怨和政治动员两个变量决定了政治行动的整体过程。但是，格尔并不认为两者同等重要。积怨仍然是政治动员的基础："客观条件，如贫穷、歧视以及失去自主权，决定了领

---

① Donald Horowitz, *Ethnic Groups in Conflict*, *Updated Edition with a New Preface*, University of California Press, 2001.
② Ted Gurr, "Why Minorities Rebel: A Global Analysis of Communal Mobilization and Conflict since 1945", *International Political Science Review*, 1993, 14(2).

导者们是否能成功动员集体行动。族群间差异越大，领导者们越容易从处于劣势和受到威胁的族群中招募成员。"①同时，我们也应该意识到格尔数据库存在的明显问题，即它只收录了"少数族群"的冲突状况。比如，数据库只包含了伊拉克的逊尼派穆斯林和分布在东南亚各国的华人等优势少数族群，并没有涵盖另外一些优势多数族群。那么研究者在使用这些"不完整"数据时，就会带来一些结果上的偏差。但是，"不公说"的经典文献依然给我们呈现了理解集体暴力的重要视角，也为之后的理论创新打下了坚实的基础。

当然，在理解群体和群体之间关系时，并非仅限于族群或种族。研究者有必要从更为宏观的角度来看群体，包括我们所熟悉的具有重要的解释意义的阶级、性别等。斯考切波在对革命定义时就强调其阶级反抗的属性。霍洛维茨在讨论族群冲突时，也花了重要篇幅来讨论不同阶级结构下族群关系的差异。性别也是重要的解释因素，通常认为一个国家内部年轻男性的比例越高，发生冲突的风险就越高，当然因为人口比例本身基本是个常量，所以其并不能说明问题。从理性选择路径在分析潜在反叛者的机会成本时，最常见的测量指标就是男性中学入学率，男性中学入学率的提高能较显著地降低内战爆发的可能性。同时，从社会结构的分析路径来看，性别平等程度对于内战的风险也有显著影响。玛丽·卡布里奥里（Mary Caprioli）强调社会结构中女性地位所隐含的文化意义，她提出性别平等一方面会在暴力组织动员大众参与时形成阻力，另一方面也会降低对暴力的社会容忍度。卡布里奥里通过对 1960—2001 年的面板数据进行检验发现，性别不平等越严重的国家越容易遭受内战。②

第三节　寻求反叛的机会——经济理性与内战

秉持经济理性说的学者认为，不公导致的不满并非导致冲突的原因，反叛需要建立在一定的经济动机上，反叛机会（opportunity of rebellion）是行动的必要条件。20 世纪 90 年代初，世界银行组织了一批经济学家研究长期困扰发展中国家的内战成因，其中牛津大学的发展经济学家保罗·科利尔（Paul Collier）是主要的代表。经济理性主义者认为"不满"更多的是反叛者合理化其行为的一种说法，热衷政治动机解释的观察者把反叛者奉为英雄，但实际上这种利己的不满很值

---

① Ted Gurr, "Why Minorities Rebel: A Global Analysis of Communal Mobilization and Conflict since 1945", *International Political Science Review*, 1993, 14(2).
② Mary Caprioli, "Primed for Violence: The Role of Gender Inequality in Predicting Internal Conflict", *International Studies Quarterly*, 2005, 49(2).

得怀疑。① 实际上,反叛者是会算计并做出策略决策的理性行为体。反叛者对成本收益的计算决定了内战爆发的概率。反叛者的成本为内战前的人均收入,而收益则为反叛成功后所获得的物质利益奖赏。科利尔和他的学生安克·霍夫勒(Anke Hoeffler)在《内战的经济原因》一文中,通过对 1960—1992 年所有内战的观察和分析发现导致内战的原因主要如下。第一,人均收入越高,内战爆发的可能性越小,这是因为高收入增加了反叛的机会成本。第二,自然资源禀赋与内战呈现倒 U 形关系——资源禀赋处于两极的国家发生内战的可能性很小,而位于两者之间的国家却较易爆发内战:因为当一国完全没有自然资源时,潜在的反叛分子无法从中获取物质收益,所以发动冲突的动机很弱;当自然资源逐渐增加时,会对反叛分子产生巨大吸引力,但此时政府抵抗反叛的能力尚有欠缺;而当国内资源极大丰富时,国家凭借资源可以建立一套运转良好的国家机器来应对反叛。第三,国内人口数量与内战的可能性成正相关。人口众多反映了国家内部的文化差异,从而加大了族群间冲突的可能性,这种冲突往往是以分裂为主要表现形式的。第四,族群语言的分化程度是反叛的协调成本的指标,与内战的关系并非线性。族群高度分化或高度同质化都会造成反叛协调成本的增加,降低冲突的可能性;最容易出现反叛的是国家内部呈现族群两极化的情况。② 他们的研究不但提出了内战的成本收益理论,也同时批判了持"不公说"导致内战的主要解释变量——族群语言分化程度。

传统的"不满"理论认为民族宗教分野、政治压制和不平等是导致内战的原因。经济理性主义则从不同的角度看待族群差异,认为并非积怨诱发内战。在《内战中的贪婪与不满》一文中,科利尔和霍夫勒进一步将经济决定论引入了一个新的高度,即内战中反叛者的动机是贪婪,而不是对政治体制及社会的不满。他们对161 个国家 1961—1999 年的面板数据进行分析,以预测五年为单位的内战爆发可能性,发现人均收入和经济增长显著降低了内战爆发的可能性。高收入提升了政府的税收,使其可以投入更多的精力去应对反叛;同时高收入也增加了入学率,受教育程度提高的直接后果是提高了潜在反叛者的机会成本。另外,作为反叛者收入的重要组成部分——自然资源与内战爆发成非线性关系。以初级商品出口占国内生产总值的比重为指标,当这一比例为 32% 时,内战最有可能爆发;但一旦超过这个值,内战爆发的可能性就会递减。科利尔和霍夫勒给予的解释与他们之前的观点一致:与叛军一样,政府对自然资源也有极大的需求,当一国的自然资源极大

---

① See Paul Collier, *The Bottom Billion: Why the Poorest Countries Are Failing and What Can Be Done about It*, Oxford University Press, 2007.
② Paul Collier and Anke Hoeffler, "On Economic Causes of Civil War", *Oxford Economic Papers*, 1998, 50(4).

丰富时，政府收入也会随之飙升，这些收入就会转化为对抗叛军的能力。①

在科利尔和塞班尼斯合编的《理解内战》一书中，两位学者将经济驱动学说进行了总结："我们将反叛看成可以通过抢掠（looting）产生利益的产业。在这个框架中，叛乱者与土匪、海盗没有区别，他们受贪婪所驱动。所以，解释反叛行为的应该是产生利益机会的环境，而不是人们的动机。"②换句话说，两位学者强调的是有利于反叛的内外部条件。基于这样的假设，科利尔和霍夫勒将反叛者的外部条件分为三类：资金支持（对自然资源的掠夺、海外居民的筹款，以及国外敌对政府的资助）；反叛主体的成本（男性中学入学率、人均国内生产总值、经济增长率）；军事优势（人口分布、地理环境）。通过对1960年到1999年间所有内战的统计分析，他们发现这些测量机会成本的变量对内战爆发的影响几乎全部都是显著的；反观较为常用的不满（grievance）指标，除了族群支配地位（ethnic dominance）与内战之间存在紧密关系外，不平等、政治权力、族群分化、宗教分化这些变量与内战的关系在统计上均是不显著的，而族群支配地位在这里被看作了协调集体行动难易程度的指标，而非不满的测量。

科利尔的经济说为我们对于内战的理解开创了新的路径，不仅从案例上更为丰富，在逻辑上也更为严密。但是，科利尔的研究在变量和方法上仍有一些值得商榷的地方。近十几年，内战领域的各类研究也对这些问题进行了纠正和发展。

第一，分析单位的偏差。科利尔利用国别数据推导出内战爆发原因的假设是建立在个体动机的假设基础之上的，存在着分析单位的错配。特别是在考虑到与族群相关的内战时，一个常识性的逻辑是，参加反叛的是组成族群的个体，而不是抽象的族群。所以，族群应当是一个变量，而不是一个常量。在2013年出版的《不平等、不满与内战》（Inequality, Grievance and Civil War）一书中，拉斯-艾瑞克·塞德曼（Lars-Erik Cederman）等学者针对发展经济学家的对"不满"解释的批评进行了系统性的回应。他们提出，批评者们的结论"源自不恰当的理论假设和有问题的经验操作……绝大多数的当代内战研究将分析单位放在了国家层面……尽管有学者引入了微观的分析，但是大多数研究者在实践中却偏离了这个方向"③。基于这种判断，塞德曼折中了宏观和微观的分析路径，将分析单位定位为"族群"这一中观对象。族群需要经历以下四个步骤才能达到政治上的自我觉醒：群体认同

---

① Paul Collier and Anke Hoeffler, "Greed and Grievance in Civil War", *Oxford Economic Papers*, 2004, 56(4).数据为1960—1999年间的78次内战。
② See Paul Collier and Nicholas Sambanis, eds., *Understanding Civil War: Africa*, Vol. 1, World Bank Publications, 2005.
③ Lars-Erik Cederman, Kristian Skrede Gleditsch and Halvard Buhaug, *Inequality, Grievances and Civil War*, Cambridge University Press, 2013.

(group identification)、群体对比(group comparison)、对不公的自觉(evaluation of injustic),以及框释和归咎(framing and attribution of blame)。当族群中的个体认识到他们苦难的根源来自国家政权时,政治企业家、知识分子和政治异见者就会趁势发动对群体的政治动员,并提出政治诉求。面对挑战,如果国家继续实行原有政策或采取暴力镇压的手段,内战就很有可能爆发。他们以群体未分析单位的中观视角,将"不满"的概念进行了区分和细化,提出了横向不平等(horizontal inquality)的概念,以区分个体层面的纵向不平等(vertical inequality)。①

第二,研究设计的内生性问题。内生性问题在科利尔的研究里有两种表现形式。一是经济与内战。虽然贫穷可以引发战争,但只要战争爆发,这种因果关系就会逆转,也就是通常所说的内生性问题。以1991年的克罗地亚为例,90%的国家预算用于战争,20万人被征兵,这些都严重阻碍了经济增长。刚果民主共和国分别在1996—1998年和2002年经历了两次内战。根据2004年的调查,共有超过300万人丧生。这其中只有近10%的人口直接死于暴力冲突,而绝大多数人口都是丧生于战争所引起的饥荒和传染病。② 二是资源与内战。科利尔等学者将一国资源出口总量占国内生产总值的比例作为该国是否依赖资源行业的标准,并由此来判断一国发生内战的可能性。但正如有些持不同观点的学者指出通常一个国家在正式符合内战标准前的一段时期内,就会先发生一些小规模冲突,造成特定产业被迫逐渐出走,这些产业更多的是流动性相对较好的制造业和服务业,这就客观上造成了政府只得依赖流动性低、与本地资源禀赋相关的行业。并且,一些政治较为动荡的国家由于无法吸引外部投资,也不得不转向资源出口,让我们观察到自然资源与内战的相关关系。③

第三,概念操作化的失误。支配性族群并不是数量概念,而是政治概念;并且,分析单位不应放眼整个国家,而应比较不同地区间即次国家级的差异。科利尔和霍夫勒虽然排斥族群本身对内战的影响,但是当国家内部的主体族群成为支配性族群后(人口数量占全国的40%—45%),战争的可能性就会大幅增加。然而,原南斯拉夫境内占主体的塞族人在1991年时只占全部人口的36.1%,但这并未影响他们在国家内部占据了优势地位。④

---

① Lars-Erik Cederman, Kristian Skrede Gleditsch and Nils Weidmann, "Horizontal Inequalities and Ethno-Nationalist Civil War: A global Comparison", *American Political Science Review*, 2011, 105(3).
② Coghlan, *Mortality in the Democratic Republic of Congo an Ongoing Crisis*, International Rescue Committee, 2007, https://www.rescue.org/sites/default/files/document/661/2006-7congomortalitysurvey.pdf.
③ 参见 Michael Ross, "What Do We Know about Natural Resources and Civil War", *Journal of Conflict Resolution*, 2004, 41(3)。
④ Stathis Kalyvas and Nicholas Sambanis, "Bosnia's Civil War: Origins and Violence Dynamics", in Paul Collier and Nicholas Sambanis, eds., *Understanding Civil Wars: Evidence and Analysis*, 2 vols. World Bank, 2005.

第四节 国家的瘫痪——国家能力与内战

"国家能力"是政治学者耳熟能详的术语,对于内战的解释也有着重要的意义,很大程度上决定了叛乱者发动内战的可行性。不难理解,从常理来看国家的强制力对于维持内部秩序十分关键(参见本书第1、2章)。但这里所指的国家能力并不仅限于通常所认为的国家武装力量,而是全面的国家能力,包括迈克尔·曼(Michael Mann)将国家能力所分解为的强制力和建制力。[①] 秉持国家能力说的学者提出,政府尤其是中央政权,由于种种因素在强制力和建制力上的不足都会带来内战风险的提高。

斯坦福大学政治系教授费伦和莱廷在2003年合作的颇有影响力的论文《种族、叛乱和内战》中提出:"那些在财政、组织以及政治层面上弱小的中央政府由于地方警力的缺失、不力或是反制措施的失效,更容易招致内战。"在对跨度为45年(1945—1999年)的127场内战进行分析后,弗伦和莱廷的研究结果与科利尔和霍夫勒相仿,他们通过面板数据分析,认为族群宗教分野、收入差距这些与不满相关的变量与内战的相关性几乎为零,否定了族群和宗教多样性等不满指标是导致内战的原因。在进一步细化的分析中可以看到,在那些最贫穷的国家,即使族群构成高度同质,也可以观察到暴力冲突频发,这说明国家内部族群构成并不能解释战乱。他们提出,国家能力的强弱才是判断内战爆发可能性的重要因素,而且可以说是最重要的因素。造成国家能力低下的因素包括:贫穷、政治不稳定、偏远的地理位置以及大量人口。在弗伦和莱廷的论述中,"国家能力"是一种控制力:首先,弱国家的政府无法区分平民与反叛人员,这一点在偏远山区表现得尤为明显;其次,由于国家没有能力支付军费,军队常常被鼓励进行抢劫,平乱反而引起了更大规模的混乱。弗伦和莱廷总结道:"那些被贫穷、众多人口以及能力低下所困扰的弱国家,才是预测内战发生的更加有效的指标,而不是族群和宗教的分化程度,那些用来测量不满的指标,如经济不平等、民主缺乏、公民自由缺乏,或是国家针对少数族群在宗教和语言方面的歧视,都不能很好地预测内战的发生。"[②]

在弗伦和莱廷之后,涌现了众多利用国家能力的视角来研究内战的定量研究。例如,迈克尔·多伊尔(Michael Doyle)和塞班尼斯通过对151个案例的研究向人

[①] Michael Mann, "The Autonomous Power of the State: Its Origins, Mechanisms and Results", *European Journal of Sociology (Archives européennes de sociologie)*, 1984, 25(2).

[②] James Fearon and David Laitin, "Ethnicity, Insurgency, and Civil War", *American Political Science Review*, 2003, 97(1).

们证明了一个有效的政府对内战的结束也是至关重要的。他们认为,结束战争的有效途径就是政府有能力向大众提供一个相对安全的环境,并能建立起防止冲突再次发生的一系列政治和经济制度,如为战斗人员妥善安排工作、为平民提供实现再生产的物质保障等措施。①

个案研究也对国家能力说进行了支持,赛斯·琼斯(Seth Jones)对阿富汗案例的研究佐证了国家能力与内战的因果关系。琼斯认为,塔利班政权被清除后的国家能力低下是导致战后阿富汗叛乱频发的主要原因。琼斯首先驳斥了"机会成本"论和"不满"论。如前所述,"不满"理论的一个重要支点就是族群间的隔阂。但是,琼斯通过大量的访谈和文本证据向人们展示,阿富汗的族群分化并非内战的缘由。② 在2004年总统大选中,时任总统哈米德·卡尔扎伊(Hamid Karzai)不仅获得了主体民族——普什图族的支持,也获得其他少数族群的支持;另外,在2007年美国国务院展开的一项民意调查结果显示,85%的受访者认为阿富汗作为一个统一的国家对他们至关重要。③ 同时"机会成本"解释也不适用于阿富汗。以科利尔为代表的"机会成本"论者认为,反叛者是理性的个体,他们会权衡得失,而反叛的"回报"常常是"可抢掠的自然资源"。这让人很自然地想到在阿富汗获取罂粟所带来的经济收益是反叛者追求的目标。但有证据表明,首先,塔利班政权对罂粟采取明令禁止的政策;其次,美国发动阿富汗战争的第二年(2002年),阿富汗的罂粟种植远未成规模;最后,塔利班在倒台后的主要资金来自伊斯兰世界某些势力的捐助,而非毒品。造成阿富汗战争后鸦片泛滥的时间恰恰是内战爆发之后——中央政府能力低下,纵容了地方军阀追求高额利益,进行大规模毒品走私,并且同时鼓励农民种植鸦片。在阿富汗的案例中,国家能力与内战的关系体现在如下两个方面。第一,塔利班政权倒台后,阿富汗政府无法建立起一套完整的国家机构,政府无法从大部分地区获取税收,造成国家财政收入举步维艰,国家既无资源也缺乏能力为普通民众提供服务。第二,国家强制力的低下造成阿富汗全国法制缺失、秩序混乱。阿富汗绝大部分地区的警力极度匮乏、枪支短缺。在正常社会秩序无法维持的状况下,国家只得借助地方军阀。但明显的负面效果是,这些军阀借此机会扩大了自己的势力,扩充军备、攫取当地利益,进一步加剧了内部冲突。④

弗伦和莱廷开创的"国家能力"视角给内战的研究者提供了很好的理论构建空间,但在面临个别案例时仍会显得束手无策。比如,卡莱斯·鲍什(Carles Boix)认

---

① See Michael Doyle and Nicholas Sambanis, *Making War and Building Peace: United Nations Peace Operations*, Princeton University Press, 2006.
② Seth Jones, "The Rise of Afghanistan's Insurgency", *International Security*, Vol. 32, Issue 4, 2008.
③ U.S. Department of State, "Afghanistan: Closer to One Nation Than a House Divided", Washington, D.C.: Office of Research, January 29, 2007, pp.1, 3.
④ Seth Jones, "The Rise of Afghanistan's Insurgency", *International Security*, Vol. 32, Issue 4, 2008.

为:"如果完全认为内战是由于国家无法对山区等偏远地方实行管控所导致的,那么我们就无法解释为什么同样是地处众多山区的瑞士和挪威,在过去150年没有发生过内战。"①事实上,弗伦和莱廷的理论确实在区分贫困、地理位置以及内战三者的关系上存在一定缺陷。因为我们有理由相信,偏远地区常常同时具备收入低下和难以被国家能力所投射这两种特点。所以至少在理论上,对于偏远山区与冲突之间的正相关关系,我们既可以认为是收入低下导致反叛成本低,从而引发内战;也可以认为是由于国家无法对山区实行有效控制,国家能力弱,所以导致叛乱发生。因而有关国家能力与内战关系的研究必须要在逻辑上进行重新构建才能摆脱这种模棱两可的境地。

有一些学者反向考察了战争对国家能力的影响。一些学者显然更为重视国家的建制力,如蒂莫西·贝斯利(Timothy Besley)和托斯坦·泊松(Torsten Persson)就提出,"国家能力的核心是国家汲取税收从而投入到公共物品和市场交换两个领域的能力"。他们通过对180个国家从1945年到1997年间所有战争的统计回归分析发现,内战造成了与外战(国家间战争)截然不同的影响:国家间战争使国内不同群体的利益得到整合,而国家内部战争则造成群体间利益的相互冲突。所以,战争对象的不同最终会导致国家的财政能力呈现出迥异的分布。② 贝斯利和泊松在2010年发表的一篇文章中进一步讨论了不同战争类型对国家能力的影响,利用形式模型展示了国家能力的欠缺是如何内生于国内冲突的。贝斯利和泊松认为,内战极大地减少了国家对与国家能力极为相关的领域进行投资,如财政机构以及市场规范,而当一国国内的自然资源较为丰富时,这种消极作用就会表现得尤为突出。③ 所以,贝斯利和泊松的理论尤其适用于那些刚刚经历过战争、亟须进行国家建构的国家。

哈佛大学教授罗伯特·贝茨(Robert Bates)用另一种思维阐释了国家作为主体如何造成内部矛盾不断激化,使国家机器一步步走向崩溃,最后陷入战乱。④ 贝茨提出,政治秩序的瓦解是国家失败的主要原因。国家作为一个能动的行为体,其基本职责应该是向大多数人提供公共物品(public goods),而非私有产品(private goods)。而反观内战前的一些非洲国家,内部矛盾已经到了一触即发的地步。当

---

① Carles Boix, "Civil Wars and Guerrilla Warfare in the Contemporary World: Toward a Joint Theory of Motivations and Opportunities", in Stathis Kalyvas, ed., *Order, Conflict, and Violence*, Cambridge University Press, 2008.
② Timothy Besley and Torsten Persson, "Wars and State Capacity", *Journal of the European Economic Association*, 2008, 6(2-3).
③ Timothy Besley and Torsten Persson, "State Capacity, Conflict, and Development", *Econometrica*, 2010, 78(1).
④ Robert Bates, *When Things Falling Apart—State Failure in Late Century Africa*, Cambridge University Press, 2015.该书第一版于2008年出版。

然"政治秩序"对内战的解释也有如下两点值得商榷。首先对非洲国家而言，自然资源是独立于国际经济衰退独立存在的，所以，研究者仍然需要辨析非洲国家的出口构成，以及国内自然资源用于出口的比例。其次以政治秩序为基础的国家能力与内战之间的时间顺序需要进一步讨论。对于有些在短期内经历第二次战争的国家，研究者需要分辨首次战争造成的政治紊乱对第二次冲突的影响。

第五节 结论与未来研究方向

通过围绕内战发生机制的"不公说""经济基础说"以及"国家能力说"的评述，我们接触到一些关键词，如不满、机会成本、国家能力，这些概念及其组成的理论帮助我们理解了内战的成因，也让我们意识到内战爆发的复杂性。而对于内战机制的研究，远不仅限于其发生机制，还包括内战的严重程度、暴力手段、持续时间、战争过程中的信息沟通、不同群体或组织之间的关系和互动、和平谈判、战后秩序重建、内战终结等议题。① 例如有研究对 1960—2000 年的大规模内战进行分析后就发现，冲突的持续与冲突之前的社会结构和冲突过程中的环境状况存在着系统性的关联，战前人均收入较低、严重的不平等状况和一定程度的族群分裂都会造成战争持续时间更久，而初级产品出口价格的下降和外部军事干预则会缩短内战时间。② 还有研究则发现，地理因素与反叛者的战斗能力对冲突的持续时间起到了决定作用，距离政府驻地很远、处于国界线并且所在区域有着珍贵矿藏的地方发生的内战持续时间会长得多。③ 凯瑟琳·格拉斯梅尔（Katherine Glassmyer）和塞巴尼斯的研究则关注反叛组织被吸纳到军队的协议能不能有效地终结内战，防止冲突的再次发生。④ 他们的研究对内战过程、终结和是否再次发生的关注，从不同的角度深入探究了冲突的机制，并且在战后维和的政策领域有着重要的借鉴意义。

---

① 具体可以参考 Dylan Balch-Lindsay and Andrew J. Enterline, "Killing Time: The World Politics of Civil War Duration, 1820-1992", *International Studies Quarterly*, 2000, 44(4); Nils W. Metternich, "Expecting Elections: Interventions, Ethnic Support, and the Duration of Civil Wars", *The Journal of Conflict Resolution*, 2011, 55(6); Halvard Buhaug, Scott Gates and Päivi Lujala, "Geography, Rebel Capability, and the Duration of Civil Conflict", *The Journal of Conflict Resolution*, 2009, 53(4); Shanna A. Kirschner, "Knowing Your Enemy: Information and Commitment Problems in Civil Wars", *The Journal of Conflict Resolution*, 2010, 54(5)。
② Paul Collier, Anke Hoeffler and Måns Söderbom, "On the Duration of Civil War", *Journal of Peace Research*, 2004, 41(3).
③ Halvard Buhaug, Scott Gates and Paivi Lujala, "Geography, Rebel Capability, and the Duration of Civil Conflict", *Journal of Conflict Resolution*, 2009, 53(4).
④ Katherine Glassmyer and Nicholas Sambanis, "Rebel: Military Integration and Civil War Termination", *Journal of Peace Research*, 2008, 45(3).

对于内战的研究既有建立在定量数据集基础上的统计分析,也有依托定性资料的典型案例剖析,融合了政治经济学和比较政治学等领域的各类理论模型,成为当前政治学研究中兼具理论意义和现实意义的重要领域。我们在学习现有研究、利用它们理解内战的同时,也应该意识到这一领域尚存众多改进的方向,近来的一些研究也尝试在主流解释之外提出突破性的理论,其中较为重要的议题主要有如下三个方面。

首先,在政治学研究科学化的风潮影响下,当前对内战的研究更多精力放在定量分析上,这当然有助于提升理论的外部有效性,更好地探索普遍规律,但也会忽略一些"有趣"的故事。比如,内战中的暴力程度是有差异的,构成了内战不可或缺的部分,但对暴力的研究在以上三类主流视角中是缺位的。近年的一些研究降低分析单位,将内战看作一个动态的过程。以凯里维斯的研究为例,针对暴力程度他提出了"控制-合作"模型(control-collaboration model),将对抗区域按照实际被控制程度划分为全面掌控区、力量主导区以及双方焦灼区,从而发现暴力的程度也是按照以上划分由弱到强递增的。凯里维斯的研究是内战研究的分水岭,他提出的内生动力(endogenous dynamics)极大地影响了学者的研究议程。事实上,有关内战的中观层次研究正在成为这个领域的主流。①

其次,无论从经验出发,还是从逻辑上推导,国际因素都是不能被忽视的。例如,一般认为处于民主化过程中的国家会更容易发生内战。有研究发现,对于处于民主化过程中的国家,大量的国际经济援助通过解决政治承诺和不确定性,扮演了保护伞的作用,防止这些国家发生内战。还有学者通过对1811—2000年近两百年的以固定地域为分析单位的战争进行研究发现,帝国和民族国家的出现是人类现代历史上两种最重要的制度转型,而这两次转型都会带来频繁的战争。② 国际体系的变化与内战有着紧密的关系——学者对从1944年到2004年中所发生的147场内战进行分析后,发现冷战对战争双方所采取的战争类型起到了决定性的作用。③ 类似的国际因素还包括全球化的影响、第三方介入、难民问题等。我们期待在国际体系产生深刻变革的今天,能够涌现出更多的相关研究。

最后,我们对个体如何参与到大规模集体暴力行为的机制仍然一知半解。奥尔森告诉我们,集体行动不会轻易形成,因为理性的个体只愿意享受行动带来的收益,而不愿承担行动的代价。具体到内战这种高风险的暴力行为,人们为什么会参

---

① Stathis N. Kalyvas, *The Logic of Violence in Civil War*, Cambridge University Press, 2006.
② Andreas Wimmer and Brian Min, "From Empire to Nation-State: Explaining Wars in the Modern World", *American Sociological Review*, 2006, 71(6).
③ Stathis Kalyvas and Balcells Laia, "International System and Technologies of Rebellion: How the End of Cold War Shaped Internal Conflict", *American Political Science Review*, 2010, 104(3).

加?如果集体行动如此困难,有组织的暴力行动就更是难上加难,因为反叛失败后的代价十分高昂。然而,对于一些特定群体,组织不会使用选择性的利益诱导(selective incentive),而是直接采取暴力恐吓的方式。有研究将视角投向内战中的儿童,因为在非洲诸多冲突中都有儿童群体参战。从逻辑上讲,儿童在体力、判断力等作战要素方面都要逊于成年人,但是为什么反叛组织却"热衷于此"?通过对乌干达内战的研究,贝伯和布莱特曼发现儿童群体更容易在受到恐吓的情况下服从命令,而成年人则需要使用更为复杂的经济利益来使其加入反叛中。① 另外一些研究表明,人们还可以以一种"超物质"的方式克服集体行动的困境。伊丽莎白·伍德(Elizabeth Wood)利用翔实的田野调查,展示了为什么萨尔瓦多的大量贫苦农民参加了反政府行动。她发现,农民并不是仅仅为了土地而战,他们更是"享受其中的行为体"(pleasure of agency)。这些农民深信,通过暴力反抗,他们获得了"创造历史、匡扶正义"的骄傲感和满足感。② 汉佛莱与韦恩斯坦研究塞拉利昂内战,使用问卷方法揭示了个体为何加入武装组织,发现不公平、经济驱动以及社会压力等因素都起了一定作用。③ 以上研究从不同的角度描绘了人们参加集体行动的不同路径,但是类似的研究目前仍然比较有限,所以我们期待有更加丰富的案例来展现内战中个体的动机,以及考察他们参加集体暴力的机制。

扩展阅读

[1] Donald Horowitz, *Ethnic Groups in Conflict*, University of California Press, 2000.

该书是关于族群政治和族群冲突的集大成之作,对后续研究影响深远。霍洛维茨在书中对族群认同、身份转变、族群身份所伴随的权力和利益冲突,都有精彩的论述。一方面为研究者提供了大量有价值的研究问题和理论假设;另一方面其所述案例之丰富、史学知识之深厚也令人叹为观止,为后续研究者提供了一幅跨历史、跨区域的族群图景和研究素材。

[2] Stathis Kalyvas, *The Logic of Violence in Civil War*, Cambridge University Press, 2006.

与以往研究不同,凯里维斯开创了以暴力为核心的分析,以解答"为何如此凶

---

① Bernd Beber and Christopher Blattman, "The Logic of Child Soldiering and Coercion", *International Organization*, 2013, 67(1).
② See Elizabeth Wood, *Insurgent Collective Action and Civil War in El Salvador*, Cambridge University Press, 2003.
③ Macartan Humphreys and Jeremy M. Weinstein, "Who Fights? The Determinants of Participation in Civil War", *American Journal of Political Science*, 2008, 52(2), pp.436-455.

残的暴力会在特定的时间、区域、针对特定的对象发生"。凯里维斯以希腊内战为案例，运用详尽的叙事手段和比较方法，将内战内部的暴力看作一个动态过程，提出了著名的内生动力概念，暴力的运用不是简单的单向的暴力实施，其中蕴含了控制、示威、交流等策略的运用。不论是从理论、实证还是方法上看，该书都是中观层面研究内战的里程碑作品。

[3] Robert Bates, *When Things Fell Apart: State Failure in Late-Century Africa*, Cambridge University Press, 2008.

失败国家无疑是内战高风险国家，但究竟什么是失败？为何会出现失败？该书提出政治秩序的瓦解是国家失败的关键。1975—1995年，非洲部分国家就经历了从秩序瓦解到内战爆发和蔓延的过程：首先，世界性的经济危机造成了非洲国家的出口大幅下降，导致政府收入减少，从而诱导政府从一个"保护者"变为"掠夺者"；接下来，受到第三波民主化的影响及其带来的合法性危机，执政者认为自身的政治前景十分暗淡，与其"坐以待毙"不如使用暴力垄断对自然资源的占有；最终，当统治者打破与民众之间的"均衡"时，民众便拿起武器寻求自保、与政府对抗。以往研究大多将"失败"和"政治秩序"视为给定的结构性条件，而该书则对国家能力的源头进行了分析，是一部不可多得的政治学经典。

[4] Lars-Erik Cederman, Kristian Skrede Gleditsch, and Halvard Buhaug, *Inequality, Grievances and Civil War*, Cambridge University Press, 2013.

该书是对"不满"理论的一次升华。"不满"常常被学者攻击，因为它缺乏从不满到行动的因果链条：不满常常存在，而暴力却不是普遍现象。塞德曼等人将分析单位定位于族群，以横向不平等作为重要指标，以便对比不同群体之间的差异。该书揭示了从集体不满到武装冲突之间的理论图谱，并呈现作为制度捍卫者的国家与遭遇不平等的族群之间的互动。

第四编
比较政治经济研究

第 12 章
西欧早期现代化的经验

无论是发达国家还是发展中国家,其现状都不是与生俱来的,而是政治社会在历史过程中长期发展和沉淀的结果。当今各类关于国家发展和治理问题的讨论,某种程度上都是用已实现现代化的西方国家作为背景来讨论。而在提及发展问题时,西方国家更是成了发达国家的代名词,诸多学者最先思考的问题是:当今的发达国家和发展中国家的差异是如何形成的?贾雷德·戴蒙德(Jared Diamond)提出了著名的命题:为什么是西班牙殖民者去侵略其他地区而不是相反?① "大分流之谜"和"李约瑟难题"都指向了这样的疑惑:为什么在 16—19 世纪只有在西欧出现了技术革命,中国或者"东方世界"为什么在这个时候落后了?② 要思考和回答这个问题,我们需要重新梳理和审视现代化的概念,回到"西方世界兴起"的初期,去察看西欧兴起的过程,或者说"西欧"何时以及如何成了"西方"的历程。

第一节 何谓发展:早期现代化维度和概念

早期现代化指代了地理大发现以来西欧率先突破马尔萨斯陷阱,实现了经济飞速发展的过程。现代化是一个跨学科的研究,因此要全面系统地理解现代化的内涵,就需要基于一个综合性的视角来汲取各个学科所提供的"真相的碎片"。现代化研究的文献数量非常多,对于现代化的定义也因研究者的学科或者偏好而不尽相同。因此现代化的定义非常多,按照现代化的不同维度可以分为如下几个方面。

第一是经济学维度对于现代化的定义,它们通常围绕着经济增长和工业化展开。威廉·刘易斯(William Lewis)将现代化视作农业剩余劳动力向制造业转移,

---

① 参见[美]贾雷德·戴蒙德:《枪炮、病菌与钢铁》,谢延光译,上海译文出版社 2006 年版。
② 参见[美]彭慕兰:《大分流:欧洲、中国及现代化世界经济的发展》,史建云译,江苏人民出版社 2010 年版;[美]杰克·戈德斯通:《为什么是欧洲?世界史视角下的西方崛起(1500—1850)》,关永强译,浙江大学出版社 2010 年版;[英]李约瑟:《文明的滴定》,张卜天译,商务印书馆 2016 年版。

不断减少传统农业部门的重要性，建成一个发达资本主义社会的过程。① 罗斯托（Rostow）同样将现代化视作一个经济迅速发展的过程，这个过程伴随着新工业的不断发展和农业商品化的过程。② 西蒙·库兹涅茨（Simon Kuznets）从经济学角度提出了现代化的六个特征：(1)人均产值和人均增长率很高；(2)生产力提高很快；(3)经济结构转变的速度快；(4)有紧密联系而且极为重要的社会结构及其意识形态也迅速变化；(5)运输和交通能力足以拓展到世界上其余地区；(6)经济增长的传播。③

第二，政治学维度对于现代化的定义偏重于政治发展。贾恩弗朗哥·波奇（Gianfranco Poggi）将现代化进程视作人类社会进化的主要环节，近代国家的起源和发展构成了这一环节中最显著的方面，即国家建设的过程。④ 塞缪尔·亨廷顿（Samuel Huntington）将政治现代化视作一个权力集中、扩大或分散的过程。⑤ 布莱恩·唐宁（Brian Downing）把现代化定义为小型、分权的自给的封建领主被大型、财政集中的、用先进装备与昂贵武器武装自给的君主代替的过程。⑥ 弗朗西斯·福山（Francis Fukuyama）则用国家建设、法治和负责任政府三个维度去考察政治发展与政治衰败。⑦ 白鲁恂（Lucian Pye，也译成鲁恂·派伊）在1965年提出关于政治发展较为全面的含义：工业社会的政治形态、民族国家的运转方式、民族国家、行政和法律的发展、大规模的群众动员和群众参与、民主建设、稳定和有序的变化以及多元社会的变迁。⑧

第三，社会学维度的现代化则偏重于观念或结构。埃米尔·涂尔干（Emile Durkheim）将社会划分为"机械团结"的社会和"有机团结"的社会，前者是不发达的社会，而后者属于现代工业社会，以分工造成的社会关系统一体为特征。⑨ 马克斯·韦伯（Marx Weber）将新教伦理和现代化的资本主义精神相联系。⑩ 戴维·

---

① ［英］威廉·刘易斯：《二元经济论》，施炜等译，北京经济学院出版社1989年版。
② ［美］罗斯托：《经济成长的阶段——非共产党宣言》，国际关系研究所编译室译，商务印书馆1962年版，第10—19页。
③ ［美］西蒙·库兹涅茨：《现代的经济增长：发现和思考》，载［美］西里尔·布莱克主编：《比较现代化》，杨豫、陈祖洲译，上海译文出版社1996年版，第273—274页。
④ ［美］贾恩弗朗哥·波奇：《国家：本质、发展与前景》，陈尧译，上海人民出版社2007年版，第89页。
⑤ ［美］塞缪尔·亨廷顿：《变化社会中的政治秩序》，王冠华、刘为等译，上海人民出版社2008年版，第121页。
⑥ ［美］布莱恩·唐宁：《军事革命与政治变革：近代早期欧洲的民主与专制之起源》，赵信敏译，复旦大学出版社2015年版，第8页。
⑦ 参见［美］弗朗西斯·福山：《政治秩序的起源：从前人类时代到法国大革命》，毛俊杰译，广西师范大学出版社2012年版。
⑧ ［美］鲁恂·派伊：《政治发展面面观》，任晓、王元译，天津人民出版社2009年版，第49—62页。
⑨ ［法］埃米尔·涂尔干：《社会分工论》，渠东译，生活·读书·新知三联书店2000年版。
⑩ ［德］马克斯·韦伯：《新教伦理与资本主义精神》，康乐、简惠美译，广西师范大学出版社2010年版。

阿普特(David Apter)则将现代化视作一种理性和有意识的选择,他认为成为现代意味着将生活看成可替代的偏好和选择,现代化的过程就包含了两个方面:改善选择条件,以及选取最令人满意的选择机制(如政治制度)。①

第四,军事或者科技的现代化。在威廉·麦克尼尔(William McNeill)的叙述中,现代化伴随着国际竞争压力不断加剧,军事技术不断改进,以及其与工业相互作用不断增加的过程。② 伊恩·莫里斯(Ian Morris)用能量获取、社会组织、战争能力和信息技术来度量国家的文明程度。③ 吉尔伯特·罗兹曼(Gilbert Rozman)用非生命动力自由与生命动力自由之比率来界定现代化程度,他认为当在生命动力自由的增长已经变得无法补偿非生命动力资源(哪怕是相当少量的减弱)时,可以被视作实现现代化。④

第五,财政现代化。玛格丽特·利瓦伊(Margaret Levi)开篇就提到了国家的岁入生产(revenue production)的历史即国家的演进史。⑤ 财政的现代化与政治和经济的现代化息息相关,其中最为重要的标志是预算制度。道格拉斯·诺斯(Douglass North)和巴里·温加斯特(Barry Weingast)在考察英法两国的财政制度时发现,预算制度更加有利于国家以更低的利率筹措资金。⑥ 尼尔·弗格森(Niall Ferguson)在讨论考察英国与法国和荷兰的财政制度差异时,认为英国的优势就在于同时具备有效的中央集权的税收体系、透明的议会预算和早期的中央银行制度。⑦

最后是关于现代化的综合性定义,往往涉及多个维度。如亨廷顿将现代化视作一个多层面的进程,涉及人类思想和行为所有领域里的变革,城市化、工业化、世俗化、民主化、普及教育和新闻参与等都是现代化进程的主要层面。⑧ 安东尼·吉登斯(Anthony Giddens)提出了现代性的四个制度维度,分别是对信息和社会的督导的控制,在战争工业化情境下对暴力工具的控制,自然的改变人化环境的发展,

---

① [美]戴维·阿普特:《现代化的政治》,陈尧译,上海人民出版社2011年版,第7页。
② William McNeill, *The Pursuit of Power: Technology, Armed Force, and Society Since AD 1000*, University of Chicago Press, 1982.
③ [美]伊恩·莫里斯:《文明的度量:社会发展如何决定国家命运》,李阳译,中信出版社2014年版,第38—39页。
④ [美]吉尔伯特·罗兹曼:《中国的现代化》,国家社会科学基金"比较现代化"课题组译,江苏人民出版社2010年版,第3页。
⑤ [美]玛格丽特·利瓦伊:《统治与岁入》,周军华译,上海人民出版社2010年版,第1页。
⑥ Douglass North and Barry Weingast, "Constitutions and Commitment: The Evolution of Institutions Governing Public Choice in Seventeenth-Century England", *The Journal of Economic History*, 1989, 49(4).
⑦ Niall Ferguson, *The Cash Nexus: Money and Power in the Modern World, 1700-2000*, Basic Books, 2001, pp.112-117.
⑧ [美]塞缪尔·亨廷顿:《变化社会中的政治秩序》,王冠华、刘为等译,上海人民出版社2008年版,第25页。

以及在竞争性劳动和产品市场情境下的资本积累。①

这些现代化的维度或定义主要限于描述现代化的特征或关键因素,阐述了现代化"是什么"的问题。相对的还有另外一类概念将现代化解释概括成一个脱离传统的社会过程,在这个过程中,"传统"社会由此获得"现代"属性,即它所阐述的现代化"不是什么"的问题。② 这类概念也时常以时间的维度来区分现代,如吉登斯认为现代性指社会生活或组织模式,大约17世纪出现在欧洲,并且在后来的岁月里,程度不同地在世界范围内产生着影响。③

总而言之,现代化是一个动态的过程:早期西欧现代化是在外部冲击之下(这种冲击可以是货币输入、观念传播或者制度移植等),传统的社会(如帝国、部落、封建王朝)逐渐出现思想启蒙、科技进步和工业化,在经历一系列权力斗争之后通过制度变迁实现生产力的飞跃,这个不可逆转的过程往往伴随着民主制度、产权制度、财政预算制度、常备军制度等象征现代国家之制度的建立。这些成功实现制度变迁的西方国家在实力逐渐增强之后,在相当长一段时期内又通过示范效应、贸易、殖民或者强加等方式成为其他地区新一轮制度变迁的外部冲击。

第二节 政治发展与国家建设:现代化的浪潮

在中国古代或者欧洲中古时期,经济增长和创新的速度非常慢,而人类历史上首次较快的增长和工业化都出现在地理大发现之后的欧洲,因此西欧最初的发展可以视作早期现代化的起源。现代化研究的复杂性在于,欧洲在达到一定程度的现代化后,便试图以强加、诱导或者殖民等方式将影响力扩散到其他区域,从而影响其他地区的现代化进程。所以只有在宏大的时空视角下去回顾早期西欧的现代化时,才能更好地理解现代化的内涵以及现代化的"世界时间"。因此,同民主化研究一样,现代化的研究需要分为几波进行。④

一、第一波现代化(1492—1699年)

地理大发现对欧洲最重要的影响是带来的美洲金银造成了当时看来是"剧烈"

---

① [英]安东尼·吉登斯:《现代性的后果》,田禾译,译林出版社2011年版,第52—55页。
② [美]迪恩·蒂普斯:《现代化理论与社会比较研究的批判》,载[美]西里尔·布莱克主编:《比较现代化》,杨豫、陈祖洲译,上海译文出版社1996年版,第99—100页。
③ [英]安东尼·吉登斯:《现代性的后果》,田禾译,译林出版社2011年版,第1页。
④ 民主化的三波分类参见[美]塞缪尔·亨廷顿:《第三波——20世纪后期的民主化浪潮》,刘军宁译,上海三联书店1998年版。

的通货膨胀,通胀造成了西欧财富的再分配,从而使得财富开始向贸易部门聚集,同时也推动了欧洲的制度变迁。① 大西洋贸易带来大量的财政盈余让中央政府具备了更多的能力,地理大发现之后出现了大量科技发明则进一步引发了工业革命,最终让西欧避开了马尔萨斯陷阱。地理大发现之后参与大西洋贸易的四个主要西欧国家被视作第一批获得"现代化入场券"的国家,它们分别是1492—1699年间的西班牙、荷兰、法国和英国。② 西班牙哈布斯堡王朝是第一波现代化之初最具优势的国家,但是在一系列的内政和战争的失败之后,西班牙失去了其大部分领地和殖民地。而不列颠从只占据欧洲一隅的英伦三岛,在经历了制度变迁之后,击败西班牙、法国和荷兰,成为殖民地横跨数洲的日不落帝国,开启了英国治下的和平。

二、第一波半现代化(1700—1789年)

英国霸权的确立要从1700—1714年的西班牙王位继承战争开始,失去西班牙意味着哈布斯堡王朝霸权的终结,英国在这场战争中获得了加拿大等大量海外殖民地,并阻止了路易十四称霸欧洲的图谋。18世纪中期的七年战争(1756—1763年)是近代史上第一次世界性战争,法国、西班牙、普鲁士和奥地利等国家在战争中背上了沉重的财政负担。为了解决财政危机,同时受到英国工业革命和启蒙运动的影响,这四个国家开始了被后人称为"开明专制"的改革,试图在旧制度的框架下模仿英国的工业化。③ 法国在路易十六的支持下进行了一系列改革却没能成功,最终爆发了影响深远的法国大革命,自此终结了西欧的旧制度。④

三、第二波现代化(1789—1945年)

法国大革命和之后的拿破仑战争沉重打击了欧洲的旧制度,大革命之后的世界与此前发生了巨大的差异。

一方面,拿破仑战争横扫了欧洲的君主国,将大革命之后法国的思想和制度传

---

① Daron Acemoglu, Simon Johnson and James A. Robinson, "The Rise of Europe: Atlantic Trade, Institutional Change, and Economic Growth", *The American Economic Review*, 2005, 95(3);张宇燕、高程:《美洲金银和西方世界的兴起》,《社会科学战线》2004年第1期。
② 叶成城、唐世平:《第一波现代化:一种"因素+机制"的新解释》,《开放时代》2015年第1期;黄振乾、唐世平:《现代化的"入场券"——现代欧洲国家崛起的定性比较分析》,《政治学研究》2018年第6期。
③ 叶成城、唐世平:《第一波半现代化之"帝国的黄昏"——法国与西班牙的改革之殇》,《世界经济与政治》2016年第3期;叶成城:《第一波半现代化之"帝国的胎动"——18世纪普鲁士和奥地利的崛起之路》,《世界经济与政治》2017年第5期。
④ [美]西达·斯考切波:《国家与社会革命》,何俊志等译,上海人民出版社2013年版。

播到了欧洲各地,此后国家的民族主义逐渐形成。尽管欧洲的旧制度在很长时间内仍旧在法国等国垂死挣扎,但维也纳体系所维持的百年和平为欧洲各国的现代化创造了必备的外部环境。① 同时,第二波现代化之后的世界与早期现代化的重大差异就在于,第二波现代化中,大国通过军事干预、模仿效应或者国际制度构建等方式开始逐渐影响中小国家的制度建设进程,从而促使中小国家在制度设计上向霸权国的政体类型靠拢。②

另一方面,现代化开始从欧洲向世界各地迅速扩散,由于空间上的差异,我们需要将第二波现代化分为好几组来研究。第一,新兴欧洲大国的现代化,即意大利和德国分别统一之后的现代化,显然德国的现代化比起意大利的现代化更为成功。③ 第二,英国治下的殖民地脱离英国的控制后,逐步成功实现了现代化,包括美国、加拿大、澳大利亚和新西兰;与此相对的是,19世纪初期,西班牙和葡萄牙在拉丁美洲的殖民地独立后,也开始了现代化的尝试,包括阿根廷、墨西哥、智利和巴西等国,但这些国家并未成功实现现代化。第三,多民族帝国在遭受西方国家的冲击之后,试图进行改革追赶西方国家,包括中华帝国、俄罗斯帝国、哈布斯堡帝国和奥斯曼帝国,它们的改革在第一次世界大战前后都遭到失败,这些帝国随后也以各种不同的形式崩溃。④ 此外,日本的现代化是一个相对成功的特例,但是由于日本的单一民族和东方岛国的禀赋,并没有相似的案例可以进行比较。

四、第三波现代化(1945年至今,即后发国家的现代化)

第二次世界大战彻底改变了世界格局,二战期间所有国家的现代化进程都中断了。第三波现代化和第二波的区别在于,二战之后形成的美苏两极格局已经彻底在世界范围内划分了势力范围,几乎所有新兴国家的现代化都同大国战略和意识形态输出密切相关。马歇尔计划复兴了欧洲经济,巩固了西欧的现代化,冷战结束、德国统一以及《马斯特里赫特条约》的签订标志着西欧国家的现代化基本实现。东欧国家经历了苏联从兴盛到解体的历史进程,部分加入欧盟的东欧国家开始逐

---

① 参见[英]威廉·多伊尔:《何谓旧制度》,熊芳芳译,北京大学出版社2013年版,第96—106页;Arno Mayer, *The Persistence of the Old Regime*, Pantheon Books, 1981。
② Seva Gunitsky, "From Shocks to Waves: Hegemonic Transitions and Democratization in the Twentieth Century", *International Organization*, 2014, 68(3).
③ Daniel Ziblatt, *Structuring the State: The Formation of Italy and Germany and the Puzzle of Federalism*, Princeton University Press, 2006.
④ 王子夔:《普鲁士歧路——19世纪俄国和奥地利现代化改革中的效仿》,《世界经济与政治》2018年第10期。

渐实现现代化,但东欧国家受到历史遗产、意识形态、宗教文化、经济模式等诸多因素的影响,其转型的结果也不尽相同。① 与拉丁美洲经历惨痛的经济失败相比,东亚的日本以及韩国、新加坡等经济体,取得了罕见的高速增长,创造了当时世界银行等机构所称赞的"东亚奇迹"。② 中国在 20 世纪后期进入改革开放以后,更是从一个相对落后的国家发展成为世界第二大经济体,举世瞩目。但是,包括中国在内的多数亚洲国家的现代化,依然任重道远。

第三节 国家发展理论:现代化的动力

现代化经历了至少三波的浪潮,从地理大发现到法国大革命期间的第一波现代化是此后数波现代化的起源。第一波现代化的动力与此后的现代化动力所存在最大的差异就是,它存在较少的来自外部世界的人为干预,因此对于第一波现代化的研究可以更加明晰现代化的机制,为此后的现代化研究奠定基础。由于现代化是一个综合性的话题,关于第一波现代化的文献非常多。具体历史研究文献涉及经济、财政、政治制度、外交、军事、科技,以及大量的通史和断代史,由于本书并非历史学教材,本章着重讨论社会科学研究者在这一问题上的探索。多数的社科文献都集中于讨论第一波现代化的动力,即什么样的关键因素,通过何种方式来推动国家现代化。本节从现代化的内部动力和外部动力两个方面来进行综述和介绍。

一、现代化的内部动力

早期西欧现代化的内生理论认为,西欧之所以比其他地区更早地实现现代化,是基于西欧内部的制度基础、国家能力、社会结构。这类理论强调特定的这类因素或者因素组合是现代化的必要条件。

(一) 制度经济学派

制度经济学派强调对产权的保护以及宪政的传统是西方世界兴起的主要原因。诺斯等人提出,有效率的经济组织是经济增长的关键,也是西方世界兴起的原

---

① 唐睿、唐世平:《历史遗产与原苏东国家的民主转型——基于 26 个国家的模糊集与多值 QCA 的双重检测》,《世界经济与政治》2013 年第 2 期。
② 关于东亚发展型国家的讨论同时也参见陈玮、耿曙:《发展型国家的兴与衰:国家能力、产业政策与发展阶段》,《经济社会体制比较》2017 年第 2 期。

因,因为有效率的组织需要在制度上作出安排和确立所有权以便造成一种刺激,将个人的经济努力变成私人收益率接近社会收益率的活动。① 在《西方世界的兴起》一书中,诺斯等人用长时段的视角分析了自中世纪以来的产权制度的发展:在西班牙和法国,代议机构为了稳定而放弃了对征税权的有效控制,从而使得王权逐渐无节制地改变税收的能力,最终造成了生产效率的低下;而荷兰和英国对私有财产的保护则为商业贸易与创新创造了有利环境,从而实现长期的经济增长。② 曼瑟尔·奥尔森(Mancur Olson)也提到了类似观点,认为在光荣革命后,英国的有限君主、司法独立和《权利法案》促进了产权保护,最终使英国最先发生工业革命。③ 戴维·兰德斯(David Landes)在讨论为什么是英国而非其他国家爆发工业革命时,同样将其归因于英国的产权制度、契约精神和高效的行政管理,将英国称为早熟"超前现代化的工业国"。④ 德隆·阿西莫格鲁(Daron Acemoglu)和詹姆斯·罗宾逊(James Robinson)则用包容性制度和汲取性制度的差异来讨论经济增长和国家兴衰,认为前者更有利于增长。⑤

因此制度学派的逻辑链条大致上可以总结为:制度安排→经济绩效→大国兴衰。

(二)国家能力论

现代化进程往往触动许多地方贵族和官僚的利益,较强的国家能力意味着政府可以主动引导、执行和实施特定的政策。

一方面,国家能力对于整体社会发展和规划起到重要推动作用。埃里克·霍布斯鲍姆(Eric Hobsbawm)在讨论英国现代化时,总结出了三个方面的基本条件,即国内市场、对外出口和政府扶持。⑥ 罗斯托提出了经济现代化的三个必备条件:(1)生产性投资占到国民收入的10%以上;(2)一种或者多种制造业部门的迅速成长;(3)一种政治、社会和制度结构的迅速出现,这种结构推动了现代部门扩张的力量和利用了发动阶段的潜在对外经济影响,即意味着具有很大的国内筹集资本的能力。⑦ 西里尔·布莱克(Cyril Black)从国家能力的角度列举了现代化的五个基

---

① [美]道格拉斯·诺斯:《经济史上的结构和变革》,厉以平译,商务印书馆2010年版,第233页。
② 参见[美]道格拉斯·诺斯、[美]罗伯斯·托马斯:《西方世界的兴起》,厉以平译,华夏出版社2009年版,第10—12章。
③ [美]曼瑟尔·奥尔森:《权力与繁荣》,苏长和、嵇飞译,上海人民出版社2005年版,第30—31页。
④ [美]戴维·兰德斯:《国富国穷》,门洪华等译,新华出版社2010年版,第234—236页。
⑤ [美]德隆·阿西莫格鲁、[美]詹姆斯·罗宾逊:《国家为什么会失败》,李增刚译,湖南科技出版社2015年版。
⑥ [英]埃里克·霍布斯鲍姆:《工业与帝国:英国的现代化历程》,梅俊杰译,中央编译出版社2016年版。
⑦ [美]罗斯托:《经济成长的阶段——非共产党宣言》,国际关系研究所编译室译,商务印书馆1962年版,第47—48页。

本前提：对新的外国影响的接受能力、管理和动员资源的能力、经济生产能力、城市化能力，以及对教育和知识的尊重。①

另一方面，一个国家即便施行了新政或者出现制度变迁，但如果缺乏国家能力，该国仍然不能保证将其转化为国家的综合实力，而在国际竞争中获胜。② 历史上不乏富国被穷国击败的案例，一旦在战争中失去殖民地或者富饶的领土，就很难再夺回，因此国家往往需要在单纯的军事经济发展政策目标之间进行权衡。③

因此这类理论的总体逻辑如下：国家能力→政策执行→大国兴衰。

（三）社会结构论

社会结构理论主要从静态的结构性问题作为主要视角，来阐释这些结构或结构的变化如何影响国家和社会的变迁。在对欧洲现代化的研究中，可以分为如下几种类型。

首先，一部分历史研究聚焦于讨论王室与贵族的关系，将政治发展视作政治精英的国家建设过程。④ 而杰里米·布莱克（Jeremy Black）则是从政府与精英关系的社会动力学角度考察制度变迁，而将这一过程视作国王和被统治者之间不断重新谈判的产物。⑤

其次，马克思主义的阶级斗争理论将现代化的动力视作生产力与生产关系的内在矛盾所引发的革命，将西欧早期的现代化历程视作"资本主义胜利"的过程。⑥ 罗伯特·考克斯（Robert Cox）认为，社会革命不是来自外部的突发事件，而是国家内部发生的改变，是用一种国家形式来取代另一种形式。⑦ 佩里·安德森（Perry Anderson）认为商品经济发展阶段和罗马法的复兴产生了两个方面的后果，自下而上强化的私有财产与自上而下强化的公共权威的竞相发展，最终导致了从封建主义到资本主义的过渡形态，即绝对主义国家。⑧ 类似的，巴林顿·摩尔（Barrington Moore）从地主、农民以及资产阶级的关系提出了农业商品化的政治发展理论，他认为农民应对农业商品化挑战的方式是决定政治结果的关键性

---

① ［美］西里尔·布莱克主编：《比较现代化》，杨豫、陈祖洲译，上海译文出版社1996年版，第154—157页。
② 这部分案例参见［美］保罗·肯尼迪：《大国的兴衰》，陈景彪译，国际文化出版公司2006年版。
③ 叶成城：《重新审视地缘政治学：社会科学方法论的视角》，《世界经济与政治》2015年第5期。
④ Wolfgang Reinhard, eds., *Power Elites and State Building*, Oxford University Press, 1996.
⑤ Jeremy Black, *Kings, Nobles and Commoners: States and Societies in Early Modern Europe, A Revisionist History*, IB Tauris, 2004.
⑥ Robert Brenner, "The Agrarian Roots of European Capitalism", *Past & Present*, 1982, 97.
⑦ ［加］罗伯特·考克斯：《生产、权力和世界秩序：社会力量在缔造历史中的作用》，林华译，世界知识出版社2004年版，第72—73页。
⑧ Perry Anderson, *Lineages of the Absolutist State*, National Library Board, 1974, pp.5-42.

因素。①

最后,迈克尔·曼(Michael Mann)提出了四种社会权力的来源,用政治、军事、经济和意识形态四种社会的权力网络将社会生活和欧洲各地的相异而又重叠的领域组织起来,社会变迁是这四种权力互相作用的结果。② 中世纪欧洲正好出现了这四个权力的一个特殊耦合;天主教为欧洲提供了一个正直和文化的整合力量;在宗教势力和城市经济势力的制约下,欧洲逐渐发展出弱专制、强协调的有机国家,为工业资本主义、民族国家和民主社会的来临提供了条件。③

因此结构主义的逻辑可以总结为:结构性因素→制度安排→国家兴衰。

二、现代化的外部动力

与内生因素理论不同,它强调一个偶然的外部因素在关键节点扭转了历史的发展,从而导致了西欧在1492年至1789年间远远高于其他地区的发展速度,然后通过贸易、殖民或侵略等方式传播到世界其余地区。

(一) 自然禀赋论

在讨论自然条件对于现代化的作用和影响时,研究者未必就是自然决定论的支持者,但是地理环境成为这类理论逻辑链条的起点。在戴蒙德的经典论述中,大陆轴线方向的不同造成了粮食生产传播速度差异,最终造成各大洲之间的巨大差异。④ 埃里克·琼斯(Eric Jones)认为,欧洲丰富的政治多样性、资本积累和贸易都可以解释为欧洲特殊的区位和资源禀赋的结果:冲积三角洲和气温较低使得农业生产力低于东方,较低的人口密度可以避免过度集权;而自然灾害更少则促使其人均收入高于亚洲;气候的多样性带来了分散的资源结构,促成了远距离的商品批发贸易。⑤ 狄·约翰(Didier John)在其主编的《气候改变历史》一书中讲到了气候变化对于历史进程的影响,它体现在经济上,从而作用于农业人口和政府的关系,最终影响了制度变迁。⑥ 阿西莫格鲁等人认为地理环境通过疾病等方式影响殖民者死亡率,高死亡率地区的殖民者会建立攫取型制度,而低死亡率地区则会建立产

---

① [美]巴林顿·摩尔:《民主与专制的社会起源》,王茁译,上海译文出版社2013年版。
② [英]迈克尔·曼:《社会权力的来源:从开端到1760年的权力史》(第一卷),刘北成、李少军译,上海人民出版社2015年版,第15—37、621—626页。
③ 赵鼎新:《国家、战争与历史发展:前现代中西模式的比较》,浙江大学出版社2015年版,第181—182页。
④ [美]贾雷德·戴蒙德:《枪炮、病菌与钢铁》,谢延光译,上海译文出版社2006年版。
⑤ Eric Jones, *The European Miracle: Environments, Economies and Geopolitics in the History of Europe and Asia*, Cambridge University Press, 2003, p.226.
⑥ [美]狄·约翰:《气候改变历史》,王笑然译,金城出版社2013年版。

权制度,这些制度形成的路径依赖影响现在的经济绩效。①

因此这类自然环境决定论的逻辑链条大致上可以总结为:地理环境→制度安排→经济绩效。

(二) 海外贸易论

这类理论将地理大发现和大西洋贸易视作欧洲最为主要的外部冲击。彭慕兰(Kenneeh Pomeranz)在对中西方的历史比较研究中,认为西欧在 18 世纪逐渐超越东亚的主要原因是新大陆和非洲的奴隶贸易与新大陆输入的贵金属带来的"生态缓解"。② 中国学者高程通过比较 16 世纪至工业革命时期的英国、18 世纪至 19 世纪的美国和晚明时期的中国,进一步得出结论:在受到外部要素冲击时,具有生产性阶层的财产权利得到国家偏袒性制度的保护,是大国实现长期增长和在国际竞争中取胜的关键。③ 阿西莫格鲁等人认为 1500 年后西欧的崛起主要是由于大西洋贸易,这种贸易和相关的殖民主义不仅直接影响欧洲,而且间接地影响制度变迁,大西洋贸易的增长通过限制君主制的权力而加强了商人群体的力量,最终导致出现了有利于经济增长的产权保护制度;而张宇燕和高程则提出了"货币非中性"的概念,认为货币数量变化的速度和强度超过制度的作用,其长期对经济增长的影响是非中性的。④ 这两篇文章几乎是在同一时期出版的,阿西莫格鲁等人用两阶段二乘估计的定量方法,而张宇燕等人则是用传统的案例分析和过程追踪的定性方法,两者殊途同归。

海外贸易论的因果机制可以总结为:外部冲击→财富积累与重组→商人阶级壮大→权力斗争和创建规则→增长与崛起。

(三) 国际竞争理论

这类理论强调国家之间的竞争对于现代化的推动。例如麦克尼尔认为,欧洲长期的分裂造成了剧烈的竞争压力以及与其他文明的接触乃是社会变革的主要动力。⑤ 约

---

① Daron Acemoglu, Simon Johnson and James Robinson, "The Colonial Origins of Comparative Development: An Empirical Investigation", *The American Economic Review*, 2001, 91(5).
② 参见[美]彭慕兰:《大分流:欧洲、中国及现代化世界经济的发展》,史建云译,江苏人民出版社 2010 年版,第 323—325 页;类似的观点还有[德]贡德·弗兰克:《白银资本:重视经济全球化中的东方》,刘北成译,中央编译出版社 2013 年版;Earl J. Hamilton, "American Treasure and the Rise of Capitalism (1500-1700)", *Economica*, 1929, 27(11).
③ 高程:《非中性产权制度与大国兴衰——一个官商互动的视角》,社会科学文献出版社 2013 年版。
④ Daron Acemoglu, Simon Johnson and James A. Robinson, "The Rise of Europe: Atlantic Trade, Institutional Change, and Economic Growth", *The American Economic Review*, 2005, 95(3);张宇燕、高程:《美洲金银和西方世界的兴起》,《社会科学战线》2004 年第 1 期。
⑤ William McNeill, *The Pursuit of Power: Technology, Armed Force, and Society Since AD 1000*, University of Chicago Press, 1982;[美]威廉·麦克尼尔:《西方的兴起》,孙岳等译,中信出版社 2015 年版,第 18 页。

翰·查尔兹(John Childs)通过对整个欧洲战争历史的详尽叙述,展现了三十年战争以后军事变革对于王室和贵族关系、国家能力变化乃至18世纪末期的革命运动的影响。① 查尔斯·蒂利(Charles Tilly)的《强制、资本和欧洲国家》是这一领域的经典之作,他在书中阐述了这样的观点:在战争的压力下,无论最初国家遵循强制、资本或者中间模式,都要汇聚到资本和强制的集中,即遵循了"战争促成国家,国家导致战争"的逻辑,他强调对战争资源的榨取和争夺造就了国家的中央组织结构。② 唐宁认为国家体系和军事组织决定了国家形成以及宪政变革的进程,战争是近代欧洲国家形成的关键,因而动员能力高的国家最终建立军事-官僚式国家（如普鲁士和法国),反之则保留了宪政主义的传统(如英国、荷兰、瑞典和波兰)。③ 托马斯·埃特曼(Thomas Ertman)在《利维坦的诞生》一书中通过三种因素的结合来解释欧洲国家之间的差异:(1)地方精英抵制王权的能力;(2)国家结构在地缘军事竞争(1450年)之前或之后出现,前者国家控制较弱而后者则较强;(3)代议机关对行政管理和财政基础结构的独立影响。他认为无论是宪政制度还是绝对主义制度,都只有官僚制而非世袭制更有可能实现现代化,但即便在官僚制中,以英国为代表的官僚宪政制度仍然优于以普鲁士为代表的官僚绝对主义制度。④

这类研究的因果路径为:国际竞争→国家建设→早期国家现代化。

（四）最新研究

在最新的一些研究中,研究者采用一种经济史与计量方法相结合的路径,通过大样本、长时段的回归分析认为瘟疫、战争和城市化是早期欧洲现代化的动力。⑤ 马克·迪森科(Mark Dincecco)等人通过分析800—1799年的欧洲城市人口和战争的数据发现,军事冲突是城市化的主要动力,即拥有防御设施的城市起到了避风港的作用,战争促使农村人口为了逃避战乱而进入城市,从而加快了欧洲的城市化进程。⑥ 而欧洲政治分裂一方面避免了一个统一的集权政府,创造了新的

---

① John Childs, *Armies and Warfare in Europe, 1648-1789*, Manchester University Press, 1982.
② Charles Tilly, *Coercion, Capital, and European States, Ad 990-1990*, Basil Blackwell, 1990, pp. 14-15.
③ ［美］布莱恩·唐宁:《军事革命与政治变革:近代早期欧洲的民主与专制之起源》,赵信敏译,复旦大学出版社2015年版。
④ Thomas Ertman, *Birth of the Leviathan: Building States and Regimes in Medieval and Early Modern Europe*, Cambridge University Press, 1997.
⑤ Nico Voigtländer and Hans-Joachim Voth, "The Three Horsemen of Riches: Plague, War, and Urbanization in Early Modern Europe", *Review of Economic Studies*, 2013, 80(2).
⑥ Mark Dincecco and Massimiliano Gaetano Onorato, "Military Conflict and the Rise of Urban Europe", *Journal of Economic Growth*, 2016, 21(3).

社会团体促进了商业与经济的发展；另一方面，政治分裂所引发的战争带来的杀戮与疾病导致大量的人口死亡，使得前现代欧洲的人均收入高于其他地区，从而增加了欧洲成功实现工业化的可能。①

这类研究的因果路径为：战争与政治分裂→城市化与商业发展→现代化。

第四节 具体案例：欧洲现代化的两种路径

在中世纪结束之后，从最早的葡萄牙开始，西班牙、荷兰、法国、奥地利等国都相继开启了现代化历程。但从1492年（地理大发现）到1789年（法国大革命），在其他国家在现代化进程中都不同程度地经历挫折时，只有英国和普鲁士的现代化进程相对顺利，而英国和普鲁士两种截然不同的体制则代表了早期欧洲经验中的两种不同的现代化模式。本节通过简述英国和普鲁士的现代化历程来展现上述两种不同的现代化路径。

一、现代化的英国模式

英国作为最早实现现代化的国家之一，具有诸多特殊性，是具备了天时地利人和的幸运国家。早期的许多研究者将英国的成功追溯到1215年的《大宪章》以来的自由、理性和议会制度的传统。但这种传统并非是早期自由主义的雏形，因为代议制最初并非因为王权被削弱所致，相反，它是在国家能力非常强时才出现。因为在早期的会议上，代表们没有表达异议的权利，出席是义务而非权利，缺席会被视作对王权的反抗而受到惩处。② 英国现代化成功的另外一个重大影响事件则要追溯到玫瑰战争。尽管玫瑰战争的规模不大，但是却是英国贵族之间的最为彻底的厮杀，仅在1459—1461年的三年间，英国主要的70名高级贵族中就有56人卷入战争，并有17人在战争中阵亡或者被处决。③ 兰开斯特家族（Lancaster Family）和约克家族（York Family）两大主要利益集团在残杀和处决的浪潮中同归

---

① 这类文献详情参见 Nico Voigtländer and Hans-Joachim Voth, "Why England? Demographic Factors, Structural Change and Physical Capital Accumulation During the Industrial Revolution", *Journal of Economic Growth*, 2006, 11(4); Nico Voigtländer and Hans-Joachim Voth, "Gifts of Mars: Warfare and Europe's Early Rise to Riches", *The Journal of Economic Perspectives*, 2013, 27(4); Scott Abramson, "The Economic Origins of the Territorial State", *International Organization*, 2017, 71(1).
② Deborah Boucoyannis, "No Taxation of Elites, No Representation State Capacity and the Origins of Representation", *Politics & Society*, 2015, 43(3).
③ Colin Richmond, "The Nobility and the Wars of the Roses, 1459-61", *Nottingham Medieval Studies*, 1977, 21, p.82.

于尽,最终以联姻的方式结束内战。

在都铎王朝(1485—1603年)统治初期,英国仍然是欧洲边陲一个贫穷的国家。在都铎王朝百余年的统治里,至少有几个事件对英国产生了深远的影响。第一,地理大发现使得美洲金银大量流入西班牙,英国对殖民地的开发要晚于西班牙。英国在17世纪上半叶前都依靠同欧洲国家的羊毛贸易间接获得金银,金银缓慢持续地流入有助于国内形成新兴工业的投资。随着国际贸易的迅速扩张,养羊业的利润大幅上升,在英国出现了著名的圈地运动,大量的农民被迫离开耕地,为城市化与工业发展提供了充足的劳动力。第二,英国重商主义实行出口免税和进口高关税,通过立法禁止奢侈浪费从而减少金银的出口,保持了贵金属的保有量,有利于政府的平衡,同时保护了国内的新兴工业的成长。① 英国的重商主义政策通过获得海外金银实现了原始积累,在此基础上,英国引进和发展了新工业,化工、冶金、火药和军火等行业逐步发展起来。② 第三,在宗教方面,亨利八世1533年的宗教改革产生了深远影响,英国没收了大量教会资产,并镇压了大批的旧贵族和保守派教士,这使得英国反而会转向依赖以新兴的商人阶层为代表的新贵族和下议院的支持。此外,1588年,英国战胜了西班牙无敌舰队,进一步保证了崛起的外部环境,为此后的海外殖民与扩张奠定基础。

17世纪英国的经济和社会结构影响了其制度变迁的方向。因为对高流动性的贸易部门征税并不像法国和西班牙对不动产征税那样容易,更加需要与国会进行协商。詹姆士一世的奢侈生活导致国库空虚,对外战争进一步加剧了财政危机。在查理一世即位后,由于宗教问题引发同苏格兰的冲突,为筹措军费,他在1640年再度被迫重新召开已经被解散数次的议会。③ 在王室同议会彻底决裂后,英国早期的经济社会结构的变化使得议会一方在内战中占据优势,查理一世也在1649年被送上断头台。尽管在长期内战结束后,斯图亚特王朝再度复辟,但在1688年光荣革命后就确立了英国式的君主立宪制,议会制定并通过了《权利法案》,这成为英国崛起的重要标志。一方面,英国有约束力的财政制度,大大增加了民众对于政府履约的信心,这极大地提升了英国政府的融资能力,使得英国得以在九年战争(1688—1697年)中击败法国。④ 另一方面,英国的产权保护制度增加了投资的信心。行会权力的下降和专利法的出现进一步鼓励了英国的创新,英格兰银行的创立则降低了资本市场的交易费用,最终为其在1700年后的持久经济增长奠定

---

① [美]詹姆斯·汤普逊:《中世纪晚期欧洲经济社会史》,徐家玲等译,商务印书馆1996年版,第681页。
② 参见梅俊杰:《自由贸易的神话》,上海三联书店2008年版。
③ [美]劳伦斯·斯通:《英国革命之起因(1529—1642)》,舒丽萍译,北京师范大学出版社2018年版。
④ Douglass North and Barry Weingast, "Constitutions and Commitment: The Evolution of Institutions Governing Public Choice in Seventeenth-Century England", *The Journal of Economic History*, 1989, 49(4).

基础。①

总而言之,历史遗产禀赋留给了英国中央集权制度、议会政治传统和较弱的世袭贵族集团,这些几乎都是最有利于改革的社会结构。与此同时,英国参与现代化的时空条件同样得天独厚。一方面,英国受益于岛国的位置和较小的国家规模,前者使其无需保持强大的常备陆军,而后者则避免了多级代理制度所带来的专制与低效。② 另一方面,英国参与大西洋贸易的时机同样重要,它最初通过工业生产和贸易从西班牙等国获得美洲金银,③因此英国也得以避免了大量"横财"所带来的副作用。因此到18世纪中后期,在其他欧洲国家仍然在探索现代化道路时,英国已经成为各国纷纷效仿的对象。

二、现代化的普鲁士道路

相比不列颠的幸运,普鲁士的现代化道路则是一种基于高强度的军事化和官僚化来迅速实现崛起的欧洲大陆国家的典型。

在三十年战争结束之际,勃兰登堡-普鲁士王国是一个极度虚弱的小国。《威斯特伐利亚》条约一方面让德意志的各个城邦和诸侯国的专制统治逐渐升级,另一方面,德国的混乱与分裂也成为周边大国劫掠的对象。同多数欧洲国家一样,国家建设最初都围绕着国王与议会的斗争。大选帝侯腓特烈·威廉(Fredrick Willian)在战争结束之际,对其军队进行了大规模整顿,开除了军纪涣散的士兵,逮捕或者流放那些勒索城镇的将领,解雇了无用的外国雇佣军,最终只剩下2 500人,但该精锐部队成为此后军队的核心。地方等级会议对此很感激,表示愿意供给资金甚至扩大军队规模,勃兰登堡议会出于感激愿意为选帝侯提供资金来供养和扩大军队规模,到1648年已经扩展到8 000人。④ 1653年,大选侯和贵族达成《1653年协议》,他得到赋税而贵族则控制农村,作为回报贵族的土地所有权得到保护,这一协议使得大批普鲁士农民遭受奴役。⑤ 从《1653年协议》到1688年大选侯去世时,普鲁士军队数量已经达到30 000人。

---

① [美]道格拉斯·诺斯、[美]罗伯斯·托马斯:《西方世界的兴起》,厉以平译,华夏出版社2009年版,第221页。
② Otto Hintze, *The History Essays of Otto Hintze*, Oxford University Press, 1989.[德]诺贝特·埃利亚斯:《文明的进程》,王佩利译,上海译文出版社2013年版。
③ 张宇燕、高程:《美洲金银和西方世界的兴起》,《社会科学战线》2004年第1期,第49页。
④ Gordon A. Craig, *The Politics of the Prussian Army, 1640-1945*, Oxford University Press, 1955, pp. 3-5.
⑤ [英]塞缪尔·芬纳:《统治史(卷三):早期现代政府和西方的突破——从民族国家到工业革命》,马百亮译,华东师范大学出版社2014年版,第323—324页。

普鲁士在1701年的西班牙王位继承战争中,通过支持神圣罗马帝国的哈布斯堡王朝而向路易十四的波旁王朝宣战,获得了王国称号,从公国"升格"为王国。在1713年,普鲁士国王腓特烈·威廉一世继位后,普鲁士军队进一步扩张,普鲁士在1733年创立了军事行政体系,规定所有的适龄男子必须服8个月至2年的兵役,训练完成之后每年就只需要待在正规军中2个月。① 普鲁士的军队实施统一制服,进行刻板而又重复的日常训练,国王本人也常年着军装,故而得到"军曹国王"的称谓。到1740年腓特烈大帝(Fredrick the Great)继位时,普鲁士的军队规模已经增加到了80 000—90 000人,其占人口的比例远远高于欧洲其他国家。

由于地理禀赋的限制和长期战火的蹂躏,普鲁士的容克贵族只能通过服役于陆军来谋生,因此王室将他们吸纳为军官加以控制,在军队中则遵循严格的纪律。18世纪甚至更早之前,普鲁士地区仍然长期是大国战争的战场,尤其是七年战争对普鲁士地区造成了严重的破坏,这些都进一步减少了贵族的资产,从而使贵族只能通过参军来维持生计。② 普鲁士更像是建立在军队之上的国家,在数代君主的努力下,建立了一种不同于法国的绝对主义政府,议会已经完全形同虚设。借助于这种军事与官僚制度相结合的体系,普鲁士在18世纪后期的现代化改革远比法国、西班牙和奥地利-哈布斯堡王朝顺利,在政治上进一步实施中央集权,在经济上推动工业化并成功地削弱了贵族的经济特权,在财政上则建立高效的税收体系,从而建立了欧洲大陆最高效的政府体系。③ 在对外政策中,腓特烈大帝通过军事冒险吞并了大部分西里西亚,在七年战争中侥幸获胜后,又进一步向东蚕食和瓜分波兰的领土。最终,普鲁士从1648年不足20万人口和数千军队的公国,到18世纪末期成长成为拥有数百万人口和近20万军队的陆军强国。④

普鲁士模式某种程度上代表了一种掠夺型的后发国家的追赶模式,例如依靠产业政策和政府对资源的集中,在强大的国家能力的基础上,仍然可以在天时地利不利于工业发展的情况下,在战乱频繁的普鲁士逐步崛起和实现现代化。⑤ 但普鲁士独特而非凡的力量来自贵族与官僚体系的经济、军事权力的融合,这也同样是普鲁士的弱点。普鲁士的国家建设长期依附于军队建设,普鲁士作为当时"后发国

---

① Martin Kitchen, *A Military History of Germany: From Eighteenth Century to the Present Day*, Indiana University Press, 1975, pp.9-10.
② John Childs, *Armies and Warfare in Europe, 1648-1789*, Manchester University Press, 1982, pp. 86-88.
③ 叶成城:《第一波半现代化之"帝国的胎动"——18世纪普鲁士和奥地利的崛起之路》,《世界经济与政治》2017年第5期。
④ J. A. R. Marriott and C. G. Robertson, *The Evolution of Prussia: The Making of an Empire*, Oxford University Press, 1968.
⑤ 参见 W. O. Henderson, *The State and the Industrial Revolution in Prussia, 1740-1870*, Liverpool University Press, 1958, pp.190-193。

家"追赶的案例,并没有通过自由经济来逐渐实现经济增长,而是借助于一种"国家军队化"的方式来接近英国的效率。短期来看,这种强有力的保守政府有其独特优势,在激励经济发展的同时还能控制国内政局的发展方向,例如政府可以不计代价地推动工业化,但是诸如摩尔等人所观察到的那样,普鲁士模式长期发展的最终出路是推行军国主义,即通过对外战争把上层阶级团结在一起。①

第五节 结论与未来研究方向

上两节我们展示了大量前人研究的理论和路径,本节我们需要对现代化理论进行一个基本的思考:为何存在大量众说纷纭的理论,并且多数理论都可以存在定性或定量的实证依据?事实上最为合理的解释是,多数理论在逻辑上并非竞争性解释,各类理论仅仅展示了现代化的因果机制的不同层面和不同阶段,因此往往也存在各自的缺陷。

内部因素理论往往偏重于结构和功能性解释。制度经济学派解释了政治文明发展的原因,但却无法解释为何在制度变迁过程中存在众多残酷的斗争。② 国家能力论强调国家的自主性和能动性,但是往往忽略了外部环境对国家战略行为选择以及认知的约束。利益集团理论过度地强调了结构的作用,对于观念和微观行为的讨论往往会不足。外生冲击理论学者看到了外生因素对于社会结构的影响,但他们忽视了国家力量对于海外扩张的推动力和作为其后果的西欧阶级结构的迅速分化,仅以物质外因对西欧这场"翻天覆地"式的变革进行解释则略显单薄。③ 自然禀赋决定论可以部分解释1500年世界各大洲之间的差异,但无法解释西班牙与英格兰之间的差异。国际竞争理论可以解释国家在国际竞争中为何成功,却无法解释国家在国际竞争中为何失败。美洲金银理论显然是最接近机制性的因果解释,但是它仍然无法细致描述初始条件对于制度变迁不同阶段的影响。

因此,本章在最后留给读者思考的问题是:为什么不同的理论对于相同时空中的各类国家存在不尽相同甚至截然不同的类型学区分?这些理论涉及的现代化阶段或维度是否相同?这些理论之间的矛盾是否是不可调和的?

---

① [美]巴林顿·摩尔:《民主与专制的社会起源》,王茁译,上海译文出版社2013年版,第455页。
② Shiping Tang, *A General Theory of Institutional Change*, Routledge, 2011.
③ 张宇燕、高程:《美洲金银和西方世界的兴起》,《社会科学战线》2004年第1期,第45页。

📖 扩展阅读

[1] [美]道格拉斯·诺斯、[美]罗伯斯·托马斯:《西方世界的兴起》,厉以平译,华夏出版社2009年版。

《西方世界的兴起》一书是制度经济学的经典之作,也是此后诺斯获得诺贝尔奖的重要原因。该书的优点在于对核心部分(第8—12章)的案例研究的时空边界进行了严格控制,即主要集中讨论16—17世纪的西欧,展现了制度差异如何对经济绩效和国家兴衰产生影响——英国和荷兰的经济得到迅速发展,而法国和西班牙则在竞争中失败。作者的核心观点是:有效率的组织在制度需要上作出安排和确立所有权,以便造成一种刺激,将个人的经济努力变成私人收益率接近社会效益率的活动。

[2] Charles Tilly, *Coercion, Capital, and European States, Ad 990-1990*, Basil Blackwell, 1990.

现有的中译本过于晦涩且存在较多错误,因此推荐阅读英文版。《强制、资本与欧洲国家》一书是查尔斯·蒂利的代表作之一,该书的主要贡献是展现了现代化进程残酷的国际竞争与国家建设之间的关系。蒂利认为,战争促使欧洲国家建设之路最终走向了民族国家,而影响战争的主要原因则是强制和资本。国家与城市则承载了两者间的互动,强制和资本的不同类型决定了国家建设的路径,只有同时具备强制和资本的法国和英国更早地建立起了成熟的民族国家。

[3] Thomas Ertman, *Birth of the Leviathan:Building States and Regimes in Medieval and Early Modern Europe*, Cambridge University Press, 1997.

托马斯·埃特曼的《利维坦的诞生》一书同样是早期欧洲现代化研究中的经典,他在蒂利的研究基础上更为细致地讨论了国家层面差异的原因。埃特曼试图回答的问题是,既然战争影响国家建设,为什么有些国家形成了宪政主义而有些国家则成为专制国家,为什么有些国家发展出了严密的官僚体系而另一些国家则是相对混乱的世袭制度。借助上述两个维度他将国家分为四种类型:世袭绝对主义(法国)、官僚宪政主义(英国)、官僚绝对主义(德国)和世袭宪政主义(匈牙利)。他通过引入时间变量来解释这种差异,他认为国家基础建设要先于激烈的地缘政治竞争才会出现较强能力的国家。

第 13 章
后发现代化的政治经济学

本章将站在发展后进的视角,探讨如何追赶发展的问题。因此,本章第一、二节先从比较历史角度介绍"发展问题"的由来,再从理论层面探讨"追赶发展"的思路,从而说明本书在论及发展问题时,为何刻意区分"先进"与"后发"并分别进行探讨。第三节通过发展理论的历史实践,说明唯一成功的追赶模式为"政府介入扶持",从而导入本节主题:"发展型国家"理论及其演变。第四节聚焦在发展阶段改变、时空环境变迁后,"发展型国家"必须如何调适转型?第五节再转回中国背景,思考其他"后发"国家的发展经验,是否有助理解中国发展成就?又是否有助启示未来改革方向?我们从后续的讨论中可以理解到,对于后发国家而言,追赶发展的过程,从来都是政治问题,从来都不免政治介入。

第一节 "发展"是怎么成为问题的:
世界体系中的先进与后发

一、先进与后发间的落差

"政治经济"或"政治经济学"是门交叉学科。理论上说,凡涉及"政治如何影响经济"或"经济怎么左右政治"都属于政治经济关注的范围。但对于全球各"后发国家"(late-developer)而言,政治经济研究的焦点,必然是"发展问题";而中国的发展问题,也必须从政治经济角度考察,才能深刻务实,有助解决问题。① 此话怎讲?原来"发展"本来不是"问题",起码不是众人关切的问题。② 它怎么成为"问题",甚

---

① [英]范达娜·德赛、[英]罗伯特·波特主编:《发展研究指南》,杨先明、刘岩译,商务印书馆 2014 年版。
② [美]戴维·兰德斯:《国富国穷》,门洪华等译,新华出版社 2010 年版。

至在许多国家,成为攸关国家存亡的"头号政治问题"的呢?① 一般对此少有思考,我们却要追本溯源,才能体现"发展"的重要,特别是其对中国的意义。

原来,处于游牧或农耕阶段,国家虽有大小强弱之分,发展水平一般相去无多,顶多为气候土壤决定。所以,"发展"不怎么是"问题"。但在工业革命后,各国增长速度逐渐拉开,形成巨大发展落差——先进一方国富力强,恣意凌虐;落后一方国贫民弱,朝不保夕。由于对后发国家而言,"受苦的人,没有悲观的权利",这就形成巨大的追赶压力,从而使"发展"成为"问题",也成为上下一致、举国奋斗的目标。

二、迥然不同的道路与步伐

换言之,"发展问题"的本质就是"后发"追赶与"先进"之落差的过程。当然,"先进"也不能落后,但这终归次要了。进一步看,"先进"与"后发"之间,固然为发展顺序决定,但两者差别不仅在于发展水平。因为前者起步在先,既然占尽优势,自能不疾不徐,摸索适合自身的发展模式;后者则远远落后,必然相形见绌,唯恐朝不保夕,类似病笃投医而惊惶失措。尤其不幸的是,对后发国家而言,"追赶"之路难上加难。此话怎讲? 首先,处于国际竞争之下,面对"先进"的巨大优势,"后发"一般招架无力。既然已经有人领先,就不再有起点平等的问题。其次,由于落后带来的民众愤懑、存亡危机,使得"后发"必须力争上游,迅速摆脱落后,但后者既有各种障碍,又处竞争劣势,逆转超越谈何容易?②

因此,对"先进"而言,亚当·斯密(Adam Smith)的"守夜人国家"自有道理,政府大可放任经济,由市场担当配置。但对"后发"来说,发展谈何容易? 更何况短期迎头赶上? 所以,如弗里德里希·李斯特(Friedrich List)就认为,后发只能仰赖非常手段,或者动员人民,或者借由政府扶持,力图摆脱落后的局面。③ 也因此,对于后发国家而言,追赶发展的过程,从来都是政治问题,从来都不免政治介入。他们的"发展问题",当然要从"政治经济"角度入手,才能深刻务实,才能解决问题。

三、世界体系成形:主动或被动加入

上述"先进"与"后发"的对偶关系,早期只存在于区域局部,例如西欧小国与英

---

① 如[美]萨缪尔·P.亨廷顿、[美]琼·纳尔逊:《难以抉择——发展中国家的政治参与》,汪晓寿等译,华夏出版社1989年版;John Minns, *The Politics of Developmentalism: The Midas States of Mexico, South Korea and Taiwan*, Palgrave Macmillan, 2006。
② [美]亚历山大·格申克龙:《经济落后的历史透视》,张凤林译,商务印书馆2012年版。
③ 参见[德]弗里德里希·李斯特:《政治经济学的国民体系》,陈万煦译,商务印书馆1997年版。

伦三岛间。之后,随着全球地理大发现、殖民贸易,交流范畴扩大,"现代世界体系"(modern world system)持续扩张,全球市场日益深化,"先进-后发"的关系也有所调整变动。① 例如英国相对荷兰是后发,必须苦苦追赶;法、美相对英国则是后发,而德、俄、日相对他们,则只能算后发,都处于相对竞争劣势;二战后,形成西方相对亚、非、拉等第三世界的形势,也可以视为"先进 vs.后发"的发展格局。换言之,在这个国际分工不断扩张的过程中,先进与落后的关系不断被重新制造出来。世界经济的舞台上,也因此不断在上演着"先发占尽优势,恣意凌虐剥削""后发处于劣势,只能奋斗图存"的故事。②

我们看看中国的例子。中国自商周起始,历朝历代均是当时东亚的政治、经济中心,直到"三千年未有之变局"为止。面对西方船坚炮利,我国几乎沦落至被列强瓜分的边缘。此刻,知识分子念兹在兹者,正是上述发展问题,也即当时说的"救亡图存"。换言之,中国以"后发"身份登上国际舞台,当然只能奋力追赶。这既表现在对既有建制的抗拒上(如辛亥革命),也展露在对传统文化的批判上(如五四运动),最终在中国共产党的领导下,终于建立了新中国,中国人民从此站起来了。当然,不只中国如此,其他后发国家亦然,其最核心的政治问题,必然是"如何求得(经济)发展"。所有的政治争议,都围绕"什么制度/政策/领导可以带领国家走向富强"。

换言之,发展中国家的政治,就是发展问题的政治。当然,换个角度看,也可以说"没有发展落后,就没有发展问题"。而当"发展"或者"如何追赶"成为问题后,人们是怎么思考"发展问题"呢?对此,本章将从后发国家经验入手,导入政治经济学科视野。换言之,本章希望从后发力图追赶的过程中,展现"政治"与"经济"如何互动?又产生何种社会后果?

第二节　后发如何实现"追赶":三种理论视角

针对"后发如何追赶"问题,历来虽有不少讨论,观点不出如下三类:首先是主张仿效西方国家制度的"自由主义";其次是以马克思主义来指导国家建设发展的

---

① [美]伊曼纽尔·沃勒斯坦:《现代世界体系》(四卷本),郭方等译,社会科学文献出版社 2013 年版。历史背景可见[美]勒芬·斯塔夫罗斯·斯塔夫里阿诺斯:《全球分裂:第三世界的历史进程》(两卷本),王红生等译,北京大学出版社 2017 年版;政经动态可见[美]赫尔曼·施瓦茨:《国家与市场:全球经济的兴起》,徐佳译,江苏人民出版社 2008 年版。
② 如[美]亚历山大·格申克龙:《经济落后的历史透视》,张凤林译,商务印书馆 2012 年版。可参考[韩]张夏准:《富国陷阱:发达国家为何踢开梯子》,黄飞君译,社会科学文献出版社 2009 年版;朱天飚:《比较政治经济学》,北京大学出版社 2006 年版。

"社会主义";最后是补强先进国家制度的"国家主义"。对此,一般政治经济教材,虽或名称不同,经常如此区别。① 但对为何如此划分?学者却少有探讨。对此,根据笔者所见,凡涉后发追赶的讨论,难免受早期现代化的经验所制约:"如何看待先进制度,就会如何给出追赶建议。"因此,自由主义与另两类思潮相去较远,因其预设"一元制度逻辑"(institutional monism):认为先发、后发并无本质区别,关键只在制度不同,后发只需进行移植。反之,社会主义与国家主义则立基"二元制度逻辑"(institutional dualism),均认为先发、后发存在本质差别,后者不能一味仿效,必须摸索适合自身的制度。下面逐一介绍这三类理论。

一、自由主义的发展策略

先看自由主义,若从制度层面考察,更应称为"仿似论或趋同论"(convergence thesis),二战后则以"现代化理论"(modernization theory)闻名,近年同样流行的表述为"华盛顿共识"(Washington Consensus)。② 既然同属一个阵营,虽然各家观点有别,均认同"一元的制度逻辑"或"普遍的发展经验"。因此,先发、后进只是先来后到,但有效制度只此一类,后进要想求得发展,只能取法效仿先进,别无其他任何捷径。据此中心思想,表现如下各种主张。如经济学领域中,坚信增长前提在于资本形成者,如威廉·阿瑟·刘易斯(William Arthur Lewis);③强调经济增长存在必经阶段者,例如华尔特·罗斯托(Walt Rostow)。④ 在社会学领域中,凸显传统-现代社会特征有别者,例如塔尔科特·帕森斯(Talcott Parsons);⑤侧重传统现代行为模式迥异者,例如阿历克斯·英格尔斯(Alex Inkless)。⑥ 在政治学领域中,侧重传统解组、社会动员的过程者,例如卡尔·多伊奇(Karl Deutsch);⑦论证经社

---

① 如 David Balaam and Bradford Dillman, *Introduction to International Political Economy*, Routledge, 2013;王正毅:《国际政治经济学通论》,北京大学出版社 2010 年版;黄琪轩:《政治经济学通识:历史·经典·现实》,东方出版社 2018 年版。
② 本节介绍的各种发展理论,可参考如下教材 Alvin Y. So, *Social Change and Development: Modernization, Dependency, and World-Systems Theories*, Sage, 1990;庞建国:《国家发展理论:兼论台湾发展经验》,巨流 1993 年版;萧新煌主编:《低度发展与发展:发展社会学选读》,巨流 1985 年版;徐泽民:《发展社会学理论:评介、创新与应用》,中国人民大学出版社 2014 年版;[英]彼得·华莱士·普雷斯顿:《发展理论导引》,李小云等译,社会科学文献出版社 2011 年版。有关"华盛顿共识"可参考 Narcis Serra and Joseph E. Stiglitz, eds., *The Washington Consensus Reconsidered: Towards a New Global Governance*, Oxford University Press, 2008。
③ [英]威廉·阿瑟·刘易斯:《经济增长理论》,周师铭等译,商务印书馆 1996 年版。
④ [美]罗斯托:《经济成长的阶段——非共产党宣言》,国际关系研究所编译室译,商务印书馆 1962 年版。
⑤ [美]塔尔科特·帕森斯:《社会行动的结构》,张明德等译,译林出版社 2012 年版。
⑥ [美]阿历克斯·英格尔斯:《人的现代化》,殷陆君译,四川人民出版社 1985 年版。
⑦ Karl W. Deutsch, *Nationalism and Social Communication: An Inquiry into the Foundations of Nationality*, Wiley, 1953.

体制支撑政治制度者,例如西摩·马丁·李普塞特(Seymour Martin Lipset)。①一言蔽之,先进、后发并无区别,成功制度可以一体适用。

但是对上述主张,学者讨论、质疑颇多。其一,发展是否只有一种模式?姑且不论后发群雄可能超前,先进自身也各不相同。究竟移植何种制度才好?此外,如果强行照搬制度,经常遭遇激烈冲突,磨合成本耗费不赀。其二,即便先发经验有助追赶,却因先发已然崛起,面对种种竞争劣势,后进生存、发展空间必然远远更受挤压。因此,面对内外不利条件,后发即便力争上游,其结果也如罗德里克(Dani Rodrik)发现的那样:"在1960—2004年的40多年间,〔就算计入许多增长明星〕发展中国家人均实际收入年均增长2.1%……富裕国家经济……则以2.7%的速度快速增长,没有几个发展中经济体能持续缩小它们与发达经济体的差距。"②这一变化还可见图13-1所示。换言之,后发各国即便挣扎图存,多数仍深陷贫穷落后、饥馑病弱、腐败剥削、冲突战乱之中,少有摆脱悲惨命运者。

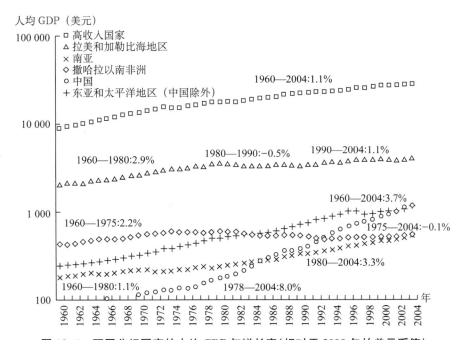

图 13-1　不同分组国家的人均 GDP 与增长率(相对于 2000 年的美元币值)

资料来源:[美]丹尼·罗德里克《一种经济学,多种药方:全球化、制度建设和经济增长》,张军扩、侯永志译,中信出版社 2016 年版,第 14 页。

在反复尝试、屡试屡挫之后,后发各种终于逐渐意识:所谓"同样方法,同样成功",其实几近痴人说梦;除非天赋异禀,坐享自然资源,极少单靠市场,便能逆

---

① [美]西摩·马丁·李普塞特:《政治人:政治的社会基础》,郭为桂、林娜译,江苏人民出版社 2013 年版。
② [美]丹尼·罗德里克:《一种经济学,多种药方:全球化、制度建设和经济增长》,张军扩、侯永志译,中信出版社 2016 年版,第 14 页。

势追赶。① 但当戳破发展幻象后,后发究竟何去何从? 学者仍有不同看法,并因此分道扬镳,形成"社会主义"与"国家主义"两大阵营。理论上,两者都源于发展落后激起的民族主义,不过前者表现为抗议精神,后者则转向权力集中。

二、西方学者关于社会主义发展策略的相关理论

这方面存在各种社会改良思潮,又存在过各种社会主义体制,但紧扣发展问题的思路,则是崛起拉美的"依附理论"(dependence theory)与脱胎史学的"世界体系理论"(world system theory),②其都可视为反对前者的"激进主义"(radical perspectives)。此类理论要点有二。首先,学者认为后发落后的症结所在,并非前述既有制度的障碍,而是国际体系的剥夺。先发国家通过国际分工的框架、"不平等的交换"的形式,将资源与价值从后进/边陲汲取、输送给先进/核心,保障其持续繁荣的同时,造成后发国家深陷落后。换言之,如伊曼纽尔·沃勒斯坦(Immanuel Wallerstein)所见,正是被整合进入"世界体系",对其产生持久的依附关系,才被转化为"低度发展"(underdevelopment)。③

其次,既然如此,那么如何挣脱束缚,迎头赶上呢? 依附理论学者也各有所见,最主流的是安德烈·冈德·弗兰克(Andre Gunder Frank)。④ 基于前述分析,弗兰克建议号召人民团结,通过社会革命,先谋建立平等分配、普遍保障的"社会主义体制",再图脱离国际分工体系,发展进口替代,确立自力更生的经济生产。换言之,依附理论的发展政策,建立在平等主义、社群主义、互助精神等浪漫色彩的基础信念上。因此,一旦予以推动落实,成绩经常乏善可陈:一则社会革命不断遭遇挫折,即便政权成功建立,也难真正自力更生,更少能够逆势追赶。

---

① 但当进一步探究为何造成落差时,西方学者的思考与建议,还是不脱"追随我们的道路",例如[美]德隆·阿西莫格鲁、[美]詹姆斯·罗宾逊:《国家为什么会失败》,李增刚译,湖南科技出版社2015年版;[美]弗朗西斯·福山:《落后之源:诠释拉美和美国之间的发展鸿沟》,刘伟译,中信出版社2015年版;即便实地参与发展援助者亦然,例如[美]威廉·伊斯特利:《经济增长的迷雾:经济学家的发展政策为何失败》,姜世明译,中信出版社2016年版。

② 参考 Alvin Y. So, *Social Change and Development:Modernization, Dependency, and World-Systems Theories*, Sage, 1990;徐泽民:《发展社会学理论:评介、创新与应用》,中国人民大学出版社2014年版;[英]彼得·华莱士·普雷斯顿:《发展理论导论》,李小云等译,社会科学文献出版社2011年版。

③ 参考前引[美]伊曼纽尔·沃勒斯坦:《现代世界体系》(四卷本),郭方等译,社会科学文献出版社2013年版;萧新煌主编:《低度发展与发展:发展社会学选读》,巨流1985年版;Alvin Y. So, *Social Change and Development:Modernization, Dependency, and World-Systems Theories*, Sage, 1990 等。

④ Andre Gunder Frank, *Latin America:Underdevelopment or Revolution*, Monthly Review Press, 1969.

三、国家主义的发展策略

也因此,根据迄今追赶经验来看,发展后进既不能仰赖于自由主义,更不能寄望于社会主义,唯一可行的出路在于国家主义。国家主义虽然不尽信自由市场,但也不浪漫追求同舟共济,其中心思想是:处于发展追赶阶段,必须通过政府介入,动员社会资源、协调市场运作,配置引导发展,才能集中力量,力争上游。换言之,根据其看法,后发国家想要追赶,政府介入未必能成,没有政府介入那是万万不成。

上述以"政府协调"为核心的发展策略,可以追溯至18、19世纪的"后发情境"(late-development)。以美国时任财相亚历山大·汉密尔顿(Alexander Hamilton)、德国出亡学者弗里德里希·李斯特为代表,两位都根据美、德当时窘境,思考如何进行急起直追问题,他们都同样主张:落后国家的富强之路,政府介入必不可少。他们的政策主张到了亚历山大·格申克龙(Alexander Gerchenkron)手上,终于产生了系统的归纳与论证,是为日后"发展型国家"(developmental states)的理论先驱。格申克龙的分析同样基于德国、苏联等国的追赶经验,认为面对内外巨大压力,政府介入协调、形成替代制度,后发国家也能迅速赶上。综合上述各家看法,"发展落后"是后进追赶的前提,也为后者提供了:(1)追赶共识的形成;(2)技术模仿的机会。后发国家可以通过引进技术、积累资金快速提升生产力,从而避免旷费时日和失败风险的技术研发阶段,形成有利追赶的"后发优势"。但无论生产技术引进,抑或工业资本积累,都必须仰赖"政府介入"方能完成,因为如格申克龙所言,处于工业发展初始阶段,缺乏筹措资金所需的足够时间与社会基础,因此难以通过市场完成资本积累,此时必须通过政策银行(如德国)或国家机器(如苏联)介入资本积累过程。

上述"国家主义"的论证核心,在"发展落后"与"政府介入"的联系上,力拒早期经济自由主义学者如亚当·斯密的主张。自由主义者提出的诸如"自由贸易"原则、"守夜人"国家角色等,读者应已耳熟能详,本书就不在此详细介绍。但既然国家主义是后发各国的唯一希望,加上攸关我们国家的生存发展,本章将在下节进行更完整的介绍。

作为小结,本节接续前节的"发展问题",针对"后发如何追赶",基于制度视角,区分"自由主义""社会主义""国家主义"三种思路。基于上述讨论可知,对于后发各国而言,由于既有条件、时空环境迥异,即便效仿先进经验,也很难达到"自由主义"允诺的逆势增长。但在扬弃全盘移植后,"社会主义"在理想上期盼另创平等新制,但现实中却少有建树;再有务实的"国家主义",做法上主要仰赖政府引导,故能调节引导市场运作,有助急起直追。综言之,各家思路有别,其所持制度不同,提出建议自然有异。

第三节 "发展型国家":指导后发追赶的理论

如上节所述,对后发追赶的国家而言,"政府介入"①大概是唯一希望。本节介绍的"发展型国家",便源于对"政府介入"的理论思考。由于后者是"政治经济"和"发展研究"两个领域中争论不休的议题,自亚当·斯密与弗里德里希·李斯特以降,学者纷纷就"政府介入是否必要与有效",提出各种针锋相对的观点。

一、何谓"发展型国家"

其中,"发展型国家"乃源自查莫斯·约翰逊(Chalmers Johnson)对战后日本发展经验的总结。根据其研究,在经济发展被确立为国家目标后,日本政府(以其通商产业省为代表)便通过各种"产业政策"(industrial policy),保护扶持特定产业,促其尽速成长壮大,带动整体经济繁荣。换言之,政府实乃日本经济起飞的推手。除日本外,其他几个东亚经济体,也都采取类似发展模式——如韩国、新加坡等——并经历了高速发展。"发展型国家"这才闻名于世。

不过,即便学界对此讨论颇多(详见表13-1),但发展型国家究竟具备哪些特征?学界对此仍然莫衷一是。根据学者相关文献,可以提炼出该发展模式的两大要件:(1)产业政策;(2)国家能力。② 前者侧重"政府介入"的政策工具,重点在如何制定有效的政策?后者指涉"政府介入"的政治前提,关键在政策能否真正落实?其他相关特征,或为上述要件的表现形式,如精英官僚等;或者并非发展型国家所必备,例如压制劳工、掌控外资等。

表13-1 领域各家对"发展型国家"特征的列举

查莫斯·约翰逊[1]	(1)精英官僚组织;(2)独立官僚运作;(3)干预必须顺应市场规律;(4)须有经济领航机构
爱丽丝·阿姆斯登 (Alice Amsden)[2]	(1)精英官僚组织;(2)独立官僚运作;(3)干预必须顺应市场规律;(4)须有经济领航机构;(5)压制劳工

---

① 英文文献中的"国家"(state),在相对市场或企业时,其实指涉者是"政府",故本章将"state intervention"翻译为"政府介入"。那么"发展型国家"似乎也应可理解为"发展型政府"才是,但由于学界已相沿成习,此处还是沿袭既有用法。

② 上述概括首先出于耿曙、陈玮:《"发展型国家模式"与中国发展经验》,《华东师范大学学报》2017年第1期。

(续表)

罗伯特·韦德 (Robert Wade)[3]	(1)精英官僚组织；(2)独立官僚运作；(3)干预必须顺应市场规律；(4)须有经济领航机构；(5)威权体制
齐亚·乌尼思 (Ziya Öniş)[4]	(1)国家机关自主；(2)公私合作；(3)优秀官僚；(4)高效官僚机构；(5)内外压力督促；(6)竞争性产业政策
禹贞恩(Meredith Woo-Cumings)[5]	(1)强烈发展意愿；(2)自主的经济官僚机构；(3)紧密的政商关系；(4)有选择的产业政策
郑为元[6]	(1)优秀官僚和国家自主；(2)适度干预经济、扶持战略产业、控制金融体制、压制社会福利；(3)威权体制；(4)国家掌握外资；(5)其他特殊条件
王振寰[7]	(1)国家能力较强，(2)经济政策干预；(3)政企关系密切

注：1. Chalmers Johnson, *MITI and The Japanese Miracle: The Growth of Industrial Policy*, 1925-1975, Stanford University, 1982.
2. Alice Amsden, *Asia's Next Giant: South Korea and Late Industrialization*, Oxford University Press, 1989.
3. Robert Wade, *Governing the Market: Economic Theory and the Role of Government in East Asian Industrialization*, Princeton University Press, 1990.
4. Ziya Öniş, "The Logic of the Developmental State", *Comparative Politics*, 1991, 24(1).
5. Meredith Woo-Cumings, ed., *The Developmental State*, Cornell University Press, 1999.
6. 郑为元：《发展型"国家"或发展型国家"理论"的终结？》，《台湾社会研究季刊》1999年第6期。
7. 王振寰：《全球化与后进国家：兼论东亚的发展路径与转型》，《台湾社会学刊》2003年第31期。

二、发展型国家的特征

(一) 产业政策

两大要件中，先看产业政策，涉及政府"是否与如何介入？"也就是政策工具的选择问题。必须注意的是，并非影响产业的政策都是产业政策。严格意义的产业政策只涉及"具体、直接的政策干预"，又必须符合如下两项条件。①

其一，产业政策属于"政策干预"，目的是对"市场机制"有所引导或限制，例如价格管制、进入许可、要素补贴、进出口管制等，借此引导市场资源配置，扶持战略产业发展，以期带动整体经济增长。由此可知，产业政策必须是"干预价格机制"(getting relative prices wrong)。因此，类似强化竞争、去除管制，或任何"增进市场"(market-enhancing)的政府作为，如反托拉斯法之类，均非严格意义的产业政策。②

---

① 参考耿曙、陈玮：《"发展型国家模式"与中国发展经验》，《华东师范大学学报》2017年第1期。
② 国内有部分学者认为前者为选择性产业政策，后者为功能性产业政策，见江飞涛、李晓萍：《当前中国产业政策转型的基本逻辑》，《南京大学学报》2015年第3期。

其二，产业政策还必须具体直接，必须明确锁定特定产业/要素，甚至特定企业。因此，政策力度通常具体可验，政策影响也得即时显现。反之，类似改善经济体制、强化投资环境之类的政府作为，或如基础教育、基建投入、科研奖励、福利体制、宏观政策（如货币供给、稳定汇率）等领域的政府举措，甚至制度或法治建设等，要么过于全面，对象并不明确，要么旷日费时，也非严格意义的产业政策。

（二）国家能力

在国家能力层面，就国家与社会关系，学者经常提及"强势国家"（strong state），以其为"发展型国家"的政治基础。所谓"强势国家"，一般指涉两个层面，"国家自主"（state autonomy）是其一，"国家能力"（state capacity）是其二。前者侧重政府决策不为特定利益俘获，兼顾社会整体需求，从而创造包容增长，而非仅仅财富转移；同时也借此杜绝企业影响/游说，避免助长寻租活动的耗费。至于"国家能力"，关键在政府能否贯彻意志、落实政策？或者如拥有暴力手段，社会无法抗拒，或者如巧用政策工具，柔性引导企业。不少学者认为，唯有具备"强势国家"这样的政治前提，才能保证产业政策的独立制定与充分落实，才能形成有效的"政府介入"。

三、发展型国家理论争辩

（一）斯密 vs.李斯特

在厘清"发展型国家"的理论内涵后，便可进一步考察其理论发展。根据陈玮对该领域经典文献的梳理，总结出牵动领域发展的三次理论辩论。① 三次辩论均围绕"政府介入的必要性与有效性"展开，但每次的时空背景、核心议题、主要观点则各有不同。其中，第一次辩论发生在"发展型国家"理论先驱与早期自由主义者间，焦点为"对后发国家而言，政府介入是否必要"。辩论过程中逐渐形成"有效市场"与"政府介入"两大阵营。前者代表自然为亚当·斯密。他借批评"重商主义"之名，清晰论证了前述"自由贸易"原则、"守夜人"国家角色等。

斯密的对手为弗里德里希·李斯特，后者有力辩证了"发展阶段"与"发展策略"的关系。② 据李氏所见，落后国家的工业生产，绝难与先进国家竞争。因此，若

---

① 参考陈玮：《"发展型国家"的三次理论辩论：政府介入的必要性、有效性和时机》，《公共行政评论》2019年第1期。
② 参见[德]弗里德里希·李斯特：《政治经济学的国民体系》，陈万煦译，商务印书馆1997年版。

无政府系统保护,将被剥夺成长机会。所以,前者必须采取"贸易保护"政策,尤以"关税"为主要保护手段。此即其著名的"幼稚产业保护论"。但当后发国家的工业产业,在保护下趋于成熟后,李氏又主张政府逐步退出,让产业在竞争压力下自我提升。综合上述,根据李氏所见,"政府介入"策略与国家"发展阶段"息息相关:"落后阶段"提供了政府介入的必要性与有效性。"发展型国家"理论的前驱们,一致将"发展落后"作为关键的初始条件,加入他们的发展理论中,抗衡"不分先来后到"的自由主义观点,同时借此论证"国家介入"的必要性与有效性。

(二) 国家自主 vs. 国社互依

当然,上述辩论只能算"发展型国家"的理论发轫,直到第二次辩论,理论方才真正展开。该次讨论的主题是:"有效政府介入"的前提为何?辩论围绕"国家自主"与"国社关系"问题展开,可以划分出两个理论世代。首先,如前所述,"发展型国家"之提出并受重视,关键在战后东亚经济的高速发展。代表性学者如查默斯·约翰逊、爱丽丝·阿姆斯登、罗伯特·韦德等。相较之前围绕"政府介入"的政策讨论,上述学者不仅认同落后追赶有赖政府介入,还从经验层面论证产业政策生效,同时也触及成功政府介入的政治前提。他们多数认为,唯有具备"强势国家",才能确保"产业政策"的有效制定与充分实施。再配合20世纪八九十年代"找回国家"(bringing the state back in)的理论潮流,①后期的理论总结与研究重心遂转向侧重政府介入的政治与社会基础,并围绕"国家高度自主"与"国社相互依赖"形成理论层次的交锋。

其中,约翰逊作为"发展型国家"理论的奠基人,始终反对自由主义对日本发展的解释。根据他的看法,日本政府不仅维护市场体制、保持经济稳定,更有计划地"引导资源投入"和"引导企业合作"。上述政策对其战略性产业的发展(如石化、汽车等)扮演着极其关键的角色。政府之所以能够提出顺应市场规律、与时俱进的产业政策,有赖其背后独立的官僚体系、高效的精英官僚。换言之,是日本的精英官僚,确保了"政府介入"的成功。因此,约翰逊将日本发展模式总结为"计划导向的市场经济"或"发展导向的政府介入"。②

日本之后,韩国也实现了经济起飞,进一步启发对于后发成功经验的探索。其中如爱丽丝·阿姆斯登将后发国家(地区)的追赶发展,归功于以技术引进、消化应用为中心的"仿效学习"。根据她的研究,在韩国"仿效学习"的过程中,最关键的是

---

① 参见[美]彼得·埃文斯、[美]迪特里希·鲁施迈耶、[美]西达·斯考克波主编:《找回国家》,方力维等译,生活·读书·新知三联书店2009年版。
② 参见[美]查默斯·约翰逊:《通产省与日本奇迹:产业政策的成长(1925—1975)》,唐吉洪等译,吉林出版集团2010年版。

政府的奖励措施与监督机制。为能鼓励企业追赶,政府必须提供各种奖惩;而为让奖惩措施有效,政府还得建立监督机制。奖惩、监督能否落实,正是后发追赶的成败关键所在。①

另有一些与其呼应的著作,如吉列尔莫·奥唐奈的"官僚威权主义"(bureaucratic-authoritarianism)、戈登·怀特(Gordon White)将东亚纳入发展型国家行列、斯迪芬·哈格德(Stephan Haggard)讨论政治转型前后的体制巨变等,②均若有似无地暗示"发展成效"与"威权体制"间的紧密联结。但相较前述阵营,稍后浮现的彼得·埃文斯(Peter Evans)、琳达·维斯(Linda Weiss)和约翰·霍布森(John Hobson)等学者更侧重"国社互动"的重要。虽然双方都同意产业政策能否落实取决于"国家能力",但后者强调产业政策良莠取决于政府与产业的良好互动。

其中如将"发展型国家"理论推上高峰的彼得·埃文斯,便提出"嵌入性自主"(embedded autonomy),借以厘清"发展型国家"的特征,从而解释"政府介入"与"产业政策"为何有效。③ 据其研究,"嵌入性自主"分为两个维度,分别描述国家能力的两个层面:其一是国家作为行为主体的"自主性",其二是国家对社会的"嵌入度";前者指的是国家的内部结构关系,后者描述的是国家与社团——主要是产业企业和资本集团——的互动关系。借此,埃文斯发展出了后发展国家"国家能力"强弱与"工业转型"是否成功的精致假说:他就上述两个维度将后进国家分成了四个类别;其中,既拥有高度"自主性"又兼具高度"嵌入性"者才是"发展型国家"——既拥有高凝聚力的官僚体制,避免遭受利益集团俘获的危险;又能和企业形成紧密制度联系,维持信息畅通并提供政策支持。他接续利用韩国、巴西、印度和扎伊尔作为国家类型代表,就国家能力与工业转型展开论证。

与此同时,维斯与霍布森也从国家机关与工业集团之间紧密、有效的"协调能力"着手,对于国社互动、国家能力进行了更细致的分析。维斯和霍布森认为,现代国家的能力是一种"建制性权力"(infrastructural power),集渗透、汲取与协调等多种职能于一身——其中特别是协调能力,更是现代国家能力的硬核。因此,他们认为,不论先发后发,国家机关与社会组织(特别是产业)间,能否形成战略性与制度化的合作关系,即所称的"治理式相互依赖"(governed interdependence),决定

---

① 参见 Alice Amsden, *Asia's Next Giant: South Korea and Late Industrialization*, Oxford University Press, 1989。
② 参见[阿根廷]吉列尔莫·奥唐奈:《现代化和官僚威权主义:南美政治研究》,王欢、申明民译,北京大学出版社 2008 年版;Gordon White, ed., *Developmental States in East Asia*, St. Martin's Press, 1988;[美]斯迪芬·海格德、[美]罗伯特·考夫曼:《民主化转型的政治经济分析》,张大军译,社会科学文献出版社 2008 年版。
③ Peter Evans, *Embedded Autonomy: States and Industrial Transformation*, Princeton University Press, 1995.

该国能否推动政策改革,进而持续发展繁荣。① 维斯与霍布斯发现,不论欧洲的早期工业化,或者东亚的后期工业化,都得益于"公私合作"体制,孕育了国家强大的协调经济能力。这才是为何某些案例"政府介入"更有效的关键。

进一步看,埃文斯、维斯等的研究颇不同于之前"国家中心式的分析",也反衬出后者的各种不足。首先,"国家中心分析"忽略政府之外的社会组织(包括企业)与连缀政府与它们的组织联系,因此难以解释"政府如何影响社会"。其次,"国家中心分析"不易说明"政府如何选择适合的产业政策"。毕竟,合理、有效的政策规划有赖对产业需求的充分掌握。也因此,埃文斯、维斯等才提出"国家-社会"互赖合作的理论框架相抗衡,并间接否定之前有关威权体制与发展绩效的保守观点。更进一步看,双方的分歧源自对国家-社会关系的理解。"国家中心式的分析"预设了国家-社会"零和抗衡"式的国家能力与国社关系,接近迈克尔·曼(Michael Mann)说的国家"专制性权力"(despotic power);其批判者则倾向接受迈克尔·曼侧重的国家"建制性权力"。②

(三) 本质视角 vs. 嵌入视角

由上述介绍可知,经过第二次理论辩论,学者对于"发展型国家"的探讨,已经从"产业政策"的争辩,扩大到"国家能力"问题,兼及"政府介入"的政策手段与政治基础。在理论发展的同时,东亚国家也历经了"亚洲金融危机",一方面,东亚高速增长不再,另一方面,也显露发展模式的种种罩门。这一现实使得"发展型国家理论"似乎式微。但随之而来的中国发展,又为理论注入了复兴的激励。在这样的"挑战"与"激励"下,孕育出第三次理论辩论,即主张发展政策具有绝对优劣的"本质视角",与必须搭配其政经结构的"嵌入视角"。这又是下一节的内容。

第四节　后发国家调整转型:发展阶段与发展策略

从上述梳理分析可知,经历前两次争辩,"发展型国家"研究似乎已臻成熟。但是20世纪90年代东亚经济体的衰落与转型,再次引发学界对"政府介入必要性与有效性"的争论。③ 在政治经济学界,主流的解释是延续上述第二次辩论的理论视

---

① 〔美〕琳达·维斯、〔美〕约翰·霍布森:《国家与经济发展:一个比较历史性的分析》,黄兆辉等译,吉林出版集团2009年版。
② Michael Mann, *States, War, and Capitalism: Studies in Political Sociology*, Blackwell, 1988.
③ 朱天飚:《发展型国家的衰落》,《经济社会体制比较》2005年第5期;顾昕:《政府主导型发展模式的兴衰:比较研究视野》,《河北学刊》2013年第6期;陈玮、耿曙:《发展型国家的兴与衰:国家能力、产业政策与发展阶段》,《经济社会体制比较》2017年第2期。

角,认为"国家能力"的衰微,是导致传统"发展型国家"衰落的原因。与此同时,"发展阶段"假说也作为与流行观点的对立解释,逐渐进入人们的视野,为后发国家调整转型提供新的视角。

一、发展型国家转型解释之一:国家能力衰微

在寻找"政府介入"失效的原因时,流行观点从国家能力的衰弱解释了"政府介入"在典型发展型国家的失败,而国家能力的衰弱来自以下两个主要方面。首先,经济全球化以及贸易自由化的席卷,迫使国家在经济领域介入的全面撤退,全球化带来的贸易与资本的流动,也大大增加了本国经济的复杂性,政府难以通过以往的单一渠道控制、介入经济。其次,经济发展导致社会力量壮大,削弱了国家对社会的控制力,因此导致政策制定被利益集团裹挟,政策执行也遭遇阻碍。[①]

不过,上述流行观点并未得到一致的实证支持,反而引发相关质疑。首先,全球化导致国家能力增强的案例并不鲜见——为能应对全球化带来的冲击,国家往往会进行调整,以便适应不断变化的外在环境。[②] 而经济发展带来社会力量增长的同时,也可能增强国家力量。其次,国家也能汲取经济发展的成果,同时国家与社会的关系,也并未必属于零和式的此消彼长关系。因此,流行的"国家能力"视角未必能够很好地解释传统发展型国家"政府介入"的失效。

从另一个角度看,纵观人类经济发展的历史,"政府介入"的消长并非仅发生在战后东亚。西方大国在早期工业化历程中,不乏积极采用"政府介入"者,不过在之后的发展阶段中,他们便陆续转变了发展策略。正如李斯特所言,他们经常是"先用了梯子,再踢掉梯子"(kicking away the ladder)。由此可见,早在全球化之前,"政府介入"的发展策略,就不断经历着前期辉煌有效而争相采用,后期又因成效不彰而被无情抛弃的命运。

二、发展型国家转型解释之二:政经背景丕变

基于上述分析,部分学者呼吁回归李斯特的视角,从时空条件思考"政府介入"失效的原因,由此提出了发展阶段假说。该假说认为,正是发展阶段的转变,改变

---

① 陈玮、耿曙:《发展型国家的兴与衰:国家能力、产业政策与发展阶段》,《经济社会体制比较》2017年第2期。
② Linda Weiss, " Developmental State in Transition: Adapting, Dismantling, Innovating, not 'Normalising'", *Pacific Review*, 2000, 13(1); Deni Rodrick, "Why do More Open Economics Have Bigger Governments?", *Journal of Political Economy*, 1998, 106.

了介入的前提条件,导致传统发展型国家"政府介入"(产业政策)失效。其中原因为:在一国经济的起飞阶段,后发国家有模仿对象,因此政府介入行之有效;而到了发展成熟时期,因为没有模仿对象,政府无法制定清晰的"追赶"方案,政府介入也随之失效。陈玮和耿曙从"产业甄别""监督落实"和"资源集中"三个方面,系统考察了政府介入在不同的发展阶段生效与失效的机制。①

针对"介入时机"辩论的进一步考察后,笔者有如下发现。首先,本节所述的"第三次辩论"是向第一次辩论的回归,因为其中关键在"发展阶段"与"政府介入"的关系。其次,在最近的辩论中,中国作为最重要、最典型后发追赶案例,具有举足轻重的地位。诚如达龙·阿西莫格鲁②所言:"中国是一个很重要的关于国家如何推行经济改革,进而脱贫致富的例子。许多需要进行深层次结构改革的发展中国家都面临这样的挑战,因而任何研究经济发展的学者都要思考中国经济增长的未来。"③因此,如何促成相关理论与中国经验的对话,应该是中国学界无法回避的使命。因此,第五节将介绍"发展型国家理论"与中国经验的对话。

第五节 发展型国家理论与中国发展

如同本章开头所言,中国是以"后发"的身份出现在现代国际舞台上的。在过去一个半世纪中,这个身份颇似幽灵缠身,挥之不去。直到改革开放后,这个体量最大的后发者,转身变为追赶最快的国家,成为"后发"国家中的表率。也因此,后发追赶的种种理论,既启发中国的发展道路;中国的发展实践,也影响后发追赶的研究。例如斯蒂芬·哈格德便认为,在日本增长停滞、亚洲金融危机后沉寂下去的"发展型国家"研究,其复兴与中国的高速增长脱不了关系。④

原来不论计划经济时代还是改革开放,中国发展模式都与东亚经验颇为相似,均以产业政策为手段,创造出"中国奇迹"。针对中国的发展经验,首先,不论是中央或地方政府,均以经济发展为重要目标;其次,在中国的央地关系结构中,由中央政府宏观引导,地方政府实际落实,携手创造出经济起飞。⑤ 当然,基于中国的"属

---

① 参见陈玮、耿曙:《政府介入与发展阶段:发展策略的新制度分析》,《政治学研究》2017年第6期。
② 第12章该人名被译为"德隆·阿西莫格鲁",实为一人,此处为与析出文献统一,故用"达龙·阿西莫格鲁"。
③ [美]达龙·阿西莫格鲁:《制度视角下的中国未来经济增长》,《比较》2014年第5期。
④ 参见 Stephan Haggard, *Developmental States*, Cambridge University Press, 2018。
⑤ Jean C. Oi, "The Role of the Local State in China's Transitional Economy", *China Quarterly*, 1995, 144; Marc J. Blecher and Vivienne Shue, *Tethered Deer: Government and Economy in a Chinese County*, Stanford University Press, 1996.

地管理/行政发包"这一具体管理体制,地方政府对发展何种产业,如何推动发展等具体政策,拥有很大的自主权,"地方发展型政府"的特征相对凸显。①

例如,在早期的"地方企业家型政府"阶段中,地方政府针对市场优势,通过拨付土地、投入资金,直接参与地方企业的生产经营,创造出20世纪80年代与20世纪90年代两波乡镇企业快速增长。在稍后的"地方发展型政府"阶段中,地方政府基于国际竞争优势,通过创造条件、提供优惠、筑巢引凤、招商引资,从旁扶持各种外资、民营企业的生产经营。此类产业政策帮助中国在加入WTO后,一跃成为外资龙头、世界工厂,推动了迄今的高速增长。②

由此可见,中国高速增长的经验,无论就实行的"产业政策",或仰仗的"国家能力"考察,其实均与其他东亚"发展型国家"并无不同。换言之,中国就是东亚发展型国家中的一员,只是体量巨大,而且起步更晚。同样,与东亚的日、韩等经济体类似,中国在高速增长之后也面临了转型升级之痛。虽然从中央到地方,相继出台各种鼓励政策,受传统"产业政策"的局限,目前政策效果还不显著。

第六节 未来研究方向

在总结上述后发追赶与中国发展的关系后,我们也可以前瞻未来的研究方向。如同前面说到,目前这一波对于后发发展的研究,与中国经验息息相关,所以,如果我们能从中国的角度来看,主要可以勾勒两个研究方向,尤其适合中国学者参与。

一、如何理解中国发展经验?

中国高速增长的经验到底是否可以被理解为"发展型国家"模式?③ 这个问题

---

① Marc Blecher, "Developmental State, Entrepreneurial State: The Political Economy of Socialist Reform in Xinju Municipality and Guanghan County", in Gordon White, ed., *The Chinese State in the Era of Economic Reform: The Road to Crisis*, Palgrave Macmillan UK, 1991; Jean C. Oi, "Fiscal Reform and the Economic Foundations of Local State Corporatism in China", *World Politics*, 1992, 45(1); Andrew G. Walder, "Local Governments as Industrial Firms: An Organizational Analysis of China's Transitional Economy", *The American Journal of Sociology*, 1995, 101(2).

② Shu Keng, "Developing into a Developmental State: Changing Roles of Local Government in the Kunshan Miracle", in Yunhan Chu and Tse-Kang Leng, eds., *Dynamics of Local Government in China during the Reform Era*, Rowman & Littlefield, 2009.

③ John Knight, "China as a Developmental State", *World Economy*, 2014, 37(10); Kellee Tsai and Barry Naughton, "State Capitalism and the Chinese Economic Miracle", in Barry Naughton and Kellee Tsai, eds., *State Capitalism, Institutional Adaptation, and the Chinese Miracle*, Cambridge University Press, 2015.

涉及中国与东亚日本、韩国等国的发展模式的异同。部分学者根据中国的发展经验——倚重"国家能力"与"产业政策"——认为中国就是本章所定义的那种发展型国家。但也有学者提出，中国发展往往是地方政府主导，具体的政策执行经常无法持续一贯，更受国际经济波动所牵动等，认为中国非常不同于其他东亚案例，因此不能够被理解为类似日本、韩国的发展型国家。

二、发展型国家如何转型？

中国是否属于本章所述发展型国家的辩论也带出另外一个研究方向，就是"发展型国家"的转型。这也与中国经验息息相关，因为如果中国属于发展型国家，那么类似日本、韩国的东亚发展型国家模式均日趋式微，中国是否也需要有所借鉴？进一步的思考，有关发展型国家的转型，其实存在多个不同假说。其中之一，当然是认为不必转型，当年借此成功，未来可以继续繁荣。不同的看法则认为，当国家能力强大时，国家可以进行有效决策与充分落实，反之，则必须放弃具体的国家干预。第三种看法强调技术水平，认为处于落后追赶阶段，可以通过仿效强化竞争，因此需要国家介入，倘若进入领先阶段，增长的来源在于创新，此时具体的国家介入偏于低效，因此必须逐步退出，侧重制度提供与基础建设。[①] 上述都是存在理论争议的领域，可以利用中国经验进行厘清的研究方向，也是吾国学者可以大展拳脚的研究领域。

📖 扩展阅读

[1] 黄琪轩：《政治经济学通识：历史、经典、现实》，东方出版社2018年版。

该书就人类历史中许多趣味盎然的"谜题"，首先进行政经视角的解说，随即联系学科经典著作，同时展开背后理论的介绍。在剖析社会议题的过程中，作者难得地兼顾了经济理性与政治权力，可说是政治经济这个"交叉学科"的绝佳入门读物。这本书阅读起来逸趣横生，尤其善于引导思考，轻松地带领读者检阅各个比较政治与国际关系的核心议题。

[2] 朱天飚：《比较政治经济学》，北京大学出版社2006年版。

对"比较政治经济"提供一个极完整、清晰、深入的学科介绍。内容涵括：主题形成与学科发展，例如现代国家与资本主义的兴起、政治经济学科的浮现等；核心

---

① 相关辩论参见张维迎、林毅夫等：《政府的边界》，民主与建设出版社2017年版；林毅夫等主编：《产业政策：总结、反思与展望》，北京大学出版社2018年版；理论总结见陈玮：《"发展型国家"的三次理论辩论：政府介入的必要性、有效性和时机》，《公共行政评论》2019年第1期；未来出路则可参见耿曙、陈玮：《"中等收入陷阱"问题的根源：要素短缺还是制度束缚？》，《天津社会科学》2017年第2期。

范式及理论批判,包括国家-社会关系、新古典经济学、社会团体与联盟等;学科新兴或重要专题,例如福利国家兴衰、资本主义调整、社会主义转型、后发国家追赶等。该书凝聚作者多年精读、严批各种新旧经典的功力,征引文献数以千计,是在全球范围内都难出其右的出色教材。

[3] 肖滨主编:《中国政治学年度评论(2017)》,商务印书馆2017年版。

2017年年度评论主题为"政商关系",执编黄冬娅老师邀国内领域多位出色专家撰写重要主题的研究述评,结集出版为该书。因此,该书内容涵盖甚广,从政商理论到中国案例,从政商历史到当代趋势,从英文经典到中文要籍,从案例比较到部门特色,都有所涉及,为读者提供一幅丰富、多元而深刻的政商关系研究全景图。本辑述评论文的两大主题为:(1)国家能力与政商关系,侧重政府如何扶持但也制约政商互动/产业发展;(2)社会力量与政商关系,涉及企业如何自我组织?如何自我认定?又如何回头影响政府政策与社会发展?可以从中窥见领域学者关注的焦点。

[4] Stephan Haggard, *Developmental States*, Cambridge University Press, 2018.

作者斯蒂芬·哈格德(Stephan Haggard)为"发展型国家"研究后期的重要理论学者,该书则为相关研究既集大成又短小精悍的理论介绍。它从相关研究的崛起浮现、臻于鼎盛、遭逢挑战、重新复振,一路娓娓道来。其中心问题是:"发展型国家研究衰微了吗?"作者回答:"当然没有!"该书独到之处在于一方面不局限特定学科,同时包容各种观点;另一方面则旁征博引,不拘一家之言。凡是涉及"后进发展"的议题,该书多少都能照顾到,尤其特别之处,在触及许多最新的议题领域如全球转型、东亚衰退、中国崛起、政治转型、产业升级、中等收入陷阱等,将其与"发展型国家"研究的思路相联结,点出了许多全新的研究议题。

第14章
西方发达国家的经济增长与分配

一般认为,西方发达国家都实行通过竞争性选举产生的民主体制。这种多元民主体制下政府最大的特点是:政府权力受到制度性约束。这些约束主要来自宪法体制下的分权、选举体制下的问责,以及政党制度下的竞争。在不同的宪法、选举和政党体制下,政府干预经济的能力和意愿有很大差别。

本章主要介绍西方发达国家在多元民主体制下的经济增长与分配。对战后发达资本主义国家的政治经济学的研究可以集中在三个方面:一是以20世纪五六十年代为代表的现代化和福利国家的兴起;二是20世纪七八十年代以来的全球化与资本主义的多样性;三是历次金融危机与福利国家的转型。

第一节 多元体制与经济增长

通常我们所说的"发达国家"是指经济合作与发展组织(OECD,简称"经合组织")的成员国。[①] 这些国家大多在20世纪之前就实现了工业化,并且建立了成熟的民主体制。早期工业国家的发展经验成为现代化理论的主要现实依据。在1960年出版的《经济增长阶段论:非共产党宣言》一书中,沃特·罗斯托把这些早期工业化国家的发展道路总结为经济增长的五个阶段,即传统社会、起飞准备、起飞、走向成熟、大众高消费阶段。根据罗斯托的判断,早期工业化国家的经济起飞阶段分别为:英国在1783年后的20年,法国和美国在1860年前的几十年,德国在1850—1875年,日本是1875—1900年,俄国和加拿大为1914年前的20多年间。在这个线性递进的发展过程中,资本成了最重要的推动力。只有通过不断积累资

---

① "发达国家"的界定并没有统一的标准。OECD包括36个成员国。IMF的先进经济体(advanced economies)包括39个国家和经济体,世界银行的高收入国家则包括了78个国家和经济体。人均GDP是最重要的指标,但并非所有高收入的国家都被认为是发达国家。包括教育和卫生指标在内的人类发展指数(HDI)也是衡量国家发展水平的重要指标。现有发达国家的人类发展指数通常达到0.9或以上。

本,经济才可能持续增长,实现现代化。①

影响资本积累的因素很多,但政治制度是其中的关键。多元体制在经济增长中的制度逻辑可以从三个角度进行分析。第一个是从承诺与问责的角度,代表理论是产权保护(property rights)理论;第二个是从权力制衡的角度,代表理论是否决人(veto player)理论;第三个是从政治支持的角度,代表理论是选举团(selectorate)理论。

产权保护理论的基本假设是:政府在经济生活中的理想角色是提供公共产品和维护游戏规则,但政府通常有滥权的动机和能力。在《西方世界的兴起》一书中,道格拉斯·诺斯(Douglass North)和罗伯特·托马斯(Robert Thomas)指出,西方国家经济发展的关键在于建立了高效的经济组织。这些组织通过约束政府权力来保护私有产权和监督契约执行,营造了正确的激励机制,私人投资者才能够放心投资,市场得以充分发展,从而推动经济发展。② 诺斯和巴里·温加斯特(Barry Weingast)发表于1989年的文章中使用了"可信承诺"(credible commitment)的概念来解释经济增长的机制。他们指出,在君主同贵族和资本家的博弈中,如果君主的权力过大,他对贵族和资本家作出的承诺就是不可信的。贵族和资本家担心产权受到事后剥夺的风险,就没有动力去投资。这种局面也会导致君主的收入减少。英国在1688年光荣革命后确立的制衡机制限制了君主的权力,迫使君主作出保护产权的可信承诺,降低了商人借钱给君主的违约风险。当君主的权力被限制后,贵族和资本家的投资激励上升了,也更愿意借钱给君主。违约风险的下降提高了英国王室的融资能力,为其在同法国的战争以及开拓海外殖民地等方面打下了坚实的金融基础。英国由此拉开了同法国以及其他欧洲国家的差距,逐渐成为全球霸主。③

产权保护因此成了解释发达国家经济增长的一个重要理论机制。这个机制的一个重要假设就是只有通过制度限制政府滥权,市场机制才能有效运作,经济才能发展。德隆·阿西莫格鲁(Daron Acemoglu)和詹姆斯·罗宾逊(James Robinson)在《国家为什么会失败》一书中也突出了这个论断:如果包容性的政治经济制度相结合,社会就进入良性循环,激励投资和创新,从而推动经济增长;而攫取性的政治经济制度无法对产权进行有效保护,会遏制投资和创新,使经济增长无法持续。④ 这

---

① W.W. Rostow, *The Stages of Economic Growth: A Non-Communist Manifesto*, Cambridge University Press, 1960.
② Douglass North and Robert Thomas, *The Rise of the Western World: A New Economic History*, Cambridge University Press, 1973.
③ Douglass North and Barry Weingast, "Constitutions and Commitment: The Evolution of Institutions Governing Public Choice in Seventeenth-Century England", *The Journal of Economic History*, 1989, 49(4).
④ Daron Acemoglu and James Robinson, *Why Nations Fail: The Origins of Power, Prosperity, and Poverty*, Crown Business, 2012.

个解释为民主制度的建立提供了一个很强的合法性依据。而几乎所有发达国家都是民主国家这一事实也为这一理论提供了重要的实证基础。但是,实行民主体制的国家经济发展状况千差万别。在全球最不发达的国家中,也有不少实行民主体制。民主体制这个宽泛的概念无法解释政府的权力结构、政策方向和经济发展水平。

在制度主义的框架下,政治学家开始探讨如何对民主体制下的政府权力和政策方向进行更细致的界定。否决权理论和选举团理论因此发展起来。这两种理论都试图用一种简洁的办法把民主体制下的制约机制进行区分。乔治·舍贝里斯(George Tsebelis)在《否决者:政治制度是如何运行的》一书中提出了否决权理论。[1] 否决权理论把任何一个有可能对决策造成影响的制度设计称作否决者(veto player)。比如在三权分立的总统制下,就至少存在总统、议会和法院三个否决者,互相制约。如果考虑选举规则、政党体制、央地关系等,民主体制下的否决者的数量会很多。这个理论的逻辑是:否决者数量及其政策偏好决定了现行政策的稳定程度。从可信承诺的逻辑出发,否决者数量越多,政策偏好分歧越大,政策稳定性就越高,政府承诺就越不易改变,产权保护就越好,私人投资者就越有投资意愿。当然,否决者数量并非越多越好。否决者数量过多会造成政治权力分配的碎片化。如果否决者的利益分配或政治权力分享诉求得不到满足,他们就可能利用手中的否决权作为谈判筹码,拖延决策过程,从而换取其他决策者的妥协。尤其是在需要应对危机或进行改革时,决策缓慢将可能导致危机蔓延或错失良机。

布鲁斯·梅斯奎塔(Bruce Mesquita)等学者提出的选举团理论(selectorate theory)同否决行为体理论类似,但其关注点不是决策精英,而是拥有投票权的草根群众。[2] 统治者要想执政,就必须选择有多数选举人支持的政策。而在不同的制度安排下,选举团的范围不同,执政所需要的胜选联盟(winning coalition)的大小也不同。选举团(selectorate)一词来自选民(electorate),更常用于分析威权体制下领导的产生机制。通常认为,威权或独裁体制下,统治者的产生不是依靠选举,而选举团理论则认为,威权或独裁统治者也需要选举团的支持才能执政,只不过这个选举团的规模很小,排除了大多数的普通民众。因此,选举团理论可以通用于民主和威权体制。在民主体制下,选举团可以指所有具有选举权的人,而执政则需要一个很大的胜选联盟。在威权体制下,选举团和胜选联盟的范围都相对较小。而在权力高度集中的独裁体制下,选举团和胜选联盟可能只有极少的几个人。尽管选举团理论假设执政者的胜选动机是相似的,但胜选联盟的大小直接影响到统治者的分配方案。如果胜选联盟很大,统治者提供公共产品的动机就强烈,分配会

---

[1] George Tsebelis, *Veto Players: How Political Institutions Work*, Princeton University Press, 2002.
[2] Bruce Mesquita, et al., *The Logic of Political Survival*, MIT Press, 2003.

相对平均；如果胜选联盟很小，统治者就有更强的动机提供私人产品，分配就会集中于少数人手中。这些理论有助于我们理解多元体制国家如何实现经济发展。

第二节　现代化与福利国家的兴起

现代福利国家制度发源于欧洲，并随着工业化、民族国家建设与政治民主化的发展而不断演变。早在19世纪80年代，统一后的德国就建立了养老金制度和社会保险，但欧洲福利国家的大规模兴起则是在二战后。在经历了20世纪上半期的两次世界大战和经济大萧条后，欧洲国家左翼势力迅速增强。他们希望通过政府的积极干预来降低分配不均和扩大社会保障。战后西欧普遍推行的民主普选制赋予了公民广泛的政治权利，成为推动福利国家形成的重要因素。1945年，英国民众对社会改革的普遍期望使工党赢得了大选。随后在克莱门特·艾德礼（Clement Attlee）首相的推动下，以全民就业为目标，对主要产业进行了国有化，并建立了国民保健署（NHS），兑现了建立福利国家的承诺。其他欧洲国家也在民主政治和经济复苏的推动下，扩大了社会保障的覆盖面，走上了现代福利国家的道路。但发达国家的福利制度模式却存在较大差别。

格斯塔·艾斯平-安德森（Gøsta Esping-Andersen）在《福利资本主义的三个世界》一书中，用三个标准对发达福利国家进行分类。第一个标准是"去商品化"（decommodication），即福利制度能在多大程度上让个人可以不依赖市场交换在社会中独立生存。第二个标准是社会分配，即社会福利对减少贫困和不平等的影响程度。第三个标准是政府在福利提供中的角色。根据这三个标准，艾斯平-安德森将发达福利国家分为三类。第一类是以美国和英国为代表的自由民主福利国家，政府仅为低收入人群提供有限度的社会保障，而大多数的居民则需要通过市场化机制来购买社会保障；社会福利对减少贫富差距影响较小。以美国为例，如果只比较公共社会支出占GDP的比例，美国在发达国家中排名较低，但其总社会支出占GDP的比重却在OECD国家中排在第二位，说明企业和个人直接承担了相当比例的福利支出。第二类是以德国、奥地利为代表的基督教民主福利国家，政府作为社会福利的主要提供者，但福利分配具有很强维护传统的家庭和教会组织的特点，对缩小贫富差距的影响比自由民主福利国家大。第三类是以北欧国家为代表的社会民主福利国家。政府通过提供社会福利以实现社会分配的高度公平。[①] 社会民

---

① See Gøsta Esping-Andersen, *The Three Worlds of Welfare Capitalism*, Princeton University Press, 1990.

主福利国家和基督教民主福利国家最大的区别在于,前者的社会福利分配是为了增加个人的独立性,而不是强调对家庭和教会的依赖性。①

如何解释这些不同类型福利国家的形成原因呢？在多元体制下,政府的分配意愿和能力受到其所代表的阶级和集团的影响。在市场化机制主导下,资源被更多地投入投资和生产。而在政府干预程度高时,资源更多地被用于再分配。但是,市场机制和政府干预如何才能达成平衡呢？亚当·普沃斯基（Adam Przeworski）和迈克尔·沃勒斯坦（Michael Wallerstein）提出了"阶级妥协"（class compromise）理论。如果政府不将任何资源用于再分配,穷人将会采取反抗行动,导致政府的镇压成本上升。但如果政府将所有资源都用于再分配,富人将拒绝投资,经济将陷入停滞。只有相互妥协才能维持市场生产与社会分配间的平衡。②

按照"阶级妥协"理论的解释,市场力量与政府干预之间必然会达到平衡,但市场与政府之间的关系事实上要复杂得多。为什么福利国家会在发达国家中突然兴起,但又逐渐陷入困境？为什么北欧国家社会福利十分丰厚,而全民医疗在美国推行起来却困难重重？一个重要的解释变量就是政府与市场的关系。

关于政府干预与市场力量的关系,卡尔·波兰尼（Karl Polanyi）的经典著作《大转型》提供了一个重要的解释路径。从1815年《维也纳和约》的签订到1914年的第一次世界大战爆发,欧洲经历了长达百年的和平繁荣时期,也迎来了全球化的黄金时代。但繁荣中也孕育着危机。一战的爆发导致持续百年的经济繁荣局面突然中断,并陷入了长达30年的危机和战乱。波兰尼认为这个看似偶然的危机其实是基于自由主义原则的全球经济的必然产物。一方面,资本的扩张要求打破国家的界限,整合全球市场；另一方面,人的行为并不完全是遵循市场原则的。全球化的冲击会让个人生活变得更脆弱,对社会保护的需求更大。政府需要利用货币和信贷政策避免出现通胀和通缩的危险,同时还应该干预劳动力市场,救助失业工人。因此,自由市场的资本主义只是乌托邦。经济运行不可能独立于社会制度,而必须是相互嵌入（embeddedness）的双向运动（double movement）。市场整合力量最强大的时候,正是社会整合需求最大的时候。而一旦市场力量与社会政策脱节,资本扩张的进程就将中断,社会就会陷入动荡和衰退。"双向运动"的必然性意味着政府必须对市场力量的破坏效果进行控制或是修复,但如何修复却取决于很多国内外因素。③

---

① OECD, "Public Social Spending Is High in Many OECD Countries"(2019), https://www.oecd.org/els/soc/OECD2014-SocialExpenditure_Update19Nov_Rev.pdf, retriered August 4, 2020.
② Adam Przeworski and Michael Wallerstein, "The Structure of Class Conflict in Democratic Capitalist Societies", *American Political Science Review*, 1982, 82.
③ Karl Polanyi, *The Great Transformation*, Farrar and Rinehart Inc, 1944.

波兰尼的理论指出了全球化的悖论。全球化的扩张如同一个不断拉伸的橡皮筋。拉得越长就绷得越紧，最后结果不是弹回就是断裂。然而，波兰尼只讨论了20世纪初的历史，也未能预测"双向运动"将会何时造成市场和社会脱节。在他看来，自由市场和社会保障似乎是完全对立的两种机制，社会保障是对市场力量过于强大的被动反应。但是，也有学者认为，福利国家并非只是波兰尼所说的面对现代资本主义的"保护性反应"，其本身就是现代资本主义的核心组成部分。①

如果说卡尔·波兰尼的"双向运动"法则是对自由资本主义发展的悲观看法，经济学家西蒙·库兹涅茨（Simon Kuznets）则对发达国家的经济发展提出了乐观的预测。在发表于1955年的《经济增长与收入不均》一文中，库兹涅茨发现20世纪初以来，美国、英国和德国的收入不均程度都呈现出下降趋势。② 他因此提出了一个关于经济增长和收入分配的重要猜想。在经济增长的早期，由于城市人口的劳动生产率较农村人口增加更快，导致城乡收入差距拉大，社会分配不平等会持续上升。但当经济发展达到较高水平时，城市化过程基本完成，城乡差距缩小，社会分配不平等降低。尽管库兹涅茨曲线仅仅是个猜想，但却通常被认为是经济发展的一般规律。

无论是"双向运动"法则还是库兹涅茨曲线，都为二战后福利国家的兴起提供了重要解释。一些学者认为，福利国家的兴起是市场力量过大后导致的反向运动。两次世界大战给西方国家造成了巨大创伤，对战争和危机的恐惧使公众强烈希望政府能在复苏经济和保障民生方面发挥更大作用。工会力量也不断强大，在同资本家的谈判中逐渐占据上风，从而使工人的福利保障水平显著提高。与此同时，发达国家的经济迅速复苏并持续增长，到了20世纪60年代初，战争的创伤已基本恢复，其关注重点开始转向财富分配。

广义的"福利国家"一词是一个涵盖广泛的概念，既包括不同类型的政府干预（如转移支付、社会服务、监管等），也包括政府干预的对象（低收入人群、退休人群、全体公民等）。而狭义的福利国家则主要包括政府的社会保障功能。其中，医疗、养老和劳工政策是最为重要的福利政策。医疗和养老是发达国家社会福利支出中最大的两部分，也是国内政治冲突和争夺的主要领域。经合组织（OECD）成员国的医疗、教育、社会服务等社会福利通常分别占其国家GDP的6%、6%和2%。在医疗和社会服务行业工作的人占到了总就业人口的10%左右。③

---

① See Evelyn Huber and John Stephens, *Development and Crisis of the Welfare State: Parties and Policies in Global Markets*, University of Chicago Press, 2001.
② Simon Kuznets, "Economic Growth and Income Inequality", *The American Economic Review*, 1955, 45(1).
③ Jane Gingrich, *Making Markets in the Welfare State: The Politics of Varying Market Reforms*, Cambridge University Press, 2011, p.6.

另一些学者则认为,福利国家同市场发展是相互促进的。只有在市场生产足够充分的情况下,福利国家才可能建立起来。事实上,自由主义建立的基础不是小政府大市场的新自由主义。恰恰相反,公众对自由主义的态度取决于政府维持福利国家的能力和意愿。只有在具备良好的福利制度的情况下,公众对经济全球化的支持程度才较高。如果"后院"起火,公众对全球化的态度也会趋于负面。自由主义和福利国家是一种相辅相成的关系,绝不是一对矛盾体。

从这个角度来看,福利国家是社会结构发展中必然产生的结果。一方面,工业化发展摧毁了前工业化时代以家庭、教堂、行会等为代表的传统的生产组织方式,而市场本身又无法承担社会保障的功能,因此必须更加依赖政府提供福利保障。另一方面,现代官僚体制因其更高效的组织形式使得广泛的社会福利分配成为可能。社会福利是一个降低社会贫富差距的转移支付过程。富人承担大部分福利政策的成本,穷人享受更多福利政策的利益。在没有一个强大的国家机器的情况下,政府的征税能力和分配能力都会受到很大限制,很难在全国范围内推广高福利政策。而只有现代高效的官僚制度,具备强大的税收能力,才能解决集体行动问题,建立覆盖全国的福利制度。

第三节 全球化和资本主义多样性

随着全球化的起伏,市场力量与政府干预之间的关系也在发生变化。20世纪70年代,正当福利国家处于鼎盛时期,石油危机引发了发达国家经济的"滞涨"(stagflation),高福利成了经济发展的障碍。深陷债务危机的国家开始认识到高福利给经济发展带来的负担。福利国家的理念受到了批评和质疑。一种批评认为高福利降低了国家在全球经济中的竞争力。尤其是在高失业的国家,高福利被认为是导致雇主缺少动力增加就业的主要原因。人口结构的变化也对福利国家影响很大。在人口老龄化的趋势下,维持丰厚的养老金制度对政府财政造成了极大压力。此外,欧盟一体化的推进让高赤字高债务的国家面临削减财政支出的压力。自20世纪70年代以来,几乎所有的发达国家都需要靠借贷来弥补公共开支的不足。[①]

20世纪70年代末,发达资本主义国家开始对战后黄金时代形成的福利国家进行改革。这些改革并非单纯削减福利支出,而主要是供给侧改革,改变政府作为福利提供的唯一承担者,通过引入更多的福利提供商来增加竞争,改善福利提供的效率和效果。为了补充财政收入以满足福利支出的需要,发达国家对大量的国有

---

① Armin Schäfer and Wolfgang Streeck, *Politics in the Age of Austerity*, Polity Press, 2013.

资产和国有企业进行了私有化。为了给国内企业创造更多的增长机会，发达国家放松了对贸易和资本跨国流动的管制。资本开始从发达国家大量流向经济发展更快的发展中国家。供给侧改革最突出的领域是劳动力政策。从20世纪70年代末开始，劳资关系发生了重大变化。尤其是在美国，工会组织的力量不断减弱。工会会员的比例从1953年最高点的35.7%逐渐下降到1979年的24%，到2012年则低到11.2%，甚至低于1929年大萧条前的水平。① 工会力量的削弱使工人同资本家的谈判能力迅速下降。面临高失业率的压力，引入灵活的市场化的劳动力政策是许多国家的选择。对劳工的直接保护减少了，而对劳工的培训支出却增加了。在养老方面，供给侧改革主要表现为提高退休年龄，将定额退休金变成根据缴纳情况按比例领取。在医疗方面，医疗机构的私有化和医疗保险的个体化是改革的主要方向。

在金融资本扩张和信息技术进步的带动下进一步推进，全球化进程在广度和深度上都达到了前所未有的程度。在新自由主义盛行的时期，不少学者也在积极反思国家与社会的关系。约翰·鲁杰（John Ruggie）提出了嵌入式自由主义的概念，实际上是对主流的新自由主义思想的一种补充，解释了二战后的发达国家的经济体制，即国内政治中追求实现工业化、充分就业、社会福利，而在国际政治中则反映了基于协调的自由多边主义。② 换句话说，推行自由的国际贸易需要国内的高福利制度作为保障。杰弗里·盖瑞特（Geffrey Garrett）的分析沿袭了波兰尼、鲁杰、彼得·卡赞斯坦（Peter Katzenstein）的理论。他发现开放市场实际上迫使政府动用更多资源去补偿市场化过程中产生的不平等。在盖瑞特的分析中，劳动力市场结构和劳工组织是影响福利制度的重要因素。当劳动力市场统一且高度发达时，劳工组织和政府之间就容易就再分配政策达成协议。③ 因此，全球化实际上加强了左翼行动。

艾斯平-安德森对福利国家的分类方式成为近年来兴起的"资本主义多样性"（varieties of capitalism）研究的基础。在2001年出版的《资本主义多样性》一书中，彼得·霍尔（Peter Hall）和大卫·索斯克斯（David Soskice）将发达资本主义国家分为自由市场经济和协调市场经济两类。前一类的代表是英国和美国，后一类的代表是欧洲大陆国家。④ 从分类上说，"资本主义多样性"只是沿袭了自20世纪

---

① David Kotz, *The Rise and Fall of Neoliberal Capitalism*, Harvard University Press, 2015, p.27.
② John Ruggie, "International Regimes, Transactions, and Change: Embedded Liberalism in the Postwar Economic Order", *International Organization*, 1982, 36(2).
③ Geoffrey Garrett, "Capital Mobility, Trade, and the Domestic Politics of Economic Policy", *International Organization*, 1995, 49(4).
④ Peter Hall and David Soskice, eds., *Varieties of Capitalism: The Institutional Foundations of Comparative Advantage*, Oxford University Press, 2001.

60年代以来的比较资本主义研究。① 但是,同以往的以国民经济整体作为比较单位的研究不同,"资本主义多样性"研究提出了一个新的研究视角,有如下两个突出的特点。第一,将作为经济生产和雇佣单位的企业作为制度分析的中心,对不同资本主义国家的劳资关系、福利制度、融资方式等进行系统比较。第二,制度分析的核心是协调方式。在市场资本主义经济中,企业主要依靠市场机制来协调同其他行为体的关系,而在协调资本主义经济中,企业则是主要依靠非市场机制的战略协调。这些理论都说明,全球化并没有让制度形态和发展水平差异很大的国家趋同,而是继续保持着多样性。同时,在发达资本主义国家当中,并不存在最优制度和政策,而是存在"比较制度优势"。这些比较制度优势体现在国家的经济发展道路上。比如,美国的技术创新集中在生物科技、通信、电子等需要突破创新的领域,而德国的技术创新则集中在交通、机械工程等需要渐进创新的领域。这是因为,自由市场经济的制度特性有利于突破性创新,而协调市场经济的制度优势在于累积性发展以及改进成熟产品和生产过程。

当然,发达国家福利制度的多样性也受到了不同国内制度安排和面临的国际压力的影响。例如,卡赞斯坦就指出,开放程度高的小国更容易成为福利国家,因为这些国家更容易受到国际市场的影响,因此对政府保护的需求更高。② 而赫伯特·基奇特(Herbert Kitschelt)发现,政党制度对福利政策的影响不仅在于政党的性质(左翼或右翼),而且在于政党之间的实力对比和竞争。③ 伊芙琳·胡贝尔(Evelyn Huber)和约翰·斯蒂芬斯(John Stephens)认为,政治制度约束水平的强弱影响了政府扩张和缩减福利制度的能力。在否决主体数量多的国家,其政治权力较分散,福利制度的扩张和收缩都更缓慢;而在否决权数量少的国家,其政治权力较集中,福利制度的变化就更激进。④

可以看出,福利国家的改革、新自由主义兴起、全球化加速推进是同时开始的,但其中的因果关系却很难厘清。福利国家的改革是面对经济滞涨时的被迫选择,而新自由主义也是在凯恩斯主义政策失效后兴起的。也许可以说,新自由主义是发达国家为缩减福利制度的政策寻求合法性的理论支持。受新自由主义的影响,

---

① Andrew Shonfield, *Modern Capitalism: The Changing Balance of Public and Private Power*, Oxford University Press, 1969.
② Peter Katzenstein, *Small States in World Markets: Industrial Policy in Europe*, Cornell University Press, 1985.
③ Herbert Kitschelt, "Partisan Competition and Welfare State Retrenchment: When Do Politicians Choose Unpopular Policies?", in Paul Pierson, ed., *The New Politics of the Welfare State*, Oxford University Press, 2001.
④ Evelyne Huber and John Stephens, *Development and Crisis of the Welfare State: Parties and Policies in Global Markets*, University of Chicago Press, 2001.

各国纷纷减少贸易壁垒,寻求扩大海外市场以缓解国内的社会压力。商品和资本的加速跨国流动带来了新一轮的全球化。

新自由主义在20世纪90年代达到了鼎盛,但全球化的推进并没有缓解福利国家的压力,反而制造了一个更大的困境。那么,威胁福利国家的主要因素是什么呢?

在2001年出版的《福利国家的新政治学》一书中,保罗·皮尔森(Paul Pierson)等学者指出,在20世纪90年代以来,发达福利国家已经陷入了长期性紧缩(permanent austerity)。这主要是受到了三个挑战。一是整体经济增长放缓;二是福利制度的饱和;三是人口的老化。发达国家经历了去工业化(deindustrialization)的结构调整,导致就业创造能力下降,长期失业增加。由于经济增长放慢,政府财政收入减少,只能通过增税来维持高福利政策。但在资本全球流动的时代,对资本增税将导致资本的外流,结果将进一步减少政府的征税基础。而对普通民众增税则会招致民众的反对。而且,新自由主义倡导的放松监管对高就业保护的国家造成了很大压力。这个困境似乎是无法突破的。与此同时,福利制度的饱和和人口老化导致享受福利制度的人口基数扩大,福利支出持续扩大。[1]

如何解决这个长期性紧缩的局面呢?在克林顿政府的引导下,发达国家在20世纪90年代进行了两项重要改革:一是私有化;二是削减福利支出,同时希望利用冷战结束产生的"和平红利"来缓解财政紧张的局面。这些组合政策收到了一些效果。美国在克林顿政府后期实现了财政盈余。

吊诡的是,私有化等新自由主义政策似乎是发达国家应对财政紧缩的解决方案,但被很多学者认为是削弱福利国家制度基础的罪魁祸首。福利国家的诞生源自现代资本主义生产模式,而福利国家的改革则是在全球化的大背景下实施的。莱娜·莫斯里(Layna Mosley)等学者提出一个学术界争论的热点问题:面对全球化的强大冲击,各国的政策是否会趋同?[2] 这种趋同有两种可能性。一种是逐底竞争(race to the bottom),即面对资本的流动性,政府只有通过放松政府监管、降低贸易壁垒的手段才能吸引资本流入。另一种是登顶竞争(race to the top),即公众对政府施加更大的压力,要求政府采取更好的保护政策,以减轻全球化对社会结构造成的不稳定冲击,从而导致福利制度的强化。

统计数据显示,从1980年到2012年,OECD国家平均社会支出占GDP的比例增加了8个百分点,从占GDP的17%增加到25%。[3] 由此可见,全球化带来的

---

[1] Paul Pierson, ed., *The New Politics of the Welfare State*, Oxford University Press, 2001.
[2] Layna Mosley, *Global Capital and National Governments*, Cambridge University Press, 2003.
[3] Peter Starke, et al., "Welfare State Transformation Across OECD Countries: Supply Side Orientation, Individualized Outcome Risks and Dualization", in Melike Wulfgramm, Tonia Bieber and Stephan Leibfried, eds., *Welfare State Transformations and Inequality in OECD Countries*, Palgrave Macmillan, 2016, p.26, fig.2.1.

不安全感导致国内公众寻求政府补偿的压力更大,福利国家的规模继续扩大。贸易和金融全球化使国内经济更容易受到外部冲击,从而给劳工带来更大的不安全感。而不安全感会激发劳工采取集体行动,要求政府增加社会支出,降低劳工的就业风险。丹尼·罗德里克(Dani Rodrik)指出,资本的加速流动增加了劳动力的需求弹性,从而降低了工人的谈判能力,导致了发达国家工人的收入增长停滞。不过,这并不是福利国家出现危机的原因,反而对政府的社会保障功能提出了更高的要求。①

那么,面对全球化、技术进步和经济危机的三重压力,发达国家都如何进行调整呢?不同类型的福利国家采取了不同的应对方式,现有研究主要从三个方面分析多元体制下收入如何分配。第一种是假定政府的分配方案受执政党派属性的影响。左翼政府倾向于支持政府干预,增加福利支出;而右翼政府则倾向于支持市场机制,减少政府干预,减少福利支出。但这种方法忽略了政治竞争中的联盟与冲突,尤其是在多党派联合执政的情况下。因此,第二种方法的关注重点在政治联盟如何影响社会分配。第三种方法强调影响社会分配的重要制度因素是选举制度和央地关系。②

自由民主国家强调降低成本和社会服务的商业化改革。争论的两派通常是代表新自由主义的全面缩减福利和削减对弱势群体的福利。在社会民主国家,改革的重点是控制成本和改进已有福利政策的效果。在基督教民主国家,既得利益集团和改革派的冲突最大,改革的重点在于控制成本并调整福利政策方向。由此可见,不同的福利国家在面临福利制度调整的压力下采取了不同的应对措施。而这些应对措施则受到了国内的利益分配结构的影响。改革福利制度的压力如此巨大,以至于无论是左翼还是右翼政党,在竞选时都提出市场化改革的方案来完善福利制度。右翼政党希望通过市场化改革削减整体福利水平,而左翼政党则希望引入更多的社会服务提供者,增加福利政策的合法性。在实际的政策执行中,市场化改革却会造就新的赢家和输家。左翼政党通常利用中产阶级对现有福利政策的低效之不满,通过引入市场化竞争机制,增加消费者的选择空间,但前提是维持福利水平不变。

尽管没有明显的证据显示全球化导致了国家间的逐底竞争,动摇了福利国家的基础,但发达国家内部的贫富差距却有逐步扩大的趋势。图14-1显示,自1975年至2016年,三类福利国家整体的收入不平等水平都上升了。基尼系数在"自由民主福利国家"的美国上升最快,"基督教民主福利国家"的德国次之,"社会民主福利国家"的瑞典上升最慢。

---

① Dani Rodrik, *Has Globalization Gone Too Far?* Peterson Institute for International Economics, 1997.
② Torben Iverson, "Capitalism and Democracy", in Barry Weingast and Donald Wittman, eds., *The Oxford Handbook of Political Economy*, Oxford University Press, 2006.

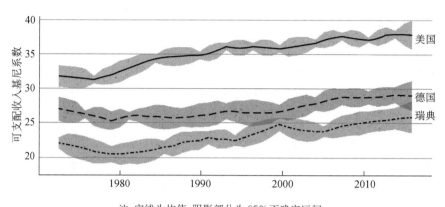

图 14-1　三类福利国家收入不平等水平比较（1975—2016 年）

资料来源：标准世界收入不平等数据（SWIID）。

经济学家布兰科·米拉诺维奇（Branko Milanovic）的研究也有相似发现。他在《全球不平等》一书中指出：从 1988 年到 2008 年是新自由主义最盛行的二十年，发达国家中处于下中产阶级的广大人群的收入几乎没有增长，成了全球化时代最大的失利者。而处于收入顶端的 1% 的富人的收入增长幅度超过了社会其他阶层，在美国更是达到了历史的顶峰。从 1979 年到 2007 年，最富的 1% 同其余 99% 的收入差距增加了 3 倍。[1] 这些新的证据都预示：库兹涅茨关于社会分配的猜想在全球化时代并未得到证实。托马斯·皮凯蒂（Thomas Piketty）在《二十一世纪资本论》一书中对贫富差距扩大作了有力解释。从历史上看，资本的收益率持续高于收入增长率，导致社会贫富差距不断拉大。而在全球化时代，由于资本的跨国避税能力更强，各国政府不得不更多地依靠收入所得税来支撑福利支出，贫富差距可能会进一步增大。[2]

第四节　经济危机和福利国家的转型

社会分配严重不均往往成为引发经济危机的重要因素。在 20 世纪 30 年代的大萧条和 21 世纪初的全球金融危机爆发前，发达国家内部的收入差距都达到了历史的最高水平。经济危机的爆发通常也会迫使政府对福利政策进行调整，试图缩小贫富差距。彼得·古勒维奇（Peter Gourevitch）在《艰难时世下的政治》一书中指出，经济危机会引发国内政策和政治联盟的连锁反应。在危机的冲击下，公众的

---

[1] Branko Milanovic, *Global Inequality for the Age of Globalization*, Belknap Press of Harvard University Press, 2016.
[2] 参见［法］托马斯·皮凯蒂：《21 世纪资本论》，巴曙松等译，中信出版社 2014 年版。

不满情绪上升会转化成要求变革的政治诉求，从而对既定政策以及背后的支持联盟都产生压力。无论是左翼还是右翼政府都容易在危机中下台，也面临着国家与社会关系的重新调整。古勒维奇发现，在不同时期（1873—1896 年、1929—1933 年，以及 20 世纪 70 年代）的经济危机发生时，欧美发达国家的应对政策都不相同，政党政治也发生了重大转向。① 2008 年全球经济危机也不例外，而且因其广度和深度都远超过了大萧条以来的历次危机，引发了福利国家制度的根本性变革。

首先，金融危机导致了发达国家政府收入大幅减少而失业率迅速上升。陷入危机的国家面临两难局面：一方面，摆脱危机需要削减预算，减少财政赤字；另一方面，政府面对更大的社会压力，需要扩大失业保护。这种两难局面对现有的福利制度造成极大冲击，甚至难以维系。其次，金融危机对不同社会阶层影响不同，加大不同政治派别的分歧，加剧社会裂痕局面。最后，金融危机暴露了新自由主义体系的几个根本缺陷——社会分配严重不均、资产泡沫过大、过度金融投机，它们导致了新自由主义在全球范围的衰落。②

那么，不同的福利体系国家如何应对经济危机呢？通常认为，福利水平更高的国家受到的影响更大，因为政府支出面临的压力更大。但事实上，金融危机对自由市场经济国家的冲击比协调市场经济国家更大。因为前者的经济增长主要靠消费拉动，经济危机下的消费大幅减少导致政府财政收入缩水，无法提供足够的福利保护。政府通常采用扩大财政支出刺激消费，但失业率却不断攀升。而协调市场经济国家的经济增长主要依靠竞争力提升的出口增长驱动。政府对金融危机的应对措施主要是通过补贴来尽量维持现有就业机会，福利制度受到的影响相对较小。北欧国家和德国等协调市场经济国家的危机应对就比英美等自由市场经济国家更为有效。③

不过，即使是在应对危机相对成功的福利国家，社会分配的矛盾也在进一步加大。几乎在所有的发达国家，富裕阶层都比中下阶层的收入增长迅速，中产阶级受到的冲击最大。2005—2014 年，25 个发达国家中 65%—70% 的家庭（约 5.4 亿—5.8 亿人）实际收入出现停滞或下降。④ 中产阶级是福利国家最重要的支持者，他们的财富缩水严重动摇了福利国家的再分配机制。持续增加的福利支出和不断拉

---

① Peter Gourevitch, *Politics in Hard Times: Comparative Responses to International Economic Crises*, Cornell University Press, 1986.
② David Kotz, *The Rise and Fall of Neoliberal Capitalism*, Harvard University Press, 2015.
③ Peter Hall, "The Political Origins of Our Economic Discontents: Contemporary Adjustment Problems in Historical Perspective", in Miles Kahler and David A. Lake, eds., *Politics in the New Hard Times: The Great Recession in Comparative Perspective*, Cornell University Press, 2013.
④ McKinsey Global Institute, *Poorer than Their Parents? Flat or Falling Incomes in Advanced Economies*, 2016, p.1.

大的贫富差距意味着现行的福利制度已难以为社会提供安全阀以抵御市场化力量的冲击。对福利国家的争论焦点不再是关于市场调节与政府协调之间的模式之争,而是变成了福利国家是否能够成功转型的问题。一方面,有学者认为应该放弃新自由主义,回归到凯恩斯主义,加强政府干预,减少市场失灵对社会分配的冲击。另一方面,有学者则认为应该进一步市场化,用私有化手段来提高福利政策的效率。① 但是,福利国家最终的转型方向则取决于国内的政治生态。在左翼政治力量强大的国家,经济危机会增加民众对提升社会保障的需求,福利分配中的政府干预将会更多。而在右翼政治力量强大的国家,经济危机会激发公众对政府的不信任,从而推动进一步的市场化改革。

第五节 未来研究方向

本章主要介绍了多元体制的发达国家在经济增长和福利国家方面的制度安排和历史演变。以下则是该领域尚待进一步探讨与研究的议题。

一、福利国家转型

从制度学派的观点来看,这些制度安排通过赋予或限制政府权力,对私人投资产生激励或抑制作用,最终影响经济增长。同时,这些制度安排也影响政府的财富分配意愿和能力,从而产生了不同类型的福利国家。从国际政治经济学的观点来看,国际环境的变化也会对福利国家的形成和演变产生重要影响。尤其是全球金融危机爆发激化了发达国家社会保障的供求矛盾,可能引发福利国家的重大转型。

福利国家将何去何从已经成为比较政治经济学领域的一个重要问题。现有的学术研究并没有给出明确答案。金融危机后,欧美发达国家的社会经济环境发生了重大变化:贫富差距继续扩大,政治分化加剧,社会共识减少,福利国家制度亟待改革但方向未明。

二、分配政治问题

多元体制的发展中国家的收入分配和福利制度则是另一个值得关注的问题。

---

① Peter Hall, "The Political Origins of Our Economic Discontents: Contemporary Adjustment Problems in Historical Perspective", in Miles Kahler and David A. Lake, eds., *Politics in the New Hard Times: The Great Recession in Comparative Perspective*, Cornell University Press, 2013.

一些发展中国家已达到中等收入水平。这些国家的经济增长得益于开放的全球市场，但它们的贫富差距程度远超过发达国家，更需要通过再分配和社会保障政策来实现平衡发展。但是，高福利支出又可能削弱发展中国家的经济竞争力，拖慢其经济增长速度。全球化是否会引领发展中国家走向福利国家，还是会引发逐底竞争，从而拉大贫富差距？这将是比较政治经济学的又一个值得深挖的重要议题。

扩展阅读

[1] Peter Gourevitch, *Politics in Hard Times: Comparative Responses to International Economic Crisis*, Cornell University Press, 1986.中译本：[美]彼得·古勒维奇：《艰难时世下的政治》，袁明旭、朱天飚译，吉林出版集团2007年版。

国家如何应对经济危机？在这本国际政治经济学和比较政治经济学的经典著作中，古勒维奇比较了英国、德国、法国、美国和瑞典在1873—1996年、1929—1933年以及20世纪70年代的三次世界性的经济危机的应对政策，总结出五种不同的政策选项：自由贸易、社会化和计划经济、保护主义、需求刺激，以及重商主义。作者认为，国家应对危机的政策选择是不同利益集团、社会联盟和国家互动的结果。

[2] Gøsta Esping-Andersen, *The Three Worlds of Capitalism*, Polity Press, 1990.中译本：[丹麦]考斯塔·埃斯平-安德森：《福利资本主义的三个世界》，郑秉文译，法律出版社2003年版。

该书是研究西方福利国家理论研究最重要的著作之一。作者将西方国家的福利模式分为三种不同类型：盎格鲁-撒克逊国家的自由主义体制，北欧国家的社会民主主义体制，以及欧洲大部分国家的社会合作主义-保守主义体制。这三种类型的福利国家的形成有赖于各自不同的历史渊源和政治发展。这个分析框架奠定了之后资本主义多样性研究的基础。

[3] Peter Hall and David Soskice, eds., *Varieties of Capitalism: The Institutional Foundations of Comparative Advantage*, Oxford University Press, 2001.中译本：[美]彼得·霍尔、[美]戴维·索斯凯斯：《资本主义的多样性：比较优势的制度基础》，王新荣译，中国人民大学出版社2017年版。

该书是比较政治经济学研究的重要著作，有助于读者深入理解西方国家政治经济制度的互补性及其差异性。该书将市场经济分为两种类型：以英美为代表的自由市场经济和以德国为代表的协调市场经济。进而，该书围绕着企业这个微观经济主体，分析了两种市场经济类型各自的比较优势如何影响企业行为，并从制度的角度解释发达资本主义国家之间存在差异性的原因。

［4］ George Tsebelis, *Veto Players: How Political Institutions Work*, Princeton University Press, 2002.

该书是比较政治制度领域的开创性著作。舍贝里斯用一种简洁的分析框架来划分多元政治体系。政治体制的划分可以从决策过程中的否决者数目和他们的政策偏好来决定。否决者的数目越多,政策偏好越不一致,政策就越稳定,反之亦然。该书用这套理论对西方政治中的总统制与内阁制、一院制与两院制、官僚制度等予以剖析,解释了诸多政治现象。

第五编
方法论

第 15 章
比较政治学:方法论的进步

方法论是关于研究方法的理论。应采用何种方法来研究社会现象,取决于研究的目标是什么,研究的效度(validity)是什么等。而这些方面归根结底取决于与社会现象本质以及应该怎样认识这种本质相关的一系列假设,即本体论和认识论的问题。如伊贡·古巴(Egon Guba)和伊冯娜·林肯(Yvonna Lincoln)所说:"方法问题从属于范式问题,我们把它定义为基本信仰系统或世界观,它不仅在方法的选择方面,而且在本体论和认识论的基本方面为研究者提供指导。"[1]

在政治学领域,除了主流范式类型,比如实证主义、后实证主义和建构主义之外,还可划分出更细致和贴近理论的范式类型。比如,唐世平根据四个维度总结了社会科学领域当中存在的 11 大基础性范式;政治学领域讨论较多的范式主要包括行为主义(behaviouralism)和制度主义(institutionalism)。[2] 比较政治学领域中的理性选择、结构主义、文化主义之间的争论已经被实用的折中主义以及多元主义替代。同时,学者大多赞同社会科学应该从寻找宏大理论转变为探索中层理论(middle-range theory),并重视对因果机制的探索,同时混合使用不同范式或流派下强调的因果机制。目前,比较政治学领域中不少研究,都明显体现出不同流派之间的对话和交融。

本体论方面的差异,往往是方法论争论的根源。比如,应该用什么样的方法来发现和说明社会现象中的因果关系,与社会和政治现象的本质,尤其是社会和政治现象中因果关系的本质是什么紧密相关。方法论应该与本体论保持一致。然而,如彼得·霍尔(Peter Hall)指出,比较政治学领域存在着本体论与方法论不匹配的现象:20 世纪 80 年代末学者提出的诸如多因一果等复杂因果关系结构,这种因果关系的本体论与定量回归方法必须满足的一系列假设往往不一致。将政治现象理解为不同主体策略性互动结果的博弈论理论以及路径依赖理论,其实是对因果关

---

[1] [美]克里福德·克里斯琴斯:《定性研究中的伦理与政治》,载[美]诺曼·邓津、[美]伊冯娜·林肯主编:《定性研究:方法论基础》,风笑天等译,重庆大学出版社 2007 年版,第 163 页。
[2] Shiping Tang, "Foundational Paradigms of Social Sciences", *Philosophy of the Social Sciences*, 2011, 41(2).

系和因果结构的重新认识。① 在霍尔看来,要与上述因果关系的本体论保持一致,比较政治学需要使用小样本的系统过程分析。这自然引出了对因果关系本体论的讨论。

本章首先介绍确立因果关系的四种实证传统。这包括休谟传统或新休谟传统、反事实逻辑、实验逻辑、因果机制逻辑等。这四种实证传统也代表了比较政治研究方法论和研究设计思想在过去半个多世纪以来的发展与进步。随后,本章用两部分介绍政治学中前沿的两个研究方法,即实验研究方法和大数据在实证研究中的应用。最后,总结全章,并对未来研究方向加以展望。

第一节　因果关系的四种理解方式

因果解释是政治科学乃至社会科学的核心任务。理论框架和理论中的核心构成部分就是因果关系。在科学的传统下,因果关系被理解成可以被观察并测量到的。即便在这个共同前提下,对因果关系的本质及形态仍存在着非常不同的理解。学者总结了四种理解和构建因果关系的逻辑和传统。本节将梳理和提炼每一种逻辑的表现形式和利弊。

一、休谟或新休谟传统

大卫·休谟(David Hume)和约翰·斯图亚特·密尔(John Stuart Mill)等哲学家都曾经用充分条件的逻辑来定义因果关系。X 是 Y 的原因当且仅当 X 是 Y 发生的充分条件。这种定义无法处理多种原因或不同原因组合导致某个共同结果的情况,后来的哲学家对其进行了扩充。比如,澳大利亚哲学家约翰·麦凯(John Mackie)将"原因"定义为 INUS 条件——充分非必要条件中的一个非充分且必要的因。② 这种定义的优点在于涵盖了多因一果的情况,避免了因果宿命论,使得因果概率论的逻辑也可以适用。但是这种定义的本质仍然与休谟相同,仍然是将因

---

① Peter Hall, "Aligning Ontology and Methodology in Comparative Research", in James Mahoney and Dietrich Rueschemeyer, eds., *Comparative Historical Analysis in the Social Sciences*, Cambridge University Press, 2003.

② Insufficient (I) but necessary (N) part of a condition which is itself unnecessary (U) but exclusively sufficient (S) for the effect. 电线短路(A)与木质结构房子(B)两个条件足以导致房子起火,汽油罐(C)与火炉(D)共同作用也足以导致房子起火。在这个例子中,房子起火的充分条件有两个:一个为 A 和 B 同时存在;另一个为 C 和 D 同时存在。虽然这四个条件都不是房子起火这个结果的必要或是充分条件,但是每个都是导致房子起火充分条件中的必要非充分要素,每一个都是原因。

果关系视为两种现象或因素的关系常规关联(constant conjunction)。休谟认为 X 和 Y 之间因果关系的建立必须满足三个条件:(1) X 和 Y 在时间和空间上必须是邻近的;(2) X 发生在 Y 之前;(3) X 与 Y 的关系常规关联。① 但是两种现象的常规关联并无法证实两者之间存在因果联系。

因果关系也可以用必要条件来定义:Y 只有在 X 存在的条件下才会发生,那么 X 就是 Y 的原因。必要条件的逻辑可以追溯到亚里士多德。在该逻辑下,对必要条件的测量必然是一个二分变量,即某个变量或条件只能是或不是必要条件。后来的研究者突破了该经典逻辑,将必要条件定义为一种概率性的连续变量。比如,查尔斯·拉金(Charles Ragin)认为,当 99%的观测发现某个变量是 Y 发生的必要条件时,这个变量就是 Y 发生的"几乎必要条件"(almost always necessary)。② 关于必要条件,至少存在五种定义和逻辑:亚里士多德的经典两分定义、集理论(set theory)、模糊集理论(fuzzy logic/sets)、微积分统计逻辑,以及概率论逻辑。③

在政治科学,主要在形式模型(formal model)和定性研究,尤其在比较历史分析中,运用必要和充分条件来探讨因果关系十分常见。民主和平理论(democracy peace)可以被视为探讨和平发生的充分条件。对社会运动、民主、经济发展等前提的探讨也就是对这些重要的政治和经济现象发生的必要或充分条件的探索。加里·戈尔兹(Gary Goertz)一共统计了 150 例在政治学、社会学和经济史领域以必要条件形式提出的因果假设。④ 在戈尔兹看来,所有重要的社会和政治现象都可以以必要条件的形式提出研究假设。这被他自称为"戈尔兹第一定律"。与其重要性不相匹配的是,政治学并没有在方法论上足够重视这种逻辑。定性比较分析(qualitative comparative analysis, QCA)是近几十年发展起来的一套系统识别和检验充分或必要条件的方法,它主要关注寻找因果解释,即"cause of effects"(结果的原因)。⑤

---

① Paul Holland, "Statistical and Causal Inference", *Journal of the American Statistical Association*, 1986, 81(396).
② 参见 Charles Raign, *The Comparative Method: Moving beyond Qualitative and Quantitative Strategies*, University of California Press, 2014。
③ Gary Goertz and Harvey Starr, eds., *Necessary Conditions: Theory, Methodology, and Applications*, Rowman & Littlefield Publishers, 2003, p.11.
④ Gary Goertz, "The Substantive Importance of Necessary Condition Hypotheses", in Gary Goertz and Harvey Starr, eds., *Necessary Conditions: Theory, Methodology, and Applications*, Rowman & Littlefield Publishers, 2003, pp.76-94.
⑤ QCA 方面主要的著作包括但不限于:Charles Raign, *The Comparative Method: Moving beyond Qualitative and Quantitative Strategies*, University of California Press, 2014; Benoît Rihoux and Charles Raign, eds., *Configurational Comparative Methods: Qualitative Comparative Analysis (QCA) and Related Techniques*, Sage, 2009。其他关于必要条件的研究包括 Bear Braumoeller and Gary Goertz, "The Methodology of Necessary Conditions", *American Journal of Political Science*, 2000, 44(4)。

二、反事实逻辑

因果关系都暗含着一种反事实逻辑(counterfactual approach)。马克斯·韦伯在评论德国历史学家爱德华·梅耶(Eduard Meyer)的《历史的理论及方法》一书时提到,虽然历史无法重来,我们无法得知如果俾斯麦不发动 1866 年普奥战争,历史将会被如何改变,"但是这个问题本身并不是毫无意义的,因为对它的回答触及了对事实进行历史建构的一些关键要素:如果俾斯麦的个人决定是原因,那这个原因的影响到底有多大,以及在历史记述中这项个人因素应该占据什么样的地位"①。在政治学中运用反事实逻辑开展的研究大多为案例分析。与休谟或新休谟传统相比,反事实方法不要求总是观察到因与果的关联,只要能找到一个除了假设原因之外其余因素都相似的世界。如果在这个世界中被解释现象的结果不同,那么就可以认为假设的原因成立。虽然反事实方法的倡导者并没有明确指出最相似世界的评判标准,但是他们认为这种比较是有可能的,并在国际政治和比较政治学领域得到了一些运用。好的反事实研究应该具有清楚性、前提的合理性,以及反事实结果有条件的合理性。

在"清楚性"方面,反事实的论述需要清楚指出,如果某个因素改变了,历史的哪些具体方面将发生变化,而不是留给读者去想象。简单的一句"历史将会不同"由于无法被证伪,因此也没有太多用处。史蒂芬·范·埃弗拉(Stephen Van Evera)关于第一次世界大战爆发原因的论述展现了什么样的反事实论述是明确清楚的。② 反事实因果法的主要问题在于,其暗含的实验或比较逻辑,即只改变某个原因,其他都不改变,或是找到两个最接近的世界(closet possible worlds),在现实或逻辑上都较难实现。一个因素的改变往往意味着(或导致)其他因素的变化。在反事实论述时,这些因素之间并且与反事实论证的前提之间都需要保持逻辑的一致性,即共融性。比如,"在古巴导弹危机中,如果当时是尼克松而不是肯尼迪任美国总统,结果将会不同,尼克松会采取空袭而非海上封锁",这样的一个反事实论述就违背了共融性。如果当时是尼克松任总统的话,与肯尼迪不同,他很有可能会在猪湾行动中直接动用美国军队,卡斯特罗政权将被推翻,苏联也不会在古巴部署攻击导弹,也就不会发生古巴导弹危机。③ 基于共融性的要求,一些学者赞同马克

---

① Max Weber, *Selections in Translation*, edited by W.G. Runciman, Trans. by Eric Matthews, Cambridge University Press, 1906(1978), p.111.
② 转引自 James Fearon, "Counterfactual and Hypothesis Testing in Political Science", *World Politics*, 1991, 43(2), p.182.
③ Richard Lebow and Janice Stein, "Back to the Past: Counterfactuals and the Cuban Missile Crisis", in Philip Tetlock and Aaron Belkin, eds., *Counterfactual Thought Experiments in World Politics*, Princeton University Press, 1996, pp.119-148.

斯·韦伯的观点,认为最好的反事实世界是对现实世界做出最少改动的情况,即"对历史进行最小改写"法则。如下例子就符合这一法则的反事实论述:如果乔治·布什(George Walker Bush)没有赢得2000年的美国总统大选,那么美国就不会发动伊拉克战争。

在保证"清楚性"以及"前提的合理性"的同时,好的反事实论述还应该与具体的历史事实、既有的理论保持一致。

三、实验逻辑

与反事实逻辑想象一个最相似的世界类似,实验逻辑(manipulation approach)也强调控制住其他变量来隔离出某单一变量对结果的影响。但是,与反事实逻辑不同,实验强调对关键解释变量的实际干涉和人为操纵。这种人为操纵和干预关键解释变量可以帮助有效地辨识原因,建立因果关系的方向和排除虚假关系(spurious correlation)。

社会科学主要通过随机分配划分对照组与实验组来保证实验研究的关键前提,即干预前的等同性(pre-treatment equivalence)。因此,对实验研究最致命的批评就是没有做到随机分配。在因果关系的建立上,对干预的人为控制程度越低,对因果关系的推断及因果效应大小的估计系统性偏差越大。对自然实验这类利用自然发生的,即完全随机的干扰,如地震、暴雨等自然灾害,或是其他类随机分配(as-if random assignment),如对非洲国家的边界开展的研究,对干预的人为控制极低。有些学者认为自然实验实质上是种观察型研究,没有人为对干预进行控制,因此没有办法排除一些无法观察到的因素对实验结果的影响,有时也会导致无法辨识原因。比如,在两个非洲国家观察到种族关系的差异,虽然非洲的国家边界是一个类随机的干预,但是边界本身并不是解释种族关系差异的原因。"要找到背后的具体原因,研究人员需要将关注焦点从方法转移到理论上来。"[1]

实验方法在确定因果关系上另一个无法克服的问题是先占效应(pre-emption),即一个原因在实验前就制约了实验中被操纵原因的影响,使得实验无法显示该原因的实际效应。最典型的例子就是砒霜对治疗性病效用的实验。在不知道砒霜有毒的情况下,较早的对照组与实验组的实验,得到的结果都是病人死亡。因此,虽然两组病人的死因不同,对照组病人死于性病,实验组病人死于砒霜中毒;研究者也会得出"砒霜对性病没有治疗效用"的结论。在这个例子中,砒霜对性病

---

[1] Daniel Posner,"African Borders as Sources of Natural Experiments: Promise and Pitfalls", *Political Science Research and Methods*, 2015, 3(2).

的效用被砒霜的毒性所掩盖,无法通过简单的对照实验得到表达。在一个选民呈两极分布的社会,选举规则对政党数量的影响受到限制,人为改变选举规则无法准确显示出其对政党数量的影响;在一个经济发达的国家,技能培训对受训者找到工作的影响也有限,因为在这些国家,就业有许多其他的保障机制。

四、因果机制法

先占效应反映出在寻找因果关系的过程中一个普遍的配对问题,即因与果到底是否能准确匹配。前述理解方式都无法有效解决这个问题,因此因果机制(mechanism approach)备受重视。因果机制的角度关注原因导致结果的过程,尤其是作用力如何通过不同主体行为的互动传递出来,从而产生结果,即因与果是如何连接起来的(因果链条)。在因果机制的视角下,原因(X)与结果(Y)之间并不总是也不需要存在常规关联或共变,只要X的确能通过某个机制产生Y,X就是Y发生的原因。在政治科学领域,过程追踪(process-tracing)和分析性叙述(analytic narratives)这两种方法关注的核心就是因果机制。但在机制的定义、可观察性、普遍性、必然性以及存在层面等方面仍存在争论。①

学界对机制的定义还有很多争论。约翰·吉尔林(John Gerring)指出学界对机制的定义极其含糊,他认为将机制定义为某种效应产生的过程或路径可能引起最少异议。② 但对于具体什么是过程或路径,学者仍有不同侧重。将机制简单看成一系列事件或中介变量,无法充分解释原因是"如何"导致结果的,因为事件的堆砌并不一定能解释因果力怎样以及为什么会传递到结果。而且,即便识别出了相关中介变量,仍然没有回答中介变量是如何与结果连接在一起的。因此,部分学者认为最令人满意的定义是将机制视为"引起某种经常性变化的实体及其活动"。以民主和平理论为例,与止步于辨识出"问责性"与"团体压力"这两个中介变量不同,"实体-活动"定义下的因果机制进一步解开了因果关系中的黑箱:反战团体向政府抗议卷入战争,民主国家的政府出于选票考虑采取安抚的外交政策予以回应,这导致了民主国家间的和平。③ 这里,实体及其行为和活动有效地解释了因果力的传递。

---

① Derek Beach and Rasmus Pedersen, *Process-Tracing Methods: Foundations and Guidelines*, The University of Michigan Press, 2013; James Mahoney, "Beyond Correlational Analysis: Recent Innovations in Theory and Method", *Sociological Forum*, 2001, 16(3).国内学者在因果机制方面的讨论可参见曲博:《因果机制与过程追踪法》,《世界经济与政治》2010年第4期;刘骥、张玲、陈子恪:《社会科学为什么要找因果机制———种打开黑箱、强调能动的方法论尝试》,《公共行政评论》2011年第4期。
② John Gerring, "The Mechanismic Worldview: Thinking Inside the Box", *British Journal of Political Science*, 2008, 38(1).
③ 参见Derek Beach and Rasmus Pedersen, *Process-Tracing Methods: Foundations and Guidelines*, The University of Michigan Press, 2013。

"实体-活动"定义自然衍生出因果机制是否只存在于微观层面的争论。部分学者认为因果机制都是微观的,没有纯粹的宏观机制(macro-level mechanism)。这与因果解释必须有微观基础(micro-level foundation)的观点相一致。但是,即便主张因果解释的微观基础,也并不意味着否定宏观结构因素的解释力,而只是强调在进行宏观结构性解释时,需要佐以两类知识和信息:这个结构因素如何影响个人微观层面,以及若干个人行为如何聚合(aggregate)并导致宏观结构层面结果的。因此,在因果机制的争论上,实用的中间观点更可取。因果机制不仅存在于微观层面,也可以存在于宏观层面,同时还存在于微观与宏观层面之间的连接机制。依据解释侧重面的不同,因果机制还可分为结构性机制、制度机制、观念机制以及心理机制,而在机制运行长度以及机制的影响方面也存在长短差异。①

因果机制研究同样面临挑战:首先,某个原因与结果之间经常存在多个机制,并且这些机制之间可能存在复杂的相互作用,因此较难区分不同机制;其次,机制研究中经常包含一些难以被操作化的、模糊和抽象的概念。在吉尔林看来,探索和检验因果机制在社会科学研究中是重要和值得称赞的,但并不是必不可少的。②

究竟如何认识和识别因果关系?以上四种理解方式从不同角度给予了回答。对因果关系的考察有的侧重寻找结果的原因,有的偏重甄别和测量原因的影响。在追求后者的定量分析中,对因果关系的理解综合了休谟传统中的"共变"和"相关"以及反事实逻辑和实验方法中的"控制住其他因素"(ceteris paribus)。有政治学家尝试调和不同视角建立一个统一的理解框架。比如,吉尔林提出原因能够提高某个事件(果)发生的概率,这样的定义为重构因果关系提供了一个"普遍的语义土壤",但同时他也强调因果关系是多元的。③ 在对不同传统的弊端保持自觉的前提下,学者呼吁混合使用不同理解方式,比如因果机制法与实验逻辑的融合,以及因果机制研究与定量方法和形式理论的结合。

第二节 实验方法与因果推论

一、政治学实验研究的历史与发展

因果推断是比较政治研究形成理论化成果的努力方向。传统的大多数社会科

---

① Derek Beach and Rasmus Pedersen, *Process-Tracing Methods: Foundations and Guidelines*, The University of Michigan Press, 2013, pp.52-56.
② John Gerring, "Causal Mechanisms: Yes, But…", *Comparative Political Studies*, 2010, 43(2).
③ John Gerring, "Causation: A Unified Framework for the Social Sciences", *Journal of Theoretical Politics*, 2005, 17(2).

学研究属于观察研究,包括一般意义上的定性研究和定量研究。本书下一章将着重阐述学术工作应如何有效地使用定性与定量研究方法生产高质量的研究成果。但是,在识别和评估因果关系上,观察性而非实验性的研究具有显著的局限性。近年来,一系列包括实验方法、准实验设计等在内的方法在政治学领域的应用,为探求因果关系提供了丰富的工具箱,发展出一系列识别因果效应、检验因果机制的实验政治学研究。

社会科学领域的实验研究在20世纪20年代首次亮相,社会科学家开始采用随机分配原则以分配被试为控制组和干预组。最早的政治学实验在20世纪40年代出现,《美国政治学评论》的第一篇实验论文则出现于1956年。然而,实验研究在相当长一段时间被视为"异常"。利普哈特指出:"该实验方法是科学的解释最为接近理想的方法,但不幸的是,由于实际和道德障碍,它只能很少在政治学中使用。"[1]近十多年来,借鉴自然科学研究的实验范式,政治学日益重视将实验方法应用于经验政治理论构建和检验。由于实验方法具备随机化配置干预、可重复性、标准化操作、可控条件、时序性等类似科学研究的特征,近年来被广泛应用于政治学、经济学等社会科学,成为探究因果关系的黄金标准。随着实验方法的发展和应用场景的丰富化,实验政治学(experimental political science)开发出诸如实验室实验、现场实验、调查实验和自然(政策)实验等丰富的工具箱,并被广泛应用于诸如政治心理学、政治行为、选举和议会政治、政治制度、政治传播、集体行动与合作、国际关系等多个亚领域。

政治学领域的实验研究起源于20世纪四五十年代的竞选动员研究。实验政治学的早期代表作探讨不同选举动员模式对投票行为的影响。其后实验被逐步引入国际冲突解决、政治传播等领域。进入20世纪90年代,伴随着政治学对因果关系的重视,实验政治学如雨后春笋般在整个学科扩散,近来逐渐成为与定量研究、定性研究并列的主要研究方法之一。实验方法在探究因果关系领域成为备受认可的优先选择。

二、实验方法的类型及应用

按照不同的划分标准,实验方法可以有不同的分类。

从方法论功能角度来探究实验政治学的类型,实验政治学可以承担三类功能——寻找事实、理论对话、参与政策制定。这三种功能有效地将实验学者、理论

---

[1] Arend Lijphart, "Comparative Politics and the Comparative Method", *American Political Science Review*, 1971, 65(3).

学者和政策决策者结合起来。① 寻找事实实验之目标是在将原因与一些可观测的规则区分后,通过区分实验操作的具体方式来发现特定因果关系。理论对话实验旨在检验已设定的先验理论,或者提出替代性理论。参与政策制定(现场)实验利用自然发生的政治情景作为随机分配来进行因果推论,从而为政策制定者或评估者提供知识。

从实验形式来看,实验政治学包括实验室实验、调查实验、现场实验和自然实验等。这些类型的实验因参与者受到干预的场景和过程有所不同,干预的程度和方式、受控制的程度也差异甚大。通常而言,越是开放的实验场景意味着越少的控制,但隐含着更优的外在效度。

实验室实验源于心理学实验的启发。然而,社会科学家长期以来对实验室实验存有偏见,因为实验室作为实验场景过于做作,实验对象对任何有意义的目标人群都没有代表性。此外,许多政治学家把假设实验——这通常需要欺骗研究对象——看作一个内在不道德的方法。20世纪80年代以来,政治心理学研究促使实验室实验逐渐兴盛,大多侧重于政治行为、舆论和大众传播领域,部分也涉及国际关系与公共选择等领域。实验室实验的重大挑战在于缺乏合适的实验室设施、招募实验对象、高昂的实验成本等。

通过在有代表性的样本中进行调查实验,即将设计精致的实验内嵌于大规模社会调查,可以克服实验室实验中存在的问题。调查实验采用抽样调查的方法来生产代表特定理论的目标人群作为实验对象的集合,参与者不要求在实验室参加实验,这使得调查实验更为实用。严格来说,基于总体的实验是在随机样本中随机分配干预建立在因果推论基础上的实验研究。其优点是理论可以在代表总体的样本中进行检验。调查实验尽管没有以来实验室参加实验的"方便样本"(convenience sample)作为研究对象,但也存在外部有效性、有限实验控制等问题。比如,许多调查实验在参与实验之前已将被试者暴露在特定干预情景中,这会导致复杂的因果推论。②

现场实验被看作一种发生在现实场景中的实验方法,它克服了其他实验的人为操作性。但是,现场实验由于较难控制而导致向被试者施加实验干预的手段变得更少。现场试验利用自然产生的政治情景优势,同时利用随机分配干预的因果推论优势,加之其"现实"基础,现场实验对决策者尤为重要。政治学领域的现场实验最早在20世纪20年代由哈罗德·戈斯内尔(Harold Gosnell)发明,他在1924年总统选举和1925年芝加哥市长选举中调查了"走出投票"邮件的效

---

① Alvin Roth, "Introduction to Experimental Economics", in John Kagel and Alvin Roth, eds., *The Handbook of Experimental Economics*, Princeton University Press, 1995.
② Brian Gaines, James Kuklinski and Paul Quirk, "The Logic of the Survey Experiment Reexamined", *Political Analysis*, 2007(1).

应。① 20世纪50年代,萨缪尔·埃尔德斯维尔德(Samuel Eldersveld)进行了一项随机现场实验来衡量邮件、电话等动员策略对安阿伯市的投票率的影响。②

自然实验,则是与现场实验一样的设计,只是实验发生在真实的社会环境中,而实验中的"干预"是自然发生,并不是由研究者设计和实施的。

各类实验设计均存在优势和劣势,研究者要根据研究目标和实验可行性来选择。实验研究还被应用于政治行为、决策和政治态度研究。研究者假设决策者在面对规模相当的收益和损失时会设置均等且方向相反的权重,而替代性假设使被试对亏损比收益更敏感。研究者采取被试间设计(between-subjects design)③对斯坦福和伯克利的本科生开展了一系列实验,发现被试者会出现"偏好逆转",并通过控制信息环境发现人们对经济计划的偏好将不依赖于项目设计。④ 还有学者在种族灭绝后的卢旺达进行了现场试验。他们随机选择一些社区,使其可以接受批评威权统治的电台节目,研究发现,收听节目导致公众更愿意表达异议。⑤ 实验方法在政治制度、政策评估和合法性等领域也有应用。学者用实验方法比较了可替代机构在印尼公共物品选择方面的绩效,研究发现,虽然更具参与性的机构并不改变批准项目的设定,但参与者对决策制定过程更为满意。⑥

三、实验研究在中国政治学领域的应用

近年来,伴随着中国政治学领域对因果性知识、经验性政治理论的迫切需求,加之中国实验式治理实践的丰富化和理论化,一批国内外聚焦于中国政治和治理研究的学者逐渐采取实验方法或思维加强对中国治理模式、国家社会关系、协商民主和网络政治的原创性研究,并使之日益成为理解国家治理的重要研究方法。

政治学概念测量与政治行为实验。众所周知,社会意愿偏差对概念测量的工具信度和效度均有影响,列举实验和背书实验被应用于中国语境以削减测量误差。

---

① Harold Gosnell, "An Experiment in the Stimulation of Voting", *American Political Science Review*, 1926, 20(4).

② Samuel Eldersveld, "Experimental Propaganda Techniques and Voting Behavior", *American Political Science Review*, 1956, 50(1).

③ 被试间设计(between-subjects design),又称为组间设计(between-groups design),是指要求每个被试(组)只接受一个自变量水平的处理,对另一被试(组)进行另一种自变量水平处理的实验设计。

④ George Quattrone and Amos Tversky, "Contrasting Rational and Psychological Analyses of Political Choice", *American Political Science Review*, 1988, 82(3).

⑤ Elizabeth Levy and Donald Green, "Deference, Dissent, and Dispute Resolution: An Experimental Intervention Using Mass Media to Change Norms and Behavior in Rwanda", *American Political Science Review*, 2009, 103(4).

⑥ Benjamin Olken, "Direct Democracy and Local Public Goods: Evidence from a Field Experiment in Indonesia", *American Political Science Review*, 2010, 104(2).

列举实验在保护个人隐私的情境下要求受访者报告条目总数而非具体条目来降低受访过程中其所感受到的社会意愿压力,近来已被应用于对激进政治行为、政治敏感问题、腐败行为等概念的测量。孟天广和季程远还利用列举实验法测量了激进政治行为,发现传统测量方法明显低估了激进政治行为的水平,从而导致对激进政治行为之原因的有偏分析,提出互联网介入塑造政治参与的假说。① 互联网介入指人们利用互联网的方式和程度,集体性介入为网民搭建了组织与动员网络、信息交流与分享平台,直接激发网络政治参与,而个体性介入则通过隔离网民和网络利用商业化弱化了网络政治参与。刘小青采用虚拟情景锚定法测量了政治效能感,并探讨了该方法的优势和不足。②

政治制度研究。伴随着中国的政治演进,越来越多研究者也逐步采取实验方法研究政府回应性、协商民主、人大制度等。陈济冬等通过在2 103个中国县级政府开展在线现场实验,研究了在当代中国政治制度下刺激官员回应公民诉求的影响因素。③ 基线调查发现,大约三分之一的县政府在线回应了公民表达的诉求,一些民众表示要采取集体行动以及向上级政府上访的举动引起县级政府更为积极、公开的回应。自上而下的监督机制以及自下而上的社会压力是政府回应公民诉求的两个可能动力。孟天广等进一步发现地方政府对公民诉求的回应存在渠道差异,并且依赖于地方性国家-社会关系。④ 尽管公民可以通过正式和非正式渠道表达意见,但地方政府对正式制度反映的公民意见保持持续回应,而对非正式途径表达的意见的回应依赖于和谐的地方性国家-社会关系。何包钢从政策实验的角度分析了浙江温岭的协商民主实验,认为中国的农村民主已经从村庄选举演变为村庄协商,并基于实验发现呈现了村庄协商民主的前景。⑤

政策(治)实验与自然实验。早期有关中国政治的实验研究偏好政策实验的思路,将中国政府制度改革或政策创新作为实验干预,来分析外生的政策实验的政治影响。如有学者分析了20世纪90年代中国社区的选举和社会福利实验,认为这一实验尚未对中国政体产生显著影响。⑥ 学者以全球气候谈判为例,利用调查实

---

① 孟天广、季程远:《重访数字民主:互联网介入与网络政治参与——基于列举实验的发现》,《清华大学学报》(哲学社会科学版)2016年第4期。
② 刘小青:《降低评价尺度偏差:一项政治效能感测量的实验》,《甘肃行政学院学报》2012年第3期。
③ Jidong Chen, et al., "Sources of Authoritarian Responsiveness: A Field Experiment in China", *American Journal of Political Science*, 2016(2), pp.383-400.
④ Tianguang Meng, et al., "Conditional Receptivity to Citizen Participation Evidence from a Survey Experiment in China", *Comparative Political Studies*, 2017, 50(4).
⑤ Baogang He, "From Village Election to Village Deliberation in Rural China: Case Study of a Deliberative Democracy Experiment", *Journal of Chinese Political Science*, 2014, 19(2).
⑥ James Derleth and Daniel Koldyk, "The Shequ Experiment: Grassroots Political Reform in Urban China", *Journal of Contemporary China*, 2004, 13(41).

验探讨了在国际气候谈判中,社会组织参与对谈判过程和结果的影响,以及公众对社会组织参与国际谈判的评价。① 北京市民认可社会组织参与全球气候谈判的正面作用,但是民众更倾向代表团由政府组织组成,社会组织介入谈判会提高谈判的透明度和代表性。因此,政府应积极引导民众了解国际治理,建立民众与政府、社会组织的互信关系,为中国参与国际事务奠定组织和制度基础。

第三节 大数据方法与因果推论

大数据方法是用一系列算法从海量非结构化数据中发现反映社会现象的特定模式、特定关系或特定趋势,其目标是运用机器学习把非结构化的、高维的、海量的数据,转化为结构化的、可被理解的社会知识。例如,吉姆·格雷(Jim Gray)在第四范式中强调大数据方法利用相关关系即可建立预测模型,满足政府、企业等知识消费者预测社会行为的知识需求,指导社会干预。② 因此,有学者认为大数据方法是"数据驱动"而非"理论驱动",大数据方法在描述性(相关性)研究中具有优势,有助于更为全面、精准、实时地呈现社会现象"是什么",但在因果性(解释性)研究中却表现乏力。然而,伴随着大数据方法在方法论层面日益成熟,方法技术层面日益多元化,大数据方法推进因果推论的功能逐步完善,③在因果推论的数据采集、数据管理、概念(变量)测量、相关性分析、因果性和预测性分析等各环节均呈现出创新性,形成了大数据与统计方法相结合、大数据与小数据相结合、大数据与实验研究相结合、大数据与模拟研究相结合等多种形成和检验因果性理论的方法路径。

一、大数据方法的功能

在因果推论视角下,大数据方法具有下列方法论功能。
(1)数据采集和管理。帮助研究者获取既有方法无法采集或处理的海量数

---

① Thomas Bernauer, Robert Gampfer, Tianguang Meng and Yusung Su, "Could More Civil Society Involvement Increase Public Support for Climate Policy-making? Evidence from a Survey Experiment in China", *Global Environmental Change*, 2016.
② Jim Gary, "eScience-The Revolution is Starting", in Hey Tony, ed., *The Fourth Paradigm: Data-Intensive Scientific Discovery*, Microsoft Research, 2009.
③ Burt Monroe, Jennifer Pan, Margaret Roberts, Maya Sen and Betsy Sinclair, "No! Formal Theory, Causal Inference, and Big Data Are Not Contradictory Trends in Political Science", *Political Science & Politics*, 2015, 48(1).

据,并利用数据库技术和自然语言处理对非结构化数据进行清洗、检索和挖掘等。

(2) 测量方法(模型)。大数据方法可以将高维、复杂和非结构化数据转化为低维的结构化数据。以文本数据为例,对非结构化文本资料进行挖掘所获得的诸如主题或情感,这与因子分析、项目反映理论等测量方法类似。

(3) 描述性推论。利用分类、聚类等方法对政治现象开展描述性分析,为理解政治现象的状态、分布或趋势积累描述性知识。

(4) 相关性推论。考察政治现象之间的相关关系。以文本数据为例,利用大数据方法在识别主题和情感之后,考察不同主题之间、主题与情感之间的相关关系,或者比较不同群体之间在主题和情感倾向上的差异。

(5) 因果推论。基于以上方法所测量的概念(变量),利用大数据方法分别与统计方法、小数据方法、实验方法、定性方法等相结合,构建、检验并解释政治现象间的因果关联。[1]

(6) 预测性分析。利用回归模型、决策树、神经网络等机器学习算法,在复杂社会系统中实时预测政治倾向、政府决策等特定现象。[2] 政治科学越来越多地进行预测研究以响应政策干预的需求,而大数据基于多主体、海量数据、实时数据和多模态数据,可以有效提升预测效度和效率。

二、大数据方法的创新

大数据方法的方法论创新体现在下列三个维度。

1. 提供更全面、客观和内涵丰富的研究素材

(1) 数据模态多元化。目前,社会科学研究中不仅可以处理结构化数据,而且可以越来越多地处理非结构化数据,而非结构化数据在传统社会科学研究中由于技术能力局限而被丢弃。

(2) "全量数据"而不是"样本数据"。大数据可以获得一个接近总量的数据,相比抽样数据具有很大优势,会使研究者对该现象的理解更为全面和充分。

(3) "真实数据"而不是"设计的数据"。[3] 与传统社科研究方法相比,大数据会获得更加真实和客观的行为数据。传统定量或定性研究所使用的数据采集方式强调人为设计,在理论先行基础上有目的、有裁剪地采集研究素材,一定程度上妨碍

---

[1] Jonathan Nagler and Joshua Tucker, "Drawing Inferences and Testing Theories with Big Data", *Political Science & Politics*, 2015, 48(1).
[2] Gary King, Benjamin Schneer and Ariel White, "How the News Media Activate Public Expression and Influence National Agendas", *Science*, 2017, 358(6364).
[3] Galit Shmueli, "Research Dilemmas with Behavioral Big Data", *Big Data*, 2017, 5(2).

了社会科学研究理解"社会真实"的努力。大数据方法获取的是社会主体的原始行为记录,如网络行为痕迹、地理位置移动痕迹等,是不被设计的、来自人们真实的行为记录。

(4)"大样本数据"为小概率事件分析提供可能。抽样调查等传统方法很难对社会运动、极端性政治行为等"小概率事件"进行系统研究,大数据方法可以扩大总样本规模而使得"小概率事件"的观测值达到一定量级进而开展分析。

(5)数据蕴含丰富的时空维度信息。大数据蕴含丰富的时空信息,将虚拟网络空间与现实物理空间整合起来形成"厚数据",有助于对社会现象在时空上的演变趋势或异质性特征的理解,发展时间或空间政治学理论。

2. 对政治科学研究方法的创新

(1)提供了更丰富的方法工具箱,提升了政治科学对非结构化和结构化数据分析的综合能力。大数据方法提供了从数据抓取、数据清洗、自然语言过程处理、分类或聚类、视频/影像分析、文本分析、空间分析等研究方法。

(2)机器学习的广泛使用不仅提升了社科研究的效率,更为海量数据分析提供了有监督机器学习、无监督机器学习等模式选择,而机器学习所贡献的潜在狄利克雷分布(latent dirichlet allocation,LDA)、决策树、支持向量机等新算法有效地推动了社会科学研究方法创新,基于机器学习的新兴回归模型如岭回归(Ridge regression)、拉索回归(Lasso regression)促进了统计方法的发展。

(3)为传统的定性-定量方法分野搭建了一座桥梁。[①] 大数据方法可以让人们有能力对非结构化数据(即定性资料)进行规范化、系统化地分析,即定性资料的定量化分析;同时也可以让研究者对定量分析结果开展定性化解读或诠释。

3. 塑造社会科学研究模式的转变

(1)相比成本高昂且周期较长的调查或实验研究等,大数据方法采集数据的成本更低,但其产生的信息量却更大,时效性更强。

(2)驱动政治科学对于强时效性知识的探索。大数据方法自动采集和存储时效性数据,允许研究者通过对及时性数据的分析来研究突发性事件(干预)对社会行为或偏好的短期、中长期影响,这对于分析和评估制度、政策或社会干预的影响,探究社会或经济波动的政治过程和后果,挖掘基于互联网的政治传播、信息扩散等因素对制度运行、政治行为的影响至关重要。

(3)推动社会科学研究的跨学科趋势。这表现为数据采集平台化、算法开发普及化和社科研究(跨学科)问题导向三种趋势的持续互动和合作。

[①] Dydia Delyser and Daniel Sui, "Crossing the Qualitative-Quantitative Divide II: Inventive Approaches to Big Data, Mobile Methods, and Rhythmanalysis", *Progress in Human Geography*, 2013, 37(2).

三、大数据方法构建因果分析的路径

伴随着大数据方法的逐步发展，大数据方法正日益走出相关性分析的窠臼，逐步构建出若干因果推论的方法路径。

1. 大数据方法与统计分析相结合

大数据方法发挥着海量数据获取、概念测量、探索性分析等功能，将高维、非结构化数据降维、结构化，帮助研究者回答"是什么"这一描述性推论的问题，加深对研究对象之状态、分布、变化趋势的理解。统计分析则扮演着素材深加工的作用，利用各种线性或非线性统计模型开展因果推论，回答"为什么""怎么样"等问题。

大数据方法与统计分析的结合可以视为测量模型和结构模型的结合。测量模型的目标是有效地测量理论上定义的概念（变量），而结构模型的目标是在统计控制意义上检验概念（变量）间关系。大数据方法帮助研究者基于海量数据测量抽象概念，而定量分析解决研究者关于概念（变量）间因果关系的检验或解释。大数据方法所测量的概念（变量）既可以作为因变量，也可以作为自变量或者混淆变量。以文本数据为例，利用主题模型、情感分析等从海量文本资料中自动挖掘出研究者关心的文本主题或情感偏好等变量，然后利用统计模型估计主题与情感间的因果联系，或者考察文本之外的其他变量对上述变量的影响。当非结构化数据成为混淆变量时，即原因对结果的影响存在内生性或选择性偏差时，研究者也可以基于反事实框架开展因果推论。

2. 大数据方法与小数据分析相结合

将大数据（接近"总体数据"）与小数据（抽样数据或定性资料）相结合，大数据方法在总体层面描述社会现象的特征、变化趋势和相关关系；然后在大数据中抽取小样本开展深度（结构化）调查，以小数据分析探究因果关系。前者的优势在于利用海量数据的一系列特征，如通过全样本、高密度数据流或关联性数据来产生对社会现象更全面、精准和可预测的分析。① 后者的优势是在大数据中随机抽取样本进行深度调查，采集承载更多具有理论价值的更深、更厚数据。大数据与小数据分析并非互相排斥，而是存在互补的发展前景。②

大数据方法与小数据分析的结合具有如下三方面方法论价值。

---

① Justin Grimmer, "We are All Social Scientists Now: How Big Data, Machine Learning, and Causal Inference Work Together", *Political Science & Politics*, 2015, 48(1).
② 唐文方：《大数据与小数据：社会科学研究方法的探讨》，《中山大学学报》（社会科学版）2015年第6期；孟天广、郑思尧：《信息、传播与影响：网络治理中的政府新媒体——结合大数据与小数据分析的探索》，《公共行政评论》2017年第1期。

(1) 功能互补性,大数据的优势在于描述性分析,而小数据方法借助统计分析或逻辑演绎在解释性分析上具有优势。

(2) 两者的方法论路径虽然迥异,大数据是数据驱动,利用数据挖掘技术来获知数据中存在的模式;小数据分析是理论驱动,重在利用统计推论或逻辑推理来构建和检验理论。数据驱动和理论驱动的结合可以提升研究效率和理论稳健性。

(3) 技术方法互补和融合。小数据分析为大数据方法提供知识输入,如基于小数据的先验知识、训练集为大数据方法提供数据挖掘规则或参数,以提升大数据方法的效率和效度。

3. 大数据方法与实验研究相结合

实验研究被认为是探索因果关系、挖掘因果机制的金标。两者的融合本质上反映了观察性和实验性研究融合的趋势,不仅充分利用了大数据方法具备全量数据、时效性强和数据类型多元的优势,更丰富了实验研究的工具箱。大数据方法为自然实验、现场实验和调查实验提供了良好的应用场景。具体而言,两者可以通过如下两种典型路径结合。

第一种路径是大数据方法发挥观察性研究的功能,通过海量数据的采集和挖掘,获得对研究对象之状态、特征或模式的描述性或相关关系的理解,进而设计实验检验变量间因果联系,从而提升研究的广度和深度。有学者结合参与式观察和现场实验探讨了网络舆情监管的逻辑,通过两种研究方法的交叉验证得出一致结论从而强化了其理论主张的稳健性。[1]

第二种路径将大数据方法直接应用于实验设计,拓展实验设计及操作化干预(原因)、随机化分配干预、控制威胁内部和外部效度之因素、测量和识别实验效应(结果)的工具箱。结合日益普及的互联网和廉价化的通信设备,随机化分配干预变得更为便捷,如在平板电脑、智能手机上使用实验软件较传统方法更为有效。大数据方法可以通过文字、图像、视频、网络关系等非结构化信息向被试者施加干预,采取多种方式测量实验结果,如记录被试者文本(言论)、行为痕迹等。大数据方法还推动了在线实验的兴起,即对海量网络用户开展大规模实验,既保障实验结果的外部效度,又保障实验场景的现实性,还检验干预的短期和长期效应。例如,有学者在2010年对6 100万脸书(Facebook)用户实施了政治动员的随机控制实验,来比较线上竞选动员和面对面竞选动员对投票行为的影响。[2]

---

[1] Gary King, Jennifer Pan and Margaret Roberts, "Reverse-engineering Censorship in China: Randomized Experimentation and Participant Observation", *Science*, 2014, 345(6199).

[2] 参见 Robert Bond, Christopher Fariss, Jason Jones, Adam Kramer, Cameron Marlow, Jaime Settle, and James Fowler, "A 61-Million-Person Experiment in Social Influence and Political Mobilization", *Nature*, 2012, 489(7415)。

4. 大数据方法与模拟研究相结合

计算机发明以来，社会科学家开始采取计算机模拟研究政治行为。模拟方法是在虚拟空间模拟真实世界的过程、行为或系统运行以生产社会知识的过程。该方法充分利用了强大的计算能力和精致的数学建模，特别适用于探讨复杂系统中若干独立、互动性行为者（agent）之间的互动过程及策略选择。近年来，有研究利用模拟方法探讨社会选择、集体行动、国际政治等政治学经典问题。通过模拟分析，研究者可以揭示影响个体或群体行为的关键社会政治因素，利用真实世界数据来预测未知行为。

大数据方法为模拟研究的兴盛创造了优良条件。大数据技术提供了超级计算能力，利用机器学习高效、实时地挖掘真实世界数据和模拟数据，为海量数据处理和参数优化提供了新技术。计算社会科学为模拟研究提供了跨学科知识体系和研究队伍。人工智能丰富了数学建模、参数优化和模拟演化等一系列智能化技术，深度学习有助于概念建模和模式发现等阶段。

第四节　结　　论

政治学研究方法的前沿发展正在经历探究因果关系的革命。这一变革的推进源于政治学理论与方法在过去几十年的持续积累，尤其是政治学在方法论、方法技术和经验理论三个层次的持续互动。尽管政治学界对科学研究有着不同理解，加里·金（Gary King）、罗伯特·基欧汉（Robert Keohane）和西德尼·维巴（Sidney Verba）[学界通常称三者为"KKV"]在其经典著作《社会科学中的研究设计》(*Designing Social Inquiry*，DSI)中尝试着对"科学研究"提出四项基本要求：以推论为研究目的；采用公开的研究程序；结论是不确定性的；科学研究的要核是关于方法的。这为政治学强调知识积累的"因果性（causality）"提出了要求。探究因果关系并非仅仅为了满足好奇心以理解社会现象，更重要的是通过科学研究促进人类社会的知识积累，为改善或干预人类社会提供知识库。

最近几十年比较政治学方法论的进步主要体现在把准确识别和建立政治现象中的因果关系摆在最重要的位置，无论是前沿的实验方法和大数据方法，还是传统的经典比较政治学方法，都在提高因果推断的内部效度方面作出了积极的贡献和尝试。方法的多元混合、范式的中立，这种折中实用主义的趋势将进一步推动不同方法的发展与创新。

📖 扩展阅读

[1] Gary King, Robert Keohane and Sidney Verba, *Designing Social Inquiry: Scientific Inference in Social Research*, Princeton University Press, 1994.

该书认为定量方法与定性方法只在形式表达上有所区别,在推断逻辑和评价标准上是一致的。围绕因果推断这一核心,该书在案例选择、偏差规避以及因果推断指导性原则等方面进行了深入讨论,给出了操作性较强的建议。此书一经出版,引起学界广泛的讨论,是研究方法论领域的必读著作。

[2] John Gerring, *Case Study Research: Principles and Practices*, Cambridge University Press, 2007.

该书聚焦案例分析方法。在明晰什么是案例及案例分析的前提下,作者列举和讨论了案例选择的若干具体策略及其使用方法,并进一步探讨了部分案例选择策略当中存在的实验逻辑、过程追踪的内部效度。该书具有较强的实践指导意义。

[3] Rebecca Morton and Kenneth Williams, *Experimental Political Science and the Study of Causality: From Nature to the Lab*, Cambridge University Press, 2010.

该书是关于政治学科实验方法的经典著作,主要从反事实推论和形式逻辑两个进路探讨了实验方法如何帮助政治学学者开展因果推论。该书以丰富的研究案例阐述了实验研究的方法逻辑、实践操作及实验方法面临的外部和内部效度威胁,讨论了实验室实验、田野实验、模拟实验和调查实验对政治学研究的价值及实验操作的伦理挑战,是一部系统了解实验政治学的基础读物。

[4] R. Michael Alvarez, ed., *Computational Social Science: Discovery and Prediction*, Cambridge University Press, 2016.

该书是计算社会科学研究方法的经典著作之一,主要从方法论和研究方法层面介绍了大数据资料和数据分析学如何应用于分析精英政治、投票与选举、政治事件、意识形态、政治传播等政治学经典议题。该书不仅探讨了学术界、政府和私人部门应用文本分析、网络分析和机器学习等大数据方法开展社会研究的创新性,还探讨了大数据方法对社会科学知识生产的挑战及未来路径,对于从方法论意义上理解大数据方法的价值颇具参考意义。

第 16 章
超越定性与定量之争

本书上一章详细介绍了比较政治研究的方法论基础与研究方法的发展。本章进一步探讨比较政治研究方法论中进一步的议题。本章将就此给出一个基本立场。简单地说，今天的比较政治学和社会科学需要超越定量与定性之争。从事比较政治学或一般社会科学研究，需要掌握多种研究方法，并理解它们各自的长处和短处，才能够在面对实际的研究问题时，灵活运用不同的方法组合，较好地解决学术问题。

"定量与定性之争"的最核心的问题在于，学术研究中的"寻找因果解释"到底是试图寻找"结果的原因"（causes of effects）——出现某种现象或后果的原因是什么，还是仅仅是甄别"原因的影响"（effects of causes）——某种因素带来了什么样或什么程度的后果。定量研究的优势在于通过甄别"原因的影响"，从而确立某些因素是否对于某一类社会结果产生影响。而定性研究的优势在于试图获得对某一类社会结果的我们直觉意义上的"因果解释"，比如，为什么"大革命会发生在某些国家"，或者"为什么某些革命成功了，而某些革命失败了"。许多偏好定量技术的学者则错误地认为，"寻求因果解释"和甄别"原因的影响"完全等同。由此，这些人也错误地强调，"寻求因果解释"的最重要方法就是用定量方法进行"因果推断"（causal inference），或者说是甄别"原因的影响"。事实上，我们通常所说的"因果解释"是后一种"因果解释"，即寻找"结果的原因"。因此，过分强调定量方法的优越性，显然是有偏颇的。而定性方法在确定因果推断上的特殊作用，需要给予足够的认可。

学术界对于各类方法孰优孰劣并无定论。任何一类方法都有它的长处和短处，同时也没有哪一种方法能称得上是全能或万能的。事实上，社会科学中的方法其实远远不止定性和定量两种。现有社会科学中至少有六个大类的方法。[①] 定性分析、定性比较分析方法（qualitative comparative analysis，QCA）、定量分析是最

[①] 更早一点的讨论见 Andrew Abbott, *Time Matters: On Theory and Method*, University of Chicago Press, 2001; Andrew Abbott, *Methods of Discovery: Heuristics for the Social Sciences*, W. W. Norton & Company, 2004。

重要的数据分析方法,而代理人基模型(agent-based modeling,ABM)、地理信息系统(geographic information system,GIS)、社会网络分析(social network analysis,SNA)、概念分析(conceptual analysis)、形式模型(formal modeling,包括博弈论、经济学模型),以及解释结构模型(interpretative structural modeling,ISM)等,都可以在不同的研究议题、研究设计中使用。因此,合格的学者需要掌握多种方法,并且理解它们各自的长处和短处,在面对实际的研究问题时,灵活运用不同的方法组合并比较好地解决问题。

本章首先剖析金、基欧汉、维巴(KKV)提出的社会科学研究方法论的范式,并指出其主要不足之处。随后,本章就政治学和社会科学研究如何超越定量与定性之争提出一个统一标准。接着,本章就什么是好的定量研究和好的定性研究加以讨论,并就定量研究与定性研究如何相互结合给出一个具体的研究设计的例子。最后,本章以需要进一步研究的议题结束。

第一节 偏重定量逻辑的金、基欧汉、维巴范式

在政治学的方法论发展进程中,由美国三名著名政治学者金、基欧汉、维巴三人合写的《社会科学中的研究设计》一书是一部有特别地位的作品。[①] 但是,这本书的特别地位不是因为它都对,而恰恰可能主要是因为它的核心立场是如此极端的错误,以至于许多学者——包括许多杰出的计量统计学者——群起而攻之,从而引爆了后来的方法论辩论。[②] 由该书带动的方法论大辩论,特别是其中的"定量与定性之争",确实带动了整个政治学界对方法论的理解的深入,以及方法论的创新。

该书对定量和定性两类方法提出了明确的立场,实际上是试图将定性方法的范式包括在定量方法的范式之中。他们强调定性与定量方法的逻辑统一性,事实上是用定量的逻辑代替了定性的逻辑。原文说道:

> 我们认为定性方法和定量方法的区别仅是风格上和技术上的。两者背后的逻辑实际上是一样。虽然在对量化研究的讨论中对该逻辑时常解释或模式化得更清楚一些,但好的定性研究也是建立在同样的逻辑之上。而且,不论是定性

[①] Gary King, Robert Keohane and Sidney Verba, *Designing Social Inquiry: Scientific Inference in Qualitative Research*, Princeton University Press, 1994.

[②] Henry Brady and David Collier, *Rethinking Social Inquiry: Diverse Tools, Shared Standards*, Rowman & Littlefield, 2004/2010; James Mahoney, "After KKV: The New Methodology of Qualitative Research", *World Politics*, 2010, 62 (1).

研究还是定量研究,在研究设计的过程中都应该更明确地遵循这一逻辑。①

事实上,该书可以说是一部非常不幸的作品。这其中的核心原因有三。

首先,这三位作者尽管都是重量级的学者,但他们对方法论的理解却不够完整。具体地说,加里·金几乎不懂定性分析,而他对定量技术的偏爱又让他不能批判性地看待定量技术的缺陷。基欧汉和维巴则不仅基本不懂定量方法,而且也不太懂定性分析——至少按现在的标准看。如此一来,该书对方法论的理解有严重的偏差也就不难理解了。

其次,该书没有考虑到当时已经有很多对定量方法的深刻批评,而是一味强调定量方法的优势。② 这里需要特别强调,这些批评定量方法的人士都是对定量和定性有非常好的理解的学者。例如,安德鲁·阿伯特(Andrew Abbott)和大卫·弗里德曼(David Freedman)就是对定量方法提出明确批评的学者,而两者都是优秀的定量方法研究者。阿伯特对定量方法有很多重要的贡献,比如,定量方法中的两个重要方法——序列分析(sequence analysis)和最优配对(optimal matching)都是他首先发展出来的——顺序分析背后的原理是生物学中 DNA 序列测定的思维和逻辑。但是,阿伯特又非常清楚定量方法的缺陷。③ 弗里德曼则更是职业的统计学家,曾经当选过美国统计学学会的主席。1991 年,他发表了一篇广受赞誉的文章《统计模型和做鞋的皮革》,他在该文章中指出,在许多场合,一味地试图用不同的统计技巧去甄别观察数据中的因果关系——也就是加里·金的基本立场——是不可能完成的任务。这些学者认为,要想从观察数据中甄别出相对确定的因果关系,需要各种各样的逻辑思维、包括定性思维,而统计技巧只是其中的一种工具而已。④

最后,KKV 的书中还有如下几个更加具体的问题。

(1) 该书一味强调增加观察样本。但是,许多社会科学的最重要的问题本就是一个小样本的问题。因此,这些问题的观察样本不可能被增加,也不应该被增加。比如,要讨论现代化在西欧的起源,而在 1500—1700 年,有可能成为世界上第

---

① Gary King, Robert Keohane and Sidney Verba, *Designing Social Inquiry: Scientific Inference in Qualitative Research*, Princeton University Press, 1994, p.3.
② 加里·金对定量统计分析方法的局限性的认识不足也许来自他对观察数据对研究方法的约束的认识不足。定量分析的根本基础来自生物学(特别是群体遗传学)、医学,以及后来的实验心理学。这其中最重要的奠基性工作是由英国统计学家、理论遗传学家罗纳德·费雪(Ronald Fisher)在 20 世纪 20 年代和 30 年代完成的。但是,费雪面对的数据主要都是(田间)实验数据。而社会科学家面对的数据绝大部分都是观察数据,而非实验数据。
③ 在 1988 年发表在《社会学理论》(*Sociological Theory*)杂志上的《超越广义线性模型》一文中,阿伯特指出了"(广义)线性模型"(即主要基于定量分析的方法论)的几个根本性假设,并认为,正是这些"(广义)线性模型"的根本性假设的缺陷使得社会科学家不能更好地理解世界。具体参见 Andrew Abbott, "Transcending General Linear Reality", *Sociological Theory*, 1988, Vol.6, No.2, pp.169-186.
④ David Freedman "Statistical Models and Shoe Leather", in David Freedman, *Statistical Models and Causal Inference: A Dialogue with the Social Sciences*, Cambridge University Press, 2010.

一波现代化国家的西欧国家只有四个。① 因此,样本最多只有四个,增加样本无从说起。这背后的根本性原因是我们面对的不是实验数据,而是有限的观察数据。

(2) 该书中对机制的理解可以说是荒谬的。

(3) 和许多专门从事定量研究的学者一样,该书对用交叉项(interactive)来捕捉因素之间的相互作用的局限性没有足够的认识,因而根本就没有认识到QCA技术的价值。②

(4) 该书几乎完全忽略了数据的测量问题(详见下文)。

(5) 最为致命的是,尽管该书在定义"因果关系"时多处引用了保罗·霍兰德(Paul Holland)的论述,③但却忽视了后者非常强调的一点,即"给出因果解释"(formulating a causal explanation)与KKV最关心的"因果推断"是不同的。给出因果解释远比因果推断复杂,尽管后者通常是前者不可或缺的一部分。④

因此,学习该书时,应该和另外一本专著,即亨利·布拉迪(Henry Brady)和大卫·科利尔(David Collier)合著的《社科研究再思考》结合起来看。⑤ 该书是对KKV所著一书的批评的集大成者。而且,最好是先学习布拉迪和科利尔等人的《社科研究再思考》,这样有利于减少被KKV的书的误导。当然,批判KKV之书不是为了批评定量分析方法。事实上,定量研究的确是很重要、很有用的方法。但是,我们不能认为定量分析方法是唯一可行和可靠的因果分析方法。选择什么样的研究方法,要看你面对的研究问题是什么、你有的数据是什么样的。应该根据问题和数据来决定使用什么样的研究方法,而不是事先认定一定要采用某种方法,然后再去决定研究什么问题和收集什么样的数据。

第二节 好研究的共同标准

事实上,任何一项实证研究,无论其使用的方法如何,即无论是定性与定量,还是它们的组合以及其他方法,我们对它的水平的评价应该有基本统一的评价标准。这即是在研究方法和研究设计上真正超越定性与定量之争的办法。具体而言,决定学术研究的好与差的标准应该包括以下几条(如表16-1所示)。

---

① 叶成城、唐世平:《第一波现代化:一个机制和因素的新解释》,《开放时代》2015年第1期。
② Charles Ragin, *Fuzzy Set Social Sciences*, University of Chicago Press, 2000.
③ Paul Holland, "Statistics and Causal Inference", *Journal of the American Statistical Association*, 1986, 81 (396).
④ Gary Goertz and James Mahoney, *A Tale of Two Cultures: Qualitative and Quantitative Research in the Social Sciences*, Princeton University Press, 2012.这个问题非常复杂,我只能在其他地方再作更详细的讨论。
⑤ Henry Brady and David Collier, *Rethinking Social Inquiry: Diverse Tools, Shared Standards*, Rowman & Littlefield, 2004/2010.

第 16 章　超越定性与定量之争

表 16-1　评价一项研究的基本规则

	定量研究	定性研究
研究问题的水平	问题的提出是否真实？ 两者标准一样：立足于真实世界和文献，提出好的和真实的问题	
	问题是否重要？ 两者标准一样：问题不重要，那研究就不重要，即便你发再好的期刊或者出版社	
	问题的提出是否妥当？ 两者标准一样：研究问题需要被正确地建构、表述	
理论化水平	两者标准一样：理论需要解释可能出现的"实证结果"；理论应该支撑实证假说；理论应该约束实证假说 也为了读者读起来一目了然，所有的理论都必须有从起初状态到结果的，带箭头的导向图 这个导向图还必须同时包含了因素和机制，甚至时空约束	
基于理论之上的假说提出	核心假说是否和理论是有机联系的？因素、因素相互作用。（定量研究不能展现机制）	核心假说是否和理论是有机联系的？因素、因素相互作用、机制
数据的可靠性	两者标准一样：数据的可靠性主要由三个方面决定：概念化、具体的度量操作以及整体的数据质量	
具体方法的使用	具体的数据处理方式、具体的回归工具是否妥当、回归模型是否正确、具体的回归技巧、结果的稳健性、回归结果的解释、是否排除了竞争性解释等	具体的案例选择，是否至少包含了负面案例、半负面案例、具体的历史证据的考证、具体的实证证据的使用、"过程追踪"是否妥当、是否排除了竞争性解释、对结果的解释等
方法背后的逻辑	不能用两个类别变量或者级别变量，或者一个类别、一个级别变量做交互项 只有当遗漏变量有可能影响因变量的时候，才是必须控制的	定性研究的理论发展必须系统全面和严谨地展示逻辑 定性研究的理论必须讨论因素和机制之间的相互作用，而不仅仅只是因素之间的相互作用 最好可以做到"全样本"案例选择，或包括一个正面案例、一个负面案例；最好要有一个半负面案例
具体的操作	（1）先来一个最简洁的模型 （2）考虑到数据背后的时空问题 （3）充分考虑到不同自变量之间的相互作用 （4）充分考虑到不同自变量之间的不同的"因果路径"，并且测试这些不同的"因果路径" （5）最好、甚至必须有赛马模型	（1）一定要用图表的方式将你的理论中强调的因素和机制的相互作用展现清楚 （2）最核心的方法是"有控制的比较案例分析" （3）最好将几个案例中的时间段以及重大时间列在一个表中 （4）同样需要试图排除或者至少削弱竞争性的解释 （5）对因素和结果的度量和比较也应该用描述性数据来支持你的赋值和比较不同案例中不同因素和结果的差异

注：表中关于具体方法的技术细节，此处无法详细说明，可见本章的推荐阅读和其他更加专门的书籍或文章中的详细讨论。

一、该研究的问题是否是真实的？问题是否重要？问题的提出是否妥当？

评价一项研究的价值，首先是它的研究问题的水平。这一项至少包含以下三个方面。

首先，研究问题必须是一个真实的问题，而不是一个假的问题。比如，"上帝为什么先造就男人，然后再造就女人"就不是一个真实的问题，而是一个虚假的问题。无论自然科学还是社会科学都是实证科学。因此，我们只研究来自真实世界的真实问题。

其次，这个研究问题是否重要？如果一项研究用了非常高超的技巧，但是却在研究一个非常无聊或者渺小的问题，那这项研究就不太重要。①

最后，研究问题的提出方式是否妥当。

二、该研究对问题的解释的理论化水平如何？

无论一项研究使用的方法是定性、定量还是其他研究方法，其理论化的水平都应该是评价它的第二重要的标尺。在这里，需要特别强调的是："提出实证假说"（formulating empirical hypothesis）不是"理论化"（theorization）。实际研究中，许多定量和定性研究其实几乎没有理论化，只是罗列了几个实证假说而已。这背后的主要原因是这些研究人员错误地认为"提出实证假说"就是"理论化"。

简单地说，除非你面对的是一个极其简单的问题（比如，为何人在饿的时候就想吃东西），"提出实证假说"并不构成"理论化"。也就是说，提出几个可以验证的实证假说——无论是定量的还是非定量的——都不是"理论化"本身；至少，这样的做法的"理论化"程度是非常不够的，甚至是非常低的。在大部分或绝大部分的时候，理论需要解释可能出现的"实证结果"（empirical outcomes）。因此，理论应该支撑实证假说。或者说，假说应该从理论推导而来。没有理论支撑的假说只是对数据有可能展现出的相关性的猜测。不幸的是，现在的许多定量研究，它们的所谓理论部分只是罗列了一些（定量的）假说，然后就是垃圾回归（garbage-can regression）结果。它们所给出的回归结果不容易理解，是否稳健也非常难以确立。

---

① 当然，如果是一篇纯粹的方法论文章，我们对它的评价标准就不一样了。现在的普遍问题是，尽管定性研究的水平也是参差不齐的，但是因为定性研究的文章相对不那么容易发表了，许多水平其实也非常低的定量研究就容易得以发表。

这样的实证研究,应该称其为庸俗的实证研究,并加以否定、批评、拒绝。①

之所以要对研究的理论化设定较高的水平还有一个关键原因。理论的一个核心作用就是约束实证假说的提出:从理论推导出来的假说不能随意修改。而不受理论约束的实证假说其实很容易和实证结果相互"事后自圆其说"。也就是说,对具体的实证结果——无论是定量的还是定性的——的事后(ex post)解释不是"理论化",至少不是好的"理论化":因为要"事后自圆其说"实在太容易了。

只有这样,我们才能理解为什么如果从一个理论推导出的多个实证假说得不到实证支持的时候,我们就要对这个理论本身持更加谨慎,甚至怀疑的态度。因为一个好的理论必须做到逻辑自洽,并且整合了多个因素和机制。

学界有一种说法:"ideas are cheap"(想法不值钱)。事实上,好的思想永远是稀缺的。现在的问题是大家都走向了低水平的理论化。这不可避免地导致许多实证研究的庸俗化。因此,最好是先发展出一个好的理论,然后再从这个理论推出(好的)实证假说,即有理论支撑具体的(实证)假说。只有这样做出来的实证结果才有趣,才相对可靠。② 相反,如果一项定量实证研究不是建立在好的理论之上,不仅我们难以判断它给出的统计结果是否可靠,我们甚至都不知道需要度量什么样的东西、怎么度量,更谈不上给出特定的统计模型。而且这里需要特别强调,对于定性研究,也需要达到同样的标准。

以对内战特别是族群冲突的研究为例。一些非常有影响的早期工作几乎没有理论。因此,毫不奇怪,这些研究的许多结果都备受质疑甚至被推翻。③ 相反,唐世平等人对族群冲突的研究则一直以理论为向导。④ 因此,其研究给出的实证假说是清晰的,因而实证假说是否得到支持也是清晰的。

归根结底,没有理论贡献的定量研究只是(更加复杂的)相关性描述而已,它和一个描述性的定性研究相比,并不一定好到哪去,或至少是好得有限。为了约束自己,也为了读者读起来一目了然,所有的理论都必须有从起初状态到结果的、带箭头的导向图(directed graph)。这个导向图还必须同时包含因素和机制,甚至时空约束。

---

① 由于大家越来越抵制庸俗的定性研究(比如讲几个花絮性的故事就算一篇文章),因此,比较而言,现在的情况是,庸俗的定量研究要比庸俗的定性研究更容易被发表。这一趋势在国际刊物上尤其明显。
② 这方面的范例参见 Patrick Mcdonald, "Great Powers, Hierarchy, and Endogenous Regimes: Rethinking the Domestic Causes of Peace", *International Organization*, 2015, 69(3)。
③ 关于族群冲突的文献回顾,参见本书第10章"族群冲突"。另可参见唐世平、李思缇:《族群战争的爆发:一个广义理论》,《国际安全研究》2018年第4期。
④ Shiping Tang, "The Security Dilemma and Ethnic Conflict: Toward a Dynamic and Integrative Theory of Ethnic Conflict", *Review of International Studies*, 2011, 37 (2); Shiping Tang, "The Onset of Ethnic War: A General Theory", *Sociological Theory*, 2015, 33(3).

三、实证假说是否是基于理论之上？

有了第二点要求，我们就很容易理解第三个要求：实证假说需要建立在好的理论之上。只是罗列了实证假说，而这些假说背后没有一个理论能够导出这些假说的实证研究，都是不够好的。这样的研究甚至都可以被认为"看到实证结果写假说"，或者是"操纵实证结果"的嫌疑。纯粹的定量研究尤其要注意避免这样的错误。

具体说来，定量分析（以及 QCA）的实证假说必须包含以下两个部分：因素（含时空）和因素之间的相互作用。因为绝大部分社会结构都是多个因素相互作用造就的，独立的变量变得相对没有太多的意义（当然，某些变量本身就是几个变量的"交互项"）。如果可能的话，定量的假说还应该包括"因果路径"（causal pathways），因为定量研究的某些方法可以帮助我们甄别不同的"因果路径"，如是传导（mediating）作用还是调节（moderating），还是两者兼备。因为定量方法和 QCA 均无法真正验证机制，我们可以不要求它们的实证假说提出机制。但是，定量研究的理论同样需要有机制。

定性研究的实证假说则必须有以下三个部分：因素（含时空）、因素之间的相互作用，以及机制。因为只有定性研究可以解决机制问题，这也是定性研究的核心优势之一，因此定性研究的假说应该尽可能包含机制。定量方法和 QCA 的优势在于甄别因素以及因素组合，从而帮助我们判定在不同的"因果路径"中判断哪一个更有可能是正确的。但是，定量方法和 QCA 都无法验证机制。因此，越来越多的好的研究是定性、定量以及其他方法的结合。

四、数据的可靠性如何？

首先，任何研究的结论的可靠性都至少部分取决于它使用的数据的可靠性。再复杂的方法也无法从根本意义上解决数据质量的问题，而数据质量的问题不仅仅是缺失值的问题。大体说来，数据的可靠性主要由如下三个方面决定：概念化、具体的度量操作，以及整体的数据质量。比如，芭芭拉·盖迪斯（Barbara Geddes）对威权政体的分类有概念性的分类错误，所以是不能直接用的。①

其次，某些东西可能无法通过问卷度量，或者用问卷度量得到的结果是存在高

---

① Barbara Geddes, *Paradigms and Sand Castles*, University of Michigan Press, 2003；他们进一步的工作可见 Barbara Geddes, Joseph Wright and Erica Frantz, "Autocratic Breakdown and Regime Transitions: A New Data Set", *Perspectives on Politics*, 2014, 12(2)。

度偏差的。比如,你要调查某国公民对日本作为一个国家的态度,问卷调查的数据恐怕都是不可靠的,无论你是面对面调查、电话访问,还是互联网在线调查。比较可靠的度量可能是:某一个地区的日系汽车销售量、保有量;或者这个地区去日本旅游的绝对人数和相对比例。而在做回归的时候,至少需要控制以下变量:该地区是否曾经遭受过抗战战火的影响;当年日本侵略军是否在该地实施过残酷的大屠杀、大洗劫、"三光"政策;当年被日军占领的时间;目前是否有日系汽车合资企业、人均 GDP、离海岸线的距离等。

再者,不是所有的数据集都可以拿来直接运用,因为这些数据集本身有非常严重的问题。比如,世界银行的全球治理指数(world governance index,WGI)就是一个有大问题的数据集。类似有大问题的数据集还包括著名的"世界价值观调查"(world value survey,WVS)。

最后,某些数据集则包含了太多的不相干的观察或案例(irrelevant observations or cases)。直接运用这样的数据获得的统计结果通常会高估某一些因素的显著性。因此,这样的数据集也不可以拿来直接运用,而是需要对样本进行细致的截取和挑选。这方面,有学者最近对"民主和平论"的统计证据的批评值得大家好好学习。[1]

五、具体的方法使用

如果是定量研究,这些方面包括具体的数据处理方式、具体的回归工具是否妥当、回归模型是否正确、具体的回归技巧、结果的稳健性、回归结果的解释、是否排除了竞争性解释等。

如果是定性研究,这些方面包括具体的案例选择(是否至少包含了负面案例、半负面案例[2])、具体的历史证据的考证、具体的实证证据的使用、"过程追踪"是否妥当、是否排除了竞争性解释、对结果的理解等。

第三节 定量分析的一些基本原则

许多研究定量方法论的人士已经讨论了一些基本的原则,告诫我们在从事定量研究时不要犯一些根本性的错误。本节在一些地方发展了既有的一些讨论,或

---

[1] Patrick Mcdonald, "Great Powers, Hierarchy, and Endogenous Regimes: Rethinking the Domestic Causes of Peace", *International Organization*, 2015, 69(3).
[2] 周亦奇、唐世平:《半负面案例比较法与机制辨别:北约与华约的命运为何不同?》,《世界经济与政治》2018 年第 12 期。

者对一些既有的讨论加以强调。同时,本节也指出目前的许多定量研究方法讨论还没有注意到或者强调不够的地方。

第一,也是最重要的,无论使用何种方法,一个研究者都必须对他(她)想研究的问题有确实的了解。比如,对国内战争的延续,特别是族群政治的延续的许多研究都是那些对战争没有一些基本的理解的所谓的"冲突专家"做的。而因为度量的便利,这些研究,通常只有"结构"因素,而没有人的因素。这些人士恐怕基本不知道支撑一场战争有多难,也没有几个真正读过克劳塞维茨、孙子、毛泽东等战略家的战争或战略理论。又比如,最近很时髦而且几乎都发表在顶尖杂志的"基因社会科学"的研究,其实都忽略了从基因到人的行为有很长的距离,而完全"让数据说话"。这样的研究最后都会成为学术界的笑话。

第二,基于对研究问题的深入了解以及对文献的良好把握,构建一个好的理论。再强调一次,如上所述,为了约束自己,也为了读者读起来一目了然,所有的理论都必须有从起初状态到结果的、带箭头的导向图。这个导向图还必须同时包含因素和机制,甚至时空约束。

第三,千万不要想用定量分析来解决所有的研究问题。这是大家都应该多学一些不同类别的研究方法的核心原因。如果只想用定量分析来解决研究问题,研究中就很容易犯如下错误。

(1)你会忘记,某些问题几乎不可能用统计技巧解决。[①]

(2)你会成为数据或数据库的囚徒,陷入没有数据就没有研究的困境。有些问题可能没有现成的数据,或者没有可靠的数据,或者至少不会有特别好的能用于回归的数据。

(3)你会对文献过于挑剔,从而会错误地忽视很多重要的文献。比如,可能对一部分文献很熟悉——特别是定量的,但是对其他的研究或者不依赖定量技术的研究不够熟悉。

(4)你会太急于完成文章、想把它快速发出来,而对理论化以及数据质量等问题重视不够,最后欲速则不达。

第四,忠于你的理论以及从理论推导出来的实证假说。你的理论框架和由此导出的理论假设,在整篇论文中要一以贯之。

第五,拿到数据后,不要直接就去"跑"回归,最好先通过描述性统计对数据有基本的了解。

第六,弄懂定量方法背后的基本逻辑。定量方法的最核心的问题可能并不是

[①] 参见 Henry Brady and David Collier, *Rethinking Social Inquiry: Diverse Tools, Shared Standards*, Rowman & Littlefield, 2004/2010。

具体的操作技巧,而是理解一类方法的基本核心逻辑,尽管不是我们每一个人都能完全弄懂背后的数学推导。不理解定量方法的核心逻辑会带来如下错误。

（1）不能用两个类别变量或者级别变量或者一个类别、一个级别变量做交互项（interactive）。这背后的逻辑很简单：这样做出来的交互项很多时候都是"混淆不同类别"（categorical conflation）。①

（2）许多人认为,稳健性检验主要是通过加入更多的控制变量,因为怕遗漏了许多应该控制的变量。但是,这种不假思索的对遗漏变量的恐惧可以说只是个"幻觉型的威胁"（phantom threat）。② 只有当遗漏变量有可能影响因变量时候,才是必须控制的,特别是这些变量是可能的竞争性理论的核心自变量时。如果遗漏变量影响自变量,这个变量可能是一个更深层的变量,它就不能被当成普通的控制变量使用。如果一个变量是"传导变量"或者是"调节变量",也不能被当成普通的控制变量使用。

第七,弄懂特定定量技术背后的逻辑和特殊要求。一些特定的定量分析技术有特定的假设,而这些假设是否成立需要验证。比如生存分析（survival analysis）的模型就有许多需要检验的假设。不能拿到数据后不假思索地做回归。

第八,最后才是具体的操作。具体操作应该有以下几个基本的步骤,这些步骤让你自己和读者都能更加直观地理解你的回归结果。

（1）先来一个最简洁的模型：核心自变量,最好单独做一个回归,除非一些控制变量是理论上必须控制的。比如,以人均 GDP 增长率为因变量的经济增长回归模型,必须控制人口增长率、起始年份的人均 GDP 水平、资本投资率等变量。

（2）考虑数据背后的时空问题。没有时空,就没有社会事实和自然事实。但是,对于时、空这两个极其重要的变量,目前绝大部分的定量和定性研究都没有很好地把握,甚至都没有意识到这个问题。帕特里克·麦当劳（Patrick Mcdonald）对"民主和平论"的挑战是最近少数的例外：他的这项工作不仅充分考虑了时空的作用,而且有非常好的理论化。③

（3）充分考虑到不同自变量之间的相互作用。只是一个个自变量独立的回归

---

① Jeff Colgan, *Petro-aggression*, Cambridge University Press, 2013.该书对石油国家和革命性政府以及对外战争的研究就犯了这个致命的错误。作者在他的数据处理中,石油国家是二分变量(0-1),革命性政府也是二分变量,而他直接就把这两个二分变量做成交互项。这么做至少是值得商榷的。不幸的是,这项研究发表在《国际组织》(*International Organization*)杂志上（参见 Jeff Colgan, "Oil and Revolutionary Governments: Fuel for International Conflict", *International Organization*, 2010, 64(4), pp.661-694）,还获得了基欧汉（Keohane）论文奖。
② Kevin Clarke, "The Phantom Menace: Omitted Variable Bias in Econometric Research", *Conflict Management and Peace Science*, 2005, 22(2).
③ Patrick Mcdonald, "Great Powers, Hierarchy, and Endogenous Regimes: Rethinking the Domestic Causes of Peace", *International Organization*, 2015, 69(3).

模型越来越受到质疑,因为绝大部分社会结果都是多个因素相互作用的结果。因此,交互项变得越来越流行。做交互项时,假定有两个自变量 A 和 B,可能它们的相互作用导致结果。那么,你应该给出以下的回归模型和结果:A;B;A+B;A,B,AB。最后这个才是标准的交互项模型。这样的结果将会是非常清晰的——即便你在最终的论文或者书稿中不报告前面的三个模型结果,你也应该把这些模型做出来。不过,如果你的理论强调三个以上的变量的相互作用,那么交互项的技术恐怕也不适合:三个以上的变量的相互作用的回归结果非常难解。

(4) 充分考虑到不同自变量之间的不同的"因果路径",并且测试这些不同的"因果路径"。这方面的具体工具非常多,不再赘述。

(5) 最好甚至必须有赛马模型(horse-race model),即把你的解释变量和其他竞争性解释理论的核心解释变量放在一起相互竞争。这里要特别强调,基于其他竞争性解释理论的核心解释变量不是常规意义上的控制变量。如果你的变量依旧显著,而其他竞争性解释理论的核心解释变量不再显著,那么你的结果会更加可靠一些。没有控制竞争性理论的核心变量的回归结果,至少是差强人意的。

第四节 定性分析的一些基本原则

和定量研究一样,关于定性研究的讨论也已经非常深入。本节进一步展开和推进对定性研究的讨论,或者对一些既有的讨论加以强调,而同时也指出目前的许多定性研究方法讨论还没有注意到或者强调不够的地方。因为对定性方法的头两点要求和上一节对定量方法的头两点要求一样——"对问题的深入了解"和"好的理论",本节从第三条原则开始详细介绍。

第一,深入了解即将研究的问题。

第二,构建一个好的理论。

第三,和定量研究一样,偏好定性研究的学者也不要想只用定性分析来解决一切研究问题。如果你只想用定性分析来解决研究问题,你很容易犯以下错误。

(1) 你会忘记,某些问题几乎不可能用定性技巧解决。比如,如果你想把一个只是基于因素的理论的适用性最大化,那么定性分析方法肯定有相当局限性。

(2) 对文献过于挑剔,因而错误地忽略了很多重要的文献。比如,你可能只熟悉一部分的定性文献,但是对其他研究,特别是依赖于定量技术的研究则不够熟悉。

(3) 太想快速发文章,但是对理论化以及如何才能做出好的定性研究等问题重视不够,最后欲速则不达。

第四，相比较来说，定性研究的理论发展更加强调讨论超过两个以上因素的相互作用，时空的约束以及机制的作用，[①]因此需要更系统和更强的逻辑思考。不幸的是，现在许多定性研究的理论化水平变得和许多庸俗定量研究一样低级，从而丧失了定性研究的核心优势之一。定性研究中需要注意如下核心逻辑。

（1）定性研究的理论发展必须系统全面和严谨地展示逻辑。许多定性研究难以令人满意，一个重要的原因是没有全面展示理论的逻辑。比如，一个简单的 2×2 表，至少有四种组合。好的理论化必须展示这四种组合的逻辑。而如果是 2×2×2 的因素组合，那就有八个组合。好的理论化必须展示这八种组合的逻辑。如果这其中的某些组合可以合并，那也要说明，不能省略。

（2）定性研究的理论必须讨论因素和机制之间的相互作用，而不仅仅只是因素之间的相互作用。如果定性研究的理论只是讨论因素之间的相互作用，同样是丢掉了定性研究的核心优势之一，等于自废武功。

（3）再强调一次，为了约束自己，也为了读者读起来一目了然，所有的理论都必须有带从起初状态到结果的、带箭头的导向图（directed graph）。这个导向图还必须同时包含了因素和机制，甚至时空约束。

第五，选择合适的案例。案例是用来服务于支持自己提出的理论和推导出来的假说。

（1）最好的案例选择当然是"全样本"案例选择。定性研究同样可以做到"全样本"案例选择。但是，定性研究的"全样本"案例不是拿数据集过来用，而是通过时空约束，紧密结合研究问题，来最终确定全案例。比如，丹·斯雷特（Dan Slater）就研究了二战后东南亚不同的国家在构建国家基础能力方面的不同。他的研究覆盖了 7 个东南亚国家中的 7 个，因此非常接近一个全案例研究。[②] 类似的研究还有唐世平等人最近完成的对第一波现代化的研究。[③]

（2）如果不能做到全样本研究，那么案例至少要有两个，而且最好案例还可以出现时间上的对比维度。在至少要有两个以上的案例的前提下，这些案例必须有两类：正面案例——某种结果出现；负面案例——某种结果没有出现。最好的负面案例是本来可能出现某种结果却没有出现该种结果的案例。而完全没有可能出现某种结果的案例是无关的案例，这和定量研究中的无关的观察是一样的。

（3）从确立机制的角度来说，最好甚至必须要有"半负面案例"。半负面案例在展现机制与因素的相互作用从而驱动机制的运行上有独特的优势。半负面案例比较能够充分展现不同因素组合对核心机制的影响，即某些特定的因素组合能使

---

① 叶成城、黄振乾、唐世平：《社会科学中的时空与案例选择》，《经济与政治体制比较》2018 年第 3 期。
② Dan Slater, *Ordering Power*, Cambridge University Press, 2010.
③ 叶成城、唐世平：《第一波现代化：一个机制和因素的新解释》，《开放时代》2015 年第 1 期。

得机制走完整个进程,而某些特定的因素组合则能够阻止机制走完整个进程,让机制停在某一个程度。这种做法类似于在化学和生物学实验中加入"阻抗剂"(inhibitor),从而使得相关生物过程能够停滞在某一个阶段一样。①

第六,忠实于自己提出的理论和推导出来的假说。

(1) 如果是一个简单的 2×2 因素组合,那么这四种组合的案例都应该涉及。而如果是 2×2×2 的因素组合,那么这八个组合的案例也都应该涉及。除非现实世界确实没有出现某种组合。许多不好的定性研究的一个通病是只有极端案例,即所有变量都取最大值或者最小值的情形,而其他更加复杂和细微的情形都几乎没有讨论。

(2) 许多定性研究最后的历史叙述只是叙述历史。殊不知,定性研究的最重要操作原则之一乃是用理论和假说来规制历史叙事:历史叙事必须展现因素的相互作用和机制的运行,并且导致或者不导致某一个社会结果。这才是定性研究特别强调的"过程追踪"。换句话说,过程追踪不是简单的历史叙事,而是通过展现因素之间的相互作用和机制的运行,从而展现自己的理论和假说是否得到验证。过程追踪和历史叙事是不同的。

第七,最后才是具体的操作。本节推荐以下几个小的技巧和要求,这么做能够让你自己和读者都能更加直观地理解你的案例比较分析。

(1) 一定要用图表的方式将你的理论中强调的因素和机制的相互作用展现清楚,特别是必须有从起初状态到结果的、带箭头的导向图。

(2) 定性分析中最核心的方法是"有控制的比较案例分析"(controlled comparative case analysis)。而比较案例分析就不能是一个案例(如一个国家的命运)和另外一个案例是相互独立叙述的(如一个国家一章的写法)。相反,比较案例分析要求我们通过理论和实证假说来规制案例的比较叙事。

(3) 最好将几个案例中的时间段以及重大时间列在一个表中。这样非常便于读者理解你的叙事脉络,同时也利于你自己避免"迷失在"历史叙事中。②

(4) 和定量研究一样,定性研究同样需要试图排除或者至少削弱竞争性的解释。事实上,因为定性研究本身对因素相互作用和机制的运行和历史叙事的把握,在排除或削弱竞争性的解释方面,定性研究具有定量研究几乎不可能具有的优势和能力。因此,建议大家对每一个案例都通过列表的方式对照、比较你的理论解释和竞争性解释,使读者看起来一目了然。

---

① 详细的讨论,见周亦奇、唐世平:《半负面案例比较法与机制辨别:北约与华约的命运为何不同?》,《世界经济与政治》2018 年第 12 期。

② 这样的做法的例子,见 Shiping Tang, *The Social Evolution of International Politics*, Oxford University Press, 2013。

(5) 即便是定性案例分析,其中对因素和结果的度量和比较也应该用描述性数据来支持你的赋值,以及比较不同案例中不同因素和结果的差异。完全没有度量的定性研究肯定是不够好的。

第五节 定性与定量方法结合的一个例子

1945年以降,世界上的主要大规模冲突绝大部分不是国家之间的冲突,而是国家内部的冲突。而族群冲突又是造成大规模伤亡的国内冲突。因此,无论如何看待,族群冲突都是当今社会科学中最为重要的研究话题。在发展了一个族群冲突的广义理论的同时,[①]唐世平等人还发展出了一个特定的子理论。这个子理论认为,"石油的族群-地理位置"(the ethno-geography of oil, especially its location)才是决定石油是否导致或者加剧族群冲突的关键。具体地说,该理论认为,在一个国家内部,如果少数族群的聚集区域有一定数量的石油资源,那么这个少数族群就容易与中央政府发生矛盾。进一步,如果这个少数族群此前就与控制中央政府的多数族群有过流血冲突因而不满的话,那么这个少数族群与多数族群之间就有可能发生族群冲突。如果在少数族群聚集区域中的石油是在冲突过程中被发现的话,石油的发现将加剧既有的族群冲突。

根据这个理论得出以下推论:在其他条件一致的情形下,在少数族群聚集区域有石油的情况下,多数族群聚集区是否有石油不重要,这个少数族群更容易与多数族群及其控制的国家发生冲突;而在少数族群聚集区域没有石油的情况下,多数族群聚集区是否有石油同样也不重要(或者少数族群和多数族群是混杂居住的),那么石油对一个国家内部的族群冲突都没有影响。整个逻辑如表16-2所示。

表16-2 石油与族群冲突的关系

是否有石油	少数族群	多数族群	族群混居
有	1	0	0
无	0	0	0

注:"1"代表"是";"0"代表"否"。

依据这个理论,通过在地理信息系统(GIS)平台上叠加族群的分布和石油的分布,唐世平等构建了一个新的"石油的族群地理分布数据集"。然后,他们用这个数据集对理论进行验证,统计结果高度支持由理论推出的实证假说,因而也就高度

---

① Shiping Tang, "The Onset of Ethnic War: A General Theory", *Sociological Theory*, 2015, 33(3).

支持作者的理论。① 接下来,唐世平等还用定性案例分析,进一步支持统计分析的结果,并且展现理论中提出的几个核心机制的作用。该定性分析不是堆砌史料,而是用其提出的理论来约束历史材料的使用:在社会科学的研究中,特别是定性研究中使用历史材料,不是剪裁或者篡改历史,而是体现了社会科学更加注重理论的贡献。

很显然,该研究的这个核心自变量——石油的族群-地理位置,其实是一个基于理论的、交互项上的定类变量。② 这再一次表明,所有的定量都基于定性思考,特别是在理论化、形成假说,概念化层次以及测量的层次。理论化的水平决定你的变量概念化以及操作化设置水平。唐世平等在文章中的讨论还表明,以前把族群和非族群问题混在一起讨论,把不同的自然资源都混在一起讨论,③都是有待商榷的。这些早期的工作的巨大缺陷背后的一个重要原因就是因为他们几乎没有任何理论。唐世平等提出的新理论还可以覆盖宝石等其他高度集中的矿产资源,因此是一个矿产资源和族群冲突的广义理论。

总而言之,唐世平等对族群冲突的研究充分体现了本章展示的对方法论的理解。首先,一个好的实证假说应该建立在好的理论之上。其次,该研究的定量假说包含因素(含时空)、特别是因素之间的相互作用;而定性研究的假说包含了三个部分——因素(含时空)、因素相互作用、机制。第三,本章强调定性研究相对于定量研究的突出优势在于定性研究可以解决因果关系中的机制问题,而该研究中的定性案例研究正是展现作者所认定的石油资源与族群冲突两者之间的机制。文章的结论显示出:无论是定量还是定性,都非常明晰。总之,这项关于石油与族群冲突的研究充分体现了定性、定量以及其他研究方法结合使用的优势。

第六节 未来研究方向

本章展示了对社会科学的方法论,特别是关于定性研究与定量研究的一些理解。在学术的路上,学者一方面需要不断学习和发展新的方法,同时也要在具体的

---

① 熊易寒、唐世平:《油田的族群地理区位和族群冲突的升级》,《世界经济与政治》2015 年第 10 期;Shiping Tang, Yihan Xiong and Hui Li, "Does Oil Cause Ethnic War? Comparing Evidences from Quantitative and Process-tracing Exercises", *Security Studies*, 2017, 26(3)。
② 有用的讨论见 Colin Elman, "Explanatory Typologies", *International Organization*, 2005, 59(2)。
③ 这类研究如 Paul Collier and Anke Hoeffler, "On Economic Causes of Civil War", *Oxford Economic Papers*, 1998, 50(4); Paul Collier and Anke Hoeffler, "Greed and Grievance in Civil War", *Oxford Economic Papers*, 2004, 56(4); James Fearon and David Laitin, "Ethnicity, Insurgency, and Civil War", *American Political Science Review*, 2003, 97(1)。

实证研究中实践自己对方法论的理解。应该强调的是,目前社会科学主要使用的数学方法都比较"单调",即不外乎博弈论、统计分析、计量经济模型等。这些方法甚至可以说是比较"小儿科"的。因此,我们要想超越欧美的社会科学,一个可能的努力方向就是在社会科学中引入或者发展一些新的数学方法。例如,唐世平和他的团队在试图为解决社会科学中的某些具体的研究问题而发展一些新的方法。但是,我们不应该"为数学化而数学化"。学术研究中发展任何新的方法都是为了解决具体的研究问题,而不是为了让东西好看或不让人看懂。

比如,唐世平在发展新的 fmQCA 软件的时候,就借鉴了电路设计中电路简化的算法。为了解决数据集的设计问题,他把解释结构模型(interpretative structural modeling,ISM)技术引入社会科学。总之,复旦大学复杂决策分析中心的一个核心目标就是发展一些新的分析平台和工具(包括软件),而这些成果将会陆续发布。当然,再次强调,这些工作并不是"为数学而数学",而是为了解决具体的研究问题。

作为结束,本章列出若干方法论和研究设计上的问题,供相关人员在设计和执行自己的研究计划时思考。

理论和供实证检验的假说为何不同,有何不同?本章特别强调好的研究需要从理论出发,由此发展出可供实证检验的理论假说。如何对一个研究问题进行理论化,在此基础上发展出供实证检验的假说,是研究设计的重要环节,也是决定一项研究的质量和价值的重要步骤。

为什么一篇论文,无论是定量的还是定性的研究,如果只是提供了没有理论约束(即从理论推导出来的)假说的实证结果,完全有可能是江湖骗术?这里的重点依然是要意识到,科学研究的最重要目的是要建构和检验理论,而不是简单地展示实证内容。因此,任何实证内容必须服务于理论建设的目标,而脱离了有一定约束力的理论,研究者虽然可能做出很好看的实证结果,却有可能在理论上毫无意义。

为什么解释不同的社会客体(观念、行动和结果)需要不同的认知论和方法?要成为优秀的学术工作者、做出高水平的研究,需要对认识论和方法论有全面和深刻的认识。对认识论和方法论的理解和认识,也需要在具体的研究实践中逐步体会和提高。无论如何,在思考研究的问题、设计研究方案时,需要有意识地在认识论和方法论上加以选择和判断。

扩展阅读

[1] David Freedman, *Statistical Models and Causal Inference: A Dialogue with the Social Sciences*, Cambridge University Press, 2010.

该书作者是著名的统计学家。他在书中分析和批评了学术界长期以来使用统计方法进行社会科学研究中的诸多不合理的方法，对如何使用量化数据和量化技术进行社会科学中的因果推断提出了新的视角和技术。

[2] Gary Goertz and James Mahoney, *A Tale of Two Cultures: Qualitative and Quantitative Research in the Social Sciences*, Princeton University Press, 2012.

该书全面检视和比较定性研究和定量研究在认识论、方法论上的差异和相通之处，是全面理解、准确把握以及使用各种研究方法的重要指导。

[3] Henry Brady and David Collier, *Rethinking Social Inquiry: Diverse Tools, Shared Standards*, Rowman & Littlefield, 2004/2010.

如本章所言，这本书对研究方法和研究设计的论述比 KKV 的书更全面、准确、深刻，应该超越 KKV 的《社会科学中的研究方法》一书成为社会科学方法论中更重要的必读书目。

[4] Hui Li and Shiping Tang, "Location, Location, and Location: The Ethno-geography of Oil and the Onset of Ethnic War", *Chinese Political Science Review*, 2017, 2(2); Shiping Tang, Yihan Xiong and Hui Li, "Does Oil Cause Ethnic War? Comparing Evidences from Quantitative and Process-tracing Exercises", *Security Studies*, 2017, 26(3).

本章第五节以石油和族群冲突的研究举例，说明研究设计和研究方法的重点问题，包括理论化、实证检验、多种研究方法结合使用等。这两篇论文完整报告了该项研究，非常有利于初学者理解有关问题。中文版可以参见熊易寒、唐世平：《油田的族群地理区位和族群冲突的升级》，《世界经济与政治》2015 年第 10 期。

[5] 唐世平：《观念、行动和结果：社会科学方法新论》，天津人民出版社 2021 年版。

近年来，本章作者（唐世平）发表了一系列关于研究设计和社会科学哲学的作品，均可以作为学术研究人员理解认识论、方法论的材料。这部《观念、行动和结果》即是其中之一。

主要参考文献

中文部分

1. [英]安德鲁·海伍德:《政治学》(第三版),张立鹏译,中国人民大学出版社 2013 年版。
2. [英]安东尼·吉登斯:《现代性的后果》,田禾译,译林出版社 2011 年版。
3. [美]道格拉斯·诺斯、[美]罗伯斯·托马斯:《西方世界的兴起》,厉以平译,华夏出版社 2009 年版。
4. [德]哈贝马斯:《公共领域的结构转型》,曹卫东等译,学林出版社 1999 年版。
5. 黄琪轩:《政治经济学通识:历史、经典、现实》,东方出版社 2018 年版。
6. [美]贾雷德·戴蒙德:《枪炮、病菌与钢铁》,谢延光译,上海译文出版社 2006 年版。
7. 金观涛、刘青峰:《兴盛与危机:论中国社会超稳定结构》,法律出版社 2010 年版。
8. [德]马克斯·韦伯:《新教伦理与资本主义精神》,康乐、简惠美译,广西师范大学出版社 2010 年版。
9. [英]迈克尔·曼:《民主的阴暗面》,严春松译,中央编译出版社 2015 年版。
10. [美]乔尔·S.米格代尔:《社会中的国家》,李杨等译,江苏人民出版社 2013 年版。
11. [美]萨缪尔·P.亨廷顿、[美]琼·纳尔逊:《难以抉择——发展中国家的政治参与》,汪晓寿等译,华夏出版社 1989 年版。
12. [英]沃尔特·白芝浩:《英国宪法》,夏彦才译,商务印书馆 2005 年版。
13. [美]西达·斯考切波:《国家与社会革命:对法国、俄国和中国的比较分析》,何俊志、王学东译,上海人民出版社 2007 年版。
14. [美]西摩·马丁·李普塞特:《政治人:政治的社会基础》,郭为桂、林娜译,江苏人民出版社 2013 年版。
15. 肖滨主编:《中国政治学年度评论(2017)》,商务印书馆 2017 年版。
16. [美]亚历山大·格申克龙:《经济落后的历史透视》,张凤林译,商务印书馆 2012 年版。
17. 赵鼎新:《社会与政治运动讲义》,社会科学文献出版社 2006 年版。
18. 朱天飚:《比较政治经济学》,北京大学出版社 2006 年版。

英文部分

1. Aldrich, J. H., *Why Parties? The Origin and Transformation of Political Parties in*

America, University of Chicago Press, 1995.

2. Alexander, J. C., *The Civil Sphere*, Oxford University Press, 2008.

3. Almond, G.A., and Sidney Verba, *The Civic Culture: Political Attitudes and Democracy in Five Nations*, Sage Publications, 1963.

4. Bates, R. H., *When Things Fell Apart: State Failure in Late-Century Africa*, Cambridge University Press, 2008.

5. Boone, C., *Political Topographies of the African State: Territorial Authority and Institutional Choice*, Cambridge University Press, 2003.

6. Brady, H. E., and David Collier, *Rethinking Social Inquiry: Diverse Tools, Shared Standards*, Rowman & Littlefield, 2004/2010.

7. Cederman, L-E., Kristian S. Gleditsch, and Halvard Buhaug, *Inequality, Grievances and Civil War*, Cambridge University Press, 2013.

8. Cox, W. G., *Making Votes Count: Strategic Coordination in the World's Electoral Systems*, Cambridge University Press, 1997.

9. Dunn, E., and Chris Hann, eds., *Civil Society: Challenging Western Models*, Routledge, 1996.

10. Ertman, T., *Birth of the Leviathan: Building States and Regimes in Medieval and Early Modern Europe*, Cambridge University Press, 1997.

11. Freedman, D. A., *Statistical Models and Causal Inference: A Dialogue with the Social Sciences*, Cambridge University Press, 2010.

12. Geertz, C., *The Interpretation of Cultures*, Basic Books, 1973.

13. Gerring, J., *Case Study Research: Principles and Practices*, Cambridge University Press, 2007.

14. Goertz, G., and James Mahoney, *A Tale of Two Cultures: Qualitative and Quantitative Research in the Social Sciences*, Princeton University Press, 2012.

15. Gourevitch, P., *Politics in Hard Times: Comparative Responses to International Economic Crisis*, Cornell University Press, 1986.

16. Haggard, S., *Developmental States*, Cambridge University Press, 2018.

17. Hall, P., and David Soskice, eds., *Varieties of Capitalism: The Institutional Foundations of Comparative Advantage*, Oxford University Press, 2001.

18. Horowitz, D. L., *Ethnic Groups in Conflict*, University of California Press, 1985.

19. Huntington, S. P., *Political Order in Changing Societies*, Yale University Press, 1973.

20. Kalyvas, S. N., *The Logic of Violence in Civil War*, Cambridge University Press, 2006.

21. King, G., Robert Keohane, and Sidney Verba, *Designing Social Inquiry: Scientific Inference in Social Research*, Princeton University Press, 1994.

22. Lijphart, A., ed., *Parliamentary Versus Presidential Government*, Oxford University Press, 1992.

23. Roessler, P., *Ethnic Politics and State Power in Africa: The Logic of the Coup-civil War Trap*, Cambridge University Press, 2016.
24. Sartori, G., *Parties and Party Systems: A Framework for Analysis*, ECPR press, 1976/2005.
25. Schedler, A., *The Politics of Uncertainty: Sustaining and Subverting Electoral Authoritarianism*, Oxford University Press, 2013.
26. Shugart, M. S., and John M, Carey, *Presidents and Assemblies: Constitutional Design and Electoral Dynamics*, Cambridge University Press, 1992.
27. Slater, D., *Ordering Power: Contentious Politics and Authoritarian Leviathans in Southeast Asia*, Cambridge University Press, 2010.
28. Varshney, A., *Ethnic Conflict and Civic Life: Hindus and Muslims in India*, Yale University Press, 2002.
29. Verba, S., Norman H. Nie, and Jae-on Kim, *Participation and Political Equality: A Seven-Nation Comparison*, University of Chicago Press, 1978.
30. Ware, A., *Political Parties and Party Systems*, Oxford University Press, 1996.
31. Wimmer, A., *Waves of War: Nationalism, State Formation, and Ethnic Exclusion in the Modern World*, Cambridge University Press, 2013.
32. Zhao, D. X., *The Confucian-Legalist State: A New Theory of Chinese History*, Oxford University Press, 2015.

后　　记

比较政治学一向是现代政治学研究中的一个重要学科领域。我国的政治学领域中，一向未能对这一领域进行统一的定义。在国家统一颁行的学科目录中，政治学的次一级学科中，只有中外政治制度，而没有比较政治或比较政治学。当然，在高校的教学实践中，"比较政治"这门课程多年来已经广泛开设，以"比较政治"或"比较政治导论"为书名的教材也出版了一些。与此同时，在科研实践中，介绍国外比较政治的发展历程和学科前沿、探讨国内比较政治的现状与努力方向的论文，近年来也发表了一些。但总体而言，比较政治这一学科领域的发展，还存在着比较严重的问题。其中一点就是，国内一直缺乏一本权威的教材，供高年级本科生和硕士研究生、博士研究生使用。这样一本教材，应该对比较政治的有关概念、理论给予比较全面的介绍，并引导学生从学习概念和已有学术成果向进行比较政治的研究过渡。本书试图填补这一空白，为国内的比较政治学发展作出一定的贡献。

本书的编写工作在若干年前已经开始。自2014年左右起，由复旦大学唐世平教授主导，复旦大学、上海财经大学、上海交通大学、北京大学、清华大学、中国人民大学、浙江大学等高校的一批中青年学者，一直在比较政治的研究方面进行交流与合作。这个非正式的学术群体即"五角场学派"，其成员经常就比较政治的理论与实证研究，以读书会、研讨会等形式进行交流。本书最初即是在这个群体内的学者合作的一个重要项目。

2017年10月，在复旦大学国际关系与公共事务学院和上海财经大学政治学研究所的支持下，本书各章作者在上海财经大学举行了第一次研讨会。会上，作者们发表了文章的第一稿，供全体合作者以及应邀前来提供意见的同事一起讨论和批评。在此基础上，2018年1月，在复旦大学国际关系与公共事务学院和云南大学国际问题研究院的支持下，各位作者在紧邻西南联合大学纪念碑的一处宾馆里举行了第二次研讨会。此后，我们邀请国内同行对各章的文稿进行了审读、提供修改意见。到2019年夏天，全书初稿完成，主编对各章书稿进行了最后的审定。到2020年年末，本书完成了审校、排版、质检等工作，终于付梓。从本书启动到正式付梓，跨越了四个年头。

我们预见，作为一本全面深入介绍比较政治的主要概念、理论和学科前沿，以及介绍进行比较政治研究的问题意识、理论脉络、实证研究的教科书，本书对有志于从事比较政治的学习与研究的青年学子和有志于传播比较政治的学术的教师，以及试图拓展比较政治的研究领域的中青年学者同行，必定大有裨益。对此，我们深感欣慰。

和一般的教科书不一样，本书并未在全书的开始部分对什么是比较政治、比较政治应该关注什么、比较政治的研究应该如何进行等问题进行总体讨论和介绍。相反，本书的构想是，将比较政治研究中重要的议题和理论、方法等直接呈现给读者，由读者在使用该书的基础上，就什么是比较政治、比较政治的研究如何进行等概括性的问题，形成自己的理解。不过，在全书的后记部分，我们还是可以就这样的问题，做几点总结性的评论。

首先，比较政治不是区域或国别政治研究。比较政治的研究，往往涉及中国以外很多地方的政治问题、政治现象。但是比较政治不是国别政治的研究，也不是一般意义上说的国际问题研究。描述和探究某个或某些具体国家或地区的政治问题和政治现象的研究，应该称为国别政治研究，或区域、地区研究（area studies），而不是比较政治研究。

其次，比较政治不是描述性、叙述性的研究。把一个政治现象或某个政治事件的发展脉络、前因后果摸清楚、介绍给读者，是不少研究人员喜欢做的。但这样的研究，更应该称为一种深度报道，不是比较政治研究。

比较政治研究应该是对一个具有较普遍意义的政治学问题，提出有解释力的理论性分析的研究。所谓"较有普遍意义"的问题，就要求该问题不应该只对某个具体国家或地方或某个具体的政治事件有意义。对该问题的回答，如果可以影响到我们对不同的国家或地方、不同的政治事件的理解和思考，则它具备超越某具体国家、地方、事件的普遍性意义。因为我们的问题意识或我们所提出的问题，并因此给出的理论性解释，可以在不同的地方、时期、事件之间进行比较、相互对照，这大概就是比较政治中"比较"概念的一个重要意涵。

最后，比较政治研究应该超越描述性的研究，而努力对政治现象给出因果性的解释和发现。本书方法论部分的两章对此有具体的论述，此外，在各章行文中，也注重强调优秀的研究所关注的因果关系：什么因素会带来内战或和解、什么条件会有利于政治秩序的实现、什么因素推动经济社会现代化，等等。如果一个研究试图解释或介绍印度某乡村因为争夺水资源发生了械斗，这不能算是比较政治研究。相反，作者应该首先提问，水或其他的公共物品，在什么情况下有可能引发社区或地区的冲突。然后，应该依据有关的研究，提出一个关于水如何引发社区冲突的因果关系理论。这之后，作者再用印度国内某次因水引起的社区冲突作为案例来检验这一理论。这样的工作，就可以算得上一项比较政治的研究。

再比如，当我们发现菲律宾的政治生活中，家族政治的影响十分突出时，如果我们试图去搞清楚菲律宾政治中起作用的是哪些家族、每个家族的权力来源是什么样的、每个家族如何影响政治等，那这只是一项菲律宾政治的研究。而如果我们比较菲律宾和印度尼西亚的家族政治的异同，就发展中国家中的家族政治形成一些理论性的假设，那就可以称得上是比较政治的研究。事实上，即便只就菲律宾一国的家族政治进行研究，而提出一些关于家族政治的一般性的理论发现，从而和比较政治中有关家族政治的理论进行对话，也可以称得上是比较政治研究了。

这里，第一个例子是对一个具有普遍意义的问题——公共物品与社群冲突——进行了因果性理论建构的尝试，而第二个例子可以看作从具体的案例出发，形成与一个一般性的理论问题——家族政治——的对话。总之，这两个例子都要求比较政治的研究应该超越具体的国家或案例，而在一般性的理论的层面上取得一些发现。本书的最主要目的之一，是希望推动国内的比较政治研究沿着这样的方向迈进。

本书试图覆盖了比较政治领域的诸多重要议题，但依然有若干重要的研究议题，未能包括进来，例如土地政治、家族政治、性别政治、认同政治、社会运动、军政关系等。同时，现有的比较政治研究存在着过于偏重对西方发达国家的研究的倾向，而且，比较政治本身受到西方比较政治学在理论范式、规范性价值的影响也还十分明显。本书试图克服这两个倾向，但这方面的工作还十分艰巨。

本书付梓之际，正值几件具有全球意义的大事件展开。一是，自2019年年末发生的全球新型冠状病毒肺炎疫情已经持续了将近一年的时间，而美国、欧洲、拉丁美洲、南亚等国家和地区的疫情依然十分严重。严重的疫情对世界各地的政治和社会产生着巨大的影响。二是，美国的总统大选在投票结束后，计票工作迟迟不能结束，在任总统表现出明显的拒绝接受败选结果的倾向，将美国国内政治扑朔迷离的状态几乎推向了极致。美国国内政治的极度不稳定，对世界总体的政治以及很多地方和国家内部的政治，也会产生巨大的影响。这些事件，正说明了本书的重要性与时代性。无论如何，中国正在全面深入地走向世界、融入世界、塑造世界。为此，正如唐世平教授在本书序言中所说，中国社会需要了解世界，需要研究世界。我们希望，本书的出版能够有助于中国的高校培养大量具备理解世界、与世界打交道的能力的青年一代，能够有助于中国的政治学界培养出新一代的具备研究世界纷繁芜杂的政治问题、政治现象能力的学者。

本书编写过程中，复旦大学国际关系与公共事务学院通过学院的高峰学科建设计划，对本书的编写工作给予了巨大的支持；同时，我们也获得上海财经大学政治学研究所、云南大学周边研究中心的有力支持；李辉、熊易寒、唐敏、章奇、孙芳露、祁玲玲、马啸、郝诗楠、刘颜俊、辛格、叶方进、苏毓淞、陈佳、曾纪茂、黄琪轩等不少同事对本书的内容提供了有益意见;夏蒙、赵茜、张磊等同学在编辑过程中提供了重要的帮助;复旦大学出版社的编辑孙程姣为全书的出版付出了不懈的努力。特此致谢。

  本书只是一个开始。书中也难免有许多缺陷与不足。真诚希望读者与学术同行热烈讨论与批评,编者与作者定能从中受益,也必将大大裨益学术的精进与发展。

王正绪　耿　曙　唐世平
2020 年 11 月 11 日

图书在版编目(CIP)数据

比较政治学/王正绪,耿曙,唐世平主编. —上海:复旦大学出版社,2021.1(2024.8重印)
ISBN 978-7-309-15249-4

Ⅰ.①比… Ⅱ.①王… ②耿… ③唐… Ⅲ.①比较政治学-研究 Ⅳ.①D0

中国版本图书馆 CIP 数据核字(2020)第 149216 号

比较政治学
Bijiao Zhengzhixue
王正绪　耿　曙　唐世平　主编
责任编辑/孙程姣

复旦大学出版社有限公司出版发行
上海市国权路 579 号　邮编:200433
网址:fupnet@fudanpress.com　http://www.fudanpress.com
门市零售:86-21-65102580　团体订购:86-21-65104505
出版部电话:86-21-65642845
上海四维数字图文有限公司

开本 787 毫米×1092 毫米　1/16　印张 20　字数 380 千字
2021 年 1 月第 1 版
2024 年 8 月第 1 版第 4 次印刷

ISBN 978-7-309-15249-4/D・1057
定价:58.00 元

如有印装质量问题,请向复旦大学出版社有限公司出版部调换。
版权所有　　侵权必究